后浪

黄柳霜

从洗衣工女儿到好莱坞传奇

（美）郝吉思（Graham Russell Gao Hodges）著

王旭 李文硕 杨长云 译

北京联合出版公司
Beijing United Publishing Co.,Ltd.

谨以本书献给高云翔

执子之手
与子相悦
死生契阔
与之偕老

目 录
Contents

第二版前言 ··· 2
致 谢 ··· 3
前 言 ··· 8
插图目录 ··· 16

第1章 童年 ··· 1
第2章 踏上影星之路 ···································· 31
第3章 闯荡欧洲影坛 ···································· 75
第4章 穿梭于大西洋两岸 ································ 113
第5章 寻根之旅 ·· 161
第6章 情系故土 ·· 179
第7章 成为华裔美国人 ·································· 217

后记 余音绕梁 ·· 239
参演影片目录 ··· 248
参演电视节目 ··· 268
注 释 ·· 270
部分参考文献 ··· 313
出版后记 ··· 338

第二版前言

自本传记第一版于 2004 年出版以来，黄柳霜（Anna May Wong，1905—1961）及其演艺生涯受到了日益广泛的关注。到目前为止，已有几部学术著作、一本少儿读物、至少三部纪录片和大量学术研究论文面世；还有许多 YouTube 上的网页和大约五十余万个网页专门为她设立。她所参演的电影现在很容易找到，包括迈里斯通影业公司（Milestone Films）新出品的备受瞩目的《唐人街繁华梦》。自从 20 世纪 90 年代后期以来，有关她的物品的拍卖和销售数量也成倍增长。

她的人气再度飙升，性质也发生了变化。过去很多人指责柳霜是好莱坞的傀儡，令华裔女性蒙羞。现在人们对其开创性的演艺生涯开始重新诠释，赞赏她优雅的风度和仪态，敬仰她的爱国热忱。在近十年间我造访中国的过程中，我发现年轻女性对她的历史地位特别着迷，为她的风度所倾倒。毫无疑问，无论今天还是未来，黄柳霜都会生动地活在人们的心中。

我非常感激香港大学出版社安排出版本书的第二版。出版社没有简单地重印 2004 年的版本，而是重出了一个全新的版本。这使我有机会添加上过去八年来新发现的资料和学术研究成果，丰富了内容，同时也改正了一些纰漏。与那种将新材料生硬地塞进序言而与全书其他内容脱节的做法相比，这种方法非常可取。尽管我对柳霜的最初评价基本上没有改变，但是这个新版本提供了一个难得的机会，使我得以思考黄柳霜持久不衰的魅力与价值。

致　谢

我首次"邂逅"神秘的黄柳霜是 1999 年秋在伦敦著名的书街查令十字街的二手书专卖巷 Cecil Court。我看到书店橱窗里一帧待售的美貌女子亲笔签名照，不禁为之倾倒，于是冲进书店买下了这幅镶着镜框的照片。照片价格不菲，我一时弄不懂自己在干什么。随后，我在互联网上找到黄柳霜的简历，就更加痴迷，在 eBay 拍卖站上大量购买了有关她的照片和文献。数周之后，我开始潜心研究。不久，帕尔格雷夫·麦克米伦（Palgrave Macmillan）旗下圣马丁（St. Martin's）出版社的编辑德博拉·格森诺维茨（Deborah Gershenowitz）与我签订了黄柳霜传记的出版合约，确定了交稿日期。

在追寻黄柳霜的电影和舞台生涯及她在世界各地的行踪的过程中，我得到了世界各地很多个人和机构的帮助。首先，感谢中国的学者和朋友：南开大学的张聚国教授花费大量时间陪我在南开大学图书馆和天津市图书馆查找资料；天津市图书馆天津历史部提供了极大帮助。鲁东大学的高春常与我共赴上海，仔细翻阅了上海市图书馆的数百种中国电影杂志。北京外国语大学的沈雨露帮我查找了中国电影资料馆的大量电影杂志，那里的工作人员也非常帮忙。华东师范大学的张爱民陪伴我在上海和南京的图书馆驻留多时。我特别感谢南开大学的李剑鸣教授惠赐墨宝为本书题词。北京外交学院的徐晓红是我真挚的朋友，黄柳霜故事的忠实听众。暨南大学的吴金平和他的学生戴帆在广东省图书馆发现了许多宝贵的资料，金平还专程安排我去台山市和黄柳霜父亲的老家长安村。江门五邑大学的梅伟强陪我去长安村，并为我将台山方言纯熟地翻译成普通话和英语。长安村党支部书记黄锡彦热情地为我介绍当地村民。我从村民蔡咏年、谭惠琼以及黄建韶那里了解到黄柳霜1936年造访长安村的情况。该村编制家谱的黄式禁帮了我很多忙。香港的李永鸿和李余秀贞夫妇对我也助益良多。

我非常感激柳霜同父异母哥哥黄斗南的后代给予我的礼遇与友谊。黄新义和罗杏琼在柳霜的祖屋款待我；在广州，于柏燧和黄斗南的女儿黄翠娴为人宽厚、乐于助人。特别是黄柳霜的侄孙女于锦妍和丈夫苏雄辉设法找到很多柳霜在华亲属的稀有照片。现在，这对夫妇已成为我的好友。

黄柳霜在美国的后人没有像她在中国的亲属那样热情相助。她的弟弟黄锦英（Richard Wong）像打发其他研究人员一样，断然拒绝以任何方式提供帮助。这位曾极大地受惠于黄柳霜的亲属，却把柳霜生命中重要的段落尘封起来秘不示人，实在不通情理。

这是唯一一件令人不悦的事，在其他任何地方，我都得到慷慨的帮助。在东京，国际基督教大学的精工木原非常热情地帮助我查找日本有关黄柳霜的报道和图片。津田塾大学的Sayaka Kosubuchi专程陪我到早稻田大学查阅有关刊物。松竹电影图书馆和早稻田大学的档案人员都提供了很大帮助。在东京，亨特（Hunter）、苏珊娜（Suzanne）和玛丽·凯瑟琳·黑尔（Mary Catherine Hale）为我这个游方学者提供食宿，陪我聊天。

维也纳的亚历山德拉·甘瑟（Alexandra Ganser）是我的研究助手及朋友。她深度参与了我的研究工作，解读德国和奥地利资料，从中发现了无数有价值的报道。我非常感谢她热情慷慨的帮助。维也纳城市与国家图书馆的格尔达·巴尔特（Gerda Barth）博士帮我找到了一些电影海报；德国海德堡大学的海克·费尔南德斯（Heike Fernandez）以她过人的精力和社会关系相助；感谢柏林自由大学的金特·伦茨（Gunther Lenz）博士和已过世的维也纳大学库尔特·迈尔（Kurt Mayer）博士的帮助；在伦敦，英国电影协会和大英图书馆档案人员的服务耐心周到；在巴黎，法国电影图书馆档案人员的帮助使我受益匪浅。

我感谢纽约公共图书馆比里·罗斯戏剧馆藏处及哥伦比亚大学珍本馆藏处耐心的工作人员。科尔盖特大学教授研究委员会提供的研究基金使我能够安心从事本书的档案收集工作和支付档案资料的费用。我也要感谢科尔盖特大学凯斯图书馆的安·阿克森（Ann Ackerson）和馆际互借处的其他人员。南加州大学电影拷贝馆藏处档案管理员内德·科姆斯托克（Ned Comstock）、美国电影艺术与科学学院赫里克图书馆的馆员曾热心相助。纽约现代艺术博物馆的查尔斯·西尔弗（Charles Silver）、加利福尼亚大学洛杉矶分校影片拷贝档案馆的密米·布罗迪（Mimi Brody）和加利福尼亚大学洛杉矶分校的特里萨·施瓦茨曼（Theresa Schwartzman）都帮助指出本书的遗漏。

在此我向香港大学出版社社长迈克尔·达克沃斯（Michael Duckworth）致以深深的谢意，正是他使这本书的第二版得以问世。借这个机会，我向引介我与迈克尔相识的保罗·弗伦奇（Paul French）一并致谢。我同样要感谢谢伟强先生和香港大学出版社的编辑王建玲女士耐心而熟练的文字编辑工作。

洪允儿（Yunah Hong）是纽约市的独立制片人，她与我聊黄柳霜，阅读本书手稿，慷慨分享她的研究成果。她精彩的柳霜纪实影片已经完成①。纽约历史协会的手稿档案管理人员亦提供了很大帮助。

我在芝加哥举办的 2003 年美国历史协会年会上曾宣读了本书的第五章。密歇根州立大学的斯蒂夫·拉什曼（Steve Rachman）、维克托·朱（Victor Jew）以及麻省理工学院的蒂娜·克莱因（Tina Klein）都提了很好的建议，在此致谢。

几位在美国的朋友为帮我查找相关资料而穷根究底。康奈尔大学

---

① 该片于 2010 年 10 月在韩国釜山国际电影节上首映，片名为《黄柳霜：在她自己的世界》 *Anna May Wong: In Her Own Words*。（若无特别说明，全书脚注皆为译注，下文不再一一说明。）

的巴里·马克斯维尔（Barry Maxwell）告诉我瓦尔特·本雅明（Walter Benjamin）写的有关柳霜的文章；威廉－玛丽学院的玛丽·琳恩·韦斯（Mary Lynn Weiss）在法国档案中找到多篇文章；管理卡尔·范·维克滕（Carl Van Vechten）遗产的布鲁斯·凯尔纳（Bruce Kellner）提供了很多信息；波洛克－克拉斯纳画室（Pollock-Krasner House）的海伦·哈里森（Helen Harrison）提醒我留意艺术家雷·约翰逊（Ray Johnson）对柳霜的研究。鼓励我并在其他方面伸出援手的同事有：吉尔·哈辛（Jill Harsin）、雷·道格拉斯（Ray Douglas）、阿尔·布朗（Al Brown）、罗伯特·内梅斯（Robert Nemes）、王静（Jing Wang）、黄运特（Yunte Huang）、邝治中（Peter Kwong）、谢汉兰（Helen Zia）和文迪·沃尔（Wendy Wall）。艾里克·阿里尼（Eric Allini）和罗斯·弗利托（Ross Ferlito）提供了迅捷简明的翻译。傅葆石和加文·兰博特（Gavin Lambert）阅读了最后一稿，并提出中肯的意见。科尔盖特大学2003级的曾琳担任我的助研；2003级学生卡罗琳·莱恩（Carolyn Lane）帮我翻译了一些法文资料。

最后，我要表达对家人的感激。卡尔·普林斯（Carl Prince）是我难得的良师益友。每当回忆起先父格雷厄姆·R·霍奇斯（Reverend Graham R. Hodges）和先母埃尔茜·拉塞尔·霍奇斯（Elsie Russell Hodges）对我的爱和谆谆教导，我总会受到鼓舞和启发。我在此也感谢中国内蒙古乌盟察右中旗得胜乡兰旗村的姻亲高珍、杜秀花和高云鹏，他们教我如何看黄柳霜的手相。我要把最真挚的、深厚的谢意送给我的妻子高云翔，她任教于多伦多瑞尔森大学（Ryerson University）历史系。当时她在艾奥瓦大学刚刚完成了现代中国历史的博士学位论文，云翔非常耐心地倾听我对本书的构思，不时称许喝彩。她对黄柳霜的发型、衣着、舞蹈和其他中国习俗的评论恰到好处。书稿的几次修改，她都认真阅读。她花费了很多时间和精力编辑校对中译本，避免了大量瑕疵。此外，她还新发现了许多有关黄柳霜的原始资料。这些都极大地提升了本书的质量。最重要的是她是我的伴侣，今天是，未来永远都是。自本书首印后，我们已经生了一对双胞胎儿子，高然墨（Graham Zhen）和高然诗（Russell Du），他们是我生活的灵感。谨以此书献给我的妻子。

前　言

　　迄今为止，黄柳霜依然是最重要的美国亚裔女影星。她的突出地位部分源于美国影剧业中亚裔演员历来屈指可数，更重要的是她在美国电影界的出色表现。黄柳霜在1919年至1961年的电影生涯中出演过50多部电影，这一辉煌纪录至今无人企及，在可预见的未来也可能鲜有来者。黄柳霜担纲重要角色的《巴格达窃贼》（又译为《月宫宝盒》，The Thief of Bagdad，1924）、《彼得·潘》（Peter Pan，1924）、《唐人街繁华梦》（Piccadilly，1929）和《上海快车》（Shanghai Express，1932）等影片如今已被视为经典。她17岁时就在好莱坞现存最早的特艺彩色片《海逝》（The Toll of the Sea，1922）[①]中崭露头角，黄柳霜的名字随之响遍全球。在其演艺生涯中，黄柳霜以高度的专业性、个人的优雅美丽及超人的电影成就而著称。当柳霜出现在银幕上时，没有观众能忽略她。她拥有无数的影迷，有关她的文字与照片经常出现在美国、欧洲、澳大利亚、南美、中国和日本的电影刊物上。

　　不同的人对黄柳霜持不同的看法。在她从影的年代里，欧美大城市里的华人寥寥可数，因此她的名气具有强烈的象征意义。对于她在美国、欧洲各国和世界其他地方的影迷和影评人来说，她表现的是华裔女性。然而，中国的国民政府官员不满黄柳霜超越国界的形象，将她视作好莱坞的傀儡。而她的家人在不同时候将她视作尽心的女儿、挣钱养家的人或家族的羞耻。尽管美国观众接受她在银幕上的孤独命

---

① 经考据，《海逝》应是好莱坞第二部特艺彩色片，但因好莱坞第一部特艺片《海湾之恋》（The Gulf Between，1917）拷贝遗失，仅存少量剧照，所以经与作者商榷，将《海逝》定义为"好莱坞现存最早的特艺片"。——编注

运和一次次死去的凄惨结局，但当她解释自己为什么永远不可能结婚时，他们也报以同情。尽管她的公共形象是一个注定无法进入婚姻的失望女子，在她生前与死后，地下的同性恋群体把她视为同类。与她共事的影星和记者都认为她友善可靠，她被世界各地名都大邑的上流社会接受。单是她面对苛刻批评的力量和勇气，就足以令人称慕。

黄柳霜持久不衰的影响力和高超的专业水准，都使其超越同时代的其他女演员如贝蒂·布朗森（Betty Bronson）、科林·穆尔（Colleen Moore）、勒妮·阿多莉（Renée Adorée）、费伊·雷（Fay Wray）、路易斯·布鲁克斯（Louise Brooks）和路易斯·蕾娜（Luise Rainer）等。尽管有如此辉煌的成就，但黄柳霜却沦为汤亭亭（Maxine Hong Kingston）所谓的"无名女人"（no name woman）。像她在电影中饰演的角色一样，柳霜变得不值一提。虽然她的名字跻身好莱坞的星光大道，其雕像也是洛杉矶好莱坞大道和拉布雷亚大道之间一组纪念四个女演员的雕塑之一，但却没有涵盖她生平和事业的其他作品。默片时代女演员的标准传记将她遗漏，甚至在著名影星的传记或回忆录中也鲜见她的名字。当黄柳霜被记起时，往往背负骂名，说她甘愿饰演丑化自己族裔的角色。这后来在美国政界和文艺界左派，以及一般美籍华人中沿袭下来。活跃于20世纪30年代的中国影星黎莉莉在21世纪初谈及黄柳霜时说，"名气和成就是两码事。"在美国，美籍华人作家们很少将柳霜放入他们的小说、诗歌和剧本。在学术界，她也是一个有争议的人物。当我第一次向一位资深的亚裔美国学者谈到这本书时，他生气地说："你怎么想写她？她是个（心肠恶毒的）龙女、（没有灵魂与个性的色情）中国娃娃，（电影里的）她要么被杀要么自杀。"有关她的痛苦记忆毒化了她在美国的家人。因为他们以她为耻，所以拒绝提供有关柳霜的资料。[1]

对于急于忘掉美国电影如何诋毁他们的文化的那些华人来说，可能有必要让黄柳霜淡出人们的视线。黄生活的年代恰好是美国实施排华法律的时期，当时美国华人数量有限，深受种族主义压迫。（将被殖民的东方视为异类、低等、可被操控的）东方主义主题的电影在美国早期的故事片中司空见惯，几乎无一例外包含恐惧跨种族性爱的暗流。因此，当黄柳霜和日裔男演员早川雪洲的影片角色对剧中白人角色展示性诱惑时，这些亚裔人物在影片最后注定要死去。电影制作法规禁止不同种族的人物在银幕上接吻，这极大地限制了柳霜的演艺事业，因为这意味着她无法担纲主角。

这样一来，似乎很容易将黄柳霜简单地斥为美国东方主义的产物。毕竟，她在自己宣传照片的签名中都包括"东方"的字样。她的演艺生涯恰好是芝加哥大学研究机构出台"东方"概念之时，此后 30 年间，"东方"和"东方主义"概念的研究引起学术界极大的兴趣。爱德华·萨义德（Edward Said）在其影响深远的关于东方主义的著作中，把它看成是学术、政治和体制力量的整合，最初产生于欧洲，后来在美国蔓延。虽然萨义德只字未提影视界，但他的观点显然是可以扩展到这些领域的。用他的话来说，东方主义企图证明西方强权加诸东方人民的霸权是顺理成章的。具体来说就是："框定东方主义的话语，阐释它，传播它，裁定它，依据它来制定某些规范。总之……（西方）具有支配、重构并驾驭东方的权力。"萨义德的理论对研究中国的权威学者史景迁（Jonathan D. Spence）有巨大影响，史景迁揭示了长期以来西方在文献中如何展示其对中国的单线性态度。最近，迈克尔·哈特（Michael Hardt）和安东尼奥·内格里（Antonio Negri）把萨义德的"东方主义"进行重构和延伸，以适应全球化的概念。好莱坞在 20 世纪的世界霸权正与这一学术概念相符。而这样的好莱坞就是黄柳霜选择的世界。自 20 年代初以来，美国电影支配了世界市场，黄柳霜的形象作为亚裔美国女性的典型也流传到世界各地。对此，中国民族主义者大为不满，他们对好莱坞把黄柳霜打造为华裔女性的代表并不买账。此类争议也关系到电影圈中的性别定位，在好莱坞，男性可以担当导演、制片、演员中介、摄影等，他们都把黄柳霜打造成影片里中国女性的化身。正如劳拉·穆尔维（Laura Mulvey）所说，电影制作人构建了一种代表他们自己对女性身体看法的"男性视角"。综上所述，这些分析方法把黄柳霜的生活和演艺生涯贬为讽刺性的华人女子形象，甘愿做强势男性和强权国家的玩偶。这些批评无异于柳霜生前遭遇的苛刻非难。举一个例子：1936年柳霜造访香港，一个愤怒的示威者对她吼叫，说她是"给中国抹黑的傀儡"。[2]

听到这样的责难时，柳霜脸涨得通红，眼噙泪水。她被夹在对其演艺生涯的尖刻斥责和东方主义的淫威之间。东方主义作为一种体制，对柳霜影响巨大。美国和加州的法律都限制她与自己选择的人结为终身伴侣的可能性，约束她在美国内外的活动。如前所述，电影法规禁止她在银幕上与西方人接吻，这限定了她只能出演配角。地方性的住房和工作待方面的歧视都限制了她、她的家庭和友人的社会机会。在孩提时代和成年后，她都直接感受到种族敌意的困扰。虽然柳霜勇敢地承受这些侮辱和法定的歧视，但她有时也会拍案而起，或让满腔怒火在心中燃烧。她曾几度因默默忍受歧视、无法发泄而病倒。虽然柳霜是种族主义的受害者，但这类虐待并不是她生活的全部。她的勇气、高雅和智慧使她能够走向外面的世界，寻求爱恋、事业发展的满足和幸福。她超越国界的生活和演艺经历冲破了政治、种族和性别的藩篱，成就了一个独特的演员。[3]

本书的第一个任务当然是重新发掘黄柳霜的演艺生涯。她出演的电影半数以上拷贝已经流失，但幸运的是，她出演主要角色的电影大部分都在。作为一流的影星，世界各地的电影刊物几乎都有她的芳踪。电影刊物是当时影迷们了解他们追捧的影星的唯一方式。通过这个罩有光环的媒介，黄柳霜及其芳踪成为从美国到俄罗斯，从瑞典到巴西，乃至整个东方国家的热切读者的精神食粮。从这些刊物中，我收集到世界各地很多国家的相关评论和文章，从而细致了解她超越国界的演艺生涯。接着，我展示很多国家的评论者如何对她的电影持不同看法。对柳霜电影的种种看法在将她的演艺生涯纳入东方主义的同时，也提升了对她的艺术的理解。黄柳霜出访世界各地与影迷们互动，为她的影片和印刷品增添了个人色彩。这些旅行大都是她自发行为，并不是电影公司的宣传安排。彼时享誉全球的明星出访世界各地是很常见的。查理·卓别林（Charles Chaplin）、老道格拉斯·范朋克（Douglas Fairbanks Sr.）、玛丽·璧克馥（Mary Pickford）、葛丽泰·嘉宝（Greta Garbo）在世界各地都广受欢迎。柳霜与他们相比并不逊色，但不同的是，无论她走到哪里，她的名声都带有种族和民族主义政治色彩。由于她作为"异国情调"的华人女明星的独特名声，黄柳霜引起了诸多争议。她经常向极少接触中国人的各国团体介绍中华文化和自己的华人身份。

对于自己的影片，柳霜有很多话要说，她公开谈论演艺生涯中左右为难的窘境。她经常写到自身的独特处境，还延伸至政治、时尚和职业咨询之类的话题，以及她对限制自己成功的种族法规的愤慨。她以美貌和优雅著称，而不是以她所忍受的令人沮丧的角色闻名，是有表达力的现代华人女性在世界范围内的代表。顶峰时期的好莱坞极大地影响着美国和世界各地的观众。黄柳霜作为当时的一位明星，以多种方式与观众们互动。她独立于电影公司，将自己的职业生涯扩展到戏剧舞台和"二战"期间的政治活动。

在本书第一版问世后涌现的许多论著中，研究黄柳霜生涯与职业的学者莫不强调她身上的现代性，致力于丰富这个电影明星身上的东方主义象征，并将她与摩登女郎的形象联系在一起。在其职业生涯的早期，黄柳霜试图通过自己的服饰和语言、对名车和香烟的热爱以及自己的独立性，将自己明确无误地定位为一个叛逆世俗的年轻女子。正如我在书中指出的，年轻的中国女子皆以黄柳霜为榜样。在不断与世俗抗争的同时，她也开始珍视自己的家庭及传统。读者会在本书中了解到，中国日渐成为黄柳霜的指路明灯，成为她价值观的导向和动力的来源。尽管出身平凡，她的多次成功表明她具有非凡的动力和对中国女子公众形象的自觉意识。与最近一位学者的说法大相径庭，我在本书中不厌其烦地指出，黄柳霜绝不仅仅是"黄皮肤的黄面孔"。[4]

黄柳霜能够以导演或剧本作者往往不了解的方式来介绍中华文化，从而促进自己的演艺生涯。她通过发型、衣着、肢体动作和语言来表达中华传统。同时代人都把她看成是世界上最善于穿着的女性。她收集了大量的中国旗袍，在电影中多次使用。到20世纪30年代末，美国人对中国的态度有所改善，黄柳霜也能够在银幕上展示正面的中国女性角色了。在"二战"期间，她参演爱国影片，曾慰问美国和加拿大的盟国士兵。

黄柳霜的演艺生涯常常被攻击或被粗浅地理解为影视界的东方主义。我认为这些看法将黄柳霜降格为肤浅的讽刺性人物。作为研究非裔美国人历史的学者，我对于将有关权力的概念和理论加诸有创造性的人物不以为然。中国人常说，人有千面。世界各地的人们对黄柳霜的演艺生涯和个人名声的看法也不免千差万别。

本书的第二个任务是揭示黄柳霜生活的深度和广度。她的童年不太愉快，生活在家庭的传统世界和洛杉矶白人残酷的种族主义夹缝之间。电影——这种在她每天经过的街道上创造的新文化形式——使她得以从现实生活的尴尬处境中解脱出来。在电影小试锋芒后，她成为"中国潮女"（Chinese flapper）——反叛父母生活方式的超级摩登女郎。正如陈素真（Sucheng Chan）所说，第二代华裔子女都有此反叛倾向。[5]柳霜实际上是第三代华人，但其家庭浓厚的传统意识使她难以在家中获取和锻炼文化适应的能力。后来，她厌倦了自己潮女的定位，开始了对自己文化之根的终身追寻。起初，她只是期盼着访问中国，在游历欧洲后，她接受了著名的京剧风格。1936年访问中国的九个月是她生命的高潮之一。带着对中国的高度认同，她回到美国，在电影和慈善活动中试图提升中国在美国人心中的形象，并积极参与美国援华活动，反对"二战"中日本帝国主义的侵略行为。"冷战"把她与中国分割开来后，她致力于塑造华裔美国人身份，直至1961年去世。

黄柳霜很懂得自我宣传，她在很多影迷刊物和报纸上撰文讨论各类重要话题，如异族爱恋、好莱坞生活、日本侵略等。她终身未嫁，她向世人解释像她一样的华裔艺术家所面临的尴尬处境。当时，她的恋爱机会受到偏见和人种隔阂的限制。黄柳霜对报界记者总是彬彬有礼，也不排斥学术界，1928年她接受著名学者瓦尔特·本雅明的访谈。黄柳霜能够在不同的环境下与本雅明及其他著名学者平等对话。借用当前亚裔美国研究常用的一句话来说，她超越国界，跨越大陆，寻求真知。[6]

黄柳霜的家庭和日后交往的诸多亲密朋友在她的生活中都有特殊的意义。她实际上有两个家。一个是她父亲在中国的第一次婚姻，对此她知之甚少；然而，这个家庭的经历给她在美国的亲属提供了有用的参照。在美国，她的父亲黄善兴和第二任妻子李恭桃一共养育了八个孩子，七个长大成人。生活在政治和社会体制充满敌意的国家里，家庭对华人来说极其重要。像其他家庭一样，柳霜和父母姐弟之间的关系并非一片祥和。事实上，姐姐露露曾在20世纪90年代告诉一位研究人员，她的家庭以柳霜为耻。与黄家过从甚密的邝丽莎（Lisa See）在描述自己的家庭时也认为，口口相传数十年的家族史可以揭示华裔美国人历史的很多问题。[7]

黄柳霜的社交圈子并不仅限于家庭，她的朋友也是本书的重要部分。例如，她与卡尔·范·维克滕和法尼亚·马莉诺夫（Fania Marinoff）夫妇保持了长达40多年的友情，这些都有大量私人信件为证。这些书信反映了柳霜的魅力、幽默风趣和对生活的挚爱。她在各地广交朋友，并终生设法保持联系。由于种族和阶级的桎梏，她终身未婚。但她经历过几段较长的恋情，从中寻求现实世界所允许的幸福。她把这些快乐和爱的记忆珍藏在心里，并把这些经历和感怀带入她的电影和著述中。

以上是本书的大主题。我把黄柳霜的经历分成七章，以她的银幕生涯为主线。第一章涵盖她的童年和父母在19世纪末的生活，直至1919年她出演艾拉·娜兹莫娃（Alla Nazimova）的《红灯笼》（*The*

Red Lantern）。第二章详细阐述她在 20 世纪 20 年代好莱坞的奋斗历程。由于机会有限，加之不满意自己饰演的角色，柳霜赴欧洲三年寻求发展机会，这是第三章的内容。返美时，她已是为整个欧洲的影评人和影迷所赞美并支持的明星了。第四章讲述黄柳霜在 20 世纪 30 年代早期努力保持在好莱坞的明星地位。同时，她通过每年去欧洲参演影片或上演自己的舞台剧来保持自己的独立性。在演出的间隙，她游历巴黎、伦敦、柏林和欧洲其他名都大邑，直至战争的阴云迫使她返美。1936 年，为了实现个人多年的夙愿，同时也因为米高梅公司恶劣地拒绝让她在《大地》（*The Good Earth*）中担纲主角，黄柳霜完成了平生第一次对中国朝拜式的访问。这次引人注目的寻根之旅是第五章的内容。1936 年末回到美国后，她参演了一系列著名影片，并在中国之行的激励下，将大量时间和精力投入援华事业，支持"二战"期间的中美联盟。遗憾的是，玛琳·黛德丽（Marlene Dietrich）在欧洲前线做同样的事可以惠及其演艺事业，但在黄柳霜这里却对其事业毫无助益。最后的第七章描述了她如何用智慧的投资、勤勉和风度与退隐、疾病以及偏见进行抗争，以维持有尊严的半退休生活。后记阐述黄柳霜对后来影视界的影响。

我希望读者读完本书后能够和我一样认识到，黄柳霜的经历不仅有趣，而且还表明她过人的智慧与胆识。黄柳霜的生平是体现凭借个人意志和力量反抗强权的成功范例。这种强权，无论是来自政界、学术界，还是来自个人，都在试图压抑那些被误解或遗忘的创造力。

插图目录

1. 20世纪20年代末的黄氏一家。藏于中国电影资料馆（北京）。
2. 身着传统服饰的李恭桃、柳霜、露露和黄善兴，约摄于1907年。藏于中国电影资料馆。
3. 李恭桃照片，拍摄时间不详。藏于广东台山长安村和广州黄家。
4. 黄善兴的木炭画，约1890年。图中的黄善兴在长安村。藏于广东台山长安村和广州黄家。
5. 黄善兴的第一任妻子李氏，约摄于1890年的长安村。藏于广东台山长安村和广州黄家。
6. 黄斗南的照片，约摄于1922年，当时他在东京早稻田大学读书。他是黄善兴和李氏的儿子，黄柳霜的同父异母哥哥。藏于广东台山长安村和广州黄家。
7. 柳霜早期剧照，出自《小丁》，由杰出的美籍华裔摄影师黄宗霑摄于1921年。藏于美国威斯康星州麦迪逊市威斯康星电影与戏剧研究中心。
8. 朗·钱尼和柳霜在《人生》中的剧照，摄于1921年。图中钱尼正在折磨柳霜，这种遭遇在柳霜的电影中很常见。该照片为作者所有。
9. 黄柳霜，由W. F. 西利约摄于1922年。藏于美国威斯康星州麦迪逊市威斯康星电影与戏剧研究中心。
10. 《海逝》剧照，肯尼斯·哈兰饰演的艾伦·卡弗正告诉柳霜扮演的莲花自己要独自返美。柳霜忍不住流下了眼泪。藏于美国威斯康星州麦迪逊市威斯康星电影与戏剧研究中心。

11. 这幅照片惊艳全世界,图中的柳霜在范朋克的刀下颤抖,出自《巴格达窃贼》。藏于天津市图书馆。
12. 范朋克、未知名的剧作家、中国最畅销的女性杂志《良友画报》的主编伍联德和柳霜在《巴格达窃贼》的摄影棚。藏于中国电影资料馆。
13. 1924年在《彼得·潘》中饰演虎莲,黄宗霑摄。藏于美国威斯康星州麦迪逊市威斯康星电影与戏剧研究中心。
14. 1927年6月30日的《良友画报》封面,这是这份中国先锋女性杂志支持柳霜的较早证据,但很快在中国对她的批评就压过了赞美。藏于天津市图书馆。
15. 柳霜的430条款申请表,凭借这份文件她才可以在离开美国后再次入境。无论她的名望有多高,柳霜都不得不一再申请并确认自己的美国公民身份。藏于美国加州尼古湖分部国家档案馆。
16. 柳霜首次穿上专为美国妇女设计的裤装。柳霜不像玛琳·黛德丽和葛丽泰·嘉宝一样穿改过的男装,而是穿专为她设计的服装以展示自己的美感。藏于美国威斯康星州麦迪逊市威斯康星电影与戏剧研究中心。
17. 柳霜穿着她最喜爱的套装,改自父亲的婚礼服。藏于美国威斯康星州麦迪逊市威斯康星电影与戏剧研究中心。
18. 柳霜与华纳·奥兰在《老旧金山》中的剧照。两人一起合作的多部电影成为柳霜的经典名作,私下里他们成为至交。藏于美国威斯康星州麦迪逊市威斯康星电影与戏剧研究中心。
19. 图为透过詹姆森·托马斯扮演的皮卡迪利夜总会老板威尔莫特的眼睛呈现出的《唐人街繁华梦》经典镜头。秀秀正在洗碗间为女工跳舞,这段融合东西方文化的舞蹈为她征服了欧洲观众。该照片为作者所有。
20. 1929年《唐人街繁华梦》在维也纳的海报。藏于奥地利国家图书馆广告收藏部。

21. 黛德丽、柳霜和莱妮·里芬斯塔尔在柏林出版界的舞会上,由阿尔弗雷德·艾森斯塔德摄于1929年1月。这幅著名的照片引来无数争议。20世纪30年代末,美国人用这幅照片驳斥希特勒的种族主义。后来,同性恋学者用它来暗示三人间的暧昧关系。毫无疑问,该图显示出柳霜在两次世界大战间隙的欧洲所享受的个人自由。《时代》/《生活》刊载图片。藏于格蒂/休尔顿档案馆。

22. 柳霜与雅各布·菲尔德汉姆在维也纳歌剧院表演《中国舞女》,1931年8月,这部戏剧也被称为《秀秀》。柳霜颇以这段经历为荣。藏于奥地利维也纳戏剧博物馆。

23. 柳霜在《龙的女儿》中的剧照,这是派拉蒙高成本制作的傅满洲电影之一,也是她1931年返回美国后的作品。这幅照片突出展现了她非同寻常的审美情趣。藏于美国威斯康星州麦迪逊市威斯康星电影与戏剧研究中心。

24. 柳霜的双手被认为是好莱坞最美的,这张《上海快车》的剧照完美地展现了她的双手。藏于美国威斯康星州麦迪逊市威斯康星电影与戏剧研究中心。

25. 柳霜与父亲,约摄于1932年。藏于上海图书馆。

26. 《龙的女儿》中的柳霜和早川雪洲。藏于美国威斯康星州麦迪逊市威斯康星电影与戏剧研究中心。

27. 明信片上的柳霜正在为洛杉矶新唐人街的一棵柳树培土。柳霜经常为纪念事宜摆姿势留影,也常以各种方式回馈唐人街。该照片为作者所有。

28. 夏洛特·伍尔夫书中收录的柳霜的掌纹,该书揭示了柳霜性格中的深度紧张。出自夏洛特·伍尔夫的《手相研究》,纽约:克诺普夫出版社,1938年。

29. 《莱姆豪斯蓝调》的海报。藏于美国威斯康星州麦迪逊市威斯康星电影与戏剧研究中心。

30. 1935年，保罗·罗伯逊、柳霜和梅兰芳在伦敦街头，法尼亚·马莉诺夫拍摄。在这张坦率友好的照片中，柳霜的国际化生活跃然纸上。藏于美国耶鲁大学贝尼克藏书楼。
31. 30年代末柳霜与卡尔·范·维克滕和法尼亚·马莉诺夫夫妇在纽约，摄于尼古拉斯·穆雷的派对上，他是柳霜在纽约市时与维克滕夫妇时常拜访的朋友。注意柳霜改装过的京剧头饰。藏于美国纽约公共图书馆。
32. 1936年胡蝶与柳霜在上海，这是中国"影后"与最杰出的美国华裔女演员的合影。虽然相识不易，但她们最终成为密友。藏于上海图书馆。
33. 《重庆来的女士》剧照，柳霜怀抱一名在日军空袭战时陪都重庆中身亡的孩子。这里有意淡化了黄柳霜的美貌，而突出她致力于中国抗战事业的爱国情操。藏于美国威斯康星州麦迪逊市威斯康星电影与戏剧研究中心。

第1章　童年

黄柳霜是加利福尼亚的第三代华裔美国人。她的家族是第一批"淘金热"移民，她的祖父母和外祖父母在1855年已经来到加利福尼亚。从这一年到柳霜出生的1905年，加利福尼亚华人遭受了从最初获接纳到19世纪80年代的排斥，再到19世纪末的暴力种族敌视。这种历史环境塑造了她的一生。尽管她是土生土长的加利福尼亚人，有同其他白人一样深厚的历史渊源，但她依然面临极端的社会偏见和不公的歧视性法律。她强烈的家族感、深厚的民族意识和坚定的毅力帮助她超越种族歧视的种种阻碍和限制。

1905年1月3日，黄柳霜在距洛杉矶唐人街几个街区的花街351号出生。父亲黄善兴（号良念）和母亲李恭桃于1901年9月9日在旧金山举行了一场中式婚礼。夫妻俩在唐人街的马萨诸塞街117号有了他们的第一处住所，兼第一间黄氏洗衣铺。1902年12月21日，李恭桃在那里生下了第一个孩子，乳名柳莺，大名黄露露。女儿的降生让黄善兴很不高兴，他好几天没有回家。强烈的家庭抱负使他将家小搬到花街351号，在这里开办了善记洗衣铺。花街是一个种族混合街区，位于唐人街的外围。搬家后二女儿柳霜降生，他们叫她安娜·媚（Anna May）。家族姓氏黄意为颜色；而"柳"则在字形上可以幻化为蝴蝶。柳霜出生以后，母女三人都得了麻疹，这更增添了黄善兴无子的烦恼。[1]

▼

黄善兴属于在美国遭受许多磨难的那一代华人。当金矿中的工作日渐减少，横跨北美大陆的铁路铺设完成后，华人就面临着白人劳工日益高涨的暴力浪潮。早年，华人劳工遍及整个美国西部小城镇的洗衣铺、饭馆和农场。当反华暴虐在美国内战结束后兴起时，黄善兴和其他华人逃到大城市，这就形成了唐人街。这些唐人街是美国特有的现象，在狭小的地域中，居民们被迫聚居在破败拥挤的房屋中。在这里，华人试图通过坚持传统的生活方式、持有房产，以及开办本地产业的方式来抗衡居于统治地位的种族对他们的歧视。

全国政治形势的发展进一步降低了在美华人的地位。内战后，华人的边缘地位伴随着非裔美国人的社会影响力和政治地位的衰落。一位学者将这一过程称为华人的"黑人化"，这些曾经受重视的劳工面临恶化的法律、职业与社会歧视。受美国最高法院有争议的1857年"德雷德·斯科特判案"（Dred Scott Decision）鼓动，美国本土主义者阻止华人获得公民身份，号召将他们驱逐出境。继之而来的新恐惧包括"通婚"（amalgamation），这是19世纪特有的表示异族婚姻关系的术语，充满弦外之音。自30年代以来，白人与黑人之间的通婚便被看作是无法想象的；内战后，种族主义者将这一种族焦虑扩及华人。黄善兴成年时，面对的是一个日益排斥他的偌大社会，自然他视与白人的接触充满危险。[2]

黄善兴穿梭于太平洋的经历赋予他一种新的华人身份：旅居者。正如王赓武所述，华人很早就已经开始从中国本土向外移民，但规模不大。直至美国大规模移民之前，任何一个东道国社会从未认为在经济和技术上高华人一等。而移民美国则意味着华人旅居者如今成为工人阶级之一员，尽管同样处于不利地位和未接受过任何正规培训，但他们却认为自己在种族和文化上优越于其他亚洲移民。结果，在美华人旅居者徒劳地从一个地方移到另一个地方，以寻找一个他们觉得可以接受的栖身之处。黄善兴在洛杉矶找到了他的归属。在太平洋上或者在全美范围内，他那一代旅居者学会了接受一种短暂的生活模式。然而，他所处的这个全新的美国社会，尤其是在劳工阶级中间，日益滋生出针对像黄善兴这样的旅居者的敌对情绪。因此，尽管中间有太平洋阻隔，他的中国文化情结却日益滋长。他通过外交途径、报纸、银行和不断到来的游客与"家乡"发生联系，这样一来，中国在他的心目中就显得格外重要。³

黄善兴的中国情结是他在这个不友善的世界中的精神支柱。19世纪70年代以来，旅居美国的华人已面临严重的歧视。以1868年的《蒲安臣条约》（Burlingame Treaty）为开端，经1875年的《佩奇法》（Page Law），最终以1882年的《排华法案》（Chinese Exclusion Act）达到高潮，这一系列法令严格限制华人移居美国。一旦被定位为各种名目的劳工，华人男子就不得入境。华人女子大多被认为是妓女，所以这些法律将大多数华人女性拒诸门外。由于法律禁止妻子入境，家庭被分裂，除非丈夫在美国本土出生。美国国会在后来的二十几年里采取了若干措施强化这些法律，具体而明确地限制华裔美国人的权利。这些歧视性的法律明确地以华人为直接歧视目标，华人是美国历史上唯一遭受这种限制的少数族群。⁴

劳工竞争和法律限制是种族主义肆虐的表现，但这并非迫使美国华人逃往大城市避难的唯一原因。19世纪最后几十年是美国文学上东方主义兴起的时代。尽管著名作家马克·吐温（Mark Twain）和布雷特·哈特（Bret Harte）否认他们的故事和诗歌对美国华人怀有敌意，但仍有很多人借题发挥，渲染他们作品中的反华情绪——他们作品中有一些脸谱化的华人形象，诸如牌场上的专业老千阿兴，或者被警察监控的移民中介阿宋喜。这两位作家试图重新建构从美国华人那儿听到的"洋泾浜"英语或商业英语。到19世纪90年代初，尽管他们是无心的，但却无形中促成一种"唐人街小说"文学体裁的形成。在这种小说里，美国华人被描述成褊狭、难以同化和愚蠢的人。但是这两位作家似乎又很欣赏美国华人的聪明才智，史景迁注意到，他们模式化的描写混杂着杜撰和自我欣赏，间或充满纯粹种族歧视的语言。比如，在哈特的一部戏中，阿兴被描写成"下巴松弛的黄种人的细眼儿子"、"作恶多端的矿工惯贼"、"喋喋不休的白痴",以及"道德毒瘤"。其他作家的笔下也出现了带有强烈种族倾向的文学作品,他们毫不留情地将华人描述成危险、不可信赖、邪恶的阴险小人。随着政治形势的恶化,这些描述一度甚嚣尘上。在义和团运动结束不久后出版的一系列关于中国的书籍,向美国白人读者宣扬华人是对文明的真正威胁。美国20世纪初的作家萨克斯·罗莫(Sax Rohmer)在小说中告诉读者,即使是像他创造的角色傅满洲(Fu Manchu)一样聪明伶俐的中国人也是邪恶的,他们在骨子里天生不会从善。这些成见很快又被搬上了作为新媒介的银幕上。[5]

这种类型的电影数不胜数,都是在柳霜出生地周围几个街区摄制的。洛杉矶的唐人街是一个刚刚开发的新区,19世纪80年代前住在这儿的华人不多,因为很危险。1871年,这里爆发了一次针对华人的严重骚乱和屠杀事件;随后在1886年和1887年,这里又发生过两次严重的暴力事件。尽管暴力冲突不断升级,但华人移民还是在洛杉矶站稳了脚跟,操控了当地的蔬菜买卖。1878年,洛杉矶市政当局试图向他们征税,使他们无法长期立足。这些商贩们开始罢工,迫使当局收回成命。他们早期的英勇精神激励了其他行业的发展和兴盛,比如洗衣铺、饭馆和中药铺等。[6]

20世纪头十年的洛杉矶唐人街已是一个人口密集区,有2111名居民,其中百分之九十是男性,沿街叫卖的小贩也为数可观。唐人街(本地华人称之为罗省)中的建筑包括美国砖瓦房、墨西哥土坯房、中国商行和寺庙等。对外人来说,这里看上去很肮脏,而且歹徒猖獗。附近的煤气厂和铁路调车场污染了这里的空气,偶尔洛杉矶河水会上涨,淹没这片地区的大街小巷。因为这个地区建立在私有土地上,所以公共基础设施如下水道、室内洗手间、铺砌的街道或者煤气灯等很少。[7]

黄善兴一家搬到唐人街的外围地区并不奇怪，因为罗省肮脏的环境迫使有抱负的华人搬离。洛杉矶的亚裔人口尽管也有居住隔离问题，但他们并不像非裔美国人或墨西哥人那样孤立独处。他们的居住区有一定混合性——有些德国人、爱尔兰人和日本人家庭也住在这里。有些比黄善兴一家更早搬至此地的家庭再度搬迁到更远的外围区域。史姓家族也是黄善兴的朋友，他们在罗省春天街和百老汇街之间的第一大街边上建立了家族的商铺。虽然隔了几个街区，但唐人街对于黄家仍然很重要。

在柳霜出生后的两年里，全家一度又搬回唐人街的普里维特巷21号，1910年再搬回唐人街边缘地区的菲格罗阿北大道241号，并在这里一直住到1934年。他们新搬入的这个地区是一个多元文化区域，这里墨西哥人和东欧人家庭居多，黄家是唯一的中国人家庭。与在唐人街中寻找生计的"单身汉"社会不一样，黄家的孩子尽管生活在一个传统的家庭中，但每天接触到的都是与他们不同的人。柳霜在童年时代便意识到，与不同的人群相处多有磕磕碰碰。

此外，尽管菲格罗阿北大道离唐人街很近，但在地理上毕竟是分开的。要去唐人街，柳霜和露露必须沿着庙街走上好几个街区，穿过北正街和洛杉矶大街方能到达拥挤的华人区。各个国籍的妓女在街上徘徊。而回家的时候，她们还得爬过至少两处陡峭的小山坡，这又扩大了她们与其他华人之间的距离。这种与其他华人居住地的分隔最终造成了柳霜在心理上的疏远感。她自己住在一个多种族的区域，而洛杉矶的唐人街在种族上则比其他地区更单一，居住着来自中国甚至世界各地操各种方言的华人海员和劳工。在洛杉矶，来自广东台山和福建的移民居多。虽然柳霜始终把自己看作是中国人，但是她的个性部分地受到其他美国人的影响，有美国化倾向。最终，柳霜对身份认同的追求促使她去旅行，同时也促使她进入电影中感受华人身份的片刻真实。[8]

  柳霜父母的背景也增加了她所处环境的复杂性。虽然在个人生活中保留着明显的中国传统因素，但他们毕竟都是在美国出生的公民。黄善兴于1860年7月23日在加利福尼亚的一个金矿区密歇根布拉夫斯出生。父亲阿黄翁（又称黄梁周，或者秋贤）是一位商人，与妻子潘氏在加州普莱瑟县的密歇根布拉夫斯市拥有两间店铺，一间叫"坊里"，一间叫"永春栈"。阿黄翁祖籍中国广东省台山市长安村，根据黄氏家谱记载，他父亲黄昌瑚是家族的族长。黄善兴的出生日期和地点表明阿黄翁经营的两家店铺是面向金矿区的矿工的。这门生意需要一定的资金也表明，阿黄翁应该是在1853年之后来到加利福尼亚的，此时华人移民取代了欧美裔的矿工。虽然背负着歧视性税收，同时也是种族暴力攻击的对象，华人矿工还是在白人驱逐他们的浪潮中生存了下来。

  黄善兴幼年失去双亲。潘氏于1865年去世，不久之后，父亲把他带回中国的老家永安，这是广东省台山市的一个小村庄。根据黄善兴的叙述，父亲黄梁周在营救一名掉入井中的女子时死亡。这个孤儿在5岁时回到美国，9岁时返回永安村，一直待到11岁。他也曾经在菲德尔敦的一间寺庙（中医治病场所）待过一段时间，菲德尔敦是另一个华人聚居地，在他的出生地以南大约32千米外。黄善兴居住在华人的矿场中，与白人的小镇隔离开来。尽管华人也借鉴更古老的欧裔美国人的建筑模式，但他们很快就将这种建筑模式融入自己的习俗中，尤其是寺庙——家乡的最典型象征。这些华人矿工试图在加利福尼亚和其他西部各州重建他们的寺庙。与华人这种对传统文化的记忆并存的是，白人针对华人移民的挑衅性敌视态度日渐增长。面对这种环境，黄善兴当然更加觉得自己是中国人而不是美国人。他的经历使他免于被同化，他始终还准备回洛杉矶唐人街谋生。[9]

  黄善兴19岁时已经攒下了足够的钱回台山娶妻。根据40年后他向美国入境事务处督察所作的叙述，他在1886年坐船回老家，不过他所称的这一时间与他当时的年龄并不相符。其时，黄氏族人已经建立了一个新的村庄——长安村，这里离他们的老家大约有91米远，黄善兴托媒人帮他寻一门亲事。26岁时他娶了比他小八岁的女子李氏，初婚的甜蜜诱使黄善兴继续逗留在中国。1893年2月29日，李氏生了一个男孩，取名黄斗南（小名经枢）。不久，黄善兴返美，这样的离别在台山是司空见惯的。作为大多数美国华人的老家，台山有很多既贤惠又孝顺的妻子，她们用几十年的时间等待漂洋过海的丈夫回家。[10]

黄善兴告诉移民局李氏在他返回美国前已经去世了。事实上，她独守空阁，依靠丈夫寄回来的钱在长安村一直活到78岁。村里有很多处境类似的女人；台山的经济也依赖于这些漂泊在海外的丈夫们，他们寄回家的钱维持了台山的发展。黄善兴对于返美日期的记忆同样也是不可信的，他声称自己是在1889年返回美国的，但他所说的某些事情发生在19世纪90年代之后。黄善兴返美后开了一家洗衣店，这一行当在他们这个家族中很普遍，形成了黄氏洗衣店联盟。他的工作带来了必要的经济来源，黄善兴写信给李氏，要她带儿子来洛杉矶。但李氏回信告诉他，她希望留在长安村并在那儿维持这一支的香火。同时她还写道，如果他不满意她的答复，他可以再娶一个妻子。当李氏表示不愿意来美国时，实际上美国的移民政策也禁止任何中国女子包括妻子入境，那些已经入境的人在被认可前不得不遭受广泛而频繁的身份审查，即便是来自中国的名门望族也不例外，著名的宋氏姐妹入境时被羁押了两周。宋霭龄（未来的蒋介石夫人的姐姐）后来直接向西奥多·罗斯福（Theodore Roosevelt）总统抱怨她受到不公正的对待。她讲述的受虐经历成为传奇，使恐惧逐渐渗透到普通人。李氏和黄善兴不想为一个不确定的未来冒险，便同意黄善兴留在美国，按照传统他要寄钱养家。黄善兴比大多数美国华人男子幸运，能够负担得起娶第二房妻子的费用。同年，黄善兴经华裔媒人的介绍娶了14岁的李恭桃。[11]

黄善兴长期不回长安村并不意味着他忘了在中国的家人。[12]据他女儿说,他在长安村还拥有相当的财产,这些财产都留给了黄斗南。另外,黄善兴还定期汇钱回去,以资助儿子的学业。黄斗南一直深造到30岁。黄善兴后来还曾要求柳霜将她所赚的一部分钱寄给黄斗南,但是她拒绝了。最终,黄斗南从享有盛誉的日本东京早稻田大学毕业,后来成为学校教员,同时也成了长安村的知名人物。黄善兴对知识的追求表明了他早期对孩子们的强烈期望,几乎他所有的孩子最终都大学毕业,柳霜是一个例外。

黄善兴的经历是同一代台山籍美国华人的共同经历。正如徐元音(Madeline Hsu)所认为的,当台山籍旅居者在全世界寻找财富的时候,与他们相伴的是传统习惯和对家庭生活的期望、对故乡的忠诚及对宗族组织的忠心。黄善兴一生中至少返回中国三次。在定居洛杉矶之前,他在加利福尼亚住过三个不同地方。他的孩子毫无疑问听到了许多关于台山的生活故事。李氏频繁寄来的信件和她提出的种种要求,使这个古老的国度以更加真实的面貌展现在黄家孩子们面前。柳霜在一个对中国有着绝对忠诚的家庭中长大成人,但每天面对的现实却是北美的洛杉矶,她终其一生都要接受并忍受这种文化断裂,这种心理影响在她后来的从影生涯中表露无遗。[13]

关于柳霜的母亲,我们所知甚少。1886年6月6日,李恭桃在旧金山克莱街出生,她是福利雪茄烟厂老板李凌和妻子李氏(与上文的李氏毫无关系)唯一的孩子。雪茄制造对于19世纪末的旧金山华人来说是普通的产业,虽说并不太稳定。在这里,商铺和小工厂经常变换主人和招牌,主要是白人公司的激烈竞争所致。19世纪80年代,排华运动达到了高潮,像李凌一样的雪茄制造商面临着抵制、骚乱和增加资金投入的问题。毫无疑问,李恭桃跟未来的丈夫一样,生活在一个对白人敬而远之的家庭中。尽管如此,李凌毕竟是个商人,对黄善兴而言,这场婚姻也算是门当户对。不过,李恭桃的新郎跟她父亲年纪相仿,但对于在美的华裔女子来说,嫁给一个年龄大的人并不新鲜。大约1913年,李凌携家眷回到故土,定居于云南省顺宁县的澜涧村,李恭桃便与他们再无联系。在她出生之前,反华势力的禁锢就已经开始了。李恭桃像同代的其他美国华裔女子一样,不敢进入欧裔美国人的社会并与他们交往。她既会说英语也听得懂英语,但更喜欢说台山方言。毫无疑问,她在家里与孩子和丈夫说话时使用这种方言。她出生在美国的好处只不过是避免缠足。[14]

黄善兴有幸在加利福尼亚找到合适的妻子。当时白人中间流行一种褊狭的观点,认为大多数在淘金热中赴美的华人女子都是妓女,从而促使加利福尼亚立法部门于1875年通过了臭名昭著的《佩奇法》。依据这一法令,进入加利福尼亚的华人女性移民,即便是最富有的女子,也被白人认为是有意卖淫,这一种族主义观念后来还被改编成剧本搬上银幕。部分原因是白人劳工对19世纪60年代末华人家庭发展的恐惧,同时白人资本家担心更大的家庭意味着更高的工资需求,因此《佩奇法》波及所有中国女性。移民局经常拒绝华人女子入境,当地警察屡屡以遣送回国的威胁来骚扰体面的华人女子。黄善兴能够养得起在加利福尼亚和中国的两个妻子,这证明了他的成功。[15]

黄善兴及他的这个大家庭在另一个方面也与其他华人居民不同。华人洗衣工在美国的生活是社会隔离的一个缩影,这一工作是受人鄙视的,在白人看来,华人洗衣工就是同肮脏的污水和难闻的气味打交道。正如张纯如所描述的,洗衣的工作相当艰苦,需要马不停蹄地工作,消耗大量体力。洗衣工及其家人拿着八磅重的熨斗,在湿滑的地面上辛勤劳作,洗干净衣服后熨平,完成这项工作还包括漂白可拆卸的衣领、袖子和胸衬,这需要耐心、一丝不苟和一定的技巧。洗衣工人通常每天工作近20个小时,但他们却以拥有"超强适应能力"的胃而自豪,可以一两天不吃东西。静脉曲张和小腿浮肿是他们的职业病。

尽管如此,在洛杉矶从事洗衣的工作在当地华人中非常普遍,因此也形成了一定的社会规范,有五分之一的男性户主经营洗衣铺,而黄氏家族的洗衣工就占据了所有洗衣工的三分之一。黄善兴使用一流的移民管理方式来改善自己的一切，他有许多孩子，他们长大后可以帮他打理生意。总的来说，黄善兴的洗衣铺雇用了十几个人，其中包括他所有的孩子。只要有一个人在长时间勤劳地洗脏衣服和烧开水，一家洗衣铺就会具有无可置疑的商业前景。这一使人精疲力竭的工作同时也将男人束缚在家里，他们几乎没有精力去赌博，去玩那些在唐人街普遍存在的掷骰子、法罗纸牌和扇子游戏。这一工作能够带来滚滚财源，一个洗衣工所赚的钱足够用来买一家价值 55 000 美元的旅馆。如果幸运的话，还能够在一家旅馆和公寓大楼附近得到绝佳的洗衣店场所，这些旅馆和公寓大楼时常有那些需要干净衬衣的西部年轻商人光顾。在那儿对家庭也有好处，家人就住在店铺后面。八个孩子的穿着花不了黄善兴多少钱，这位父亲的工作又使他拥有显赫的地位。正如二女儿柳霜后来回忆的那样，在黄善兴的店铺里，他是"一家之主"。虽然柳霜最终逃离了那个潮湿的洗衣铺牢笼，但在那儿的工作对她的穿着习惯产生了影响，她一辈子都对着装标准要求严格。[16]

至于谁掌控黄家的大权，这是毋庸置疑的。黄善兴的台山人身份和他作为黄氏洗衣联盟的成员，与他的产业带给他的利益比较起来，前者更能抬高他在当地华人社会中的地位。在这个家族的社团里，旧世界的纽带关系再次出现。黄善兴成为这个家族在当地的社团黄江夏堂和华人洗衣铺联盟的活跃成员。这种关系也使他必须继续资助长安村的李氏和黄斗南。[17]

现在黄善兴已经有两个女儿了，但他渴望得到一个儿子。为了让他高兴，李恭桃给柳霜戴上华人男孩的帽子，穿上小王子的礼服。柳霜后来认为，她在公众面前的自信也是拜这一男性化经历所赐。[18] 1907 年 7 月 15 日，当李恭桃生下长子黄经材（英文名 James）后，便不再需要这样装扮柳霜了。随着露露和柳霜年龄的增长，她们帮助母亲照顾接二连三生下的婴儿。1910 年 3 月 11 日，黄柳凰（英文名 Mary）出生后，次子黄伟英（英文名 Frank）也于 1912 年 3 月 12 日降生。然后，1915 年 5 月 16 日，三儿子黄瑞英（英文名 Roger）出生。1919 年 4 月 27 日，另一个女儿黄柳春（英文名 Marietta）出生，但在翌年 3 月便夭折。随着小儿子黄锦英（英文名 Richard）于 1922 年 8 月 4 日降生，这个家庭的所有成员都到齐了。[19]

到 20 世纪 20 年代末，黄善兴已经有了充足的家庭劳动力。女儿们料理柜台事务，并递送衣服，儿子们则学会了熨烫衬衣。露露和柳霜也可能干过熨烫的活，因为她们后来谈到过双手都有烫伤的疤痕。洗衣铺的工作使柳霜摆脱了束缚、激发了潜能。她在工作中学会了商业原则和财务管理，也学会了如何与人交往，尤其是在送干净衣服时与遇到的美国白人交往。与许多其他女同学相比，她显然更能接受白人。[20]

虽然黄善兴的家庭地位使他与唐人街中的"单身汉"社会完全分开，不过，就日常家庭生活方式而言，二者在许多方面都是一样的。他们的主餐大部分是猪肉、牛肉和米饭，均在一个土炉上烹制。从洛杉矶的市场上购买的水产包括墨鱼、蟹、蛤和牡蛎，甲鱼则是从当地的池塘里捉来的。黄家的孩子们从小吃饭时用的碗都是饰有竹子图案的陶瓷碗，主菜则用那些更贵的饰有"四季"字样的盘子或饰有"双喜"字样的青瓷碗来盛，喝茶的杯子用的是没有把手的中国茶杯。因为柳霜一生都很热衷于给自己和其他人做好吃的，毫无疑问她曾帮过母亲为家人准备饭菜。[21]

中国父母在用钱方面的吝啬是出了名的，但是花钱给孩子买礼物时，他们却毫不犹豫。在柳霜 18 个月时拍的全家福上可以看到，她和姐姐露露坐在双亲中间，两人都穿着传统的中国服装。两个孩子身上的衣服说明这个家庭对中国习俗的深厚眷恋，同时也显示了家庭的殷实，因为这种礼服一般是那些较富裕的家庭才有的。[22]

露露和柳霜有很多玩偶，大部分是德国造的，后来她俩还同弟弟们一起玩弹子游戏。多年后，柳霜告诉一名香港华人记者，露露一开始有很多玩偶，后来自己便央求父亲给她买更多的玩偶。她记得，"我这样做是有目的的。我把自己的床装扮得像一个舞台，而我的玩偶就是演员，我们表演自己的戏剧。后来，我的一个小弟弟也加入了我们的表演。"史家更富裕些，他们的孩子拥有铁制的马拉火车和消防车，这些玩具是全美中产阶级家庭的孩子都喜欢的。[23]

在柳霜早期的记忆里，她曾经渴望过一些奢侈品，但未能如愿；还记得她那时萌生了对种族界线的新意识。从小，父母亲就教她要端庄得体、自尊自重。当时住在黄家隔壁的是一家英国人，他们时常请小柳霜去他们家玩，这家人有一架竖式钢琴。起初，柳霜和邻居家的孩子"一起游戏，到处嬉笑玩闹，并无肤色或宗教信仰观念妨碍我们"。后来，这些孩子的母亲还邀请小柳霜触摸那架钢琴上闪闪发光的黑白琴键。柳霜很是陶醉，她爬上了长椅，但却因失去重心而笨拙地摔倒在地上。她回忆说，"我感到真丢脸，觉得在朋友的家里永远都抬不起头了。由于我的不得体行为，我觉得我将不会获准跟他们一起玩了。"柳霜认为，假如她是一个白人家庭中的孩子，那么她便不会如此担忧。但是正因为柳霜是在中国家庭中长大的孩子，所以她觉得自己也使双亲蒙羞了。几十年后，她告诉一位采访者，这种差异留给她的印象非常深刻，使"我永远都不会忘记"。受此打击后，柳霜终身未曾学会一种乐器，这也毫不奇怪了。[24]

一开始，露露和柳霜在加利福尼亚街区学校上学，半数华人孩子都是在这种学校注册上学的。她们学会了英语，同时也会用中文写自己的名字，美国的种族主义也给她俩上了一堂严肃的课。为了融入社会，柳霜弄卷头发，并且处处小心，时时留意。当柳霜的"美国"同学"因为我是这个学校最典型的中国女孩"而选她"代表中国"时，她才发觉，"我试图掩饰的东西却使我更加引人注目了"。在这所学校还有其他更不友好的事情。西方孩子在欺辱小女孩方面毫不客气，他们拽她们的头发，将她们从人行道上推开。在学校操场上，"最大的游戏就是围着我和姐姐，戏弄我们"。当两姐妹哭着跑回家告诉黄善兴时，他告诉她们要以自己的种族而自豪，她们在美国社会中的处境颇为险恶，不过，"现在就发现这一点"，对她们来说可能是再好不过的了。坐在柳霜后面的一个男孩更是喜欢恶作剧，他在柳霜身上扎大头针，只是为了检验中国小孩是否会像自己一样有疼痛感。第二天，柳霜穿了一件外套，以抵御针扎，而这个懵懂稚嫩的施虐狂却换上一根更长的大头针。不久之后，柳霜作为保护层的衣服增加到六件。春天到来时，老师坚决要求她脱掉这些衣服，结果她打喷嚏，得了严重的感冒，发展成几乎致命的肺炎。她永远都无法忘记这些事情，这些都是实实在在的种族主义之痛。在她后来的自传性访谈中，柳霜总会提起这个男孩对她施加的种族暴虐。可以断言，他在她身上"扎入"了令人不快的意识，那就是与白人接触可能导致痛苦的结果。幸运的是，姐妹俩发现并不是所有的白人都会以这种轻蔑的方式对待她们，后来成为知名编辑和作家的罗布·瓦格纳（Rob Wagner）在柳霜8岁或10岁时和她成了好朋友。他后来回忆说，他经常看见柳霜和她姐姐拖着一包包衣服在那座将他们的社区和洛杉矶唐人街隔开的山上来回穿梭，而黄善兴会在山脚下等待眺望。柳霜与瓦格纳后来发展的职业关系就源自柳霜在父亲的洗衣店工作的日子。[25]

由于担心女儿遭受的种族歧视，黄氏夫妇很快给她们换了所学校，转到在唐人街阿帕布拉萨外位于胡安街766号的华人长老派教会学校。在那里，这两个女孩学习地理学、历史、算术和英语。长老会从1876年以来就在唐人街中很活跃，并且利用华人极为重视学校教育的习惯来改变华人的宗教信仰，孩子们既学英语又学广东话。这种学校是后来推动美国实施有利于华人的积极政策的先导；在20世纪的头十年，它们也是美国华人抵御美国猖獗的种族歧视的有力武器。长老会学校有一种同化的力量，使华人学生从那些把说英语的孩子看成是异类的华人社区中剥离出来。更重要的是，长老会学校也是那些像露露和柳霜一样忙碌劳作的孩子的娱乐场所，在那里她们可以从洗衣铺的工作里解放出来，放松心情。柳霜记得，学校是她非常喜爱的一个地方，她描述自己是一个"顽皮的人"，会玩棒球和弹珠，而拒绝学针线活儿。有时候，黄善兴会偶然看见柳霜在玩弹珠，她记得，

"我满身脏兮兮，披头散发，和我'那帮小伙伴们'度过了一段非常愉快的时光，而我的行为却惹恼了他（我父亲）。"

　　这种学校也给这两个女孩灌输了大量基督教的价值观。尽管那里的老师是白人，可学生却全部是华人，因此公立学校明显存在的种族歧视在这里被淡化了。黄善兴担心女儿们得不到足够的中文教育，于是将她们送到一所下午和周六授课的中文学校，这所学校设在一座挤满狂热礼拜者的五旬节教堂里。柳霜记得这些学校除了星期天以外任何时候都开放，教室被安排在唐人街南边一幢旧楼中的一间狭长的房间。她记得，"老师坐在凳子上，旁边放着一把竹鞭。如果哪个学生表现得心不在焉或者不听话，他的双手就将被竹鞭重重一击。严重的犯规就不只是重击双手，而且还要受到更严厉的惩罚"。柳霜对这种学校有一种复杂的感情，她很喜欢和其他华人学生在一起，并且觉得在唐人街里很舒服，虽然这里的"街道狭窄，两边都是肮脏的房子、售卖中药和地毯的商铺、混杂着白人和华人的赌馆，还有华人居住的拥挤不堪的经济公寓——有时候全家人都挤住在一个房间，以及涂饰得光鲜亮丽的炒杂碎的中式餐馆——它们的灯笼在黄昏时放射出一种柔和的、朦胧的多彩光线。她同情老师，因为老师住在学校后面的狭小住房里，似乎从未离开过这幢房子，并且自己做饭吃。父亲在她身上的努力没有什么成效，因为五年后，她几乎不会读也不会写一个汉字。虽然如此，柳霜在唐人街的这些日子还是在她身上逐渐渗透了一些有影响力的所见所闻，这些将在她今后的演艺生涯中用得上。

　　柳霜和露露都注意到学校是如何改变她们的。柳霜回忆说，"出了我们的家门，我们在穿着、行为举止、语言和观念上就是彻头彻尾的美国人，时时处处都与我们老祖先的传统发生冲突。"美国化导致她"将父母的教导忘得一干二净"。随着她们的日益成长，这一过程也在加速。后来，露露和柳霜回到了她们原来就读的更乐于接受她们的学校，再后来，她们正式注册为卡斯特街校（今天的初级中心中学）的学生，最后上了林肯高中。露露上了六个月就离开了，而柳霜在那

儿待了两年，学习职业课程。²⁶

后来的记者在叙述柳霜的童年时，会将黄善兴描写成一个独断专行的传统父亲。父母亲要求女儿毫无异议地服从，留在离家近的地方。同时，华人女孩在美国比在中国更有价值，因为在这里她们可以得到在中国缺乏的东西，也可以得到更多的机会。尽管黄善兴毫无疑问地认为自己是传统的中国人，不过，他所具有的那些既定观念也在悄然改变。清王朝的覆灭和中华民国的建立鼓舞了美国华人，他们认为孙中山和其他共和主义者的胜利见证了中国复兴的力量。美国华人对君主制企图在中国复辟感到十分担忧，与此同时，他们又非常忠诚地抵制现代主义者旨在消除儒教的改革，他们不赞成给予女性平等和自由。美国华人依据儒家原则，希望女人继续依从男子，而孩子也要绝对服从长者。根据过去盛行的观点，在美国给予女性自由权的讨论已经使许多美国华人女性不适合传统婚姻。²⁷

然而，面对日益壮大的家庭，父亲要维持在洗衣铺中的支配地位是不可能的。露露和柳霜在步行去学校或乘坐公交车途中，经过中产阶级社区而有了更多的生活经历；帮父亲递送衣服的经历也使她们得以与华人以外的成年人接触。有人注意到柳霜如花的美貌，她10岁时就成为一个皮货商的上衣模特。她穿着一件水貂上衣和一条九分裤的照片给父亲留下了很好的印象，他把这张照片寄给了黄斗南。她同父异母的哥哥回信说：“柳霜非常漂亮，不过请把报纸背面广告上的手表寄给我。”柳霜反驳说，"一件皮大衣顶不了什么用。"她为皮货商所做的工作教会她懂得时尚，也使她一生都钟爱皮大衣。柳霜12岁时，已经有了一份稳定的工作，为一家名叫"巴黎"的百货公司站柜台兼做模特。父亲替她找了一份秘书工作，需要跑很长的路去上班。当她因糟糕的速记技能被解雇时，她一点儿都不难过。²⁸

家庭出游活动包括去华人剧院。华人剧场表演是19世纪90年代以来洛杉矶唐人街的重要节目，并且开始吸收女性加入剧团，这一点是对他们祖国传统的重大改变。华人在美国的剧院大部分都建在旧金山,但是有一些巡回演出的剧团会定期来访洛杉矶。像黄善兴这样恪守传统的父亲会带上家人去看这些剧团演出的传统中国戏剧。演出通常持续数周,并且还会附带杂技和其他戏种。与较著名的京剧院不同的是,大多数美国华人演员、剧目和表演方式都来自广东,使用台山方言,服装、舞台道具和剧本都直接来自中国。后来柳霜时常满怀深情地回忆这些夜晚,她记得表演持续四个小时,观众们嗑着瓜子,不时地攀谈着。她从中了解到,要做一名好的演员就必须懂得上百种角色,并且能够即兴发挥。然而,这些夜晚对于黄家人来说权当是娱乐,演戏并不被他们视为一种可能的职业,没有哪个有一定身份的父亲会希望女儿成为一名戏子。起初黄善兴一点儿都不担忧,因为女性参与演出是全新的观念,而且很少有女人角色出现在传统的华人剧院里。[29]

  黄善兴对新兴的娱乐方式就不那么喜欢了。有着还不到15年历史的电影产业以装饰华丽的剧院、戴白手套的引坐员和感情夸张的情节剧努力吸引女性观众。柳霜9岁时,用送衣服时拿到的一笔不菲的小费去看电影。之后她立即成了一个大影迷,时常向老师们编造各种各样的借口从学校偷偷溜出来去廉价电影院。她后来回忆说,她用午餐的钱买了张坐在前排的电影票,"在那儿看,所有的人看上去都奇奇怪怪的,角度不对。"最终,她因不良的饮食习惯而生病,父亲不得不干涉。不过,她仍然喜爱电影。这个女孩脑子里充满了当影星的梦想。她的梦"不像其他孩子的梦,有天使、玩具和水果的乐园——而是,我在梦里看到了一个奇迹……精妙绝伦、令人诧异的太阳城闪烁着熠熠金光,有白色的宫殿、芳香的花园,我漫步在白色的道路上,翩跹起舞,我欣喜若狂地看着蓝色的天空"。她继续讲自己的梦:"……在宫殿和花园的对面——一位穿短袖的男士,将硕大的喇叭放在嘴前,大声叫着'黄柳霜,现在你下楼来,要看起来像王子正走来一样——我们给它一个特写!'然后,另一个人拿着一架三脚西洋镜走近,一圈一圈地摇……我欣喜若狂,因为我感受到极大的快乐——然后管事的人说'不错,黄柳霜——你成了一名电影明星!'"然后,她的梦醒了，父亲手里拿着一根竹鞭正看着她。

柳霜多年后还记得她挨的这些鞭笞。她依稀记得，这根竹鞭很长，当一只强有力的手拿着它抽打她时，她觉得很痛。"我父亲握竹鞭的手很有力。不过，他手上烫伤的疤痕太多了，哎哟，真是太多了！你必须去上学，父亲对我怒吼！不能总是逃学。"[30] 尽管黄善兴因为这些事情用竹鞭打她，但柳霜还是无法抵挡电影院带给她的强烈的快乐感。她第一次见到电影明星是在一部电梯里偶遇阿尔玛·鲁本斯（Alma Rubens）。柳霜一开始是露丝·罗兰（Ruth Roland）的影迷，后来，像许多美国女孩一样，她开始着迷于珀尔·怀特（Pearl White）和克兰·威尔伯（Crane Wilbur）主演的系列剧《宝利娜历险记》（*The Perils of Pauline*）。每周，电影院上映的这一系列剧的剧情也会相应地刊登在赫斯特（Hearst）新闻报纸上。两者合作是报社采用的希望增加销售量的普遍策略。在这个系列剧中，怀特饰演的宝利娜和威尔伯饰演的马文一起击败了到处劫掠的印第安人，怀特施展了惊人的表演技艺，这部电影在1914年的美国引起了轰动。它除了这两个主角以外，还有险恶的中国罪犯吴芳。这一角色在20世纪20年代成了中国恶徒的典型形象，在萨克斯·罗莫的傅满洲系列故事里达到极致。柳霜几乎是唯一对这种每周播映的系列剧里赤裸裸的种族歧视视而不见的孩子，她学会了将种族歧视视作银幕上迷人故事的一部分。她全神贯注于怀特的精湛技艺，确信女演员可以饰演各式各样的角色。因为她已经能说会写，所以她毫无疑问能将剧情和影片中明星的表演联系起来，这一点她在后来的表演中掌握得恰到好处。

她也去过一些通风效果很差、设施破旧的电影院，这些电影院和富人区的豪华电影宫殿无可比拟，她对这些电影院不太感兴趣。在一些电影里，电钢琴播放大部分墨西哥观众喜爱的音乐，柳霜对这样的电影也极感兴趣。她会一个人待在房间里，对着镜子连续几个小时练习表演。后来，她回忆自己如何排练"最吸引我的那些情景"。这是一些典型的银幕片段，需要她"号啕大哭，泪流满面；我会紧紧地抓住胸口的内衣,在一阵极度的悲伤中将它猛然撕破"。对此,没有人会干涉她,"一次,母亲看到我演练的情景,不过,她并没有说什么。"她后来称,对于她正在萌生的以演艺为职业的念头,父亲是主要的反对者,母亲是默许的。在那些观影和演练的日子里,柳霜结合了观众的窥隐癖和学徒的想象力。正如米莲姆·汉森(Miriam Hansen)所称,好莱坞的叙事方式正在创造一种新的美国"象形文字",表达一种新的世界语言。对于大多数人来说,好好当观众就足矣;而对于柳霜来说,将这种新的语言融入自己的精神和思维却是必要的。不幸的是,好莱坞同样也为她创造了一种身份属性,她长时间忍受着这种身份属性所释放的恶意讯号。[31]

当柳霜对电影的兴趣日益浓厚时,电影业本身也发生着巨大变化,变化之一是明星体制的出现。电影制作逐渐开始偏爱虚构故事,而不再限于纪录片;同时,随着人的表演才能超越了影片的机械化魔力,全国的影迷开始希望制片厂发布他们喜爱的演员的信息。像歌舞杂耍表演、歌剧和诗人游唱这类表演长久以来都依靠明星增加票房收入,电影走上类似套路也毫不奇怪。另外,随着明星们名气大增,其薪水也水涨船高——到1915年,薪水猛增至每周几千美元。在大多数女性观众面前,他们代表着成功,引导着时尚消费的潮流。为明星树立名望的正是那些为女性及其消费梦量身定做的影迷杂志。很快,美国女性在她们喜爱的演员的影响下,购买服装、改变发型甚至想要汽车。[32]

与这些现代主题相伴的是对更基本的人类情感的诉求。在早期的电影院里,最有利可图的故事片充斥着"反亚"主题。这种主题的影片始于1898年托马斯·爱迪生(Thomas Edison)摄制的短片《舞动华人木偶》(*Dancing Chinamen-Marionettes*),陌生、奇异便成了美国人摄制影片时华人固有的形象。鉴于观众着迷于此类影片,"观光"(rubbernecking)成为迎合他们的一种方式,即组织美国游客乘坐巴士游览唐人街,并配有"喇叭男子"做解说。"喇叭男子"向观众们——像在电影院里一样,他们坐在阶梯式的座位上——介绍沿途的城市风景。唐人街的居民们愤怒地试图制止这些观光团,但却没有政治势力介入。巴士观光是为中产阶级提供的,因为只有他们能够付得起昂贵的车票;电影则吸引了那些渴望廉价娱乐的工人阶级及其家属。第一部关于华人及唐人街的影片是在纽约摄制的。随着这一类影片的产生,在 20 世纪的头十年,工业移民大量涌入洛杉矶。很快,电影编剧、导演和制片商扩展了他们的视野,把有关中国的错误消息和种族神话拼接起来,同时,他们也聚焦于像伦敦莱姆豪斯这样的城市贫民区。当柳霜成长为一名少女时,贬低华人及其地位的影片已成为好莱坞的标准。[33]

美国人对中国的痴迷也有一些正面的因素。1911 年辛亥革命后,清王朝的覆灭促使美国人重申对中国民主的道义承诺,并否认在美国存在反华歧视。与此同时,美国企业涌入中国,向中国输入诸如汽车、电影、电灯、短发、百货商店和摄影之类的商品和时尚。如史景迁所言,中国现代性的急速发展在美国创造了对中国传统文化的强烈渴望。[34] 然而,电影中所关注的未来更多表现在服装设计和场景布置上。反映亚洲问题的大片将早年对异族爱恋的渴望推到前台。

像其他美国华裔成年人一样,黄善兴痛恨电影里表现的侮辱性成见,他可能已经意识到这方面的趋势。这对他作为父亲的权威的挑战是直接的。当然,比起影院的银幕,他更关心的是电影业带给他的生意。在第一次世界大战前的几年里,刚刚冒起的电影业被转移到洛杉矶。除了持续的日照外,移到洛杉矶还可以远离纽约有关摄像机中一个关键装置的专利权的激烈争执。这一争执是对爱迪生公司排他权利的长期战争中的最新一役。当摄影棚迁到洛杉矶时,唐人街成为他们中意的拍摄场地。当电影演员出现在唐人街的大街小巷中拍摄电影时,柳霜肯定是可以出入这些场所的。她在街上遇到的第一位真正意义上的女演员是梅·默里(Mae Murray)。没想到的是,默里的服装"又破又脏",这使得柳霜困惑不已,在这个孩子的眼里,默里本应该"穿着貂皮大衣，满身珠光宝气"。尽管如此，柳霜还是个9岁的孩子时，就常常在这些拍摄场地流连忘返，企盼获得一个角色。不久，男演员们注意到这个可爱的女孩，他们称她是"C. C. C."，意思是"好奇的中国娃娃"。她由此下定决心，要成为一名电影明星。[35]

柳霜的机会在1919年的一个重要作品中出现了。意识到中国主题的电影对美国人具有吸引力，米特罗电影公司（Metro Pictures）摄制了《红灯笼》，由经验丰富的女演员艾拉·娜兹莫娃制片并领衔主演。这位卓越的女演员的贡献可能在于，她将当时占主导地位的斯坦尼斯拉夫斯基（Stanislavsky）表演体系或"体验派"表演方法引荐到美国。她被认为是默片时代的第一女强人，并且创造了一个精通于性事的"外来人"形象，这种角色后来被波拉·内格里（Pola Negri）、葛丽泰·嘉宝和玛琳·黛德丽借用。娜兹莫娃敏锐地意识到银幕上"种族肖像"的重要性。她为《电影故事》（*Moving Pictures Stories*）撰文说，必须对不同种族基于感情需要而做出的反应具有敏感性——举例来说，一个中国女孩和一个法国女孩将会如何感受被爱人抛弃的结局。《红灯笼》对于异族间悲剧性的爱恋表示同情。娜兹莫娃饰演欧亚裔混血私生女，爱上了一名美国传教士。当她得不到他的爱时，便谴责那些教授汉语但却纵容种族偏见干预真爱的伪善的西方人。出于愤恨，她参加了义和团运动。柳霜当时14岁，看完这位伟大艺术家的表演之后，她认识到自己的"种族肖像"与其他人具有同等的价值，她可以堂堂正正地凸显自己的个人经历。[36]

在这部电影里，娜兹莫娃身兼两角，饰演一对同父异母的姐妹，肤色浅黑的马莉是欧亚混血儿，即英国父亲和中国情妇所生；皮肤白皙、金发碧眼的布兰奇·萨克维尔则是这个英国父亲和他的英国妻子所生。不久，这对姐妹同时爱上了一名美国外交官①。他选择了那个纯种的英国女孩；之后英国父亲也断绝了与马莉的父女关系。虽然马

---

① 即上文提到的传教士。

莉对这个美国外交官的爱无疾而终，但他在义和团运动中被杀之后，马莉服毒自尽。当马莉死在孔雀椅上时，银幕上的标题打出了她的遗言："东方就是东方，西方就是西方"，这句话清楚地昭示了异族恋人悲惨的命运。[37]

这部影片的主题曲大受戏众欢迎，获得了广泛的好评。一则可能来自一名中国学生的评论成为后来对此影片批评鹊起的先兆。该学生在《巴尔的摩太阳报》（*Baltimore Sun*）上写道，没有哪个中国女人会像娜兹莫娃那样在影片的关键场景中露出双腿。这是对好莱坞歪曲中国女性的反驳，此类评论将会与柳霜的职业生涯纠结在一起。尽管柳霜作为临时演员并没有得到什么荣誉，但《红灯笼》对她而言不只是一次微不足道的首次登台亮相。这部影片让她见识到一位大明星的表演才能，也让她见识了欧裔美国女人饰演"黄皮肤"亚裔角色的做法。马莉的自杀使柳霜了解到她以后将长期忍受的电影中特有的死亡方式。与此同时，这部影片也把小小年纪的柳霜带入好莱坞导演的视野中，为她以后担当主角铺平了道路。柳霜谈起在娜兹莫娃电影中获得的角色时，将此事作为她的个人神话，并多次提及。娜兹莫娃似乎也喜欢上了这个小演员，两人成了朋友。[38]

此前，娜兹莫娃的作品往往选用欧美演员饰演主角。在娜兹莫娃的作品中充当主角的有弗吉尼娅·罗丝（Virginia Ross）、弗兰克·柯里尔（Frank Currier）、温特·霍尔（Winter Hall），以及一位年轻演员诺亚·比里（Noah Beery）。唯一有幸参与她的作品的亚裔演员是日本人青山由纪夫。《红灯笼》的故事发生在北京，需要大量的华人临时演员和场景。其中一个镜头就需要300个亚裔临时演员。在这之前，就有人恳求好莱坞的制片商选用柳霜。在柳霜童年时代就认识她的哈里·卡尔（Harry Carr）和罗布·瓦格纳力促制片商给她一个机会，但结果受挫，于是只能"如既往地抱怨种族偏见"，他们相信这种偏见根深蒂固地存在于制片商的头脑中。浸礼会牧师詹姆斯·王（James Wang）通常充当好莱坞制片商和华人临时演员之间的中间人，他最终确保柳霜得到了这份差事。其时，许多华人演员因流行性感冒而失去了工作，因此柳霜的明星梦看上去明朗了起来。她向王吐露了心声，告诉他自己很崇拜克兰·威尔伯、珀尔·怀特、玛丽·璧克馥等影星。她还告诉他，她常常向家人讨要五分硬币，然后偷偷溜进"气味难闻的北正街电影院"。虽然他答应替她请求一个临时演员的角色，但他提醒说，她将淹没在上百张华人面孔之中。不过，他又若有所思地自语："我想，你不会被人忽视，因为你的脸蛋像柑橘，耳朵和鼻子都很大，而且双眼也很大。"然而，他那时候缺乏洞察力，竟然担心"你将不太适合上镜"。王认识人称"米奇"的著名导演马歇尔·尼兰（Marshall Neilan），因为王曾经在尼兰执导的西部电影中饰演过一名华人。通过他的联络，柳霜踏上了她的演艺之路。得此机会，她兴奋极了，一路狂奔回家，偷偷地溜进母亲的房间，把母亲的一块中国粉搽得满脸都是。这样一来，她的脸变白了，但却是苍白。她又用任何华人家里都能找到的包压岁钱的红纸在脸上搽了点颜色。柳霜又发现自己一边的眉毛已经模糊，所以她迅速地用蜡笔画了一条黑线。她自己觉得非常满意，便跑进了摄影棚。化妆师见状大吃一惊，一把揪过她，把她搡在椅子上。接下来不到两分钟，她的妆就被清除了，取而代之的是一个更像样的装扮。柳霜一开始有点儿疼痛和恼怒，尔后很快便适应了，喜欢上了化妆师的技艺。后来，她一直清楚记得第一天在拍摄地的情景。她并不感到恐惧，"因为在这以前的每一天我已经自己演练过了……所以当我演出的时候，我有一种绝妙的感受，就好像我只是在饰演我自己一样。"[39]

她对电影近乎痴狂，但家人却远非如此。黄善兴对二女儿涉足电影界深感不安。起初，她根本就不听父亲的话，完全沉浸在拍电影带给她的快乐中，并且确信"摄影机舍我其谁"。黄善兴警告女儿，好莱坞除了拍摄有关中国的电影外还拍摄其他电影，那些电影并不需要她。有时，柳霜觉得父亲是对的："别老想电影……别老做梦……在那种电影里，他们根本不需要中国女孩。"柳霜现在明白了，即使拥有美貌，她也只能在亚裔主题的电影中饰演角色。至今仍然存在的好莱坞严格的种族角色分派，限制了她只能饰演某一些角色。所以，柳霜一度在家里感觉脸上无光。然而，对她来说，幸运的是华人角色再一次流行起来，她又能使自己沉浸于"电影的迷人之处"。在接下来的八个月里，她是"（参演）华人女子中的百分之一或二百分之一"。柳霜的回忆录说明，她参演的影片可能比后人一般认定的数量还多。作为临时演员的经历给了她宝贵的经验，同时这些经历也逐渐给了她更多的露面机会。[40]

她的演艺前途在家中仍悬而未决。好莱坞拍摄的华人电影令黄善兴恼火。除了娜兹莫娃的作品外，大卫·格里菲斯（D. W. Griffith）的《凋谢的花朵》（又译为《残花泪》，*Broken Blossoms*，1919）构建的中国人形象，将中国人视为精神上平和的人，但其文化不能与更强大、更具男子气概的西方文化相抗衡。女演员的名声同样令她父亲担忧。在中国，普通人把女演员看成是妓女，这种看法并没有因美国人的电影而改变多少。在电影刚刚兴起时，性丑闻像瘟疫般困扰着电影业，美国人认为演员不比社会底层的人好多少。直到20世纪20年代，道格拉斯·范朋克和玛丽·璧克馥的出色表演为这一职业增添光彩后，人们才改变了看法。他们的联姻风采熠熠，但在拍摄场地肆意交换毒品的黑社会也如影随形。报纸铺天盖地报道好莱坞演员的离婚和性丑闻。更为无趣和可悲的是那些女孩的命运，她们涌入这座城市，渴望获得机会。摄影棚离城市中心较远，而且时常在已超负荷的电车路线的范围之外，搭便车的女子很容易受到好色之徒的侵犯。成功者是极少数，自杀和忍饥挨饿才是家常便饭。柳霜却未被这个新职业的危险性吓倒，为了这个职业，她与父亲据理力争，从中看得出她的美国化程度有多深。在数年后的一次采访中，她还记得父亲如何说她辱没家门，她反驳说她想要独立自主，不要像在中国的女孩一样唯命是从。

多年后，也就是在广州遇到父亲并前往老家之前，柳霜回忆起父母亲所持的中国传统观念："好男不从军，好女不从艺。"柳霜这个十几岁的女演员偶然听到的这种说法，揭示了她的祖先认同与华裔美国人的祖先认同上的明显分歧。她还记得父亲提到的一件事：那是在 1919 年的一天，他的家门口突然来了大约 150 个前往洛杉矶拍戏的华人，其中有些人他很熟悉。"所以他不再阻止我了，"她说。她的母亲甚至更固执，因为李恭桃认为摄影机可能会把人的灵魂掳走。当 1919 年 4 月 27 日出生的女儿柳春于次年 3 月夭折时，整个家庭生活充满了悲哀。因为这个妹妹的夭折及母亲对她的职业的反对，柳霜罹患了忧郁症。她对演艺的狂热与对自己身份的认同冲突纠结。尽管柳霜生活在华人家庭，但她却试图在一种新的西方产业中谋生，后者进一步使她与祖国文化逐渐远离。与父母的紧张关系、家庭的不幸、年轻人的叛逆和对电影的期望，使柳霜深深地陷入潜在的种族焦虑和个人忧伤中。毫不奇怪，从童年时代起，她就无法用父母的语言与他们沟通。[41]

父亲的反对没能阻止柳霜对好莱坞的向往，她是那些发现电影为他们提供了一条出路的美国少数族裔成员之一，借此，他们可以在精神和财富上进阶美国社会。电影院为像柳霜这样的少数族裔美国人提供了一个公共的集会场所，她在这里可以幻想一个与父亲的期望不一样的未来。她后来承认，在演艺生涯的前几年里她过得并不轻松，不过，因为电影院具有集古老的希望和现代的梦想于一体的能力，它给予柳霜丰富自我和转变自我的希望。她能够成为电影明星，提升自我，进而阻断男人的背叛和摄影棚对她在情感上的伤害。[42]

但是，在柳霜能够全神贯注于她自己选择的事业之前，她的教育是一件大事。她回忆说，在中学学习的两年是她的人生中最快乐的时光。她对网球极感兴趣，中学二年级时她赢了个人和双打锦标赛。然而，她练球练得太猛，结果在秃头山参加埃斯特拉女子夏令营时突然昏倒了，旋即被送回城里，检查后得知她患了圣维特斯舞蹈病（一种神经错乱症，伴有抽搐和不自主的动作）。黄善兴带她去看中医，尝试了许多治疗方法，均告失败。柳霜悲恸万分，她想对她感兴趣的马歇尔·尼兰和其他导演现在将开始遗忘她了。最终，医生试了一种异乎寻常的方法：他用一枚金币刮擦她的手臂，直到流血，他每隔几天就用这种方法治疗，直到她最后康复。根据柳霜的叙述，她的康复更多是与她对这种治疗方法的厌恶有关，而不是疗法本身。她因此而休学数月。同学们都在谈论读大学，但是柳霜却决定结束她的正规教育，以便将所有时间投入到演艺事业中。⁴³

柳霜的疾病及她对治疗的态度反映了她在生活中面对非同寻常的压力。黄善兴已经直截了当地表明他讨厌她选择的新职业，柳霜对父亲的回应和对中国文化的态度都表明这个家庭中存在深深的心理鸿沟。由于不能忍受家长式的强制要求，柳霜的情感几近崩溃。她这一神秘的疾病类似于汤亭亭的回忆录《女勇士》（*The Woman Warrior*）中的人物所罹患的疾病。那就是，那些年纪轻轻的亚裔美国女子之所以罹患一些无法解释的疾病，都是由家庭内部对于身份认同的冲突和压力所致。如同汤亭亭笔下的人物那样，柳霜的脑袋里充满族裔认同和她饰演的或者在好莱坞影院里看到的种族角色之间的矛盾冲突。思虑日久，疾病自然降临。这些矛盾冲突还会一再爆发。⁴⁴

她灵魂上的煎熬影响了她的美貌。17岁时，柳霜的一只脚已经踏进了演艺界，但她的家庭仍然对演员这一职业怨气不减。父亲急于把她嫁掉，逼得她几乎精神失常。W. F. 西利（W. F. Seeley）在那段时间为《故事影片》（*Photoplay*）杂志专拍的一张照片揭示，在这个年轻女子美丽动人的外表之下隐含着几分紧张情绪。她穿着一件绣花衣服，领口裹得紧紧的，发式是中国乡村女娃的"童花头"，这表明她未婚处女的身份。在这些令人感到祥和温柔的装束中是生硬叛逆的眼神，西方人的眉宇，嘴唇撅起，一脸愠色。这幅照片的简短说明告诉读者，她"是一名来自安乐乡的真正的女儿"，"安乐乡"是对中国的戏称。作者对这个第二代美国华人女孩的种族敌视是显而易见的，但却使人们忽略了一个中国乡村女孩公然反抗恪守传统的父亲这一事实。这种紧张状态最显著地表现在她的双手上，她的两只手掌心

朝上平行并拢，置于腹下，衣服上的花朵像是在双手上绽开，向这个污秽的世界展现她的纯洁。⁴⁵

黄善兴对于电影界的反感源于中国文化。由女人来担纲电影演员的想法在中国是新鲜事，而从事这一行当的人声望低薪水薄。在好莱坞模式的影响下，中国各城市拍摄的电影被迫起用真正的女性来饰演女性角色，这些角色过去都是由男子饰演。中国女演员微薄的工资令她们总是在演员和"舞女"——妓女的委婉说法——身份之间来回变换。刊印的女演员画像一般是在古老的"日历女孩"和娼妓画像的基础上制成的，她们表现出一种惹人怜爱的神色，摆出一副性感迷人的姿势，模特的双眼直勾勾地盯着观众，毫无矜持。关于中国影院引入女性的其他方方面面则更难以描述。地区起源很重要，柳霜的家族来自广东，广东女子在其他华人看来更为活跃和更少受传统的约束。她们的头发像婢女一样扎成一束，比北方姑娘更能令上海的制片商们满意，因为北方姑娘被认为是贞洁、恪守礼仪、毕恭毕敬的女子。简而言之，柳霜在青春期对父亲的叛逆，形成了在中国人眼中不讨好的特性，也使她成为那些如狼似虎的美国影业管理人员"猎取"的对象。⁴⁶

从旧金山的一个名叫邝肥的花生小贩的故事中，我们可以清晰地看到美国华人究竟在多大程度上厌恶电影世界。1922年，第一国家影业公司（First National Pictures）发行《旋风少女》（*Hurricane Gal*！），制片人艾伦·霍洛巴（Allen Holobar）招募邝肥作为片中的演员。邝肥拒绝了，并且忠告同是该片导演的霍洛巴说，由于这些电影将华人描写成恶人，所以华人极其厌恶电影世界。当霍洛巴对邝肥承诺他饰演的角色不是反派时，这个年轻的花生小贩要求驻旧金山的中国领事来决定这件事情，后者允许他饰演这一角色。尔后，邝肥又拒绝乘船来洛杉矶，因为他害怕会被绑架。直到给他买好了火车票，他才愿意担纲此角。⁴⁷

柳霜则不需要旅费。她是在电影制片人周围长大的，而且小小年纪时就令他们着迷。尽管她有一个恪守传统生活方式的家庭，柳霜在十来岁时就立志成为演员。当然，并非只是柳霜怀有这样的志向，好莱坞充满了渴望获得机会且青春懵懂的孩子。他们在演艺生涯开始之前都没有舞台经验，对演员梦想背后的"现实"知之甚少。许多人家境贫穷或家庭破裂，他们在很小的时候就生活在公众的视野中。对专横的导演来说，"明星"通常是白纸，可供随意涂画。他们饰演的角色会塑造自己的个性，演员必备的才能是具有角色的可塑性，并乐意根据公众的要求来塑造自己。[48] 柳霜与电影中的那些同龄人相比，家境略好；在她困惑沮丧之时，父亲强烈的传统观念是她可以依靠的精神支柱；她的中国文化背景为她提供了涉入好莱坞这潭恶水所需的自尊；在未来的日子里，她将学会依靠家庭和自身的文化背景去克服演艺生涯中的艰难困苦。

第 2 章　踏上影星之路

凭借《红灯笼》崭露头角后,柳霜在随后的几部电影中出演了几个无名小角色。先是环球影业(Universal Pictures)的《法外之徒》(*Outside the Law*,1920),该片由普里西拉·迪恩(Priscilla Dean)主演,托德·布朗宁(Tod Browning)执导,柳霜饰演无名小卒。这是布朗宁与后起之秀朗·钱尼(Lon Chaney)合作的八部影片中的第一部。该片拍摄于旧金山唐人街,钱尼在片中一身二任,既演章珞的仆人阿旺,又演暴徒布兰克·迈克。迪恩饰演片中暴徒"沉默的"马登的女儿莫莉·马登,当老马登试图采纳章珞(E. A. 沃伦[E. A. Warren]饰)的建议时,迈克担心他会用于己不利的证据换取法外开恩,于是制造了一起枪击案陷害老马登。由于迈克的背叛,莫莉与之一刀两断,与另一个匪徒达珀·比尔(惠勒·奥克曼[Wheeler Oakman]饰)策划了一起珠宝劫案。虽然这一谋划成功了,但他们已走上了犯罪的道路。一场激烈的枪战将影片推向高潮,迈克中枪身亡。而莫莉和比尔也身陷囹圄,幸得章珞把抢来的珠宝退还,他们才重获自由。尽管柳霜的角色没有出现在演员表上,但却让布朗宁和星途坦荡的钱尼对她刮目相看。虽然《红灯笼》让她看到中国历史的某些正面,但这部《法外之徒》却为柳霜掀开了乌云的一角,让她看到西方人眼中的唐人街及其居民那阴霾般的黄祸暗影。影片告诉柳霜,唐人街是藏污纳垢之地,是来自不同国家的帮派混战的舞台,这也是她在一生的电影生涯中一再耳濡目染的。好在章珞这个角色让她略略宽慰,并且让她明白,唐人街是一个独立王国,在那里挣扎于社会边缘的人们能够跨越种族界限,共同分享彼此的人生。[1]

柳霜在《法外之徒》中的表现极富感染力，这种表演的能量使她与塞缪尔·高德温（Samuel Goldwyn）结缘，出演后者制作的影片《冰火两重天》（*A Tale of Two Worlds*，1921）。该片也是二人首度合作，高德温对柳霜的影响贯穿她的演艺生涯。正是在高德温的提携下，柳霜得以参演这部大制作。该片同样以旧金山唐人街为背景展开，讲述古董商卡迈克尔和一件价值连城的明代节钺的故事。卡迈克尔和他的妻子在中国被义和团杀害，女儿孙杉（莱提斯·乔伊 [Leatrice Joy] 饰）由阿旺（E. A. 沃伦饰）带到唐人街抚养成人。义和团大师兄凌周（华莱士·比里 [Wallace Beery] 饰）费尽心机，想要找到孙杉，夺取节钺，但孙杉却爱上了年轻富有的美国人纽科姆博士。纽科姆救了在唐人街长大的白人孙杉，并杀死了凌周。在这部影片中，柳霜多数时间被推到无足轻重的位置，但该片却介绍了主导柳霜演艺生涯的重要主题。孙杉代表被野蛮人掳掠的白人女子，这是印第安人劫掠白人妇女的现代演绎，其文化脉络可以追溯到 17 世纪的印第安战争。透过电影惊险刺激的迷雾，柳霜看到一个中国劫匪的欲念是如何造成玷污白人女子的威胁，即便她看上去像中国人。跨种族情与爱的灾难，成为好莱坞电影东方主义叙事的主题和柳霜演艺生涯的主导因素。《冰火两重天》中的古董店将以怀旧为主题的更微妙的东方主义介绍给柳霜。16 岁的柳霜为散发着中国文化那深邃玄远气息的古董所倾倒，很快就开始在自己家收集古物。[2]

随后，柳霜签约塞利格 – 罗克影视公司（Selig–Rork Productions），出演一部鲜为人知的电影《白老鼠》（*The White Mouse*，1921）。在片中，韦斯利·巴里（Wesley Barry）饰演东方匪徒，柳霜则饰演受其侵害的华人太太。不久，柳霜宣布自己在《野百合花》（*Lilies of the Field*，1924）这部叫好又叫座的电影中出演配角。[3] 不过她迎来事业的春天是在 1920 年。两年来，柳霜饰演的角色只是"一百个或两百个路人"中默默无闻的一个，而这一次她得知自己下一个银幕形象将是"片中唯一的路人甲"！多年后，当柳霜回忆起她听说自己将是片中唯一的华人那一刻,仍不免"心跳加速"。这部摄于旧金山的电影名为《小丁》(Dinty,1920),由马歇尔·尼兰执导,好莱坞影星韦斯利·巴里在片中饰演清洁女工的儿子、年轻的报童丁迪。影片围绕唐人街黑帮首领黄泰绑架著名法官的女儿展开,最终丁迪靠着自己对唐人街大街小巷和帮派犯罪活动的深刻了解,带领警察迅速抓获黄泰。而善良的法官在丁迪的母亲因肺结核去世后不久收养了他,使他能更好地生活。该片拍摄于1920年秋天,大部分镜头取景于旧金山唐人街,这意味着不满16岁的柳霜,尽管只在片中饰演一个小人物,却要跟着剧组四处奔波,远离父母的照顾。幸而旧金山是美国华人戏剧的中心,柳霜也得以偷得半日闲,悄悄溜去欣赏著名华人演员的演出,过一把中国瘾。《小丁》在美国和欧洲大获成功,柳霜的表演天赋让影迷们第一次大饱眼福,由此开始了她近廿载的传奇生涯。当她手拿大额支票回到家时,她的表演也得到家人的认可。柳霜顿感"喜从天降,就像一朵异域奇葩,只能生长在洁白的花园中,只能在太阳下绽放,在其他地方,却是南橘北枳"。[4]

此时,黄柳霜已成为影视圈的明星,陆续出演了多部影片。继《小丁》后,柳霜在著名日本艺人早川雪洲主演的《长子》(The First Born,1921)中亮相,这是她第三次在旧金山拍戏。电影讲述一个凄婉的爱情故事,艄公陈旺的恋人罗清被卖给了旧金山富商,他只得另娶陈丽为妻。不久,陈丽生下儿子陈通。阴差阳错之下,陈旺与罗清在旧金山邂逅,不料,妒火中烧的富商将陈丽和陈通诱拐到家里,男孩不幸坠楼身亡。复仇心切的陈旺手刃富商,带着罗清返回故土。该片的剧组人员来自美国、中国和日本三地,柳霜在片中饰演一个将茶杯递给雪洲的配角,影片上映后,欧洲观众对她的演技赞不绝口,尽管没有专门提及她的角色。[5]

柳霜与早川雪洲合作是影视圈中值得关注的大事。1915年,雪洲出演西席·B·地密米(Cecil B. DeMille)的影片《骗子》(The Cheat)后一炮走红,成为好莱坞重量级巨星。早在赴美之前,他已然是日本家喻户晓的影视巨子,并深为熟稔莎士比亚而自豪。美国的影坛杂志推出了以雪洲及其妻子青木弘美为主题的专辑,将他们视为亚洲人在美国成功的代表。雪洲饰演过包括中国人在内的多个国家的人物,他在银幕上的角色常常卷入跨种族爱情的惊险与传奇中;无论故事的时代和地域怎样时移世易,不变的是那种异族爱恋的痛苦与悲情。雪洲的本色演出再配上"黄面孔"的类似演技,即白人演员饰演亚裔角色,成为柳霜仿效的途径。除此之外,比起柳霜,雪洲在演艺圈有自己的优势。他是男性、日本人、已婚,这些条件赋予雪洲的名望让柳霜难以企及。雪洲夫妇常常在他们的豪宅中款待好莱坞名流,来客络绎不绝,这类社交活动确保他在娱乐圈星途坦荡。相形之下,柳霜只能蜗居家中,望"雪"兴叹,根本无法和雪洲一争高下。[6]

在唐人街的四集纪传体影片《人生》(*Bits of Life*,1921)中,马歇尔·尼兰让柳霜第一次担纲主角。尼兰很擅长与儿童演员合作,曾一手将华莱士·比里打造成风靡全美的电影名人。《人生》在旧金山唐人街取景,柳霜在本片中首次担当主演,与人称"千面太岁"的朗·钱尼演对手戏。此前,她曾与演技非凡的实力派影星娜兹莫娃和早川雪洲同台献艺。早在拍摄《法外之徒》时,钱尼就注意到这个年轻的配角演员。如今,这位默剧大师和化妆天王与柳霜一同出演《人生》,二人成功的合作显示了她非同一般的娴熟演技。在柳霜主演的一集中,钱尼饰演华人浪子程功,刚到旧金山就成了鸦片馆的老板;柳霜则饰演程妻宋彤,生有一女。程功在心情不好时常常殴打妻子,毫无怜悯之心,甚至扬言要杀死孩子。这部犯罪题材电影的现存部分,展现给我们的是程功要将惊恐的妻子宋彤扼死的惊险一幕。宋彤的朋友把从当地牧师那里得到的十字架钉在墙上时,一根长钉刺穿了程功的头颅,使他丧了命。虽然钱尼的银幕形象暴力血腥,但他在某种程度上成了柳霜演艺道路上的典范。钱尼是个不知疲倦的工作狂,在几十部默片中现身,银幕形象不拘一格,这也正是柳霜不吝称赞的"钱氏风格"。她曾告诉一名评论家,她的目标就是饰演形形色色的亚裔角色。后来她曾不无遗憾地回忆道，《人生》是她第一次饰演母亲，也是最后一次。

尽管《鎏金电影》（*Motion Picture Classic*）在评论柳霜和另一名华裔女演员温特·布洛瑟姆（Winter Blossom）时，用了"黄祸——中国人杀入演艺圈"这一拙劣的题目，柳霜在《人生》中的表演确实为其演艺简历增光。其他国家也有报道。柳霜一定很高兴她成了英国电影杂志《看电影》（*Picture Show*）的封面女郎。更重要的是，柳霜可以和大明星搭档，在知名导演的戏中演配角。她的家人惊讶她在父亲的洗衣店记账之余，片酬竟高达每周 150 美元。柳霜已有足够的自信，在电影中要求面部特写。早期为柳霜拍摄特写镜头的是黄宗霑，1904 年他 5 岁时从台山来到美国，此时正成为有名的摄影师。[7]

但并非全家人都感到高兴，可能是《冰火两重天》开始让柳霜的家人警觉。在早稻田大学读书的黄斗南在东京看了这部电影后，焦急地给柳霜的母亲写信，要她把柳霜"带出影视圈"，但李恭桃并没有在意。或许黄家应该听斗南的意见。该片的导演马歇尔·尼兰是臭名昭著的花花公子，常拿自己每部电影 125 000 美元的天价片酬开疯狂派对，给众多女友买礼物。尽管他的年龄是柳霜的两倍有余，风流成性的尼兰仍毫不犹豫地勾引豆蔻年华的柳霜。尼兰的搭档艾伦·德万（Allan Dwan）说，他们的风流韵事在好莱坞是一个公开的秘密，二人还计划到墨西哥闪电结婚。但尼兰的朋友提醒他，加州的法律禁止欧裔美国人和华人结婚；早已厌倦他寻欢作乐和酗酒成性的好莱坞高层们会很快把他踢出影视圈。尼兰放弃了柳霜，与妻子离婚，转而与布兰奇·斯威特（Blanche Sweet）结婚。尽管尼兰缺乏勇气，但柳霜没有停止对他的关爱。十年后，尼兰的演艺生涯走入低谷，而柳霜正是星光灿烂。离开一年后，她带着给他的礼物重返好莱坞：柳霜在伦敦时一个爱尔兰女仆所赠的十字架，据说是能给主人带来好运的护身法宝。柳霜后来的恋人们都与尼兰类似：年长的白人男子，在业内有举足轻重的影响。[8]

很快，柳霜主演了第二部影片，威廉·福克斯（William Fox）制作的《羞耻》（*Shame*，1921）。该片摄于上海，讲述一段跨国婚姻的恩怨情仇。威廉·菲尔丁在妻子死后照顾独子，邂逅并爱上了中国女子李春。想把李春据为己有的中国商人傅清因妒生恨，杀害了菲尔丁，李春只得带着菲氏年幼的孩子来到他的故乡旧金山，继承家族房产。傅清闻讯后也来到旧金山，告诉小菲尔丁他是一个混血儿，并企图用鸦片贿赂他。无奈之下，小菲尔丁逃往阿拉斯加，他的爱妻、幼子和李春也随他而去。没想到，傅清又来到这里，幸而疾恶如仇的李春手刃寇仇，并告诉小菲尔丁他是白人而绝非混血。一家人同李春一起返回旧金山，尽享天伦之乐。经验丰富的约翰·吉尔伯特（John Gilbert）一人分饰二角，既饰演片名角色威廉·菲尔丁，又饰演小菲尔丁。《羞耻》将柳霜带给了德国观众，维也纳的《影院月刊》（*Das Kino-Journal*）不吝溢美之词，称本片"扣人心弦、推陈出新"。[9]

此时人们对柳霜的演技赞赏有加，她也迎来了自己的一部扛鼎之作。《海逝》由弗朗西斯·马里昂（Francis Marion）编剧，大量借鉴了普契尼（Puccini）的名剧《蝴蝶夫人》（*Madame Butterfly*），由切斯特·M·富兰克林（Chester M. Franklin）亲自执导。《蝴蝶夫人》曾在20世纪初风靡美国，是纽约大都会歌剧院的保留剧目，由玛丽·璧克馥主演的早期版本取得了巨大成功。《蝴蝶夫人》多次改编为文学作品、歌剧和电影，成为美国东方主义的经典叙事，舍此则无从谈及亚裔美国人在美国电影中的地位。剧中，美国和日本两国的命运与两国人民的认同息息相关。在西方的建构中，"东方"是一个在特性和性别上对占领和统治顺从的地方，《蝴蝶夫人》的起源和流传正是这种东方主义叙事的原型。[10] 尽管这部1922年的《海逝》将故事的发生地从《蝴蝶夫人》中的日本变成了中国，但在很大程度上仍与其他的"东方故事片"形神兼似。这些还是次要的，最重要的是柳霜如何颠覆这部悲剧，在剧中传达自己对中国文化的理解。

本片的编剧弗朗西斯·马里昂是女性剧作家的先驱，她后来承认

《海逝》"实际上是《蝴蝶夫人》的继女"。在马里昂的剧本中，资深艺人肯尼斯·哈兰（Kenneth Harlan）饰演的美国人艾伦·卡弗坠海后被海浪冲到岸边的一块礁石上，似乎就在香港附近；柳霜饰演的莲花救了他。尽管一位中国哲人警告她大海多取少予，但莲花仍然悉心照料卡弗，直到他恢复健康。

随着故事的展开，莲花和卡弗双双坠入爱河。在银幕上，柳霜将被丘比特之箭射中的莲花塑造得惟妙惟肖，她那由爱而生的至真至美呼之欲出。这一切都不可辩驳地说明，年仅17岁的柳霜所创造的银幕形象和角色，其纯美与激情较之其他好莱坞明星已不相上下。在海中救人那一幕，柳霜身穿中国传统的女童服饰，齐齐的童花头在前额摆动，她紧握双手，放在喉头，宛如一个纯洁的乡村少女。《海逝》用彩色印片法摄制而成，被认为是第一部彩色电影。柳霜的衣服是亮黄色和红色的，在彩色印片法中显得艳光四射，然而颜色不能掩饰她的悲痛。好景不长，命运的转折关头不期而至。家庭的变故要卡弗立刻赶回美国，而朋友之言又轻易地让他决定放下莲花，只身返美。当卡弗将这一切告诉她时，银幕上的莲花身穿古朴的维多利亚式服装。当得知负心的卡弗将离她而去时，凄凉和痛苦从她的眼中溢出，触动了观众的心。那一刻，仿佛时光倒转回一年前，柳霜站在懦弱的尼兰面前，任凭这如丝如缕的哀怨凄婉在她受伤破碎的心灵中宣泄。在卡弗不在身边的日子里，莲花生下了一个儿子，纵然忍受着乡里乡邻的奚落，她也无怨无悔，相信终有一天卡弗会再次出现在她面前。独守空闺中，莲花只得写下一封封假信来追寻婚姻的幻象。在一封信中，她向"丈夫"诉说，儿子的"小鸡已经长大了"，在中国这是大人称呼男孩生殖器的隐语，也是对男子汉气魄的讳称，读者在英语俗语中是找不到的。虽然马里昂是本片的编剧，但柳霜的本色演出使人物形象更加真实饱满，这是毋庸置疑的。当莲花翘首企盼远方的春闺梦里人时，她长长的发辫梳在脑后，就像一个中国妻子在等待丈夫。但此时莲花的衣服已换上了有隐喻意味的棕黑色，看上去像个寡妇。她的双手不安地抓着裙摆，曾经的幸福早已烟消云散。岁月如梭，莲花的发型无言地倾诉着生活的难堪，对于卡弗抛弃自己只身返美，她心中的宽忍渐渐被时光磨去，只能拿头发出气。此时莲花剪去了前额的头发，一半看起来仍是那个纯真少女，而另一半则像是个已婚妇女，辉映着她的困境。莲花"结婚了"，但她又不是合法的妻子。

卡弗确实回来了，但却不是一个人。陪同卡弗的白人女子比阿特丽斯曾是他儿时的玩伴，如今已是他的妻子。但莲花却不知情，她穿着一袭红蓝相间的丝绸婚纱，两手交叉放在腹前，像妻子等候丈夫回家一样前来迎接卡弗。然而，从卡弗口中得知真相后，她的心碎了，在强忍泪水将儿子交给卡弗夫妇带回美国抚养后，莲花跳入海中，将自己的生命交付给亘古不变的苍茫大海。

《海逝》是柳霜星途上的快车，让她更快跻身群星璀璨的好莱坞殿堂。《综艺》（*Variety*）虽然在总体上抨击彩色印片法是"蒙混"的小把戏，但却称赞柳霜的表演"不同凡响"，"哭戏处理到位，无须甘油就可以泪如雨下"。《纽约时报》称，柳霜是一个"地道的中国人"，虽然角色富有挑战性，但她还是取得了成功，该报同时呼吁"柳霜应该不断地出现在银幕上"。许多影评人都被柳霜的演艺天赋深深吸引，而电影的悲情主题为柳霜展示天赋搭建了舞台。出演默片靠的是肢体和动作传情达意。《海逝》的开场是莲花示意渔夫从海中救起落水的洋人，柳霜的动作恰到好处，既简洁明快又内涵丰富。同样，在片中的不同场景中，她用双手传达自己的喜悦与哀怨、欢乐与忧伤。她在片中的痛哭令观众不禁为之动容。尽管卡弗徒劳地劝说莲花宽恕他的不忠，但她"梨花带雨"般的啜泣却将影片全部的悲凉尽情显现。这并非柳霜最后一次让同台献艺的男搭档相形见绌，影迷和影评人们总是屏住呼吸，等待她的哭戏。在好莱坞，哭如其分是一份难得的禀赋，而柳霜堪称哭戏影后，实属难得。多年后，柳霜自认在《海逝》和其他几部早期的电影作品中缺乏演技，犹记得自己"用尽情感，以便能真切地表达角色"。当然，她的情感来自她作为一个华人在洛杉矶度过的童年。通过运用情感、变换发型以及选择服装、手势和台词，柳霜用一种西方导演和编剧很难理解的方式，在银幕上展现中国角色。在《海逝》中，豆蔻之年的柳霜通过修正西方关于蝴蝶夫人的神话，为观众展现了亚洲文化的潮流。然而，在这些新晋桂冠中却潜伏着祸患的阴影。在片中，柳霜饰演一个对年长的美国白人轻易以身相许的中国女性角色，这最终让柳霜在中国饱受非议。[11]

但这些非议还是未来的事。《海逝》让柳霜红透好莱坞，也使她与多位行业巨头结缘。在柳霜的演艺生涯中，他们多次给她登上银幕的机会。制片人约瑟夫·申克（Joseph Schenck）负责监制米特罗电影公司的所有影片，他与柳霜签了多部电影合约。柳霜的表演深深打动了明星—拉斯基公司（Famous Players–Lasky Corporation）的阿道夫·朱克（Adolph Zukor），随后柳霜成了该公司正式签约的演员；到20世纪30年代，接过该公司衣钵的派拉蒙影业（Paramount Pictures）成为柳霜的主要雇主。备受尊敬的艺术家马克斯菲尔德·帕里什（Maxfield Parrish）和查尔斯·达纳·吉布森（Charles Dana Gibson）同样对柳霜赞赏有加，他们是美国第一批给她画像的人，此后其他画家和摄影师也纷纷仿效。最终，《海逝》获得了巨大成功，尽管成本不高，但该片在国内外成千上万个剧院中上映，让制片公司赚得盆满钵满。后来，美国的影评人纷纷称赞，本片之所以重要既因为它开创了彩色片的先河，也因为它将柳霜纯熟的演技带给了亿万观众。本片的编剧弗朗西斯·马里昂为柳霜提供了很有价值的社交关系。虽然不再是演员，但马里昂已跻身好莱坞金牌剧作人之列。《故事影片》杂志肯定了她的睿智，赞美她"皮肤白皙，柔软的金发如波浪般泻下，深色的双眸似少女般含情脉脉"。通过她的牵线搭桥，柳霜在《海逝》的首映式上认识了马里昂的好友玛丽·璧克馥及其丈夫老道格拉斯·范朋克。柳霜的卜乘表演给范朋克留下了深刻印象。[12]

《海逝》也为柳霜赢来了外国媒体善意的评论。英国影评人称她"实际上在本片中挑大梁"，赞扬她塑造了莲花这样一个极有魅力的角色，他们注意到柳霜的表演"深沉内敛而又不失精准，达到了大师水平，凡夫俗子难以望其项背"。[13] 在东方同样回响着类似的赞誉。尽管本片富有种族主义色彩，在日本仍有影评宣称《海逝》及其主创人员"饱含纯美和浪漫"，一篇评论文章坦承，"柳霜的演技远在日本演艺明星之上"。日本各界对柳霜的反应并没有强烈的种族色彩，这也很符合西方国家的东方主义叙事风格。实际上，日本在文化上并不认同中国，日本人对柳霜的评价彰显了即使在亚洲国家内部，对东方主义的认同也是多种多样的。影响因素之一是政治。日本规定了中国移民的限制性配额，虽然不像美国的法律一样严格执行，并且在近年出现了松动的迹象，但仍然有效。1922 年在日的中国移民的数量是 16 936 人，较十年前翻了一番；到 1931 年，这一数字又增加了一倍。若是仔细统计中日战争期间在日华人的总数，就会发现这一数量呈现年度波动，并在 1931 年日本入侵中国后剧烈下降。[14]

有一篇评论尽管流传不广，但对柳霜而言却影响深远，那就是《中国留美学生月刊》（*Chinese Students Monthty*，以下简称《月刊》）。这份刊物为在美国大学深造的几百名中国精英学生服务，是中国留美学生联谊会（Chinese Students' Association）东部分支的喉舌，充满中国的铁路与军事现代化孰优孰劣等严肃的辩论。这个联谊会的会员包括中国当时和后来的领袖，例如，1912 年毕业于哥伦比亚大学的顾维钧就是其中一员，此时的顾维钧已是成功的外交官，但仍与该会有联系。《月刊》于 1922 年末发表了对《海逝》的影评，评论人桂忠书肯定了影片使用的彩色摄影技术，称赞该片"毫无疑问，在将中国人的日常生活搬上银幕的所有影片中冠绝群伦"。他对柳霜的态度是复杂的，既认为她"值得赞许"，但又不满柳霜把老式服装和现代手势混合在一起。行文几段之后，桂忠书指出，柳霜的戏服代表了"高度发达的中国刺绣艺术"。总之，桂氏断言，柳霜的表演将中国女性的形象人格化了。或许柳霜从未读过这篇文章，但它对柳霜的重要性却不容小觑，因为日后针对抨击她的中国媒体，善意的言论为柳霜提供了保护，而这篇文章正是其滥觞之所在。[15]

柳霜在家中的地位并没有因为接踵而至的国际荣誉而有明显改变。从1921年高中毕业起，她就住在洗衣店后面，为父亲打理账务。外界渴望了解这位好莱坞明星的生活，纷纷来到黄家。《海逝》公映后，记者们开始造访黄家洗衣店，向柳霜询问感兴趣的话题。而柳霜的父亲黄善兴对此早已忍无可忍，坚持要给女儿安排一门亲事，好让她相夫教子，以便从此远离娱乐圈的是是非非。与年长的白人男子谈恋爱的前车之鉴让柳霜明白，跨越种族的爱恋代价太高，所以父亲的压力让她倍感未婚的尴尬。唐人街的"单身汉"圈子里男多女少，黄善兴无疑可以安排一桩有利可图的婚姻。毕竟在美国的华人中间，妇女所占比例只有百分之十二左右。20世纪的头十年里，获准入美的女性极少；比如在1920年，只有429名中国女子获准进入美国。若是由父亲安排婚约，柳霜的星途将注定终结，因为在中国传统社会中，女性的任务就是相夫教子，几乎没有机会抛头露面。

法律制裁也限制了柳霜的婚姻机会，加州和联邦婚姻法都有约束条款，将会终结她的演艺生涯。1907年通过的一项法律规定，在美国出生的女性公民一旦与外国人结婚，就要加入丈夫的国籍，后来这成为《1922年凯布尔法》（Cable Act of 1922）的一部分。按照该法的规定，即将成婚的新郎若不能被接纳为公民，像柳霜这样的女子就可能失去其公民身份。到时为了躲避不断追查的移民官员，她只能隐姓埋名、小心过活。张纯如认为，20世纪20年代洛杉矶的白人与中国人通婚是普遍现象，但其中很少有人拥有像柳霜一样的知名度。

法律禁令和家庭束缚使柳霜拒绝任何婚姻计划，但她也承认，这种困境部分源于自身的因素。柳霜坦言，她心中的白马王子必须要像父亲一样壮志凌云；但她又担心这个白马王子有大男子主义，害怕他会颐指气使、管人管钱。但这样"我行我素"保持未婚状态丝毫没有减轻来自家庭的压力。在美国，有些华人女子选择单身，尤以留学生中的精英居多，但黄家并不愿意让柳霜也走上这条路。柳霜很现实，也很大胆，她深知美国的华人男子更愿意选择与生在中国的女子成婚，因为比起在美国出生的华人女子，她们能更完整地保留中国的传统文化。她也不愿嫁给一个在美国留学的中国学生为妻，因为他们大多来自士绅官宦家庭，厌恶在美国的广东人；这种语言和阶层上的差别是难以逾越的。柳霜的工作也影响了她的个人问题。虽然中国留学生们都知道她，但很难说他们当中会有谁愿意拿前途冒险，娶一个女艺人为妻。父亲或许会为她对黄家贡献的财富感到满意，因为在随后的 20 年中，柳霜出钱让兄弟姐妹们接受高等教育。虽然她不愿为在日本的黄斗南支付学费，但由于黄父如今能将更多的钱寄往海外，实际上她还是间接地资助了他。为了追寻爱，柳霜不得不与欧裔美国人谈恋爱，因为他们不会被她的名望、地位和才华吓倒。这样，对于那些要在自己的圈子之外寻找另一半的华人女子来说，柳霜成了典范。然而命运无情，柳霜与她心仪的男人总是有缘无分，他们没有她的勇气，一个个离她而去。[16]

还有其他方面的压力要求柳霜结婚，因为未婚阻碍了她的演艺道路。20 世纪 20 年代的电影涉及结婚与离婚的方方面面。娱乐杂志不断渲染柳霜面临的困扰，使她未婚的消息在好莱坞炒得沸沸扬扬，还传到了至少 24 个其他国家。周刊和月刊、八卦小报充斥着明星的悲喜姻缘，影迷们尤其热衷偶像的婚恋消息和花边新闻。限制柳霜婚姻机会的法律禁令和文化苛责使她在公众崇拜的眼中显得有点与众不同。虽然许多好莱坞艺人一生未婚，但是柳霜的高知名度和公众对她单身身份下意识的品头论足，都对她的名誉造成不小的打击。

在华裔美国人中，柳霜依然声名显赫，此时发生在她身上的一桩寻人风波值得玩味。在洛杉矶各家报纸上出现了一则广告，要求柳霜到北州街 908 号，声称"人命关天！"，落款是"你的妈妈"。柳霜知道，母亲李恭桃身体健康，住在菲格罗阿北大道，但她还是决定前往一探究竟。当柳霜来到北州街 908 号时，等待她的却是两个警探，他们告诉她"一个伤心的中国妈妈"的女儿两年前失踪了，老人四处寻找，直至在报纸上看到柳霜的照片，就一厢情愿地希望那就是自己失散已久的女儿。老人再三向柳霜致歉道："很抱歉让你担心了，但看到报上的照片时，我的确看到了希望，以为能见到我女儿。现在这个希望也没有了。"老人伤心欲绝，柳霜也深深为之动容。[17]

现实中的柳霜难觅真爱，银幕上的人物亦然。在银幕上，柳霜不能出演接吻戏；在现实中，柳霜频频传出跨种族绯闻；这些都给她的星途蒙上阴影，使她离自己的如意郎君更加遥远。在尤金·奥尼尔（Eugene O'Neil）的电影《上帝的儿女都有翅膀》（*All God's Chillun Got Wings*）中，女演员玛丽·布莱尔（Mary Blair）倒在戏中的丈夫保罗·罗伯逊（Paul Robeson）的怀中倾情一吻，此情此景引发全国热议，但好莱坞各家电影公司都不会冲破美国对跨种族性爱的限制，让柳霜在电影中饰演一个罗曼蒂克的主人公。对于玛丽·璧馥和老道格拉斯·范朋克这样的"神仙眷侣"，柳霜是可望而不可即的；而像马里昂·戴维斯（Marion Davies）的丈夫威廉·伦道夫·赫斯特（William Randolph Hearst）这样的富家公子，柳霜也无法企及。没有隆重的婚礼意味着没有豪宅宴请宾朋，好莱坞情侣们专享的派对生活意味着单身的柳霜难以融入。没有成婚也就没有孩子，也不得片刻天伦之乐；恰恰相反，柳霜不得不不断努力拼搏以维持自己的形象。

柳霜在公共场合从不避谈自己的情感尴尬，坦言由于个子高眼睛大，自己对华人男子没有吸引力；她明白，自己特立独行的态度和新潮的行为吓走了传统的中国男人。至于美国男子，虽然他们是好搭档而且似乎喜欢自己，但柳霜不满的是，"自己的真心总也换不回另一颗真心，这还有什么意义。"在另一篇文章中，她说自己想嫁给一个华裔美国人，因为"只有我们是同一种族，才能幸福"。[18]

柳霜尚未成年，谈婚论嫁的事可以暂且搁置。她过着现代摩登女郎的生活。一位好莱坞作者写下自己造访黄家洗衣店的经历。当她看到柜台后的女孩时完全惊呆了："她很可爱，像是象牙与煤玉雕刻成的"，这就是近来出演《人生》而走红的影星黄柳霜。记者默特尔·格布哈特（Myrtle Gebhart）重返黄家洗衣店专程采访她。柳霜身着运动装从店中走出，面色温润，如同象牙；两颊绯红，宛若玫瑰。格布哈特的笔锋富有感情，在她笔下，柳霜的双唇"像是元稹的一首诗，镌刻在古旧乐府词本的封面上"。然而，柳霜秀口一开，竟吐出现代语言："天哪，这车真靓，像小猫的睫毛般可爱，对吧？"既然彼此都知道对方是现代摩登女郎，两人便驾车出行，"给交警添麻烦"。这篇文章让读者们了解到银幕下柳霜真实的一面。为拍摄《东方就是西方》（*East Is West*, 1922），柳霜教康斯坦丝·塔尔梅奇（Constance Talmadge）如何用筷子；有家戏院想借她的名气招揽生意，柳霜于是为戏院举办麻将比赛，条件是让她留下自己打麻将赢的钱。她反驳那些批评她住在父母家里的言论，坚称"那是我出生的地方"，争辩说父亲不许自己沾染好莱坞的恶俗，所以她把积蓄都投资在房地产上。柳霜第一次公开表达了访华的意向，但她也不免有些担心，因为"那里的人们不是很挑剔，不用商量就把你嫁出去"。让柳霜自豪的是，她即将在金牌导演托德·布朗宁执导的新片《漂流》（*Drifting*, 1923）中领衔主演，尽管二人是初次合作。显然，布朗宁已经忘了柳霜曾在《法外之徒》中出演一个微不足道的配角。当他前去拜访时，柳霜站在雨中，身上的裘皮大衣已经湿透，"看上去活像一只落水的海豹"。[19]

柳霜的摩登女郎形象部分来自电影公司的宣传造势，部分来自她自己追求成熟的装扮。虽然当时摩登女郎主要被认为是欧裔美国人中特有的现象，但柳霜却在美国华裔女性中掀起一阵旋风，吸引了新的仿效者，并波及大洋彼岸的中国。在美国，华裔男子一般把华裔女子看作"摩登女郎"，通常认为她们太追求个人自由，还是娶中国本土的女子为妻更划算。甚至在中国，像外交巨子顾维钧之妻黄蕙兰这样的社交名媛，也乐于把自己打扮得时髦靓丽，引领时尚潮流，一时间名动京沪。当然，柳霜是摩登女郎，同时也是传统的华人女子，这种复杂性在同期电影《东方就是西方》中令人目眩的一幕中可见一斑。

本片开场时，柳霜身穿华丽的汉服，在月洞门前踮脚轻舞；就在这个累人的传统舞蹈接近尾声之时，柳霜对着镜头微笑，变身一个摩登女郎，身上的黑色齐膝短裙充满现代气息。她手指微曲，妩媚撩人，接着立刻消失在银幕上，留下字幕告诉观众，"快变！"柳霜突然跳起查尔斯顿舞①。镜头降到膝盖以下，只见她漂亮的双手快速交替。曲终舞尽时，柳霜跳上秋千轻轻摇动，欢快地诉说她独有的幽默："这很累，但绝对值！"她展示着自己作为一个西方化的中国女子所享受的欢乐。如同她在《海逝》中的对白一样，柳霜的幽默只有她的同胞才能听懂。当她跳查尔斯顿舞时，一道字幕这样说："这能让李中堂从坟墓里跳起来。"这里说的是晚清推动中国工业、军事和教育现代化的著名人士李鸿章，这句台词无疑是柳霜的功劳。李鸿章在中国家喻户晓，但在西方却只有中国历史专家才略知一二。李氏赞同"中体西用"的信条，认为中国要想现代化，就要采纳西方的工业技术，但同时仍要培育中国的文化内涵。柳霜巧妙地将李鸿章的信条用作幽默，暗示她表演的查尔斯顿舞比起改革派李鸿章提倡的变革更为激进，当年的李鸿章自然怎么也想不到一个中国女孩会跳西方舞蹈。同时，柳霜顽皮的幽默却留给我们一个问题，那就是她的文化认同。[20]

在现实生活中，柳霜似乎厌倦了摩登女郎的打扮，渴望穿上中国传统服饰。有谣言称，在北平有个富家公子专为柳霜量身定做了剧本。柳霜曾对记者说道："我真希望自己生在中国"，因为她对自己的"同胞，这些最古老的文明人士"怀有深深的敬意。在电影中，柳霜希望能"真实地再现他们的生活"，这清楚地表明她在文化上认同中华文化。[21]

布朗宁的《漂流》尽管逼真地展现了上海风貌，但并不很适合柳霜发挥表演天赋。由普里西拉·迪恩饰演的主人公凯茜·库克是一个鸦片走私商，被马特·摩尔（Matt Moore）饰演的船长阿瑟·贾维斯

---

① 20世纪20年代的交谊舞，节奏明快有力。

暗中监视。由华莱士·比里饰演的朱尔斯·雷平是库克的女同伙，两人密谋杀害贾维斯，但不料库克却爱上了船长，并决定改过自新。影评人发现，除了几个描写中国乡村的镜头外，布朗宁的执导和摄影非常枯燥，整部影片空洞乏味。《综艺》指出，精彩的镜头"是由华人小姑娘黄柳霜展现的，她赢得所有的荣誉，让死气沉沉的《漂流》焕发生机"。《纽约论坛报》（*New York Tribune*）的评论承认，当作者本人兴味索然地看到迪恩被锁在熊熊燃烧的平房中时，"观众都有些希望她难逃厄运，让柳霜成为剧中的英雄"。在日本，《漂流》很成功，被认为"很好地展现了中国风貌"。[22]

保存下来的一幅《漂流》剧照向我们展示了身着中国长裙的柳霜，但裙子前面已经撕破，几乎要走光。柳霜的脸上写满了惊恐，长发披落盖在胸前。这个镜头是她与布朗宁关系的真实写照。布朗宁年长柳霜近 25 岁，他的演艺生涯被酗酒和婚姻不睦困扰。几年间，柳霜再次发现自己卷入一个年长的已婚男人的生活中。他们的关系是公开的秘密，有些人认为他们真心相爱，米高梅公司的经理 J. J. 科恩（J. J. Cohn）说："他们相爱了。"有好事者称，布朗宁喜欢追求新鲜刺激，和柳霜约会就是个典型例证。导演的妻子恼羞成怒，她知道丈夫与柳霜的关系在法律上属于强奸未成年少女。不久，她抛弃了麻烦缠身的布朗宁。[23]

柳霜越来越受欢迎，如今已是欧美时尚杂志专辑的常客，按照西式着装风格巧妙地打扮自己。一篇文章描写她"头戴一顶尖端倾斜的帽子，足蹬正宗巴黎式鞋子，真丝袜子光可鉴人，脖子上围着波斯风情的羊绒围巾"。这段时期，杂志上的照片展示了她身穿男装的英姿。柳霜新买了威利斯骑士（Willys-Knight）六缸汽车，炫耀自己新的成功，但不久后为了躲避骑警追捕，柳霜驾车在一座桥上与人相撞，撞车的另一方是年轻作家威廉·克里福德斯（William Cliffords）。他曾出版过一部文集，名为《小人物眼里的电影》（*The Movies from a Worm's Eye*）。这次车祸并非因为柳霜逃避骑警所致，克里福德斯无疑是车祸的罪魁祸首，他对此深表歉意，并许诺要为柳霜量身定做一部剧本。但柳霜很快就将此事抛之脑后，也没想到日后会再次见到克里福德斯并与他合作。[24]

1923年，柳霜又出演了电影《雷鸣的晨曦》（*Thundering Dawn*），该片讲述一个乏味的南海故事，描写美国青年杰克·斯坦迪什（Jack Standish）在远东的惨痛经历，由哈里·加里森（Harry Garson）执导，安娜·Q·尼尔森（Anna Q. Nilsson）主演。J. 沃伦·克里根（J. Warren Kerrigan）饰演的斯坦迪什因为父亲生意失败陷入自责，为了缓解这份负罪感，他来到爪哇旅行。结果他先是被荡妇卢拉贝·卢（Lullaby Lou）勾引，继而又被冷血的种植园主奴役。幸运的是，由尼尔森饰演的未婚妻挽救并照顾他，直到斯坦迪什恢复健康。柳霜在片中饰演一名吧台女孩，如果说她以往的角色的卖淫情节还有些含蓄，这次则十分露骨。[25]

幸运的是，这些庸俗小角色的浮云并没有蒙蔽世界看到柳霜的天赋和纯美。虽然《海逝》的故事哀伤凄美，却极大地展示了柳霜的表演天赋，其他几部电影也让人们看到，她是一个敬业的演员，无论片方让她饰演何种角色，柳霜都会全力以赴。这些扎实的演技让好莱坞巨星之一的老道格拉斯·范朋克眼前一亮，当他为下一部鸿篇巨制挑选演员时，不禁想到了柳霜。范氏以昵称"道格"（Doug）享誉全球，是著名的票房吸金王。他与名满天下的妻子玛丽·璧克馥、红透世界的查理·卓别林以及后来的王牌导演格里菲斯一起创办了联艺（United Artists）公司。道格的下一部史诗之作在中世纪的巴格达拉开大幕，融入了引人捧腹的幽默、范氏的独门惊险绝技和众多魔法特效。《巴格达窃贼》由天才导演拉乌尔·沃尔什（Raoul Walsh）亲自执导，尽管故事并不复杂，但片中的巴格达风情壮观瑰丽，道格的身手活力四射，再加上他独具的个人魅力，让全球的范氏影迷都对本片叹为观止。范朋克品味了柳霜在《海逝》中的表演后，坚持把她拉进自己这部新的巨片中，但他必须先过黄善兴这一关。慈父般的范朋克告诉《纽约时报》，他已许诺黄父会在片场悉心保护柳霜，其谦卑之情跃然纸上。毋庸置疑，范氏已经了解柳霜与尼兰和布朗宁的流言蜚语，所以他向黄善兴保证，自己会亲自担当少女柳霜的监护人。[26]

柳霜在片中饰演一个背叛女主人的蒙古女奴。尽管这只是该部巨片中的一个小角色，但柳霜的表演却扣人心弦。虽然她留着稚童式的童花头，却裸露双腿和大部分躯干。在整部电影中，只有范朋克和柳霜袒露大部分肌肤，在影评人眼中，这让她与国际影星一样引人注目。在剧中，蒙古女奴是揭开范朋克窃贼身份的关键。袒胸露腹的范朋克用剑抵住胆小的女奴裸露的背部威胁她，这色情的一幕令人难忘。当他把刀按在她娇小的背上时，柳霜娇躯回环，面向后方，目露惊恐，身体的其他部分在恐惧和纵欲中颤抖。这一幕持续数秒。有人感到，在这部漫长的影片中，尽管范朋克一直处在聚光灯下而不会被人遗忘，但柳霜精湛的演技还是抢了范氏的镜头。范朋克的票房号召力和本片的魔幻风格不啻一支票房灵药，让《巴格达窃贼》热遍全球。本片是当年美国电影票房冠军，在欧洲上映长达数月之久，占据红色莫斯科闹市的银幕几近半载，在俄国外省流行数年有余；在中国政府以"鬼片"之名禁映之前，《巴格达窃贼》在香港和上海吸引了成千上万的影迷。在世界上任何放映电影的地方，本片都是不得不看的选择，它让范朋克星光依旧，使柳霜的星途更上一层楼。

世界各国的影评交口称赞柳霜是"优秀演员"。说来奇怪，本片在欧洲的首映选在了布鲁塞尔。英国记者 L. P. 曼诺克（L. P. Mannock）在从德国返国途中观赏了这部电影，比同事们占得先机。一到家，他就抢先爆料《巴格达窃贼》和"魅力四射的华裔美国女子黄柳霜"登陆欧洲。既然柳霜已曝光，伦敦的其他媒体一致相信，柳霜能凭借对角色的"出色理解"传神地演绎出蒙古女奴的爱恨情仇。《看电影》用了两个整版介绍柳霜的演艺道路，法国时尚杂志《蒙太奇》（*Mon Ciné*）将柳霜作为封面女郎，介绍她的银幕生涯时丝毫不吝笔墨。《海逝》在柏林和维也纳上映使她在奥地利双倍受益，由于本片改编自普契尼的歌剧,德奥媒体起初以为柳霜来自日本,宣称她是"著名的日本悲剧演员"。当这一讹传澄清后,柳霜在奥国更是红得发紫。显然,影评利用柳霜在《巴格达窃贼》中的人气,高度评价《海逝》这部旧作中"黄柳霜的本色表演"。影评还说,在"欧洲其他国家的首都",《海逝》是影院周末特供的必备佳肴。凭借在《巴格达窃贼》和稍后的《彼得·潘》中饰演配角,尤其是在《海逝》中担纲主演,柳霜在欧洲赢得了赞誉。不久,南美电影杂志《电影工作者》(Cinelandia) 称赞柳霜是"中国美女",提醒读者留意她在《巴格达窃贼》中的表演。27

东方世界依然欣赏柳霜的表演。在日本,尽管《东京电影时报》(Tokyo Movie Times) 的评论文章在总体上否定《巴格达窃贼》,但提到柳霜时作者直言:"只有柳霜娇美的身躯深深刻在我的脑海里。"《东京娱乐与电影》(Tokyo Play and Movie) 刊登了柳霜半裸着蜷缩在范朋克剑下的特写照片。在澳大利亚,各家报纸争相介绍柳霜这个好莱坞新秀的消息。柳霜的表演如同一道闪电,令世界各地的影迷惊为天人。这个 19 岁的年轻姑娘靓装出现在明信片、观影卡①和照片中,上面的柳霜或是在范朋克剑下颤抖,或是受伤般躺在床上,或是臀部翘起缩成一团,娇媚撩人,很快传遍欧洲、亚洲各国及俄国。28

尽管全世界都沉浸在她娇美的银幕形象中,但蒙古女奴裸露的衣装让黄家蒙羞,也让大洋彼岸的中国惊慌失措。女儿让他丢脸,黄父感到被范朋克欺骗,柳霜让自己脸上无光。而实际情况更加糟糕。据老范朋克的儿媳妇后来说,尽管黄善兴从未放松警惕,但老范朋克还是宣称自己曾与柳霜有一段私情。倘若黄父看到各国评论家的文章,一定更加痛苦。《电影杂志》(上海电影杂志)的影评称《巴格达窃贼》"制作宏大,但艺术水平却不高",作者点名批评柳霜"让中国观众失望"。一言蔽之,她的表演"自甘堕落",这也是随后几年里

---

① Lobby Card,美国电影院推出的印有明星照片的卡片,充当海报之用。

中国影评对她的一贯奚落。另一份杂志《电影画报》（刊登银幕图像的杂志）则讽刺她不过是"受人摆弄的傀儡，在电影中跑跑龙套"。该文称，与红遍日本的好莱坞一线影星早川雪洲相比，柳霜"毫不自重，饰演蒙古或埃及女孩就已心满意足"。作者敦促她改过自新，重新开始以便赢得同胞的尊敬。[29]

柳霜忙于实现自己的各种梦想，无暇关注上述的困扰和问题。同年底，柳霜出演小成本电影《第四十道门》（*The 40th Door*，1924）中的一个小角色，值得庆幸的是该片摄于纽约市。拍戏期间，她与演员布伦特·罗姆尼（Brent Romney）在纽约约会。据《纽约客》（*New Yorker*）的漫画师彼得·阿尔诺（Peter Arno）回忆，罗姆尼突然被安排与理查德·罗杰斯（Richard Rogers）见面，但那时罗姆尼就要与"美得清新脱俗的东方女星黄柳霜约会了，如果你觉得我能让她爽约去见理查德·罗杰斯，那就大错特错了"。[30]

之后，柳霜在明星拉斯基公司出品的《阿拉斯加人》（*The Alaskan*，1924）中饰演配角基克。该片为当时的影星托马斯·梅根（Thomas Meighan）量身打造，由他出演男主角，在阿拉斯加的荒野中实地取景。在海报上，柳霜被冠以"主演"的头衔，这是一个进步。为拍摄此片，柳霜首次离开美国，穿过加拿大来到位于"午夜阳光之地"的片场。柳霜此行带回了三套男装，全部由上等英国面料制成，作为给弟弟们的礼物。

尽管《阿拉斯加人》的故事情节波澜不惊，但该片的取景壮观宏伟，巨大的山川中，科迪亚克棕熊、巨角野羊、驯鹿出没其间，这一切都出自传奇摄影师黄宗霑之手。实际上，本片唯一值得称道的是黄宗霑的摄影技术。上映一周后，《综艺》称此片彻底失败，虽然它在英国和日本的票房不俗，但很快就在美国影坛上销声匿迹了。[31]

饰演过这些令人气馁的角色后，柳霜迎来了事业上的又一高峰，加盟另一部大制作电影。1924 年，派拉蒙公司将詹姆斯·巴里的《彼得·潘》搬上银幕，如今该片居于这部经典美国童话的最佳版本之列。

黄宗霑镜头下的影片美轮美奂。贝蒂·布朗森在片中饰演长不大的男孩彼得·潘，其他主演包括饰演铁钩船长的厄内斯特·托兰斯（Ernest Torrence）和饰演小叮当的弗吉尼亚·布朗·费尔（Virginia Brown Faire），柳霜在本片中饰演四号人物印第安女孩虎莲，她最令人难忘的场景是在林中空地跳舞的一幕。就如卡伦·梁（Karen Leong）指出，虎莲带领迷路的男孩们攻击英国人和纯真的温迪，失败后虎莲逃到永无岛（Never-never Land），成为长不大的男孩中唯一的女子。尽管柳霜在片中只饰演次要角色，但《彼得·潘》帮助她恢复了大众情人的地位。1924年圣诞节期间，本片在堪萨斯城和洛杉矶两地分别举办了大型的首映典礼，成为圣诞档期最受欢迎的影片。阿道夫·朱克不无自豪地告诉欧洲片商，《彼得·潘》在全美250多家影院精彩亮相，并信誓旦旦地告诉他们，这部影片一定会打破所有纪录。事实证明朱克此言不虚。本片传遍世界，又一次在全球证明了柳霜的演技。例如在澳大利亚，发行方举办了超豪华的宣传活动，将贝蒂·布朗森、柳霜和其他主角的形象印在帽子上、制成雕像，连同他们的照片一起用来吸引观众。[32]

随着自己在国际影坛上声名鹊起，柳霜明白出国旅行在所难免，好在她已经有些经验。出演《阿拉斯加人》时，柳霜不得不申请并收到只针对美国华裔公民身份认证的移民局430表格，只有这样才能重新入境美国。由这张表格开始的书面申请档案一直持续到1943年。以后每次申请出境，都要首先提到1924年的申请表。申请者要填写的材料厚厚一摞，一式三份，这个申请表是第一页。柳霜在1924年填的这张表格起着正式护照的作用，每次申请出境都要提交该表格。不仅如此，柳霜、黄家乃至所有的美国华人都必须让移民局的巡查员知道自己的住所。这些程序都需要认真对待，曾有法院拒绝条件合格的女子的先例。不管柳霜名气有多大，当她想出国的时候，都要告知当地的移民局巡查员J. C. 纳尔丁尼（J. C. Nardini）。与移民局巡查员搞好关系非常重要，许多为移民局工作的白种男人都有种族主义观念，他们敌视华人，如果无法出示确凿证据，他们就会觉得华人是偷渡客。[33]

　　这些表格不经意间透露给我们至关重要的个人信息。此时柳霜19岁，身高近1.68米，这也是她成年后的身高。根据她留下的文件，柳霜头发乌黑，有一双褐色的眼睛，颈后有一个痣，光滑的脸颊若是没有额前的一粒麻子则堪称完美。她的发型随时尚潮流而变化，有时一个怪念头就会惹出一个新发型，不过最常见的当属在多部电影中出现的少女童花头。如今柳霜已长大成人，黄父便再次要她嫁人。黄善兴与洗衣店的女房东签下为期八年的地产合同。合同中有一条奇怪的规定，要求黄善兴直接将房租交给社工党。这一次，黄父执意要为二女儿嫁个好人家，态度比以往都要坚决。因此，柳霜很快搬出了黄家，用自己在《巴格达窃贼》中的片酬买房置地。很快，她得知幼时乘公交车的汉考克公园的房产对华人开放；比弗利山庄亦然。最终，柳霜在北塔英里德1400区购置了一处二层小洋房。或许，柳霜之所以离家独居，黄父的压力并不是唯一的原因。黄经材如今已是高中生，黄柳凰正读初中，黄伟英和黄瑞英年级较低，而黄锦英尚在襁褓。对这个不断扩大的家庭来说，洗衣店后面的小家无疑已是捉襟见肘。为了维持家庭成员间的感情，柳霜曾安排全家人一起去墨西哥旅行。这次旅行另一个更重要的原因，是为了给每一个家庭成员建立档案并取得身份证明文件，就像柳霜一年前经历的那样。《1924年移民法》对排除和可能驱逐任何"不具公民资格的外国人"作出了规定。尽管一家老小都在美国出生，但黄家显然把获得身份证明文件视为将来避免法律问题的护身符。许多中国移民从墨西哥偷渡到美国，黄家之所以去墨西哥，或许是担心入境时若遭遇法律困难，还可以从这里轻松地潜回美国。黄家上下轮番来到移民局面见纳尔丁尼。对于黄经材和更年少的孩子，这种谈话只是走走过场。纳尔丁尼会问他们有关家庭的问题，每个人都必须准确回答。住址、学校、老师、生日以及其他一些个人生活细节，哪怕一处有误，就会给全家带来很大的麻烦。这是他们成熟的证明，表明他们能够如实叙述家庭生活中的大事。纳尔丁尼对申请的批准为每个人打开了政府部门的绿灯，让未来的申请之路更为平坦。[34]

柳霜已是一个西化的华人女子，独自一人生活有诸多不便之处。她又一次陷入感情的旋涡中。几年后，当柳霜与中国电影观众交流，谈到父亲邀她回家并在洗衣店后面为她建起一座小洋房时，柳霜仍然深怀感激。尽管她已经很有名，但在那里她可以放松享受中国传统女子的平静生活。小说家和记者们络绎不绝，踏破黄家的门槛争相采访。柳霜外披锦缎，内里是精心挑选的汉服，端茶待客，并为他们奉上东方的故事、信仰和哲理。她告诉中国的影迷们，自己又回到本真的生活中，此言不虚。[35]

频繁的采访后，柳霜将自己生命的片段编织起来，在1926年的《电影》上发表了一篇自传。遗憾的是，自传压缩到只有两期，而且在谈到演艺生涯初期时便匆匆结束了，柳霜的叙述使她构建了对早期生活的标准回忆。后来，柳霜又加上自己对彼时一部电影的中肯评论，但对早年生涯的回忆并未变更。回忆录的大部分强调中国传统文化对她的影响，柳霜在开场白中谈到，尽管世人以为她是中国人，但实际上自己是土生土长的美国人，英语是母语，正是这一点让她在华裔美国人中更为"先锋"。柳霜坦言，父亲深受中国传统文化的熏陶，在加州密歇根布拉夫斯成家立业，小有所成后返回中国，在媒人的牵线下娶妻。随后，柳霜介绍了中式婚礼和妇女在家中的地位。她坦承父亲有两个妻子。他与第一个妻子在广东台山育有一子，返回美国后再度娶妻，生下了包括自己在内的八个子女。黄父定期寄钱给大洋彼岸的第一任妻子李氏，并资助其子黄斗南求学，斗南终成知名的学者。李氏作为原配大人，常常给黄家写信指示家务事宜，而黄父总是尽力执行。

但这些事让柳霜困惑不已。在她看来，"中国孩子自出生起，世代以来的迷信、信仰和传统就流淌在他的血液里"。抛开任何一个元素都不容易，而柳霜无疑一直在努力克制自己，不公开顶撞父亲。她

"很疑惑自己的路将把自己引向何方,苦苦思考很多事情"。柳霜的困惑依然停留在种族认知的界限之内,她在自传中刻意凸显的话题表明,柳霜这个华裔摩登女郎虽然现代,但更具中国传统。

虽然柳霜是华人,但这并不意味着她会逆来顺受,顺从父亲的支配。接下来她在自传中谈到,黄善兴因为在美国生下两个女儿而气馁沮丧。从一出生,父亲就不喜欢她,柳霜在钢琴事件中明白了什么是耻辱,她承认西方孩子对失败和受伤会一笑了之,但自己却感觉让"我和我的家人蒙羞"。适应美国的文化利弊兼有。柳霜说自己努力学习英语,并且和其他孩子玩得很开心,但其他学生根深蒂固的种族主义和身后那个男孩的恶毒攻击让她有被羞辱的感觉。面对班上同学对自己的种族主义攻击,柳霜和露露除了抱头痛哭,别无他法。当父母将她们转入一所中国长老会传教士学校时,姐妹俩感到莫大的宽慰,那里有中国文化,也有富同情心的美国家长式作风。柳霜对性别的理解是分裂的。她在自传中说到自己玩男孩游戏时的欢乐、与华人孩子一起玩耍的愉悦,以及与读者分享她发现电影、观看《宝利娜历险记》系列和在唐人街遇到明星时的兴奋。从那时起,柳霜便下定决心成为电影演员。正如她所言,牧师詹姆斯·王帮她在娜兹莫娃主演的《红灯笼》中获得一个小角色。从那一刻起,柳霜就尽力将她稚嫩的电影工作与父母的要求和她坦言无法完成的学校课业融合起来。高中生活之所以快乐,是因为有网球和露营,而不是学习。最后,柳霜谈到马歇尔·尼兰如何雇她出演《小丁》。回到学校后,她感情的大堤崩溃了,此后历时数月才慢慢恢复。多次逃课后的柳霜决定就此告别学业,全身心地投入到演艺工作中去,但这却让父母深感失望。[36]

虽然柳霜享誉全球,但这并不能保证她事事一帆风顺,她很难迅速利用自己不断上升的人气。此时的她还只是电影公司的签约艺人,尽管在《巴格达窃贼》中的表现引起轰动,但她仍是不被看好的东方女演员,也没有像其他演员那样获得出演大制作电影的机会。对此,柳霜只能默默承受,毕竟是电影公司操纵旗下的演员,影视合同束缚着他们，如果不合作，公司会发配给她小角色，或者将她"出租"给其他公司，赚取费用。好莱坞把柳霜塑造成一个不折不扣的东方演员，用时代的偏见击碎了她的梦想。作为电影明星，柳霜身上反映着许多其他女演员的困境。作为华裔艺人，她面临独特的困境。她成了亚洲美人的标准，"每当银幕上有东方故事的时候，一定会由柳霜登台亮相。"由于"她的形象注定了她永远不能成为银幕上的女主角，即便有时能成功地出演令人同情的人物"，柳霜的角色也会受到很大限制。现在，柳霜的出场只是让东方剧情的电影增添真实性，让"黄面孔"的女演员被认可。因为后者是白人，只有她们才能担纲主演，最终得到男主角的爱情。[37]

人生当然也有亮点。经过多年的拼搏，柳霜即便算不上明星大腕，至少也是个知名演员，她具有所有成名必需的素质——富有个性，阅历不断增加，还有一系列作品——似乎已经走出新手之境，准备迎接自己的星光，拥有来自世界各地的影迷。尽管有来自中国的批评，但《巴格达窃贼》和其他电影将柳霜塑造成全球偶像。虽然在美国影坛的遭遇不免让她灰心丧气，但稍后柳霜就会明白，自己在全世界的声望是一笔重要且有解放意义的资产。[38]

柳霜比先前所知的更早打算将中国文化搬上舞台和银幕。1924年，柳霜和经纪人乔治·M·马丁（George M. Martin）与投资人福里斯特·B·克莱顿（Forrest B. Creighton）签订合同，由后者在30天内筹资40万美元资助一系列"展示中国传奇"的电影，而柳霜则对克莱顿的贷款承担偿还义务。克莱顿却擅自更改合同，利用柳霜的名气筹得资金投资股票。随后，她赢得一份针对他的临时禁令，最终解除了这份合同。除了展示自己发扬中国文化的愿望和涉足商界的不屈意志外，柳霜还将自己的演艺技能扩展到舞台剧。是年岁末，柳霜在旧金山举办了一场轻歌舞剧。开场时她唱了一首中国摇篮曲和一首流行小调"萨利"（Sally），并告诉观众自己将献上一支诺奇舞（Nautch）。这是一种东方舞蹈，跳这种舞的是来自印度的专业舞女，她们几乎全身赤裸，表演挑逗性的色情舞蹈。在露丝·圣丹尼斯（Ruth St. Dennis）的推广下，诺奇舞风靡美国。或许柳霜的兴趣与孟买一桩耸人听闻的凶杀案有关，印度印多尔的王公买凶将印度最有名、最漂亮的诺奇舞女毁容，并杀害了她的爱人。柳霜宣称，这场轻歌舞剧是她从事真正戏剧工作的第一步。[39]

1925年冬春之际，柳霜与布赖恩特·沃什伯恩（Bryant Washburn）、卡伦·兰迪斯（Cullen Landis）、露丝·斯通豪斯（Ruth Stonehouse）、菲利斯·哈弗（Phyllis Haver）以及海伦·霍姆斯（Helen Holmes）等默片明星一起踏上旅途，于2月中旬在得克萨斯州第一次亮相，并取得巨大成功。十天后，他们回到纽约市。随后，一行人前往中西部，打算在堪萨斯州议会大厦欢度一个通宵。门票两美元，表演结束后可以与明星们共舞。尽管有乐队和警车开道的欢迎仪式十分隆重，但明星们在大厦看到的是多达18 000个空座位。此时，记者的出现使他们意识到这场"盛会"必须继续下去。明星们只得免费表演，因为当地的活动策划方先扣下了微薄的门票收入。堪萨斯州的艾奇逊是又一个滑铁卢，那里的乐队指挥开出的空头支票遭到拒付，他很快独吞了入场费。这次惨败后，柳霜一行人再也无心周游，悻悻地回到好莱坞的安乐窝。这是她第一次巡回演出，虽然首次周游没有什么经济收益，但她却发现了舞台表演的可能性。此后，柳霜成了狂热的戏剧迷，每次看戏后都把节目单保存下来。她的收藏使我们得以了解她看过的众多戏剧和她的动态。[40]

继出演蒙古女奴和印第安公主后，柳霜在改编自小说《查姆利勋爵》（Lord Chumley）的电影《四十记媚眼》（Forty Winks，1925）中饰演欧亚混血的女恶霸安娜贝勒·吴，与之前的银幕形象相比，这一角色更为重要，对剧情的影响也更为关键。剧中，吴灌醉了愚钝轻狂的巴特沃思中尉，用他的钥匙窃取了加利福尼亚州的防卫计划。由经验老到的的雷蒙德·格里菲斯（Raymond Griffith）饰演的查姆利勋爵起初为此事背上黑锅，但通过施展一系列精明的手段他追回了防卫计划，并将巴特沃思的无辜和安娜贝勤的阴险公之于天下。在日本，影评称柳霜"逼真地表现了一个冷静的、善于勾引的性感女郎"；英国的评论赞扬她的精彩表现；奥地利的评论人惊呼柳霜"不同凡响"。此后，她在影片《最美一刻》（*His Supreme Moment*，1925）的开场中简短亮相。该片改编自《海逝》的编剧弗朗西斯·马里昂的畅销小说，现在已经遗失，片中的许多镜头都是用彩色印片法拍摄的。[41]

1926年，柳霜出演了四部电影，但都反响不大。导演和制片人试图利用柳霜在拍《巴格达窃贼》后积聚的名气，把她放在演员表的重要位置，大力宣传她在片中的角色，但在拍片时只是让她短暂出镜。这种方法可以免费给电影做广告，吸引她的影迷，但由于柳霜按周领薪，片方的花费并不高。影片《第五大道》（*The Fifth Avenue*，1926）的拍摄就说明了这一点。该片于1926年春摄于纽约市，故事围绕一个来纽约尝试时装设计工作的南方女孩展开。片中她先是被误以为是妓女，经过几番类似的周折后，最终与主人公相恋。柳霜在片中饰演南洛，只是短暂出场，而且与故事主线无甚相关。在其他三部电影中，柳霜的露面只是给这些平庸的影片添加些许东方情调。我们可以在威廉·福克斯拍摄的电影《唐人街之旅》（*A Trip to Chinatown*，1926）中看到这一点。本片于1926年6月上映，在旧金山的唐人街里展示白种美国人间的嫉妒。唐人街只是故事的背景，柳霜饰演的奥哈提与剧情没有多大关联。[42]

柳霜出演的下一部影片的拍摄意图与大多数好莱坞产品不同。这部长达八盘胶片、名为《丝绸之花》（*The Silk Bouquet*，1926）的影片由柳霜与吉米·梁（Jimmy Leong）联袂主演，费尔蒙公司（Fairmont Productions）出品，但已经遗失或从未发行。据德国的一份电影杂志报道，本片得到"旧金山中国富翁们"的资助，由中国教育电影公司制作，目的是"改善中国人在美国人眼中的恶劣形象"。如今只有许可证书能证明该片的确存在过，其拍摄计划透露了这一时期柳霜的工作状况。由于在好莱坞只能出演负面的小角色，柳霜急于打破这一魔咒，想拍摄一部电影来展示中国人生活积极的一面。不仅如此，她宣布自己可以独立于美国的片场体制，甚至愿意与寂寂无闻的非专业公司合作来达到这一目的。[43]

与此同时，柳霜并没打算放弃自己已颇具规模的好莱坞生涯。1926年末，她出演了米高梅出品的西部片《沙漠的代价》（The Desert's Toll），饰演奥尼塔一角。奥尼塔只是片中的小角色，而且与故事关系不大。看到她饰演的印第安女孩奥尼塔后，观众仍惊叹柳霜的美丽。拍摄此片时，她的片酬是每周200美元；但由于她饰演的角色微不足道，而且片方精于算计，柳霜第一周的报酬实际上只有125美元，第二周上升到208.33美元。但这还是远低于本片影星弗朗西斯·麦克唐纳德（Francis MacDonald）每周500美元的报酬，比起派拉蒙影星格洛丽亚·斯旺森（Gloria Swanson）每周6 000美元的片酬，更是小巫见大巫。[44]

如今的柳霜已经22岁了，有8年的好莱坞经历，期间曾两度参演经典名片，并有一次精彩的戏剧亮相，但至今只能出演电影剧本中的次要角色。她在1927年参演的第一部电影仍是这样。在哈尔·洛奇（Hal Roach）的电影《正直先生巴格斯》（The Honorable Mr. Buggs）中，除了日本巨星神山索衿和马特·摩尔以外，观众还可以看到柳霜。在这部较大制作的影片中，柳霜的片酬上升到每周250美元，拍摄本片一共收入666.67美元，比索衿的91.67美元高很多，但远低于影星普里西拉·迪恩的3 000美元。柳霜当年春天参演的另一部影片是查德威克拍摄的《逐出家门》（Driven from Home）。这部剧情片充满陈词滥调，恰巧在唐人街取景，柳霜在片中只是个花瓶，所以《综艺》的影评认为，她很容易被人忽略。那年孟春，柳霜在劳莱（Laurel）和哈代（Hardy）的短片《为什么女孩们喜欢海军》（Why Girls Love Sailors，1927）中出演一个小角色。[45]

就在这段时期，柳霜找到了新的快乐，她与摄影师查尔斯·罗塞尔（Charles Rosher）恋爱了。已跻身好莱坞最具创造力的摄影师之列的罗塞尔比柳霜年长 20 岁，一生与冒险为伴①。当二人相遇时，罗塞尔正在拍摄《日出》（Sunrise，1927），该经典影片为他赢得第一个奥斯卡奖。这部杰作是德国导演 F. W. 茂瑙（F. W. Murnau）与乐师雨果·卢森富尔德（Hugo Reisenfeld）在好莱坞的首次亮相。但不幸的是，《日出》与艾尔·乔尔森（Al Jolson）的有声电影《爵士歌手》（The Jazz Singer，1927）几乎同时上映。随后罗塞尔因《小公子》（Little Lord Fauntleroy，1936）、《鹿苑长春》（The Yearling，1946，为他赢得第二个奥斯卡奖）、《齐格菲歌舞团》（Ziegfeld Follies，1946）、《演出船》（Show Boat，1951）和《刁蛮公主》（Kiss Me Kate，1953）等影片名扬天下。直到 20 世纪 50 年代中期，罗塞尔才从好莱坞退休。20 年代，罗塞尔是高贵会②的会员，这是一个由一群富商成立的绅士俱乐部，位于洛杉矶北部的乡村峡谷。在柳霜与劳莱和哈代之间牵线的哈尔·洛奇也是会员之一。该会成员可以租用土地，修建宛如仙境的洋房，罗塞尔在自己的房中摆满了东方古玩来取悦柳霜，比起曾经与尼兰和布朗宁之间的尴尬来往，她感觉幸福得多。透过罗塞尔的关系，柳霜与高贵会往来甚密，养成了对异域花草的爱好。到 1927 年，高贵会认可她的成就，将会所的一部分命名为"黄柳霜花园"，此后又有一个会员命名了黄柳霜兰花。至今，高贵会与柳霜约会的雅间仍然叫作"柳霜堂"（Anna May Wong Room）。在高贵会的会所中有很多娱乐活动，他们可以骑马、射箭、打板球、投飞镖，这些技巧柳霜稍后都将掌握。高贵会的中心是交朋友。罗塞尔是好莱坞头牌名媛玛丽·璧克馥的私人摄影师和朋友，与弗朗西斯·马里昂相交甚密。璧克馥与范朋克堪称好莱坞的模范夫妻，柳霜与马里昂和罗塞尔的关系让她距离这对举足轻重的好莱坞王者夫妇更近一步。如果说柳霜曾试图恢复

---

① 曾在墨西哥拍摄革命英雄潘图·维拉。
② Lofty and Exalted Order of Uplifters，20 世纪 30 年代洛杉矶运动员俱乐部的分支。

与老范朋克的简短浪漫，这似乎不大可能。可以肯定的是，罗塞尔的英国背景以及他与茂瑙等其他旅美德国人的关系为柳霜在国际影坛上拓宽了门路。[46]

尽管与高贵会频繁交往，但柳霜仍然孜孜以求她的演艺事业。这一年参演的影片没什么意思，直至柳霜在朗·钱尼和路易斯·德雷瑟（Louise Dresser）主演的米高梅电影《武先生》（*Mr. Wu*，1927）中饰演角色。该片讲述一名中国官员的女儿爱上一个英国人的故事。钱尼饰演的武先生在得知女儿与白人相爱后，"根据中国习俗"砍下了女儿的头颅。钱尼是好莱坞最有才华和最开明的影星之一，柳霜初登银幕时就与他相识，二人从此成了朋友。从钱尼对中国的态度，我们可以想象到柳霜即使面对朋友和支持者时也困难重重。在接受一家德国媒体采访时，钱尼说起饰演中国官员的难处，因为他的"内心世界对我们来说始终是一个谜"。同化是不大可能的，因为"中国海外留学生在学习几年后便返回祖国，外国的情感方式对他们的影响微乎其微"。钱尼继续道，中国人的自豪感酿成悲剧性的结局。钱尼用经典的东方主义意识将他饰演的角色描绘成"有着雕饰过的残忍"，在他们身上"教养、教育和知识都被抹杀了"。柳霜像钱尼这样的忠实盟友对中国的感受也不过如此。[47]

米高梅的剧本表明电影情节和拍摄角度都被歪曲，用来展示中国人对这桩复杂爱恋的不满。在剧本中，拉尔夫·福布斯（Ralph Forbes）饰演的巴兹尔·格里高利买通柳霜饰演的婢女柳桑（该角色取名自柳霜的中文名），与勒妮·阿多莉饰演的武先生的女儿若萍暗中相恋。剧中的一幕，巴兹尔叹道："要是你懂我的语言该多好。"若萍对柳桑使个眼色，说道："我们很了解他，对吧，柳桑？"巴兹尔一次次地与若萍在莲花苑中幽会。武先生邀请巴兹尔的父母来武府品茶，这让他们的关系更加错综复杂。虽然脾气暴躁的格里高利先生毫不掩饰他的种族主义，抱怨说"不想陪中国佬喝茶"，但格家还是去了。格里高利夫人不知道儿子和若萍的关系，在武府大谈自己想抱个蓝眼睛、白皮肤的孙儿。听罢此言,若萍告诉柳桑,"西方没有我的容身之处。"在巴兹尔与若萍在莲花苑幽会的一幕中,摄影师穿插使用柳桑的镜头来展示对一段跨国恋情的中国式恐惧。当巴兹尔与若萍拥抱时,摄影师呈现给观众的是柳桑三度屏气凝神,她的身体由于恐惧而颤抖不已。通过重复使用这样的镜头,影片暗示美国人对跨国恋情的厌恶与中国人一样。而这一幕由在现实中已与三个白人相爱过的柳霜出演,就更具鲜明的讽刺意味。[48]

《综艺》虽对本片评价不高,但称赞柳霜"忠实而又不失同情地"演绎了她的角色。《故事影片》也赞美柳霜的演技,但对阿多莉与福布斯直露的感情戏感到不舒服。该文题为"美丽的中国婢女喜欢'美国男人'",表明作者关注本片如何试图衔接"东西方间古老的鸿沟"。柳霜不得不忍受媒体类似的轻蔑。一篇谈论她的蜡像的文章,题目就叫"漂亮但愚蠢"。尽管有这些侮辱性言论,但柳霜的新电影还是给米高梅带来不菲的收益。该公司也不惜重金做宣传,拿柳霜教勒妮·阿多莉如何用筷子和说汉语的趣事来为影片造势。这些事情让我们看到柳霜的困境。无论是才华还是容貌,阿多莉都远逊于柳霜,但仅仅因为她是饰演"黄面孔"的白人,便能出演更有分量的角色。她的表演显示了中国女子在西方人眼中的漫画式形象,她饰演的若萍幼稚脆弱,但在性爱上却大胆放浪。22岁的柳霜只能降格做诸如教阿多莉简单的中国技巧之类的事情。问题的关键在于,即便是在这部鞭挞异族爱情的电影中,也只能由白人女子担纲罗曼蒂克的主角,和英国人福布斯演对手戏。阿多莉穿起中式长裙,眼睛用胶布向后贴起来模仿中国人。她长得丝毫不像中国人,却可以名正言顺地与福布斯接吻。显然是华人的柳霜虽天生丽质,却只能站在一旁,看着阿多莉笨拙地饰演她的角色。但柳霜也有不少影迷。埃米尔·詹宁斯(Emil Jannings)一向吝于赞誉他人,却对柳霜的演技赞不绝口。友善的朗·钱尼也不断鼓励柳霜。当柳霜向他诉苦时,钱尼鼓励她坚持下去,并乐观地预言:"总有一天,你会时来运转。"在美国、欧洲、南美和日本，本片获得大致正面的评价。[49]

钱尼的鼓励对柳霜弥足珍贵。在拍摄《老旧金山》（*Old San Francisco*，1927）时，柳霜的情况更糟。本片由华纳兄弟（Warner Brothers）公司出品，于1927年5月上映，其重要性在于将人声加到音乐里的早期试验，当时被看作是大制作。《老旧金山》讲述西班牙殖民时代末期，发生在加利福尼亚的圈地风波。华纳·奥兰（Warner Oland）在片中饰演无情虐待华人的克里斯·巴克维尔，此人也是腐蚀代表温雅的西班牙上流社会的瓦斯克斯家族的罪魁祸首。剧中，巴克维尔是一个双面人物。表面看来他是个白人，叫嚣着"把蒙古人圈在华埠里"；私底下，他有中国血统，穿汉服拜佛。他把自己的侏儒兄弟关在笼里。本片由哈尔·莫尔（Hal Mohr）摄影，取得了极佳的拍摄效果，并由雨果·卢森富尔德配乐，还邀请到奥兰、多洛雷斯·科斯特洛（Dolores Costello）和索衿加盟，出演华埠领袖。柳霜在片中饰演一个绝情人物——巴克维尔的奸诈恋人。她在片中的首次亮相就说明了一切。20世纪20年代，制片人逐渐懂得在电影中突出人物面部的美感。当柳霜在银幕上出现时，观众只能透过一扇门的钢丝网隐约看到她；实际上，摄影师有意挡住她的脸，让观众无法欣赏到柳霜的美。在吻戏时也有类似禁令。尽管剧中不断暗示观众巴克维尔是"潜伏"的亚洲人，但反对异族爱情的禁令不许恋人间有任何肢体接触。在一幕戏中，巴克维尔与柳霜四目凝视，双唇几乎相触。就像詹姆斯·莫伊（James Moy）所证明的那样，柳霜的角色正符合西方人眼中带着偏见的亚洲性感尤物。再一次，由于她的种族，她的角色被判处死刑。莲花和巴克维尔都是唐人街黑社会的一员，从事鸦片买卖。巴克维尔绑架了科斯特洛饰演的瓦斯克斯家族之女，打算把她卖为白人奴隶。就在此时，1906年的大地震毁掉了整个旧金山，"消灭了"巴克维尔和莲花。贯穿整部电影的字幕都一再打出，如果索衿的角色和其他中国人发现了巴克维尔的真实身份，他们就会用种种酷刑拷打折磨他和他的妻子。该片对华人极尽丑化之能事，完全是一部渲染种族主义的影片。旧金山的华人成为种族叛徒的牺牲品，后者的残忍幻想包括绑架和强奸白人女子。他们倒卖鸦片，极度残忍。尽管在今天看来，剧情老套庸俗，充满了种族主义，但本片在美国内外反响甚大。电影公司没有因为丑化柳霜或渲染渲染种族主义而受到丝毫惩罚。[50]

黄柳霜的这种困境越来越明显。尽管她有在《巴格达窃贼》中的成功，并在随后几部平庸的电影中受到好评，但她的演艺生涯却在好莱坞陷入窘境。诚然，柳霜已是电影杂志的常客，经常有整版的报道。但她却没有机会在配角或主角上更进一步，成为明星。制片规则不允许有异族间的接吻，这意味着她不能上升为主打影星，即便是在东方主题的电影中。相反，柳霜只能看着才艺不如自己的白人演员出演那些能带来更大声誉的角色，或者至少更让人同情的角色。而她只能在片中饰演妓女、鸦片贩子，或只是帮助增添中国特色，空有一副美貌。她的银幕形象往往难逃用刀自杀或服食过量鸦片而亡的结局。[51]

具有讽刺意味的是，那些剥夺了柳霜亲吻另一个演员的权利（以此获得更重要的角色）的审查员和导演，却极力强调她的演艺生涯是如何背离了中国传统。柳霜公开抱怨银幕上不能接吻的禁令，她得到许多杂志撰稿人的同情。然而，中国戏院内却是与此不同的规定。那里上映的剧目，无论是京派还是粤派，都不允许在舞台上接吻。在中国的影院里，对吻戏的批评十分激烈。当时一个影评人说："接吻是更原始的表达亲密的方式"，他继续道，"鉴于人类从动物阶段的进化，他们有了更文明和健康的方式来亲热。比如说，中国人通常靠目光交流来表达他们亲昵的情感。"[52]

如果说有什么聊可安慰的，那就是与柳霜同台演戏的几个好演员，他们在片场之外成了好友。刚来好莱坞发展的德国王牌演员埃米尔·詹宁斯，常常邀请柳霜参加他的派对。除此之外，柳霜也是索衿夫妇的座上常客。在友人家中做客时，柳霜总会唱一首为她写的情歌：

> 我是黄柳霜，
>
> 来自老香港，
>
> 如今星耀好莱坞，
>
> 我心甚欢畅。
>
> 梦游巴格达，
>
> 我貌似东方；
>
> 对人很友善，
>
> 我给他们送欢笑；
>
> 祝福中国，
>
> 我无能为力，
>
> 让自己更美，
>
> 他们邀我乘船赶赴太平洋；
>
> 中华丝绸和稻米，
>
> 你肯定会喜欢，
>
> 请想象我像它们一样美。
>
> 我是黄柳霜，
>
> 来自老香港，
>
> 我将永远爱着她。

当柳霜哼着这首曲调时，索衿说："她让人心碎。"他说柳霜在《巴格达窃贼》中倾情一裸时，那一刻已征服了世界。对索衿而言，柳霜最大的优势就是她的双眸："柳霜的眼睛大大的，明亮清澈，是她脸上最好的部分。她眯起眼睛时，显示出东方神韵。"柳霜的心早已破碎，但其明快而落落大方的性格使她渡过难关。当罗纳德·科尔曼（Ronald Colman）的《荣誉无价》（*What Price Glory?*，1926）在洛杉矶论坛剧院上映时，柳霜一袭唐装到场，惊艳全场,就像她的友人为其魅力所吸引一般;在全部由中国演员演出的《可爱的沈小姐》(*Lady Precious Shen*)上映时,柳霜的到场再次使举座皆惊。[53]

在洛杉矶,柳霜也在其他场合赢得了公众声誉。《巴格达窃贼》的盛大首映式令人难忘。1926年1月5日,柳霜与诺玛·塔尔梅奇(Norma Talmadge)一起,用一柄镀金的铁锹为传奇巨星悉尼·格劳曼(Sidney Grauman)捐建的中国剧院奠基礼铲起第一锹土。柳霜身着像她在《海逝》中所穿的一袭丝质中国长裙惊艳亮相,她的出现让这件大肆宣扬的事情显得真实可信。一年后中国剧院落成,这是西方人的东方主义建构中的一座纪念碑。格劳曼的中国剧院可容纳戏众2 258人,迎宾员和礼仪小姐都穿着精美的仿古中国服饰。票房呈东方宝塔式;屋顶呈翠玉色,模仿青铜构造。两根立柱之间是一座浮雕石龙,占地约3平方米。中国式的藤蔓和绿叶爬满了剧院的高墙。室内天花板直径18米,中央盘绕着巨大的浮雕银龙,外侧环绕着一圈金色的圆形雕饰。这样,整个剧院营造了一种仿造的中国文化。尽管柳霜作出了贡献,但格劳曼没有让她参与一项在白人演员中流行的公关活动,即在水泥地上留下手模和足模。后来剧院还是在大厅中竖起柳霜的蜡像。[54]

虽然柳霜的掌印没有留在格劳曼中国剧院门前的水泥地上,她的面孔却风靡一时。技术精湛的摄影师争先恐后为她拍摄肖像,有些是好莱坞的常客。克拉伦斯·辛克莱·布尔(Clarence Sinclair Bull)在柳霜出席拉蒙·纳瓦罗(Ramon Navarro)的电影活动时,为她拍摄了一幅极为色情的照片。此后不久,1927年颇具传奇色彩的摄影记者露丝·哈丽雅特·路易斯(Ruth Harriet Louise)应《剧院杂志》(*Theatre Magazine*)之约,为柳霜拍摄了一组可爱的照片。其他摄影师拍摄了柳霜在不同背景下的照片。英国摄影师E. O. 霍庇(E. O. Hoppé)为柳霜拍摄的系列照片很快就刊印在明信片上。时尚界也发现她的魅力不可抗拒。《名利场》(*Vanity Fair*)的图像编辑爱德华·斯泰肯（Edward Steichen）和集评论人、小说家和有抱负的摄影师于一身的卡尔·范·维克滕都注意到了柳霜，一年后发表了这位"故事多多的黄柳霜"的一张艳照。很快，斯泰肯自己推出了柳霜美照系列中的首张。这次，斯泰肯的照片只拍摄柳霜的头部，旁边是一朵白色的花，用的是曼·雷（Man Ray）通过他的《黑与白》（Noir et Blanc）照片推广流行起来的方法。塞西尔·比顿（Cecil Beaton），一名雄心勃勃的时装摄影师，为柳霜拍摄了一张肖像，照片中的柳霜"在一个挂满了亮闪闪的装饰物的类似神龛的空间里"。当柳霜在好莱坞的演艺事业停滞不前时，她在一群精英艺术家中的名气却上升了。[55]

　　柳霜作为模特和奇装异服的设计者而备受瞩目。1927年，柳霜身穿中国织物的浴衣照传遍了日本和中国。尽管服饰精美优雅，但影迷却盯住了她裸露的大腿，这在东方是丑闻性的。而在美国裸露双腿是可以接受的。最终，中国的电影人将黎莉莉定型为一个"体育明星"，这样就可以塑造她身着短裤的形象了。同年，柳霜再次跨越底线，她穿上让人大跌眼镜的库拉肯套装（kulak suit）——据说这是第一款女性商务装，显示了她别具一格的品位。她把父亲的婚礼礼服改成自己的外套，展示了她非凡的创造力。她称这是自己最喜欢的一款衣服。中国女子通常把母亲的婚服拿来改装，所以柳霜的这一行为更显得不同寻常。她别出心裁的时尚品位吸引了欧洲的注意。

　　柳霜在全球声名鹊起。英国的电影杂志整版报道柳霜。日本的电影杂志也常常报道她出现在某部电影里，不管她露面的时间有多短，这说明她在那儿的影迷为数不少。东京的《演艺和映画》（Stage and Screen）用整整一个版面刊登她身着"尽显东方风情的泳装"的彩色照片，仅仅数月前，该杂志还推出了柳霜在《武先生》中的一幅美丽剧照。[56] 在中国，上海最畅销的女性杂志《良友画报》把柳霜作为封面女郎；在正文的一幅照片中，柳霜与画报编辑伍联德和老道格拉斯·范朋克友好地手拉手，这无疑给她的名声锦上添花。伍联德是柳霜重要的朋友，他创办了良友图书印刷公司，掌控着一个集电影、文学、体育杂志,以及书籍出版社的小小传媒王国。在上海日益繁华的文化领域中,他有能力让柳霜一直出现在热心观众的眼前。[57]

整个 1927 年,柳霜都忙于拍片。在一部名为《恶魔舞女》(*The Devil Dancer*)的电影中,柳霜出演一个职业舞女(妓女),是片中的一个小角色。本片由联美公司于 1927 年岁末推出,除了柳霜,吉尔达·格雷(Gilda Gray)和克莱夫·布鲁克(Clive Brook)这两个颇有天赋的演员也加盟本片。格雷是好莱坞片酬最高的女演员之一,出演本片收入 250 000 美元。不久,柳霜与格雷和布鲁克再次相逢。1928 年初,索衿与柳霜在《唐人街查理》(*Chinatown Charlie*)一片中联袂演出。这部影片为纽约州电影审查员所关注,在他们要求下,片中中国男子强奸白人女子的片段及其他任何暗示异族间性行为的镜头都被剪掉了。柳霜参演《恶魔舞女》的收获之一便是与被称作"希迷舞皇后"的格雷搭档。格雷的舞艺,以及柳霜和其他诺奇舞女的舞姿,足以让纽约州电影审查委员会痛下杀手,大幅删减片中半裸女子的近镜头。1928 年 1 月,柳霜参演保罗·莱尼(Paul Leni)为环球影业执导的《中国鹦鹉》(*The Chinese Parrot*)。本片是陈查理系列电影的第一部,此后陈查理这个人物在华纳·奥兰的饰演下流行一时,但此时还是由索衿饰演的。毫不奇怪,这次柳霜又是饰演没有多少镜头的诺奇舞女。或许这次参演唯一的好处便是与索衿和莱妮合作,后者将更多旅居好莱坞的德国电影人介绍给柳霜,包括巨星康拉德·韦特(Conrad Veidt)和著名编剧卡尔·沃尔莫勒(Carl Vollmoeller)。不久,这些友谊将会对她产生巨大的影响。

《中国鹦鹉》在英国的票房不俗,柳霜的星光在不列颠继续上升。然而,当这部影片在中国上映时,舆论却大加挞伐。1927 年末,一份杂志发表了一张突出她赤裸背部的照片,这被视为丑闻性的裸露。对该片的最初评论声称柳霜又一次丢了中国的脸。而影片在上海的影院上映之前,天津《北洋画报》的影评人在一个月前的《良友画报》

上读到柳霜的文章,其中她谈到自己对祖国的崇敬。这让作者很失望,因为与之前相比,一切毫无变化。他写道:"在电影中,我看到黄小姐赤身裸体地在一群土人中间剧烈地扭动臀部,并没有其他舞姿。"他总结道,柳霜的表演不会被中国观众接受。[58]

稍后拍摄的三部电影使柳霜与好莱坞分道扬镳了。在《上海街衢》(*The Streets of Shanghai*,1927)中,柳霜不得不勉强接受平庸的剧本;同时出演本片的是在《海逝》中与她演对手戏的肯尼斯·哈兰。如果说这部影片的影响不大,那么接下来的两部影片就给柳霜带来更多麻烦。1928年7月,华纳兄弟公司出品了电影《绯红之城》(*The Crimson City*,1928),柳霜在片中饰演一个微不足道的角色,而且不得不教默纳·罗伊(Myrna Loy)用筷子。罗伊为人还算不错,后来谈到出演要被卖为奴隶的华人女孩奥诺多感觉很糟糕;困难之处在于与柳霜同台演戏,而且出演中国人物,这让自己看起来像个"破烂娃娃",根本不怎么像中国人。同年春,柳霜在拉蒙·纳瓦罗和琼·克劳馥(Joan Crawford)主演的《横渡星洲》(*Across to Singapore*,1928)中饰演一个在演员表上没有提及的配角。在这部南海历险题材的电影中,柳霜饰演一名巧于勾引的吧台女,先是与马克·西肖尔(厄内斯特·托兰斯饰)关系暧昧,后来又转而与拉蒙·纳瓦罗饰演的弟弟乔尔·西肖尔勾勾搭搭。现存的美国版拷贝中,柳霜与纳瓦罗几乎没有身体接触,但在赫里克图书馆保存的电影剧照中,我们可以看到两人间火花四溅的激情戏都被删掉了,以便在美国上映。由于异族间的爱情在南美更能为人所接受,在那里的电影海报中,柳霜与纳瓦罗和托兰斯紧紧相拥。在保存下来的镜头中,柳霜的激情一览无余,她眼神狂野,长发倾泻,腹部裸露;透明的薄纱难掩她的双腿,脖子上戴着一条鲨鱼齿项链。她恣意地拥抱着两个男人,还在哥哥脸上留下一吻。吻戏虽不算重大突破,但这次却通过了审查员那一关。在克拉伦斯·辛克莱·布尔为她拍摄的电影宣传照中,柳霜只用浓密的头发遮掩双乳。已22岁的柳霜自信地展示自己娇美的身躯,在银幕上创造艳情的气氛。[59]

《横渡星洲》的拍摄纪事显示了好莱坞的电影公司是多么小心谨慎地使用任何展示异族间爱情的材料。本片改编自本·埃姆斯·威廉姆斯（Ben Ames Williams）的小说，在原著中柳霜饰演的女子是一个"漂亮的荡妇，当她趾高气扬地穿过门廊时……暗色臂膀和脚踝上的金色链镯叮当作响。她坐在马克膝上，轻抚他的头发。他轻掐她的手臂，嗅她的头发，轻咬她的大拇指，随后对她深深一吻"。当他们站立相拥时，就像"一对久别重逢的情侣"。当编剧劳伦斯·斯特林（Lawrence Sterling）和特德·沙恩（Ted Shane）于1927年11月8日第一次改编该小说时，为了淡化原著中的艳情交流，将她的肤色改成了"黄色"，并让她坐在马克膝上，"马克狂热地亲吻这个娼妇"，其他色情的桥段保留下来。当乔尔（纳瓦罗饰）出现后，她向马克做了个鬼脸，在弟弟的嘴上热吻。后来，在一场街头火拼中，马克被刺伤。她告诉他，"这次我再也不让你离我而去"，搀扶他爬上通往自己家的楼梯。她一边走，一边将自己单薄的丝绸衣服一缕一缕地撕掉。上映时，这些激情镜头都被删掉了。在剧本中称为柳霜的这个女孩（其他演员以他们的角色相称）轻轻地吻了马克的脸颊。在后来的火拼中，她搀扶马克爬上楼梯回家，但没有了撕扯自己衣服的场景。[60]

好莱坞电影公司对她事业的限制使黄柳霜忍无可忍，她宣布自己将前往德国谋求发展。柳霜的这一想法已经考虑多时，并曾与姐姐露露在1927年6月7日一起申请移民局430表格。UFA①推掉其他30名影坛新秀，邀请柳霜参演一部新片，这更加坚定了柳霜赴德的决心。她与许多德国电影名流关系颇好。卡尔·沃莫勒向UFA旗下的导演理查德·艾希伯格（Richard Eichberg）力荐柳霜。几年后，在一次采访中，柳霜回忆道："我向很多亲戚朋友征询意见，他们的建议我

---

① Universum Film AG，德国一家大型电影公司。

都考虑过。许多人不赞同这次冒险，觉得很难而且前途迷茫。我自己下定决心——一定要去。"为了缓和家人的忧虑，她同意带露露一起走。

甫抵欧洲，柳霜解释了她为何要离开美国。首先，她梦想成为一名伟大的演员。尽管在美国收入不菲，但好莱坞安排角色的方式极大地限制了她。此外，根据美国的种族成见，在好莱坞惯常推出的浪漫爱情剧中，若她的角色有可能坠入爱河，她就必须在故事结局中死去。对一个年仅23岁的女孩而言毫不奇怪，柳霜已经厌倦了她这种在影片中必然死亡的命运："我想我之所以离开美国，是因为我死了太多次。可怜巴巴地死去好像已经成了我的绝活。"最后一个原因是追求个人自由。与家人一起住有很多好处，但对任何23岁的女孩来说，自由自在地活动才是最重要的，而这恰恰是柳霜所没有的。在美国，种族主义传统禁止异族间的爱情，一位作家的话可谓至理名言："她形单影只地回到洗衣店后面的那个小屋里，很让人难过！"还在远赴欧洲之前，柳霜就公开谈到这一点。柳霜怀疑自己此生能否与人缔结良缘，对她这样年纪的人来说，这种态度非常悲观。她抱怨自己从未"找到一个可以相爱的中国男子"。她担心中国男子"要求绝对的权威"，而她的教育、工作和个性与这种要求格格不入。[61]

但离开美国的危险也十分明显。多年来，好莱坞的电影公司对国外市场兴趣寡淡，但从20世纪20年代中期起就逐渐确立了世界影坛霸主的地位。派拉蒙公司在英法两国电影市场的攻势进展顺利，并控制了亚洲和南美洲的电影市场。尽管德国正试图用国产电影阻止美国电影的大举渗透，但即便如此，柳霜也只能背水一战，选择与知名度低的电影公司合作，稍有不虞，自己的演艺生涯便告终结。不仅如此，才艺卓著的演员们纷纷前往好莱坞淘金，但却鲜有背离好莱坞者，即便是德国也不能例外。柳霜的选择无异于逆国际潮流而动，这显示出她对自己在好莱坞的地位有多么失望，也显示出她一心一意诀别美国的种族主义，让我们体会到她追求自我的不凡勇气。1928年3月28日，在露露的陪伴下，柳霜毅然告别好莱坞，前往大洋彼岸的德国开始新的征途。[62]

第 3 章　闯荡欧洲影坛

1928 年 4 月，柳霜和露露抵达德国汉堡。此时正值德国电影工业挑战美国影视公司霸权之时，柳霜的到来无疑让德国电影界眼前一亮。在他们看来，柳霜是金牌影星，她的电影能引人注目。没有一个柏林人不是热心的影迷，新闻影片都能让他们涌入影院，遑论柳霜这般的美女，她更能让他们心旷神怡。德国最大的几家电影院位于柏林市的库达姆大街①，靠近波茨坦广场；柏林的郊区以及遍布全国各地的成千上万家小型剧院也都定期放映电影。因为上座率高，影院也经常安排上午放映。柏林人已准备好体验柳霜的吸引力。尽管后来的影评和研究人员都称赞弗里茨·朗（Fritz Lang）在《大都会》（*Metropolis*，1927）中的出色执导和玛琳·黛德丽在《蓝天使》（*The Blue Angel*，1930）中的出色表演，但柏林的芸芸众生却另有所好。正如亚历山德拉·里奇（Alexandra Ritchie）所说，他们更喜欢德国最大的电影公司 UFA 推出的"轻松娱乐"。反映柏林的危险或剖析德国社会的横断面也是大众喜闻乐见的题材，电影《十马克历险记》（*The Adventures of a Ten Mark Note*，1926）就是如此。柳霜参演的美国电影在德国总有市场，柏林人对她并不要求高深的艺术。柳霜对现代化大潮中的工人阶级妇女尤具魅力。她穿短裙、抽纸烟、开轿车、撞毁轿车，最大限度地追求一个影星所能享有的自由，凡此种种都让她们视柳霜为时尚的弄潮儿。[1]

此时的柏林可能是世界上最现代化的城市。毫无疑问，那里的剧

---

① 柏林最著名的大街，名称来自勃兰登堡选帝侯，目前集中了许多高档商铺。

院冠绝全欧,走红的戏剧和演出轮番上演。1928 年,贝托尔特·布莱希特(Bertolt Brecht)的《三分钱歌剧》(*Threepenny Opera*)票房大卖,大受欢迎的还有弗朗茨·莱哈尔(Franz Lehar)的《弗里德里克》(*Friederike*),由理查德·陶伯(Richard Tauber)饰演歌德(Goethe)。音乐讽刺剧在这里频繁上映,也是票房的保证。在库达姆大街,玛琳·黛德丽躺在剧院的舞台上,修长的双腿举向空中作蹬车状。如今的柏林人对奇异的异域风情早已见怪不怪。1924 年后,黑人音乐家给柏林带来了爵士乐。柏林文化的美国化开始于"一战"之后,到 20 年代中期已有不俗的影响。爵士乐和狐步舞让整个柏林如痴如狂,彻夜不眠。然而,同时柏林人固执的偏见也无人能及,他们总是要求黑人歌手表演符合自己种族主义遐想的节目,周而复始,鲜有更替。一提到黑人,德国人口中往往满是贬损之词,总是用男女之事来表达他们的种族偏见。与此同时,以约瑟芬·贝克(Josephine Baker)为首的黑人艺术家们颠覆了这些种族偏见,而且常常效颦德国人的风俗习惯。1925 年,贝克首次来到柏林,在随后的数年中,她在巴黎和柏林两地演出。但并不是所有的黑人剧目都可以在柏林上演,警察曾迅速关闭两家脱衣舞店,那里的表演涉及黑人男子和白人妇女。虽然异族间的性关系被严格禁止,但柏林却为其他食色之欲人开方便之门。妓女充斥街头。每当柳霜在柏林这座繁华都市中漫步,或是晚间前去会所时,都会看到许多衣着轻佻的年轻女子站在夜幕下等待客人光顾。[2]

然而柏林的华人却很少。在这座德国的都城里,云集了世界各地的前卫艺术家,但即便是经验最丰富的德国人与华人也没有多少接触。几百年来,来到德国的中国人为数不多,他们或是水手或是小贩,但都没有给这个国家留下什么印象。华人在柏林鲜有实业或机构组织,1925 年这里才开了第一家中餐馆。在美国,华人集中在唐人街里面对敌意的美国社会;而在欧洲,华人则散居各处,融入城市生活中。即使是整个德国,华人的数量也不多。1928 年的人口普查显示全德国只有 747 名华人，其中 312 人住在柏林，而且只有 30 名妇女。柳霜不仅提升了德国电影业的声望，她的到来也让德国公众更多地了解中国。³

柳霜在德国第一次出镜是在理查德·艾希伯格执导和监制的电影《堕落之爱》（Song）中。本片是在 1928 年 5 月的第一个星期开拍的。艾希伯格如今已被遗忘在历史的烟尘中，但当年他是德国最有名最成功的导演，G. W. 帕布斯特（G.W. Pabst）、F. W. 茂瑙以及 E. A. 杜邦（E. A. Dupont）这些如今耳熟能详的名字，当时都远在艾氏之下。艾希伯格的电影因充满起伏跌宕的轰动性镜头、非比寻常的视觉效果和浓郁的异域风情而闻名。他被看作欧洲"最美国化"的导演，而柳霜对高效的美国电影模式游刃有余，二人堪称绝配。艾氏既是一名独立导演，又与德国最大的电影公司、美国派拉蒙公司旗下的乌发（UFA）签有合同。此时他已安排好在英国国际电影公司的埃尔斯特里工作室①拍片。艾希伯格在欧洲电影界人脉广泛，他以能激发明星大腕独特的性格特点而备受尊敬。⁴

柳霜所遭遇的德国电影意识对她来说利弊兼备。尽管到 1928 年时，德国电影中的表现主义逐渐式微，但在艾希伯格这样的商业电影导演那里依然浓厚。在电影中，叙事技巧通过码头、渡轮和酒吧等场景来凸显旅行及流动变化的生活，这些场景正是柳霜在其从影经历中深深了解的。在这些通衢之地，柳霜不禁将自己飘零的人生与电影人物联系起来，在岁月如梭中，城市的人与事一枯一荣，柳霜把对生命的体悟融入其中，在银幕中上演跨种族的爱情，把所思所虑汇入剧情的变迁中，将电影传奇演绎为自己的人生故事。艾希伯格的美式电影风格将借鉴于好莱坞的种族化异域风情，与对柳霜的表演天赋和身体外貌更为同情和友善的运用相结合。但由于艾希伯格吸收了好莱坞的技法，加之其他德国观众对中国缺乏了解，结果他在片中创造的异域

---

① 埃尔斯特里工作室包含许多工作室，分布在英国的埃尔斯特里和伯汉姆伍德等地。

风情使柳霜的角色沦为边缘人物，注定她们有与美国银幕上类似的多舛结局。艾氏这种将传统的表现主义手法与快节奏的美国拍摄技术相结合的"艾希伯格法"出自现实需要。当德国电影业在20年代陷入不景气时，美国同行抓住了这一商机，涌入德国电影市场。艾希伯格出于对利润的关注，也只是顺应潮流而已。[5]

在德国最初的几个月，柳霜一直待在柏林，与艾希伯格一起工作之余，参加了每天八小时的德语速成课。很快，德国的摄影师和出版商便争先恐后地为她拍摄肖像照。不久，柳霜出现在1929年一部重要的德国知名影星录中。德国摄影界的新星洛特·雅各比（Lotte Jacobi）为柳霜拍摄了一系列《堕落之爱》中的特写镜头；这些照片风靡欧洲，数年不衰。雅各比的照片，连同柳霜的其他特写造型一起，刊登在《电影明镜》（*Ciné-Miroir*）、《电影》（*Ciné*）、《指南》（*Pour Vous*）以及《银幕》（*Cinéa*）之类的法国权威杂志上，或者《蒙太奇》这类廉价但畅销的周刊上。从英国到荷兰，从西班牙到意大利、匈牙利和罗马尼亚，整个欧洲的电影杂志都为柳霜刊登了大篇幅的报道。

柳霜的形象传遍欧洲，这不能不让在业界颇有地位的美国杂志侧目，这些刊物的编辑们急忙将针对柳霜的报道加入到未来几期中。在这段时间里，著名摄影师爱德华·斯泰肯又在《名利场》上发表了几张柳霜的新照片。法国的多家杂志和《名利场》的发行网络触及全球每一个角落，例如，中国的影迷也可以从上海的法租界容易地购得这些杂志。因此，柳霜凭借这些杂志走入全球影迷的眼中，赢得了世界性的声望。与此相似，明信片也让她家喻户晓。德国明信片制造商罗斯公司发行了数十张柳霜的卡片，画面上的她姿态各异，穿着多样，很多都是E. O. 霍庇的作品，在整个欧洲、俄国和东方印刷发行。其他艺术家为她创造了更个性化的形象。维也纳雕塑家菲利克斯·韦斯（Felix Weiss）让柳霜坐下，为她雕刻头像；柳霜调皮地要一并雕韦斯的头像，结果还"雕得相当不错"。罗斯－弗拉格（Ross-Verlag）是以拍艳情照闻名的维也纳梅纳塞电影工作室（Menasse Studio）的合作伙伴。在中国的报纸上曾出现过柳霜在欧洲拍摄的裸照，始作俑者可能正是梅纳塞。[6]

渐渐适应下来后，柳霜开始探索柏林，她成了剧院和歌剧院的常客，在柏林的知识精英圈中长袖善舞。柏林的咖啡文化极为发达，艺术家和知识分子们精心挑选咖啡馆与支持者交流。柳霜造访各家咖啡馆时，必然会遇到知名的艺术家或作家。她逐渐成为知识分子圈中的座上宾，在各种私人派对上频频露面。六月的一晚，柳霜曾面见瓦尔特·本雅明。此时，这位哲学家已从莫斯科和巴黎回到柏林，正在为《文学世界》（*Literarische Welt*）撰稿，将普鲁斯特的作品翻译成德文，着手他那如今已被视作20世纪最伟大的哲学财富之一的《拱廊街计划》。在7月6日的《文学世界》中，本雅明描绘了他与柳霜的会面。哲学家为柳霜的美所震撼，他用尽自己诗意般的想象力来描绘她。在本雅明看来，柳霜的名字寓意着"一杯茶中的花蕾，渐渐绽放，充满月光，了无俗香"。在谈话中，柳霜讲述了露露和自己如何来到汉堡火车站，不懂德语，要尽力揣摩德国人在说些什么，希望能听到"柏林"这个字眼。那时的她们深感失落彷徨；据本雅明看来，这种失落感早已不复存在，因为此时的柳霜是几乎所有柏林人关注的焦点。对于与艾希伯格合作的电影，柳霜很是乐观。她告诉本雅明，自己的角色堪称完美，"与以往不同，这一角色真正属于我"。柳霜很喜欢电影中的悲情镜头，每当她放声痛哭时，公司的员工都会围在一起欣赏她那梨花带雨的美态。本雅明不禁被柳霜感染，他称赞柳霜"开朗豁达的翩翩风度毫不造作，她对动情戏剧深深的喜爱表明她过着平衡而快乐的日常生活……实际上，若是越过所有动人之处，用朋友般的态度认真地凝视，你就会发现，这个健康耿直的女孩子丝毫不像一个电影明星；丰满的脸庞像一阵春风。其形若圆，其神平和宁静"。

本雅明的描述是对柳霜在私人场合中的最佳描绘之一。他仔细观察了柳霜优雅的坐姿："在问答中她移动身形前后摇摆——靠后，前倾，再后仰，我感觉好像自己在时不时地轻轻推她。"柳霜追忆起她第一次上电影院。在先前的采访中,她说起过逃学的经历。这次她告诉本雅明,学校因为一场流行病停了课,她用自己的零花钱买了电影票,回到家后她在镜子前表演了一遍自己所看到的一切。就这样,柳霜打定主意从事演艺,用她自己的话说,"终生的事业要早点认真用心。"一次,柳霜的母亲发现她在镜子前表演,全家人都知道了她的志向,但却几乎异口同声地责备反对。随后,柳霜和本雅明进入了另一个房间。这时她对问题更加游刃有余,向本雅明坦承她不想再饰演轻佻的摩登女郎。她讲到饰演一名母亲的愿望:"母亲是最好的角色。我 15 岁那年曾饰演过一次。为什么不饰演母亲呢?年轻的妈妈那么多。"柳霜的母亲就是父亲做媒把她嫁给黄父后在 14 岁时怀孕的。

　　二人接着讨论了影评人,柳霜说他们对自己的影响微乎其微,并告诉本雅明她相信"真相之所以痛苦,是因为从敌人那里听来,我希望能有自己的诤友,告诉我逆耳忠言"这句话。说到这里,柳霜斜靠在沙发上,解开了她长长的头发,又将头发推向脑后,如"乌龙戏水"般重新束起。本雅明着魔般陶醉地看着她的长发飘落在脸颊前;他写道,中间的"发际略低,头发遮住了半边脸,使她的脸庞现出一个完美的心形。她的眼睛充满了灵性"。在这次访谈中本雅明了解到,柳霜最喜欢的衣服是用父亲的婚礼服改做的。着了迷的哲学家观察到,"衣服绝妙地穿在身上,但更美妙的是她的娇容。"这样的赞赏足以证明,这个年方 23 岁的女演员在 20 本世纪最伟大的天才人物眼中的份量。[7]

　　倘若本雅明没有如此地沉浸在柳霜的美貌中,他对波德莱尔(Baudelaire)的"浪荡子"(flaneur)或城市观察者的解读或许会更有创意。"浪荡子"至今仍是电影、文学作品和都市学者讨论不休的话题,他们将男性画师、摄影师、小说家和电影工作者当做是带有"男性视野"的典型的城市观察者。当代中国著名学者李欧梵就曾用浪荡子的视角阐释 20 世纪 30 年代上海的城市百态。女性主义学者也致力于寻找女性浪荡子。在城市中,法律禁止妇女在夜间外出,这是针对妇女的种种约束之一；之所以如此，是因为那时人们普遍认为夜幕下外出的妇女都是妓女，而妇女总是遭到觊觎的。但魏玛时代的柏林却生活着不受拘束的女子，就像年轻的心理学学生夏洛特·伍尔夫(Charlotte Woolf)所说的那样，"我们不需要帮助来摆脱男权的控制，我们就是自由的……"伍尔夫是本雅明的朋友，或许柳霜到访时她也在场。果真如此的话，她便会亲眼见证这个无所畏惧、见多识广的都市女子，了解她力图在苍茫世界中找到自己的路，发出自己的声音。柳霜的演艺生涯给了她雕琢自己的故事的自由。柳霜在塑造自己的跨国身份，这将超越浪荡子敏锐但囿于城市的视野，柏林之行只是她的第一步。

拍完艾希伯格的《堕落之爱》后，柳霜前往巴黎。在这个对华人知之甚少的国度中，柳霜的到来像在柏林一样，立刻引起轰动，尽管与在德国或英国的方式不同。法国文化对中国的态度包含东方主义的全部关键因素。早在18世纪，随着中国丝绸、瓷器和寺庙建筑的到来，燃起了法国人对中国精致优雅生活的崇敬，史景迁认为这奠定了整个法国审美情趣的基础。这种感官刺激进一步演变为对亚洲人体的陶醉，伴随着有关中国潜在的暴行和野蛮的意识，法国人对中国的认识终结于失落了过去、积贫积弱的"忧郁的国度"。鸦片是这种萎靡不振的麻醉剂。在法国人眼中，柳霜将他们眼中所有的东方特色人格化。[8]

6月21日，当拉蒙·纳瓦罗演出结束后，柳霜到芭蕾舞团后台探访他，这是她首次见识巴黎。不久，柳霜在一名记者的陪同下游览卢浮宫。她告诉这个崇拜她的记者和他的读者，自己来卢浮宫是第三次观赏柯罗(Corot)的《塞弗尔之路》(*The Road to Sevres*)，她相信这幅画能帮自己超越个人的哀伤，更好地理解法国人民。如果说柳霜在尽力了解法国思想，那么法国人要想了解她就困难得多了。在法国如同在英国和德国一样，华人很少，在"一战"期间，法国同英国一起从中国——主要是山东省——招募了100 000名劳工。他们建造营房、铺路架桥，或是在码头卸货，或是制造枪炮，甚至要在战场上抢收阵亡将士的遗体。大约有2000名中国劳工在战争期间丧生，葬身于法国、比利时和英国的土地上。几乎所有的幸存者都在战后被遣返回国，但在20年代，仍有将近3000名华人留在法国，其中有大约1900名熟练冶金工人。留法学生使在法的中国人的数目有所增加。但即便如此，到1926年，法国的统计数据显示全法只有2863名华人，其中只有233名女性。如欧洲其他国家一样，对法国公众而言，柳霜似乎很神秘。⁹

在法国华人眼中，柳霜有些与众不同。与伦敦和美国的华人不同，法国的华人不是来自广东，他们大多来自中国北方的省份，讲国语；与英国和德国的华人不同，他们大多是奢侈品和装饰行业的熟练工人，从事足疗保健、酒席餐饮和家具制造业。法国还有一批不同凡响的中国人。后来的革命家周恩来和邓小平在法国发起革命组织，并创办报纸杂志。还有一点与其他欧洲国家不同的是，法国吸引了许多受过教育、雄心勃勃的中国女性，其中不乏方君璧和郑毓秀这样的人物，后者是第一个获得巴黎大学法学学位的中国女子，于1925年毕业。其他留法中国女生无论家境贫富组成协会，为以后在中国成就非凡的事业铺路。这些杰出华人在法国的存在，为柳霜与巴黎这座不夜城的结缘提供了良好的基础。¹⁰

同时，柳霜始终不曾忘记她的美国和中国观众。当素称"中国的林德伯格"（Lindbergh of China）的黄天（Tien Huang）博士宣布要从洛杉矶驾机飞往香港时，一向机警的柳霜立刻发电报给他，要求与他一同飞行。她确保美国的观众知晓自己在欧洲影坛星光灿烂。在美国，《银幕秘闻》（*Screenplay Secrets*）刊登了柳霜的特写照片，称赞她在大西洋彼岸的星途。¹¹

柳霜随后辞别巴黎，来到伦敦，在这里拍摄 E. A. 杜邦执导的《唐人街繁华梦》。柳霜甫抵英伦，便名动雾都。她在梅费尔①的柏宁酒

---

① 伦敦上流社会住宅区。

店租了一套可以俯瞰海德公园的公寓。姐妹二人以美国人的热情在此接待宾朋。她们会沿着泰晤士河而下，直达梅登海德，探访莱姆豪斯，那里聚居着伦敦的华人。柳霜告诉记者自己非常喜欢伦敦，因为这里人人待她很友善。柳霜在英国公众中很快便引起了轰动。无论她到哪里，人们都争相目睹她的芳容，甚至她想要出门都很困难。英国少女纷纷用赭色颜料把脸颊涂成柳霜那样的象牙色，名曰"黄氏肤色"；她们把刘海剪齐，遮住前额，梳起"黄氏发型"。在皮卡迪利广场，看戏的人们个个身穿巧夺天工的对襟绣花外套。柳霜渐渐开始在伦敦的众多戏院中抛头露面，欣赏在好莱坞结交的德国演员弗里茨·科特纳（Fritz Kortner）和维也纳名流蒂莉·洛施（Tilly Losch）的表演。[12]

那年7月底，露露返回美国，只留下柳霜一人在伦敦逗留。不久，记者安斯利·德·席尔瓦（Annesley de Silva）在柳霜豪华的柏宁酒店房间中采访了她。他留下的记录能够帮助我们理解柳霜人在旅途的经历，及一个西方记者的东方主义视角所展示的柳霜。一个"引人注目的中国仆人"将席尔瓦迎到柳霜的起居室。期待见到"东方的奢华"的席尔瓦微微有些失望；尽管屋内摆放着图书、画作、中国花瓶，壁炉旁还有安乐椅，整个房间很简约。更引人注目的是"色彩艳丽的坐垫一个靠着一个。一条花纹繁复的中式刺绣围巾完全摊开在一旁，即便是最不经意的一瞥也不会看不到它"。柳霜"轻柔安静地"走进房间，用悦耳的"'早上好'招呼我"。她"迷人的笑容"让席尔瓦放松下来，"那笑容就像画中美丽的舞蹈少女一般，足以让一万颗心怦然而跳"。柳霜递给他一支花花公子牌香烟，席尔瓦心想，手里的纸烟太过平凡，"这只手应该拿着镶嵌玉石的金烟盒"。在随后的半个小时中，柳霜讲述她标准化的自传，内容与几年中已经向无数记者说过的没太大分别。然而，即便是在书面的版本中，柳霜坎坷的经历、父母对她的演艺事业的反对以及在家中镜前永不放弃的演练，这些陈旧的故事因她的热情和可爱而熠熠生辉。在席尔瓦面前似乎出现了两个柳霜。一个是国际明星，另一个是"简朴的中国女孩，虽然盛誉在身，却丝毫不为所动"。席尔瓦离开时被深深地迷住了，就像在他之前和之后的许多记者一样。[13]

迷恋柳霜的并非只有记者，伦敦人争相前去，只为一睹柳霜的异域风情。尽管大英帝国地域辽阔，其殖民触角远及中国，但不列颠的华人居民屈指可数。几乎所有在"一战"期间劳碌于英国港口的山东劳工都被遣返回国了。根据 1930 年的人口统计，在英格兰和威尔士的华人只有 1934 人，水手和洗衣工约占一半。虽然他们的人数不多，但在英国人的想象中华人显得很突出。工会对来自华人的竞争戒心尤重，特别是在码头地带；优生学家警告说，与中国人结婚会破坏英国血统的纯正性；公共舆论也在一旁煽风点火，激发英国人对种族纯正性的恐惧、对吸毒活动的反感和对华人政治实力的担忧。此举导致了两个后果。一方面，英国也仿效美国，立法限制中国移民，并驱逐境内的华人；另一方面，在这些论调的煽动下，英国人普遍相信，莱姆豪斯区（伦敦的唐人街）是"罪恶行为之渊薮"。这些行径背后的种族主义力量催生了柳霜饰演的银幕角色，这与美国如出一辙。然而，尽管有这些不快，柳霜还是很喜欢伦敦，她告诉朋友们自己在这里感到最舒适。柳霜通常对任何到访之地都会这么说。[14]

根据她与理查德·艾希伯格所签的合同，柳霜还有剩余的电影工作要做。1928 年夏天，柳霜返回柏林，于 8 月 21 日出席在柏林阿尔罕布拉剧院举行的《堕落之爱》的盛大首映式。本片是继六年前《海逝》之后首部柳霜主演的影片。片中柳霜饰演的角色像幕间标题所说的那样，有如"浮萍"。她爱上了一个冷酷的舞场艺术家兼职业打手，此人不断地利用她。故事的前奏介绍著名音乐厅艺人约翰·豪森汉特（John Housenhat）和情妇、美丽的舞蹈演员格洛丽亚·李（Gloria Lee）的关系。当约翰发现格洛丽亚在船上依偎于另一个男人怀中时，便与他扭打起来。两人不慎双双落水，被海水吞没，人们都以为两人命丧黄泉。实际上，约翰被海水冲到了君士坦丁堡附近的岸边，为渔人所救。藏身于君士坦丁堡市井，约翰靠在低等酒吧跳舞献艺谋生。一天夜里，约翰在海边从两个淫贼手中救下桑（柳霜饰），使这个可爱的中国姑娘免于被强奸的厄运。桑在约翰胸前颤抖不止，发誓说只要约翰肯收留她，自己愿意为他当牛做马。此后，他们幸福地生活在一起，直到有一天，已是金牌明星的格洛丽亚来到君士坦丁堡盛世大剧院表演舞蹈。美丽动人的格洛丽亚重新燃起了约翰心中对她的爱情。为了筹集足够的钱财吸引格洛丽亚，约翰企图抢劫火车。当警察追捕他时，约翰翻身躲到车厢下面，却被气缸弄瞎了眼睛。桑救了他，把他带回家养伤。柳霜的角色从两方面展示出性方面的不矜持。她的长发完全散落在肩上；她的服装以前是无产者的褴褛衣衫，而如今换上了草裙，似乎是要展示原始的性感。桑妒火中烧，她将茶水泼在格洛丽亚的画像上，并把画像撕碎。随后桑来到阁楼，对着一尊小佛像默默祈祷。她心里非常清楚约翰为何会有如此疯狂的举动，于是她搽上格洛丽亚用的香水，并编造离奇的故事欺骗他。但她的努力并未奏效，约翰竟谴责桑的全情付出，然后气冲冲地离开了她，去找格洛丽亚。但格洛丽亚却不愿再提旧情，把囊中羞涩的约翰撇在一旁。桑恳求格洛丽亚借钱不成，只得从她身上偷来20英镑以治疗约翰的眼伤。当偷窃被发现后，格洛丽亚的经纪人普雷格追踪到桑后，不是把她交给警察，而是让她在皇宫大剧院登台演出。桑答应了，只是赚到的钱要用来帮约翰。她扮成吉卜赛人的模样在剧院演出。简短的几个场景展示出桑筹够了钱，为约翰支付了手术费用，随后便离开了剧院。但普雷格又劝说她重返舞台。在恳求上苍后，桑答应了他的要求。

重返舞台的桑取得了巨大成功。她穿着吉卜赛人的衣裳，拿着一把大刀昂首阔步地走到台前，被一群非洲舞者环绕。与以前不同的是，桑把头发梳成精致的发髻，精美的发卡宛若王冠。装着一排排楼梯的舞台旋转着，闪烁的灯光照上去更添神秘色彩。在这光影变幻中，桑跳起了爵士舞，变成一个美丽妖艳的女子。当这段舞曲到达高潮时，约翰走进了俱乐部。看到他，桑羞愧难当，跌倒在大刀上面。约翰和其他人在舞台上怒目相向，争夺桑的躯体。最后，约翰抱着奄奄一息的桑回到家中，直到这一刻他才意识到，怀中的这个女人才是自己的真爱。桑躺在约翰怀中，在他的抽泣中死去。尽管柳霜告诉记者，这是她演艺生涯中最好的角色，可惜的是，像在好莱坞电影中一样，她在剧终时还是难逃死去的结局。[15]

这部电影的美震惊了德国、奥地利和法国的影评界。德国电影评论人恩斯特·耶格尔（Ernst Jaeger）不惜用评论的大部分篇幅赞美柳霜的表演，称赞她在"加州的色情花园里学会了如何在一部平庸无新意的电影中展示自己非凡的力量"。柳霜的舞步"和着奇异的节奏，跳起故国震撼的梅花舞"。柳霜的眼睛像"深邃的百宝箱，睫毛像枝条般悬挂在上面"。但该评论毫不讳言地指出，柳霜的异族爱注定她必死无疑。耶格认为她的悲剧有浓重的"陀思妥耶夫斯基式"色彩，坚信柳霜比同侪技高一筹，"即便她的眼睛像在呼啸，她的嘴唇有如火焰燃烧，她仍能保持面具式的僵化表情。她是为镜头而生的。"总之，这部电影就是柳霜的个人橱窗，良好的摄影技术捕捉到柳霜面部的单独特写镜头；宣传材料突出了她的舞姿；服装展示出她的好身材，这些与其他演员明显不同。奥地利评论称赞柳霜的"表演无可挑剔"。《堕落之爱》的票房成绩也相当不错。片方发布的整版广告上全是柳霜的照片，或者刊登着柏林报刊上的赞誉之词。不到两周时间，德国的94家电影院上映了这部电影。[17]

其他国家的评论与此不尽相同。英国的电影理论杂志《特写》（*Close Up*）便对这部电影反响平平。该杂志的评论人承认自己是柳霜的"影迷"，并且认为好莱坞缺乏"识得这个小家伙才气"的慧眼，希望有朝一日柳霜能与"懂得欣赏她"的人共事。而艾希伯格不属此类，因为"柳霜到德国只是更美国化了，尽管听上去匪夷所思，但事实就是这样"。该文批评艾氏浪费了柳霜的天赋，只是用影星的特写镜头分隔典型的好莱坞场景。美国影评人基本上持否定意见。尽管《综艺》认为柳霜"极为迷人"，但《纽约时报》却略带醋意地有意忽略影片的剧情,并提醒读者说,德国记者不曾提及柳霜在美国出生的事实,而是一味强调她的中国血统。[18]

《纽约时报》的抱怨倒也符合事实,柳霜对中国的认同越来越强烈。全欧洲的影评人经常把她标识为中国人,即便当他们写下柳霜生于加州时。柳霜自己也鼓励这种标识。在她发表在《雷氏杂志》(*Rexall Magazine*)1930年5月号的文章中,柳霜清楚地表明了这一点。《雷氏杂志》是一本免费杂志,在整个英国各地的药房(杂货铺)分发,读者主要是家庭主妇。柳霜的文章内容是关于"中国人被误解"的。从中可以看出,此时她日益关注她的银幕形象对全世界华人声誉的影响。她注意到,西方对华人的误解始自电影中华人的负面形象。柳霜告诉读者,实际上中国人本性善良、热爱生活,他们的纺织、陶瓷、服饰和宴饮都体现着这些特征。华人将友谊和家庭看得高于一切,特别值得信赖。柳霜说,最可贵的是中国女人能够保持年轻美貌,因为她们无忧无虑:"中国女人相信忧虑没有任何积极作用,因而总是把担心放在一边,使忧伤流于无形。"当然,柳霜尚没有去过中国。她的听众也一样缺乏经验,因而她的言论也就成为权威。柳霜天真而与事实偏离的观点表明,至少在欧洲,她以身为中国人而非华裔美国人自豪。[19]

1928年秋天的大部分时间,柳霜都待在柏林。9月初,约瑟芬·贝克带着她的滑稽剧在柏林商业区上映,两人应该在那儿相遇。这年秋天,柳霜确实与另一位20世纪的大众偶像邂逅。玛琳·黛德丽这颗冉冉升起的新星对情色之事充满欲望,正如一篇报道所言,"她是柏林演艺界最忙碌和最多情的双性人",黛德丽巧于勾引,不是为了权力或进身之阶,而是为了男欢女爱的兴奋和愉悦。黛德丽曾与玛戈·莱昂(Margot Lion)共唱一曲,名为《最好女友是何时》,这成为20年代末柏林女同性恋者的主题曲。柳霜和玛琳开始一同出现在公众面前。早在供职于《生活》(*Life*)杂志的安逸时光之前,阿尔弗雷德·艾森施塔特(Alfred Eisenstadt)就曾发现柳霜、玛琳和莱妮·里芬斯塔尔（Leni Riefenstahl）在一月份一同现身于出版界的舞会上。在包括这次聚会在内的许多欢庆场合，记者们都拍到柳霜与玛琳的照片，她们举止暧昧亲密，超过了朋友的界限。在其中最引人注目的一张照片中，柳霜正将一杯烈酒倒入黛德丽的口中。这张照片重现于最近一部关于黛德丽的影片中。在中国文化中，在公共场合将食物或饮料喂入他人口中意味着两人间有着非同寻常的亲密关系。她们是情侣吗？黛德丽的传记作者们给出了肯定的答复，认为黛德丽引诱柳霜是因为柳霜充满了异域情调。一位传记作者则认为，"黛德丽公开谈论她放纵的情欲生活，这包括……黄柳霜。"没有人对此有疑问，柳霜也只不过是黛德丽的又一个战利品，后者用性来表达普通的友情，而并非深深的爱恋。

这段同性恋的谣传使柳霜为自己的名誉付出了沉重的代价。这也是黄家为她的职业生涯感到羞耻的主要原因之一。目前还没有确凿的证据表明柳霜和黛德丽，或者柳霜和里芬斯塔尔是情侣。同时，黛德丽可能也不会接受仅限于公共活动场合的同伴关系。在柏林，到处都有女同性恋者，与同性一起出席派对是一种摩登。艾森斯塔德所摄的照片上这种露骨的亲昵，明显说明柳霜与黛德丽或里芬斯塔尔有染，尽管后者声称那夜之后再也没有见过柳霜。有人认为，与黛德丽这样随意的伴侣有过一夜情并不能说明柳霜是同性恋。总体上她喜欢和男人谈情说爱。当然，与黛德丽保持长期关系并不现实，如果这种一夜情能说明什么，它显示出柳霜勇于冒险和乐于突破禁忌的性格。[20]

随着柳霜在柏林绽放星光，全欧洲的文化人都将她的到来视作欧洲电影匹敌好莱坞的明证。在美国电影统治世界市场时，无论这种观点看起来有多么天真，它证明了柳霜主演的角色所带来的希望。柳霜竭尽全力使记者为她倾倒。法国电影杂志《指南》的记者斯坦利·菲茨莫里斯（Stanley Fitzmaurice）在《唐人街繁华梦》的片场采访了柳霜，发现她富有魅力，而且不像其他明星那样任性。他写道，柳霜是"一个真实的女人"，哼着好莱坞老朋友们为她谱写的歌谣："黄柳霜／

来自老香港／她不会犯错。"柳霜向他讲述了自己的童年和人生经历，还给他看了幼弟锦英的婴儿照。她说自己喜欢欧洲，因为这里的人们容得下有色人种。随后，让斯坦利失望的是，杜邦叫柳霜进入拍摄。在文章结尾，他总结道："她是一个伟大的女演员。黄柳霜不仅天赋甚佳，而且待人友善淳朴，她有着只有少数真正的艺术家才具备的独立的头脑，许多电影明星都缺乏。"[21]

在欧洲与好莱坞的隔绝促使柳霜思考自己的演艺事业。柳霜为法国的杂志写了多篇文章，谈论她在大洋彼岸那座浮华之城①的生活。她从伦敦写了一封长信，刊登在3月7日的《指南》上，信中向读者讲述了真实的好莱坞。在那里，许多梦想在现实面前撞得粉碎。尽管好莱坞凭借娱乐业立足，但柳霜却说，论起传统意义上的"娱乐"，没有什么地方比好莱坞还要少。对于追梦者，机会从不曾光顾。年复一年，年轻的姑娘们在餐馆和商店打工，等待着永远都不可能饰演的角色。不过好莱坞也不总是灰色的，梦想家也能靠努力和智慧赢得进身之阶。柳霜告诉读者，人人都知道这些煎熬，她鼓励挣扎奋斗中的演员。她讲述了一个在好莱坞的餐馆中打工十载的年轻女子的故事，柳霜相信她很快就会成名。

柳霜懂得浮华如梦的道理。她告诉一名法国记者，"成功不是你能购买并终生拥有的珠宝。恰恰相反，即便是最耀眼的明星，随时都可能因为短暂的原因摔得粉身碎骨，悲惨地埋没于烟尘中。观众是无情的裁判。"女演员必须迎合这种大众裁判，"她得用自己的个性取悦千百万观众，她的成功系于观众不断变化的品味。"柳霜也知道自己青春易逝，因此把年龄减了两岁，显然还改了生日。一家德国杂志称柳霜的生日是1908年9月21日，比实际年龄小了将近三岁。柳霜的上述举动所引起的对她出生年份的种种误解一直持续到今天。[23]

柳霜向读者解释了构成好莱坞社会的理想主义者的命运。为了保

---

① 指好莱坞。

持与演艺圈的密切关系，老演员们摇身一变，成了公寓、茶馆、美容院、花店和加油站的老板。总而言之，他们过着平淡的生活。最不可能邂逅明星的地方是夜店，在那里等待明星的游客结果只是与其他游客大眼瞪小眼。柳霜写道，实际上，明星们很享受和家人一起的稳定生活，有些人有自己的嗜好，像诺亚·比里有自己的农场，道格拉斯·范朋克则创建了一个西班牙村庄。这篇文章值得注意，它揭示了柳霜希望享受完整的家庭生活，她明白自己有朝一日会告别影坛，从事其他工作。当她不远千里追寻自己的电影梦时，无疑意识到好莱坞仍是自己的归宿。[24]

尽管有其良好的愿望，但欧洲影坛亦有自己的局限之处。欧洲片商通常将白人演员化妆成"黄面孔"来饰演亚洲人物，这与他们的美国同行如出一辙。法国老牌演员查尔斯·布瓦耶（Charles Boyer）曾回忆如何让自己的眼睛眯缝，如何修整面颊的轮廓，以便具备"西方人脸上所没有的"那种呆滞的神情。[25] 同时，欧洲人深刻地意识到凸显"白色"的重要性。《指南》上一篇谈论妇女手部的文章称，"女子的手要想美得标准，美得到位，白是必不可少的。"为了实现这一点，香水制造商发明了手霜和昂贵的涂液，以便让双手更白。指甲油的色彩也要符合美白这一需求，要与口红相称，而柳霜钟爱的红色唇膏尤其难以搭配。有些女子的手不及柳霜的，她们就用淡色来遮掩自己缺乏美感的双手。不过，她们可以把脚趾甲涂成红色，当漫步雨中或在泥泞的路上穿行时，看到自己"鞋中或袜后的绯红色趾甲如同《天方夜谭》中苏丹的趾甲一般"，她们会感到惬意。柳霜拥有好莱坞最美丽的双手，靠着对时尚的敏感让玫瑰色的肌肤更显得迷人。在法国人眼中，柳霜已接近白人。她的姣美、睿智、优雅和成就让法国人惊讶。那时，华人还是欧洲社会的边缘人群，如鹤立鸡群的柳霜靠自己的公共形象改善了华人的种族形象。说她是殖民主义的产物是远远不足的，柳霜在法国的公众形像完成了超越。[26]

法国人深知美国片商在电影中抹黑中国的伎俩，似乎下决心不与美国为伍。法国作家指出,尽管真实的中国和日本无疑平凡而乏味,但美国电影塑造的银幕形象却是"一个傅满洲和蝴蝶夫人式的廉价世界,充满犯罪和诱惑"。法国作家注意到,在种族化视角下的唐人街,"金发碧眼的年轻女子被关在洗衣店下面的密室里。"此后,这些女子就变成了上海百合(Shanghai Lily)或新加坡柳安(Sal of Singapore)。在这类美国电影中,柳霜冲开种族藩篱,追求属于自己的星途,但银幕上的性欲之爱成了她这种尝试的界限。很不幸,柳霜在法国又重蹈覆辙。尽管柳霜是炎黄子孙,但法国人认定她是混血儿,注定在银幕上上演一段与欧洲人的致命爱恋。她必须遭受暴力的结局。即便她饰演一个"真正的白人妇女",能够保持信仰,生活在她所选择的奇异状态中,那也只是个例外。在大部分时候,法国和美国对白人的特权和责任都十分在意,这些陈腐的观念一点儿也没有变化。[27]

虽然有这些潜在的偏见,但在法国,中国演员面临的大环境还是与美国有所不同。中国女演员已经走入巴黎人中间,她们"细细的眼睛,乌黑亮丽的头发,丝绸长裙上绣着长长的树叶,她们异域风采的魅力无可置疑"。她们的名字——"月光小姐、露水百合小姐、乳白美腿小姐"——在法国人看来充满诗意,魅力动人。《指南》的记者报道上海的电影场景,称那里的女演员"跳起我们欧洲的舞蹈来流畅自然"。问题是中国传统的戏曲中用男演员反串女子,因而没有经验丰富的女演员。比起无可比拟的柳霜,她们很难让法国作家们满意。在后者看来,柳霜的美已超越国界,是成功的电影明星的标志;他们说柳霜的眼睛可爱之至。[28]

欧洲的文人墨客们发表了许多关于柳霜的文章,这为她在东方赢得了名望,东亚的杂志原原本本地介绍了她的欧洲之旅。东京的《演艺和映画》向读者讲述了艾希伯格与柳霜愉快的谈话。上海的电影杂志登载了柳霜为一个叫米哈洛夫(Michallow)的柏林教授摆姿势作画的逸闻。柳霜常常写信给杂志编辑,告诉他们自己在欧洲的旅行经历。她从巴黎写信给中国前卫杂志《新银星》的编辑伍联德,向他诉说自己在好莱坞的事业和生活。其他中国报刊对柳霜的评论褒贬不一。发行量大的天津《北洋画报》在其1929年8月号上以柳霜为封面女郎，《北洋画报》在前一年批评她在影片中的舞姿伤风败俗后，这期又用很大篇幅介绍柳霜的其他方面。当柳霜的裸照在德国流传开来，《北洋画报》很快转载，并用讽刺的笔调称呼她为"黄阿媚"，在中国这样的名字让人联想到妓女。[29]

1929年岁末，《唐人街繁华梦》刚刚成为热议的话题，欧洲的权威及通俗杂志便竞相刊登柳霜的照片。英国的《电影周刊》（*Film Weekly*）和德国顶级的摩登杂志之一《杂谈》（*Das Magazin*）都让柳霜登上自己的封面；瑞典的《电影风月》（*Filmjournalen*）用了整整四页来刊登该片的剧照；法国权威杂志《光影》（*Cinémonde*）和《电影明镜》两度在封面刊登了柳霜的照片；奥地利的一名影评人称柳霜为"老黄"，这是顶级影星方能享有的殊荣，也预示着柳霜已登上名人堂。此时，美国的电影公司也注意到欧洲的柳霜旋风，于是重新发行了许多柳霜自20年代中期起参演的默片，希望借助她的名望再赚一笔。仅仅在1929年11月这一个月，《老旧金山》《恶魔舞女》这两部柳霜出演的默片和英国有声电影《埃尔斯特里的呼声》（*Elstree Calling*，1930）就占据了葡萄牙、德国和奥地利影院的放映档期。[30]

《唐人街繁华梦》的海报凸显了柳霜浓郁的异国情调。在所有海报中，最引人注目的当属乔治·波拉克（George Pollak）为奥地利影院设计的大幅作品，足有5米高，借用柳霜在《横渡星洲》中的剧照，画中的她身穿吉卜赛长裙，裸露上身，腕上挂着大大的手镯；她的上臂和胸部微微发黄，双腿和臀部比真实的身材更大。在柳霜身后，波拉克用表现主义风格画出皮卡迪利广场的浮华，影院、舞厅、餐馆和剧院鳞次栉比，汽车和的士川流不息。在维也纳，展示半裸的柳霜无伤风雅，但在美国和亚洲，这却不免惊世骇俗。这张海报仅仅暗示了柳霜在欧洲所享受的个人自由的一面。[31]

随着《唐人街繁华梦》在伦敦公映的日子日益临近，柳霜来到英格兰，在克拉里奇酒店舒适的房间中让自己奢侈一下。她的英国影迷人数众多。她的到来也被视为对英国片商的肯定，证明该国电影业有足够实力吸引国际巨星。出于某种原因，此片在伦敦公映的日期推迟到 1929 年 2 月。影片上映后，尽管知识界的喉舌《特写》对本片评价颇低，但顶尖电影杂志纷纷惊呼柳霜的演技"精彩绝伦"。而《看电影》更是在一年内两次将柳霜选作封面女郎。除此之外，该刊还大量报道了《堕落之路》（*The Road to Dishonour*，1930）的拍摄过程，动情地称赞她"刻苦学习英语朗诵技巧，仅仅三个月间便脱胎换骨，她的朋友没有一个不惊叹的"。柳霜的歌声也大受《看电影》的称道。另一家杂志则介绍了她努力学习法语的过程。总之，英国报刊告知读者们，黄柳霜已做好准备迎接"有声电影"这场革命。法国杂志也像英国同行一样对柳霜大加赞赏。民族主义杂志之一的《电影周刊》（*Hebdo-Cinéma*）将封面的殊荣授予柳霜，并对这部电影作了大幅报道。[32]

《唐人街繁华梦》堪称默片时代英国电影经典之一，为柳霜赢得非凡的荣誉。该片的剧本改编自托马斯·伯克（Thomas Burke）的著名小说，柳霜称自己读过伯克的全部作品。故事发生在皮卡迪利俱乐部，这是一座位于伦敦著名街口皮卡迪利广场的高雅夜总会。从电影开场，这里就是伦敦上流人士的消遣胜地，维克和由柳霜的老朋友吉尔达·格雷饰演的梅布尔在这里表演现代舞"皮卡迪利的震颤"，让雾都精英们流连忘返。格雷不但是电影明星，也凭借发明查尔斯顿舞和黑臀舞名噪一时。在电影中，维克和梅布尔从一开始的工作伙伴渐渐变成了鸳鸯情侣，这点燃了夜总会老板威尔莫特的妒火。当维克当众亲吻梅布尔后，由英国老牌演员詹姆森·托马斯（Jameson Thomas）饰演的威尔莫特怒气冲冲地找到维克并解雇了他。让威尔莫特始料未及的是，梅布尔一个人没办法完成她和维克一起演出的舞蹈，客人们很快转移到另一家俱乐部。一天夜里，威尔莫特独自对着曾经熙熙攘攘的空旷大厅感慨时，一个醉汉借酒撒泼，这是查尔斯·劳顿（Charles Laughton）在银幕上首次亮相，他大声抱怨店家的碗碟不干净。威尔莫特上前赔笑后，来到厨房一探究竟，结果却走进了洗碗间。在这里，他发现所有的工人都在欣赏一个中国女孩的异域舞蹈。这个由柳霜饰演的女孩名叫秀秀，宛如纯真无瑕的处女，发饰淳朴可爱；她的发辫盘在脑后，就像乡下的劳动女子；她的脸上透露出天真和无邪。舞中的秀秀一只手放在臀后，另一只手向上抬起，停在她妆饰过的额头前。这是一支中国盛唐时代的舞蹈，名叫《丝路花雨》，贯通中西文化的丝绸之路上的爱恨情仇，在曼妙的舞姿中再现于世人眼前。另一方面，她的衣服融合了工装裙和别致的宽纹毛衫。待到从惊讶中醒来，威尔莫特命令工人回去工作。随着生意每况愈下，威尔莫特的思绪又回到了那晚的洗碗间，想起了秀秀和她轻轻摆动的臀部。在办公室"面试"过她之后，威尔莫特决定让秀秀登台表演。在拍摄这一幕时，精明的托马斯画下了柳霜的素描像。威尔莫特用秀秀取代梅布尔的决定，象征着这个前洗碗女工在性感上战胜了自负的震颤舞者，这一幕也暗示了英国人对真实性的偏爱。才华横溢、优雅可亲的格雷对这个被遗弃的女性角色表现得非常到位。[33]

　　得知老板的盘算后，秀秀双手叉腰，毫不客气地提出两个重要条件：首先，威尔莫特要在莱姆豪斯区她指定的商店里为她买上好的衣服；第二，要雇用自己的朋友吉姆配乐。威尔莫特只得答应。片中的吉姆了无生气，懂得拉二胡，由张金和饰演，张的真实身份是伦敦最负盛名的中国餐馆的老板。在这一幕中，柳霜的扮相极为阳刚，她甚至叉开手指在面孔前晃动，这是中国男人进行讨价还价的标记。她的头发蓬松地扎在后颈，松散地落在背上。与此形成鲜明对比的是吉姆，他总是一副懦弱的姿态，任凭高过他很多的秀秀支配和轻辱。柳霜对剧本的影响无处不在。在好莱坞，柳霜的要求总是谨小慎微；而在这部电影中，她影响了剧本的写作。

　　秀秀的舞姿融合了中国传统和柳霜独特的超现代风格。她舞动双臂，摇摆上身，把蒙古风情与宫廷舞蹈融汇在一起。她的大腿并没有明显的舞姿，裸露大腿只是说明柳霜希望以此引人注意。在舞蹈中，她穿着武士盔甲式的服装。在电影中，秀秀的舞姿很快俘获了台下的权贵们，他们在电影外是柳霜在英国王室中的新朋旧友。尽管梅布尔很快就让威尔莫特知道了自己的不快，但他已爱上了这个中国女孩。柳霜饰演的秀秀颇有阳刚之气，当她监督威尔莫特与吉姆签约，以及与夜总会老板针锋相对、摔门而去时，尤显男子气魄。

一天夜里，威尔莫特带秀秀来到一家爵士乐俱乐部，在那里不同种族的人一起痛饮狂欢。此时的她身着裘皮大衣，发型时髦前卫，一款窄紧的帽子戴在头上，卷曲的头发垂在耳边。他们走出这家夜店后，秀秀邀请他来到自己充斥着中国古董的家中。在她的演艺生涯中，这是第一次在柳霜出演的电影场景中放满无价的古玩，这样的场景以后还出现过很多次。秀秀回到家中，换上一袭性感的长裙，她躺在沙发上，用自己缠绕着丝纱的手臂轻掩面庞，头发平滑地向后梳去。这一幕堪称默片时代最诱人的镜头之一，秀秀引诱饥渴的威尔莫特靠近她，慢慢撩起那沿着光滑面庞垂下的面纱。尽管审查员删掉了随后的吻戏，但他们充满性欲的拥抱展现在观众面前。这一幕是继《横渡星洲》中与拉蒙·纳瓦罗激情拥抱后，最接近吻戏的镜头。后来，托马斯透露，他和柳霜都同意删掉吻戏，因为尽管英国人比美国人更能容忍跨种族的接吻，但"我们非常谨慎，处理这类镜头也很巧妙"。如果对他们的意图有任何怀疑，不妨看看阿诺德·本内特（Arnold Bennett）执笔的剧照书，其中有一幅来自该场景的照片，下面的字幕是秀秀对威尔莫特说："快吻我……我喜欢你。"尽管英国文人和演员对柳霜充满幻想，但她悲伤地发现，他们没有足够的勇气完全接受她。多年以后，一位朋友约她一起去洛杉矶看《唐人街繁华梦》，但柳霜拒绝了，告诉朋友在拍片时她情绪低落，直到今日仍不愿提及那段忧伤。与托马斯在拍片时的遭遇让柳霜明白，尽管伦敦看上去更自由，但骨子里与美国一样，都不能接受银幕上异族人物之间的吻戏。对此持不同意见者只有寥寥几家，《社会杂志》（*Social Magazine*）就是其中之一。

这家位于哈瓦那的显赫杂志在本片上映后刊登了柳霜一张可爱的照片，并申明许多人认为应该撤销针对她的吻戏禁令。[34]

这激情的一幕过后，影片情节发生了巨大转折。威尔莫特离开后，梅布尔来到秀秀的住处，恳请她不要再缠着自己的男人。但秀秀反驳说自己不愿归还梅布尔保不住的东西。听闻此言，梅布尔顿感受辱，她从钱包中掏出手枪，威胁正从墙上取下匕首的秀秀。在争夺中，秀秀被打死了，随后警察发现了她的尸体。由于威尔莫特拒不交代自己那夜去了哪里，他成了最大的嫌疑犯，吉姆的证词更让他有口难辩。在警察的问讯中，梅布尔为威尔莫特辩护，更让案情扑朔迷离。当法官要求吉姆返回证人席时，众人才发现他在附近的厕所中受了致命伤。在弥留之际，吉姆承认自己是秀秀的丈夫，因为威尔莫特与秀秀的奸情而对他充满嫉恨，正是因为秀秀的所作所为让他忍无可忍，"我才进行报复"。[35]虽然本片结局老套，但这丝毫无损柳霜的成就。在美国电影中，柳霜的性感每每受到压抑，而在本片中，她可以公开引诱威尔莫特。没有观众能够否认她在片中极度的性感。尽管托马斯和格雷在片中都有不俗表现，但柳霜挑起了本片大梁，成为该片的女主角。本片也为她提供了展示自己融合欧亚时尚品位的机会。

当《唐人街繁华梦》在伦敦公映时，柳霜出演了巴兹尔·迪恩（Basil Dean）的舞台剧《灰阑记》（*The Circle of Chalk*），这是她作为影星出演的首部舞台剧。本剧改编自13世纪的中国经典戏剧《灰阑记》（*A Hundred Pieces*），最早由克拉本特（Klabund）译成德文而传到欧洲，后来由詹姆斯·拉韦尔（James Laver）译成英文。柳霜很自豪能够在剧中饰演马员外的小妾海棠，也就是马家公子的生母。剧中她的对手是狡诈的正妻马夫人，饰演她的罗斯·琼（Rose Quong）来自澳大利亚，是欧亚混血儿，在英国影评界颇有名气。年轻的劳伦斯·奥利弗（Laurence Olivier）在剧中饰演配角，参演《灰阑记》也是他在伦敦西区第一次公开亮相。在剧中，马妻揭露海棠曾是青楼女子，以此来攻击她。随后，与妻毒死自己的丈夫，并嫁祸于海棠，声称海棠在外面另有奸夫，甚至要说服县官承认海棠的儿子实际上是她的儿子。海棠无处申冤，被县官屈打成招，即将被处死。最终，此案由开封府尹包拯复审，救下海棠，惩办诸凶。该剧采用了新的艺术方式，每个演员都将自己的计划告诉观众，由此观众可以预知故事情节的发展。尽管全剧呈现出浓厚的东方神韵，但《灰阑记》极富诗意，并为柳霜提供许多机会唱出她的困厄与救赎。

《灰阑记》于1929年3月公映，此时正值无声电影向有声电影转型的关键时期，罗伯特·斯科拉（Robert Sklar）称之为电影史上最重要的巨变。尽管柳霜用中文演讲后整个剧场为之沸腾，但《灰阑记》首映刚刚结束，批评之声便尾随而来。虽然剧评人承认，柳霜在电影中扮相美丽、演出成功，也认可她的不俗演技，但他们抨击柳霜的嗓音和歌喉。一位作者嘲笑她有"北方佬一样的细嗓子"，《速写杂志》（Sketch Magazine）上的评论说："看她演戏是一种享受，听她说话却有一点儿难受。"还有人说她没有能力演戏，并预言说，有声电影雄霸天下之日就是柳霜离开影坛之时。这些负面之词可不是好兆头，曾几何时，一些像她的老朋友约翰·吉尔伯特这样的明星的演艺生涯就因为其微弱或沙哑的声音而一蹶不振。[36]

本剧的导演也没有保护柳霜。巴兹尔·迪恩是英国最有才华的导演之一，他把自己邀柳霜参演的决定视作一记"败笔"，称柳霜的加州口音"像笼罩在加州城市上空的烟雾一样厚重"。不过迪恩也不得不承认柳霜的敬业精神和天赋，他告诉读者说，柳霜甚至读过伯特兰·罗素（Bertrand Russell）的《中国问题》（Essay on China），以此来了解英国人对中国人的态度。最终，《灰阑记》的演出步入正轨，以大获成功而告终。为了取悦影评人，也为了搬开未来演艺道路上的绊脚石，柳霜花了100英镑请来剑桥大学的老师帮自己获得英国上流社会的口音。在本剧的上映期即将结束时，巴兹尔·迪恩邀请报界评论员共赴午宴，柳霜会在这一场合发言。柳霜深知媒体的重要，午宴期间，她站起身来，侃侃而谈她对英国媒体的善意心怀感激，但是"希望他们能自己判断,她是否有纽约或好莱坞口音"。柳霜接着宣布,她将用汉语讲话,让大家谁也听不懂。当她讲完坐下时,全场记者掌声雷动。柳霜设法确保美国的报纸也报道《灰阑记》的成功,而不会提及她的声音问题。后来,贝托尔特·布莱希特在本剧的基础上写成了《高加索灰阑记》(*The Caucasian Chalk Circle*)。[37]

柳霜与理查德·艾希伯格的再度合作是影片《路面蝴蝶》(*Pavement Butterfly*),又叫《城市蝴蝶》(*City Butterfly*),拍摄于1929年3月,于当年5月上映。片中的数个场景来自法国和摩纳哥,艾希伯格曾在尼斯、蒙特卡罗、蒙托和巴黎实地取景。在尼斯,艾氏拍下了著名的狂欢节镜头;在蒙特卡罗,艾氏在卡西诺赌场的屋顶和地中海上拍摄夜景;巴黎的街巷也被他用来上演夜间戏。柳霜饰演的胡蝶是一名在街头集市跳舞的中国女子。她因一个杂技演员的意外死亡而蒙受不白之冤,被控谋杀。在从一个威胁要杀死她的暴徒手中死里逃生后,胡蝶在瑟奇·库什米的画室中觅得藏身之处。瑟奇是一名年轻的画家,为生活而疲于奔命,在让胡蝶躲进画室后,他为她画了一幅肖像,并将这幅画以4 000法郎的价格卖给诺夫伯爵。回到画室,他把伯爵付的支票交给胡蝶去兑现。没想到马戏团的小丑抢走了她身上的支票,而小丑正是杀害杂技演员的真凶,他威胁胡蝶,如果将此事告诉库什米,他就杀害画家。后来,胡蝶靠自己的力量从小丑手里夺回了支票,但此时的库什米已经移情别恋,冷冷地拒绝了她。在影片的最后,胡蝶离开了库什米和他的新娘,决定"远走他乡,让这个她永远忘不掉的男人获得幸福"。法德奥三国的影评赞美《路面蝴蝶》是一部"极其优美的影片",称赞柳霜的演技"令人震惊"。就连一向谨慎的《电影周刊》也称赞柳霜的表演"令人陶醉",在片中流露真情。而在美国,《综艺》对本片只字未提。不能不说,大西洋两岸的审美差异就像大洋一样难以逾越。[38]

1929年整个9月和10月的第一周,柳霜都待在柏林的埃斯普拉纳酒店。她写信给美国小说家和摄影师卡尔·范·维克滕说,自己正在享受"带薪假期",往来有新雨,谈笑有故知。她写道,在这"曼妙时刻,问好和道别是家常便饭"。她最大的成就是"德语讲得很自如,而在拍新片时既要讲德语,又要说英语。最有趣的是以前看起来不可能完成的任务现在却得心应手,有时自己也惊叹,我怎么就成功了呢"。10月10日柳霜前往英国,为英国国际电影公司拍摄一部"有声电影"。[39]

柳霜在有声电影中的试水之作是埃尔斯特里影业公司一部全明星阵容的鸿篇巨制。她先前友情出演道格拉斯·范朋克主演的《驯悍记》(The Taming of the Shrew, 1929),该片刚刚在美国上映。在另一部名为《埃尔斯特里的呼声》的影片中,柳霜饰演的角色从门中走出,一边向所有人扔奶油馅饼,一边用台山方言辱骂他们。本片由阿德里安·布鲁内尔(Adrian Brunel)执导,阿尔弗雷德·希区柯克(Alfred Hitchcock)协助,是一部美国音乐滑稽剧的英国版。《埃尔斯特里的呼声》结构松散,中心故事是片中一系列音乐剧、舞蹈和喜剧的引子。本片被删掉的一组镜头后来出现在30年代另一部全明星阵容的大片中,镜头中厌恶女人的希区柯克正将馅饼抹在柳霜身上。[40]

柳霜与艾希伯格最后一次合作的电影在三个国家拍摄,录制成三种语言。这部电影在英国名为《堕落之路》,在德国名为《海棠》(Hai Tang),在法国叫《爱情故事》(L'Amour Maitre des Chases),直到1930年才以有声电影的形式搬上银幕。尽管本片主人公与《灰阑记》的主人公名字相同,但两部作品没有任何关系。柳霜的对白由她亲自用三种语言录制,每次都与不同的演员合作。柳霜不但凭借该片学会多种语言,还亲身前往布达佩斯学习匈牙利民族舞蹈,后来她又返回那里出席该片的首映礼。

该片围绕俄国军官鲍里斯·伊万诺夫与柳霜饰演的中国舞女海棠之间的爱情故事展开。鲍里斯因为值班时迟到被罚监禁两周。鲍里斯的上司曾提醒他,再这样行事乖张会招致流放西伯利亚之祸;如今鲍里斯被罚,他的情妇引起了上司的注意。幸运的是,这个地方的大公爵十分看重鲍里斯，待他如同慈父。由于迷恋海棠，鲍里斯带大公爵一起去剧院看她的演出。海棠的魅力不禁让大公爵眼前一亮，他早已厌倦了自己的发妻，便要鲍里斯邀请她来府邸共进晚餐。一到这里，海棠、鲍里斯和海棠的父亲何王便发觉自己已入彀中。此时，拒绝大公爵为时已晚；接受他的诱惑无异于自取其辱。情急之下，海棠决定牺牲自己，以挽救鲍里斯。晚宴中，大公爵的真实目的越来越明显，当他靠近海棠时，何王掏出枪来，但子弹打偏了，逃过一死的大公爵逮捕了何王。这时，孤注一掷的海棠决定牺牲自己的名誉，靠姿色劝说大公爵放过父亲。大公爵的妻子伊维特也卷入到这个阴谋中来，决定偷走大公爵对何王的赦令，置他于死地，盘算着何王的死定能让海棠记恨大公爵。幸而鲍里斯在最后一刻偷回了赦令，救下了何王的性命。但悲剧已然酿成，海棠已被大公爵玷污，再不能与鲍里斯成婚了。面对暗淡的未来，海棠服下毒药，在鲍里斯的怀中死去。[41]

英国版本的《堕落之路》由于有柳霜与搭档约翰·朗登（John Longden）的吻戏而与众不同，但不幸的是这场吻戏的镜头在剪辑室被剪掉了。这是深深的一吻，报纸对此给予大肆报道。这一吻轰动全国，许多人呼吁删掉这一镜头。针对这一幕吻戏引起的争论，朗登的评论模棱两可。他认为禁止中国人和英国人接吻的禁令"愚蠢，前后矛盾"，是"荒谬的怪诞之举"。但他同时又承认自己宁愿不去亲吻柳霜，感到如果"将影片的高潮留给观众去想象"，这部电影无疑会更好，而"若是一种想象，而不是影片的一部分，这一吻将更美丽"。这一吻持续良久，但在现存的拷贝中已不见踪影。美国报刊热衷于报道英国在删减吻戏时的尴尬。本片在伦敦公映期间，柳霜每晚都出席放映，如同一个勤勉的工人。[42]

或许，正是这惊世骇俗的一吻让《综艺》认为该片完全不值得推荐给美国观众，并质疑柳霜的吸引力，预告本片将沦为"票价最低的电影之一，拷贝卖不出高价，只能在双映制的社区电影院租赁放映"。影评人嘲讽柳霜在片中操一口"含混不清的美国口音"，声称对饰演一个俄国人物来说，这是致命的弱点。最后，该文总结道，这部电影"一无是处"。奇怪的是，《纽约时报》对法国版的《爱情故事》给予好评，对英国版的《堕落之路》却无甚好感。在其他国家也有质疑之声，一位不愿透露姓名的电影审查员就怀疑本片的真实性。由于片中大公爵与海棠的苟且之事，布达佩斯当局禁止本片上映，声称本片"这样的场面绝不会在现实生活中发生，这伤害了君主制国家的感情"。相比之下，法国影评人就宽容多了。法国版的《爱情故事》在香榭丽舍大道最奢华的影院首映。权威电影杂志《光影》回顾了柳霜在《堕落之爱》中的杰出表演，感谢"这个美丽性感的女人又一次精彩的表演，她对角色的塑造无比真诚，充满魅力"。《电影周刊》称赞她的法语"原汁原味"。德国报刊称赞起柳霜来更是不吝笔墨。当德国版的《海棠》上映时，多家电影杂志选用柳霜做封面女郎。相比同年上映的玛琳·黛德丽的电影，关于本片的报道要多得多。[43]

《我的电影》（*Mein Film*）是德国发行量较大的一份影迷杂志，柳霜通过给这份杂志写信，保持着她在德国的声望。柳霜在一篇文章中谈起无声电影向有声电影转型这场革命，该文还附有给影迷的亲笔签名照片。柳霜回忆道，自己在第一部有声电影中的第一句台词是"可惜"，接下来就是恳请国王宽恕，饶自己的兄弟一命。当时，她听到麦克风耳机中自己的发音含混不清，担心制片人会不满意。如今想来，那应是她演艺生涯中最重要的一刻。那一刻她双膝颤抖，就像在拍摄默片中的特写镜头一样。渐渐地，随着"一字一句地发音"，她慢慢放松下来，"我的恐惧消失了，说话也再度有了底气，我感到自豪和满意。"柳霜把这种感觉与第一次独自游泳相提并论。如今的柳霜虽已具备很高的专业水准，但她并不满意，仍在继续"学习发音和演讲，以便控制语调的抑扬，这在对白中至关重要"。[44]

柳霜的工作日程很紧，接下来她在艾尔诺·梅茨纳（Ernö Metzner）执导的影片《炸弹风波》（*Sabotage*）中饰演一个小角色。梅茨纳是匈牙利导演，效力于德国社会民主党，曾在《坏女孩日记》

中与 G. W. 帕布斯特和路易斯·布鲁克斯合作过，并于 1929 年执导了《事故》（*überfall*）这一前卫派的经典之作。他身兼美工师、服装师和导演三个角色，这种"令人震惊的多才多艺"为梅茨纳赢得了广泛的敬意。在柳霜眼中，梅氏最令她羡慕之处莫过于他的妻子。梅妻格雷丝·蒋（Grace Chiang）是欧洲华人，常与梅茨纳合写剧本，也是丈夫电影中的主角，两人跨越种族界限的婚姻让柳霜相信，面对爱情，种族不是问题。梅茨纳的《炸弹风波》早于希区柯克的同名电影数年，是一部惊险刺激的赛车电影，主演鲍勃·斯托尔（Bob Stoll）在片中一身二任，分饰反派头子和英雄。片中，斯托尔饰演的阴险角色谋害了一名王室成员，而斯托尔饰演的英雄在一场疯狂的飙车中追逐并抓到了他。柳霜在片中饰演一名汽车修理工，在致命的撞车中命丧黄泉。该片在巴黎首映，映期不长便销声匿迹了。[45]

到 1929 年底，柳霜仍享受着自己在欧洲的新生活。在法国电影开拍的三周前，柳霜来到巴黎，在这里度过春天。她住在一家不错的酒店里，这里可以欣赏到杜伊勒里宫花园和协和广场的美景，极目远眺，只见"波光粼粼的塞纳河上百舸争流"。每天柳霜都花几个小时学习法语，再享受一顿正宗的法式午餐；晚上在剧院打发时光，听正宗的法语以培养语感。谈起语音语调在有声电影中的重要性，柳霜说道："英国人不喜欢我的口音，我不得不学德语，不得不学习英语演说技巧。"她坦言自己毫不介意辛劳的工作，只要这能让她不再像"一个依靠父母的小女孩"。[46]

对《堕落之路》的批评让柳霜明白，英国人对自己的迷恋并不是全心全意的，但她仍然在英国享有很高的声望。许多英国男人热切地追求柳霜，甚至她自己也承认，她已经数月没有支付过晚餐费用了。对此，她相信英国人在亚洲的经历使得中国女子嫁给英国人比嫁给美国人的可能性更大。王室成员也按捺不住了，向柳霜发来请柬。威尔士亲王（Prince of Wales）的弟弟乔治王子（Prince George）托人传话说，自己很想结识这位美丽的东方女郎。当柳霜出现在国会大厦的走廊上时，连议会也一度休会，王公贵族们争相一睹这位传奇女子。国王的一个侄子邀请她共赴晚宴，甚至有迹象表明她可能会被引荐给王室。后来她才知道，此前没有一个中国人受邀进入英国皇家宫廷。可惜的是，她的档期恰好与此冲突。[47]

1930年4月，柳霜又一次登上伦敦的戏院。这次她在埃德加·华莱士（Edgar Wallace）改编自自己的小说《目击现场》（On the Spot）的影片中亮相，饰演一个芝加哥匪徒的中国妻子。[48]在拍摄这部影片期间，柳霜帮助自己的美国朋友、黑人歌手演员保罗·罗伯逊渡过难关。罗伯逊与佩姬·阿什克罗夫特（Peggy Ashcroft）合作出演《奥赛罗》（Othello）这部难度极大的片子，并担纲主演。1928年，罗伯逊凭借《欢乐船》一片在伦敦声名鹊起，但这与饰演莎翁笔下的"摩尔人"①的难度相比却不可同日而语。《奥赛罗》的制片商总是颐指气使，而且此时正值《堕落之路》中的吻戏引起轩然大波之时，而阿什克罗夫特又是白人，因而媒体的报道也火药味儿十足。1930年5月19日，也就是本片的首映之夜，阿什克罗夫特几近崩溃。当晚，柳霜穿着一袭经典款式的中国长裙出席首映礼，在幕间休息时多次来到后台探望她的美国朋友，给他精神上的支持。显然，她的友善起了作用，尽管评论界的反应不温不火，但首映式上的观众十次起立鼓掌，向罗伯逊致敬。[49]

稍后，柳霜从伦敦来到巴黎，参加《爱情故事》的拍摄。这一次，她再度爱上了巴黎，对巴黎人也深有好感。《电影明镜》和《蒙太奇》这两家法国顶尖的电影杂志，都用整版的封面刊登柳霜的照片。J. M. 艾尔蒙特（J. M. Airmont）在《笔记》（Carnet）上撰文，将柳霜称为演艺圈的顶尖人物，声言："比起葛泰丽·嘉宝、琼·克劳馥、安妮塔·佩奇（Anita Page）或卢佩·贝莱斯（Lupe Velez），黄柳霜激发的想象力更为丰富，那些完美地展示女性魅力不同侧面的女演

---

① 《奥赛罗》中的人物。

员,虽也能让男人们心中发痒,但比起柳霜,她们差得还远。"柳霜仪态万方,"能让我们为之着迷,但又不似其他女星勾起的色欲"。艾尔蒙特称,每当柳霜出场,"一种真切的魔力便从电影中放射出来"。法国人被她的演技深深打动了,纷纷称赞她的表演"堪称完美;无论你想出什么角色,她都可以尽情演绎,无论角色有多么隐晦,她都可以完美地塑造"。后来,有篇文章称赞欧洲艺术家在美国多么受欢迎,然而却极少有美国人能在欧洲受到追捧。尽管琼·克劳馥和珍妮特·麦克唐纳(Jeanette MacDonald)的影迷们也足以挤满影院,但在巴黎人眼中,她们毕竟只是客人。唯一的两个例外,一个是风靡欧洲影坛和舞台的阿道夫·门吉欧(Adolph Menjou),另一个便是黄柳霜。巴黎人对美国佬在法国城市的街头寻欢作乐反感不已,对美国电影的恶劣影响也甚为不屑,这与对柳霜的赞扬恰成对比。[50]

1930年春天,人在巴黎的柳霜深感惬意,尽管有一缕思乡的愁绪。在那里,她可以自由自在地谈论美国,也可以诉说在那儿作为华人的优势:"毕竟,我很幸运生在了洛杉矶。如果我在中国长大,很可能丧失了自由和独立。"她的愿望很自然地与强烈的敬业精神融合在一起。在美国,她不得不出演带种族主义色彩的角色,并忍受这种角色对她的声誉造成的损害;但在欧洲,她却没有这样的烦恼:"我喜欢看到银幕上的自己,喜欢读称赞我的评论。当然我也喜欢赚钱。"柳霜不喜欢待在屋里,喜欢在"你们这座美丽的城市中打发时间,巴黎是我见过的最美丽的城市",她不知道自己能否留在这里工作,"这话听起来很一般,但我确实是这么想的。"[51]柳霜为自己憧憬了一些小小的梦想。她想这一年购买一辆华丽的运动型跑车希斯巴诺-苏莎(Hispano-Suize),她想成为飞行员,尽管派拉蒙公司出于风险考虑不让她驾驶飞机。在梦想拥有汽车和驾驶飞机之余,柳霜也常常光顾巴黎的戏院。一天晚上,柳霜观看了法国女歌手伊冯娜·普兰当(Yvonne Printemps)的表演,她非常欣赏,此后每逢伊冯娜演出,柳霜都尽力前往捧场。柳霜还曾前往尼克拉剧院观看由朱比里·辛格斯（Jubilee Singers）和她的偶像路易斯·道格拉斯（Louis Douglas）主演的《黑色花朵》（*Black Flowers*）。柳霜颇为支持非洲裔美国艺人，她出现在这些场合很值得人们注意。[52]

　　柳霜喜欢法国记者的采访，因为他们不像美国记者一样刨根问底，也很少打探她的私生活。尽管她曾听闻礼貌正在法国人中消失，但"无论我去法国什么地方，我都受到欢迎，而且不被打扰。我和普通人没什么不同"。柳霜称，法国人并没有因为她的肤色而拒绝她，"我是黄皮肤，细眼睛。"她也公开谈论成为欧洲人："要是我的灵魂和你们的不一样怎么办？那是我的错吗？我不是彻头彻尾的中国人，也不是彻头彻尾的欧洲人。时也命也！我的灵魂的这两部分如猫狗般地争斗着。"[53]

　　在访谈中，柳霜常常显现出个人魅力和风趣睿智。一名德国记者约她在酒店大堂见面，当柳霜出现时，他不禁赞叹，"凭借她的绰约风姿和骨子里的优雅高贵，已然成了最有巴黎风范的女人。"此时的柳霜对巴黎人的审美情趣已经略知一二。她告诉这位记者，"见到一个不漂亮的女人，你会原谅她的容貌"，这比原谅一件不好看的衣服要容易得多；一个美丽的女子，"要秀色可餐，笑声和说话声都要悦耳，小有才气丝毫不损美女的身份，而且女子要闻起来像花一样芳香。"柳霜的话给记者留下了深刻印象，他告诉读者，柳霜年幼时逃学去看电影，而今"她辛勤工作，认真钻研自己角色的语句"。就在那时，"法语老师出现在她面前，角质眼镜后面是一副愠色"。随后，柳霜便离开去上课了。"在这次欧洲之旅中，《海棠》是柳霜的最后一部电影。这一时期，她主要与艾希伯格合作，虽然那时的艾氏如日中天，但今天已然湮没无闻。柳霜参演艾氏电影的确有助于解答一个长期的争议，即那时的德国和欧洲电影是否预示着纳粹主义和"二战"的到来。西格弗里德·克拉考尔（Siegfried Kracauer）首先呼吁人们注意德国电影在为阿道夫·希特勒（Adolf Hitler）和纳粹党奠定大众心理基础上的重要作用，他认为电影是群体活动，与其他媒介相比更能影响一般大众。后来,洛特·艾斯纳(Lotte Eisner)修正了克拉考尔天才般的洞识;直到近期,托马斯·埃尔萨瑟尔(Thomas Elsaesser)指出,克拉考尔的分析只是基于几部经典影片,而忽视了像艾希伯格的作品那样影响更为广泛的电影。正如蒂姆·贝格费尔德(Tim Bergfelder)所言,柳霜的德国电影充满了异域种族的情调。尽管笔者不厌其烦地尽力展示柳霜为改变导演的种族观念做出的努力,但她的努力却不能改变所有东西。通过柳霜参演的电影我们可以发现,像艾希伯格这样广受欢迎的导演所取得的巨大成就揭示了德国人的种族偏见和他们蓬勃发展的民族优越感。虽然柳霜勇敢地与种族偏见斗争,但这些电影在不经意间预示了即将席卷德国的种族主义风暴,就像美国电影能够反映那个社会深层的种族矛盾一样。[55]

当柳霜还在巴黎时,维也纳导演雅各布·菲尔德汉姆(Jacob Feldhammer)主动接近她,试探是否有机会邀她来维也纳演出。菲尔德汉姆与合伙人奥托·普雷明格(Otto Preminger)已经说服几个资产雄厚的实业家投资维也纳的人民剧院,该剧院此时正挣扎在破产的边缘。失业在维也纳肆虐,没有多少人有钱买票看戏;虽然剧院用降价的方式吸引来一些老主顾,但利润毕竟大大降低了。菲尔德汉姆和普雷明格相信,比起制作经典剧目、当代喜剧和邀请外国戏剧团表演一周,邀约好莱坞明星驻场表演一定能吸引更多的观众。二人相信柳霜一定能挽救人民剧院。20世纪30年代早期的维也纳只有33个中国人,所以柳霜的种族属性这一点就颇有新意。柳霜对此倒也没有异议,这样看来,万事俱备,只欠剧本了。真是无巧不成书,这次给柳霜提供剧本的竟是1925年在洛杉矶撞毁她的汽车的威廉·克里福德斯,这让柳霜颇为错愕。这些年来,克里福德斯一直在好莱坞担任助理道具管理员,工作之余完成了这部名为《嗤嗤》(*Tschun-Tschi*)的剧本。收到剧本的手稿后,柳霜给维也纳人民剧院管理层发去电报,协商演出事宜,并告诉他们说:"我想自带剧本,名为《嗤嗤》,这是为我量身定做的。"尽管她的电影合同还没有确定,但柳霜同意在秋天到维也纳客串表演。柳霜来到这座音乐之都是 7 月 11 日或 15 日，她住进萧伯纳酒店，与以前一样，这是维也纳的顶级酒店。此时的萧伯纳酒店不再是外交官和实业家们的下榻之处，而变成娱乐巨星约会的地方，酒店自诩曾接待过鲁道夫·瓦伦蒂诺（Rudolph Valentino）、波拉·内格里和男高音歌手理查德·陶伯，后者是柳霜的好友，或许就是他将该酒店推荐给柳霜的。

这部戏剧的头几场计划在 8 月 14 日演出，如今叫作《中国舞女》（*Die Chinesische Tänzerin*）。在 7 月剩下的时间里，瑞士圣加兰大剧院的伯恩特·霍夫曼（Berndt Hoffman）指导彩排。与柳霜同台的是饰演男主角的菲尔德汉姆，柏林兰心大剧院的莱茵霍尔德·本特（Reinhold Bent）也参与该剧，里亚·罗斯（Ria Rose）饰演"白人女子"。临近首映之夜，人们的期待也水涨船高。柳霜打算在 10 月 2 日前在维也纳演出，此后在德国巡回演出，然后将该剧搬上巴黎和伦敦的舞台。柳霜设法确保美国的媒体也知道她的这一重大手笔。[56]

柳霜一如既往地让大多数记者着迷。欧文·赖斯勒（Erwin Reisler）是几家中国报纸在欧洲的通讯员，能讲一口流利的国语，他曾在剧院中采访柳霜。赖斯勒对她心怀崇敬，将她比作传统的中国美女，说柳霜蛾眉配杏眼。起初，赖斯勒用国语与她交谈，但却发现柳霜只懂得台山方言。随后，柳霜为他清唱一首华南民歌，四座皆惊。[57]

这部戏剧的情节柳霜并不陌生，她在片中饰演中国寺院中的舞女，爱上一名美国富家公子，并从残酷的祭司那里救了他的命，但最终他抛弃柳霜，娶了一个白人电影明星。像往常一样，柳霜这次也患上首映夜恐惧症。当地日报《维也纳日报》（*Wiener Zeitung*）的评论严厉地批评了整个戏剧，尤其猛烈抨击柳霜的失败。作者声称柳霜的德语发音牛硬，"她不会发音，至少她的声音不适合维也纳人民剧院的大厅，她的歌声常常走调，让人难以忍受——甚至可以说她在台上说话，就像是我们把一个孩子放在舞台上。"该文称，很多维也纳儿童都会比她做得更好。除此之外，作者还嘲讽戏剧的情节，称该剧是"电影、滑稽剧和制造噱头的低级趣味的大杂烩"，其异国情调让所有体面的德国人心生厌恶，这种由电影明星出演戏剧的策略并不成功。让该评论员更为大惑不解的是，观众陶醉其中，"在每一幕开始和结束时都报以雷鸣般的掌声，最后甚至由全体观众的代表致谢词，这成了当晚的标志性事件。"《我的电影》的评论员发现这些崇敬令人着迷，写道："当柳霜唱起她自己谱写的悲情歌曲时，整个大厅沉默了，观众陶醉在她甜美的歌声中，紧接着爆发出一阵雷鸣般的掌声。柳霜有些尴尬地站在舞台上，像孩子一样高兴。维也纳人在心里记住了她。"这种崇拜之情一直持续到 9 月。尽管报刊的评论有些许醋意，但观众发现了柳霜的非凡魅力，直到本剧第二十五次上演，他们仍报以热烈的掌声。然而，柳霜对频繁的演出显然已感倦意，剧院宣布本剧将于 9 月 19 日结束，因为柳霜不能放下自己的电影事业。[58]

柳霜宣布，她要返回美国，因为她想家了，除此之外还有其他现实的原因。尽管柳霜可能思念加州明媚的阳光，但她也必须考虑自己的演艺事业。虽然柳霜视欧洲为自己的第二故乡，但没有强大的好莱坞电影机器在背后支持，她的演艺事业在走下坡路。她在欧洲拍摄的电影尽管不乏艺术性，但能在美国上映的却非常有限，影评也不怎么样。尽管柳霜可能还没有意识到这些，缺少派拉蒙公司的宣传机器，她的电影在日本和中国的宣传力度就小了很多。如果想继续自己的演艺事业（而且在 25 岁时，她已意识到演艺事业的脆弱性），柳霜就不得不承认，影视圈的现实是美国的电影公司引领全世界影业的方向。在尝试欧洲影坛后，柳霜赢得了声誉和威望，现在是返回美国利用自己的声望的时候了。1930 年 10 月 19 日，柳霜挥别欧洲，重返美国。[59]

大约一年以后，柳霜向《银幕秘闻》透露了她之所以要回美国的一个更私人的原因。她告诉该杂志的撰稿人特德·利·伯松（Ted Le Berthon）说，在伦敦时，有一晚她梦见自己与朋友、纽约作家兼翻译家格雷丝·韦尔考克斯（Grace Wilcox）一同站在柳树下。她解释说自己的中文名字的意思就是柳树。韦尔考克斯和她一起"在树下默默哭泣"。她知道那时韦尔考克斯正在纽约，相信这个梦是在警告她家人有危险。醒来后她马上给洛杉矶发去电报，幸而收到回复，得知家人安好。所以她继续动身去了维也纳、柏林和巴黎，并在那里完成了《爱情故事》的拍摄。10月底，柳霜抵达纽约，但仍然被那个不祥的梦所困扰。她告诉记者，格雷丝"是我的好友，我把她放在心里，她平安无事"。[60]

回到美国后，最初一切顺利，柳霜甚至在登岸前就签了第一份工作的合约。制片人李·伊夫雷姆（Lee Ephraim）正在为埃德加·华莱士最新的戏剧《目击现场》挑选演员，打算在百老汇演出。柳霜将回到美国的消息让伊夫雷姆突然意识到，不妨由她来饰演剧中的中国女子。此时柳霜即将离开欧洲，华莱士匆忙在伦敦找到她，与她商谈此事；当柳霜抵达美国时，伊夫雷姆早已带着剧本和合同在码头等候多时，柳霜在通过海关之前就签了合同。[61]

柳霜签约后，发生了一段小插曲，此事在纽约市的记者中间广为流传。在海关检疫区，记者们向柳霜提出了连珠炮式的问题，询问她在欧洲的感受，柳霜拿一些在欧洲的趣闻轶事来满足他们的好奇心。当大家问完后，还有一名记者仍在提问。

他结结巴巴地问柳霜："呃，黄小姐，这个……依你看，那里……我是说……坦白地说，还有件事我想问您，就是……"

柳霜微笑着打断了他。"没那回事"，她说。在接下来的几年中，至少有六个记者提起此事。这件趣闻让柳霜深受全世界记者的喜爱。[62]

柳霜的欧洲之行获得巨大成功，让她成为真正的明星，在她的履历中写下浓墨重彩的一笔，也让她有了更多影迷和朋友。在欧洲，她学会英国上流社会人士的口音，这足以震撼好莱坞的暴发户们；她学到新的表演技巧，准备将来访问英国和欧洲大陆。这一切给她以前的雇主留下深刻的印象。当派拉蒙公司得知柳霜返回美国并已签约在百老汇参演《目击现场》后，立即与她商定出演改编自萨克斯·罗莫的最新畅销小说的电影《龙的女儿》（*Daughter of the Dragon*，1931），很快派拉蒙又与她签订了长期合同。尽管派拉蒙可能最终意识到柳霜的过人禀赋，其他电影公司却相信欧洲的成功使柳霜更像个白人。柳霜回到美国没多久，《电影》杂志就发表评论称，"黄柳霜离开美国三年了。在这三年中，她学会了德语和法语，而且她的英语也有了伦敦口音。她在德国拍摄了三部成功的影片，在英国有两部，在法国一部——在欧洲大陆、伦敦和纽约的舞台上，她都具有迷人的魅力。令人欣慰的是，柳霜终于回来了。她离开时是一个时髦的华人女子——现在，许多人告诉她，她看起来已不再像东方人了。"其实他们并不了解被他们正品头论足的这个女子，柳霜的确回到了美国，但此时的她比以前更像中国人了。[63]

第 4 章　穿梭于大西洋两岸

1930年秋，柳霜在百老汇登台演出，取得不小的成功。颇受读者欢迎的当代小说家埃德加·华莱士将他的作品改编为剧本，取名《目击现场》。媒体不乏针对本剧的反对声音，如《纽约时报》就讽刺柳霜为"不可理喻的荡妇"，尽管如此，本剧的成功却是有目共睹的。百老汇的演出结束后，该剧又吸引大量观众到布鲁克林剧院再饱眼福。在百老汇上演期间，《目击现场》成为当年皇家大剧院最流行的剧目，演出多达167场。在纽约演出时，还出现一个有趣的小插曲，柳霜将此事加入自己的剧目中。那是剧中感人的一幕，柳霜"死去了"，躺在台上，监制要求"留声机播放古诺的《万福玛利亚》，让悲凉的气氛笼罩整个剧院。在某晚的演出中，一个新来的剧务一时失手，播放了《黑人音乐》选集，结果通常很专业的柳霜躺在台上忍俊不禁，发出一阵'最不合时宜的笑声'"。随后，剧组筹划在全美巡回演出，柳霜原本想参加，没想到一场悲剧突袭黄家，她不得不返回洛杉矶。[1]

　　演出的成功并没有给柳霜带来慰藉，伦敦那一夜的噩梦终于成真了。就在柳霜刚刚回到纽约时，一场惨烈的车祸夺去了黄母的生命。当柳霜的母亲李恭桃走出位于菲格罗阿北大道241号的家横穿马路时，被一辆疾驰而来的汽车撞倒。她被送往佐治亚大街的接诊医院，但因为颅骨破裂和内脏受伤于1930年11月11日不治身亡，年仅43岁。然而，警察却没有起诉肇事者乔·朗登尼（Joe Rondoni），后者称李恭桃突然出现在车前，他来不及躲避，这才酿成惨剧。露露买下一块家族墓地安放母亲的棺椁，并把在婴儿期夭亡的黄柳春的遗骸迁到这里。几个月后，黄家起诉朗登尼，要求赔偿50 000美元。人们对黄家的家事众说纷纭。一种说法是那时她还在纽约演戏,不能参加葬礼,此事惹恼了黄父和家人。另一种说法是黄父将李恭桃的尸身安放在墓中,直到次年春天柳霜回家时才正式下葬,黄父对女儿并没有很深的怨恨。[2]

一年后,美国摄影界的权威刊物《美国摄影》(*American Photography*)刊登了柳霜的整版照片,是多萝西·怀尔丁(Dorothy Wilding)在黄李氏去世前后拍摄的。这幅照片在该杂志当年的年度评比中获荣誉提名,成为展现柳霜哀伤一面的标准照。柳霜公开的照片往往凸显她快乐的笑容或迷人的媚眼,但怀尔丁所摄的照片中的柳霜却郁郁寡欢,沉浸在忧伤中。[3]

1931年6月1日,柳霜终于回到洛杉矶。此时,这些年来的挫折仍缠绕在她心中,柳霜自己也不知道将来是否还要重返好莱坞。她对记者多丽丝·麦凯(Doris Mackie)透露道:"我已厌倦了我不得不饰演的角色。为什么银幕上的中国人总是恶人?而且是很残暴的恶人——嗜血、阴险、蛇蝎心肠。我们中国人不是那样的。我们拥有比西方文明古老很多倍的文明,怎么会是那样的呢?"但她不得不吞下这些疑虑。柳霜的老雇主派拉蒙成了她的新老板,花20 000美元买下萨克斯·罗莫的小说《傅满洲的女儿》(*Daughter of Fu Manchu*)的版权,不惜斥资250 000美元将这部当年的畅销小说搬上银幕,改名为《龙的女儿》(*Daughter of the Dragon*)。柳霜在欧洲的荣耀让派拉蒙对她另眼相待,安排她出演这部惊悚片的头号女主角。1931年6月底,本片开拍,与柳霜一道跻身主演的还有饰演傅满洲的华纳·奥兰和饰演阿基的早川雪洲。这两位各自身怀绝技的演员都曾与柳霜合作过。奥兰因饰演陈查理而成为好莱坞一颗冉冉升起的新星,早川雪洲少年时便已星光灿烂。尽管柳霜在早年的从影生涯中曾与早川合作过,但《龙的女儿》是首部由两名亚洲演员主演的电影。参与演出的还有柳霜的妹妹黄柳凰,本片是她的处女作。对柳霜而言,与这么多老朋友一起拍片简直是一种享受。在《老旧金山》中与柳霜演对手戏的奥兰颇有幽默感,当他在《龙的女儿》片场第一次遇到柳霜时,奥兰问她这次他俩要饰演什么角色。听罢柳霜之言,奥兰狡黠地眨眨眼睛说:"我们是夫妻还是父女?这可是乱伦啊。"奥兰在本片的演员中报酬最高,有 12 000 美元,每周拿 2 500 美元;柳霜工作四个星期,挣了 6 000 美元;早川的薪酬则有 10 000 美元。派拉蒙这次还特地拿出 1 000 美元为柳霜量身定做了几件华美的中式长袍,远远超过剧中其他人物的服装费用。虽然与搭档的明星相比收入不高,但比起她去欧洲前的片酬,如今的薪水已经涨了很多。[4]

在片中,柳霜是故事的中心,她饰演的灵梦小姐是名动莱姆豪斯的舞女。灵梦在片中第一次登场时,正在展示她优美的舞姿。她戴着京剧头饰,却西式地裸露双腿。这身行头就像柳霜这几年来的装扮一样,是她个性中西分裂的写照。灵梦引起罗纳德·皮特里(布拉姆韦尔·弗莱彻[Bramwell Fletcher]饰)的注意,这让他的未婚妻琼·马歇尔(弗朗西斯·达德[Frances Dade]饰)心怀不满。与此同时,原本以为丧命的傅满洲来到伦敦,他曾发誓要报复皮特里家族,侦探阿基也尾随而至。在伦敦被发现后受了重伤的傅满洲通过一条密道逃到灵梦的住处,在弥留之际,傅满洲告诉她自己是她的父亲,要求灵梦为自己报仇雪恨。在动人的悲伤中,灵梦誓言自己是傅满洲的儿子,要为父报仇,血洗皮特里家族。闻听此言,傅满洲为自己育有一"子"心满意足,含笑而去。尽管灵梦爱上了皮特里,但她还是决定杀死他。与皮特里互诉衷情时,灵梦梳起西方发式,穿着西洋服装。就在他们几乎要接吻之时,阿基出现了,他告诉灵梦自己深爱着她,请她与自己一起回中国,这样灵梦的刺杀计划受到了阻挠。她弹起琵琶这种中国弦乐器,用台山方言轻柔地为皮特里唱了一曲中国民谣。随后灵梦在酒中掺入迷药,抓住皮特里和马歇尔,把他们捆在一起,并表明自己的真实身份。在不列颠全国警局的唆使下,阿基也卷入这场阴谋中,结果与灵梦一起不慎被皮特里夫妇杀死,此后这对英国夫妇快乐地安度一生。这部影片与柳霜在欧洲之旅前出演的影片一样,用陈腐的剧情告诉人们异族间的爱情充满危险。尽管本片是部大制作，但好莱坞的种族偏见仍然会拖累柳霜的演艺生涯。[5]

片中的灵梦发誓自己是傅满洲的儿子。一名学者因此认为柳霜在片中"易装"为男子。灵梦这一角色在男女间变换，一身兼有两性的特征。甚至柳霜在片中的女性服装也经过特别裁剪，具有男性风格，在同性恋观众眼中，这似乎有某种特殊意义。[6]

1931年9月5日，《龙的女儿》在美国一经上映便好评如潮。《洛杉矶观察家报》（*Los Angeles Examiner*）称柳霜的表演"精彩"，她的嗓音"完美"。即便是常常挑剔柳霜的《纽约时报》这次也一反常态，称赞该片豪华的布景和片中人物华美的服饰。该报称柳霜的表演总是"得心应手"，奥兰也将人物"表现得十分到位"。文中并未批评柳霜的口音，这意味着她在有声电影的严峻考验中过关。《综艺》对本片评价稍低，但把它推荐给儿童观看，这样的推荐当然对影片有好处。奇怪的是，拉美媒体对《龙的女儿》全无好感，称之为一部平庸的商业娱乐电影。[7]

葡萄牙媒体对本片的反响同样耐人寻味。葡国顶尖的电影杂志《电影片》（*Cinéfilo*）曾一度误以为柳霜是日本人。尽管派拉蒙常在该杂志上刊登电影广告，但《电影片》的撰稿人承认并不了解柳霜，对她的年龄、国籍和经历知之甚少。该刊记者根据柳霜的剧照评论道，她"毫不费力就能让许多好莱坞明星相形见绌"，是《龙的女儿》中"唯一的本色演出"。在这番赞美后，作者陷入东方主义的窠臼，声称许多人"仰慕她的天赋，只是因为她的黄皮肤"。作者相信，随着柳霜为越来越多的葡萄牙观众所熟悉，他们将"渴望中国，梦想东方风情，那里满是吸鸦片者和宁静的面孔"。文章在结尾处设想，读者们会"用从茶叶箱上复制下来的奇怪文字，给她写神秘的字条"。这篇文章是纯粹的东方主义的真实写照，透过这些我们可以看到葡萄牙人对柳霜、对中国人的陌生；可以看到他们基于肤色的种族幻想和对东方、对东方人顽固的成见。柳霜的人物形象有助于改变德国人、英国人和法国人的种族意识，但处于边缘地带的葡萄牙影坛却保持了葡萄牙人对她的误解。[8]

受雇于一家重量级电影公司意味着柳霜的电影又有了强大的公关支持，派拉蒙为《龙的女儿》所做的宣传攻势就证明了这一点。该公司的宣传机器包括许多引入注目的招数，有趣地利用"黄面孔"。在推广这样一部亚洲影星出演的影片时，派拉蒙或许考虑到英国追星的女孩子们会自发仿效柳霜，便建议当地的剧院老板在宣传本片时，让欧裔美国女孩妆扮成看起来像亚洲人。在一篇题为《漂白的中国娃娃世上难觅》的文章中，派拉蒙宣传部门建议找一个"亚麻色头发、留着短直发的漂亮女孩"。化妆师用鸡蛋白和阿拉伯树胶使她的眼睛变细，把她的眼睫毛打蜡涂成黑色，并且"把头发打卷，或是梳成盘发，前额留刘海，让她看起来更像中国人"。为了让模特看起来更像金发中国女郎，化妆师还在她的鞋子后面加上了尖尖的鞋跟，让她穿上丝质长袍或是中国红的宽松睡衣，这样一番装扮后，让她站在橱窗中展示中国风情。为了增加效果，有时模特还手拿一柄阳伞。电影的广告就贴在"小包上，它们通常系在中国女士的背上。上面的广告词是，"这里有你从没见过的金发中国女郎"。片方许诺，这样的女郎会给"任何一家商店引来许多关注"。[9]

20世纪20年代，好莱坞对"混血"的偏见、对种族纯正性的迷狂及恐惧曾阻碍了柳霜的星途，但十年后，美国公众的审美意识却有了180度的大转弯，他们开始欣赏异国情调和多元文化。正当好莱坞笨拙地用"黄面孔"来避免暗示跨种族爱情之时，美国妇女却渐渐抛弃传统的审美情趣，她们认为有色人种像白人一样美丽可爱。古铜色护肤霜的发明和浓妆的流行使得欧美妇女一样可以展现出异域情调。尽管上述这些改变并没有动摇美国电影和美国社会中的种族界线，但人们开始接受白人之外的其他种族也有美丽之处。虽然葛丽泰·嘉宝和玛琳·黛德丽都可以在电影中"东方化"，但不变的却是只有一个真正的东方演员，她就是黄柳霜。[10]

虽然美国人对面孔肤色的态度不再像以前那样刻板，但他们也能认出真正的非白人演员。当早川雪洲和黄柳霜返回好莱坞时，美国媒体大肆宣扬他们的回归，提到人们注意到他们二人已离开美国数年之久。柳霜的妹妹柳凰在此片中的处女秀也受到关注。好莱坞的剧作家们对柳霜在欧洲的演艺生涯印象深刻，他们特别关注她能讲一口英国上流人士的英语，甚至认为她看起来不再像东方人，但柳霜的反应喜忧参半。她说当人们告诉她，"我看上去不再像个中国姑娘时，……我相信这是因为面貌会反映人的思想与精神气质。我的想法变了，所以我的面容变了。我像西方人一样思考问题，只有失望和抑郁时除外。那时我就靠东方哲学安慰自己了，让我接受而不是反抗。东方哲学会让人度过很多难关。"[11]

柳霜的矛盾心态说明她正试图把握这一机会。20世纪30年代早期也是东方风情复兴的时期。从18世纪末期以来流行开的中国丝绸、印度棉布、土耳其长裙和阿拉伯斗篷等衣着风尚，穿在葛丽泰·嘉宝、琼·贝内特（Joan Bennett）等明星身上，象征着奢华、性感和摩登。在伊丽莎白·阿登（Elizabeth Arden）和海伦娜·鲁本斯坦（Helena Rubenstein）推介的新款化妆品中，中国红的口红和胭脂最为抢眼。《袁将军的苦茶》（*The Bitter Tea of General Yen*，1933）等电影让观众领略到化妆和服饰的魔力，它们让欧美演员饰演的"黄面孔"更具真实性。30年代的高成本电影中已经使用了彩色印片法摄影，这种技术更进一步增强了"黄面孔"的"真实感"。但柳霜并不需要这些，她在自己的演艺生涯中从一开始就穿着真正的亚洲服饰。实际上，在好莱坞和时尚界看来，柳霜是个正宗的亚洲人，根本无须这些化妆技术。尽管柳霜1922年的电影《海逝》是彩色印片法摄影技术上的里程碑，但从此之后，她再也没有参与任何一部高成本的彩色电影，直到她的演艺生涯行将结束时，才获得第二次机会。[12]

拍摄完《龙的女儿》后，柳霜重新回到《目击现场》剧组，该剧自纽约上演后开始在全国巡演，于1931年8月中旬来到洛杉矶。

这里的媒体对柳霜赞赏有加,这证明她的欧洲之旅对她的名望大有裨益。在演出期间,柳霜成为洛杉矶各种社交聚会的常客,有时她的朋友卡尔·范·维克滕也一同出席作陪。《目击现场》全国巡演结束后,柳霜决定重新上路旅行。随着《龙的女儿》在全美各地陆续上映,柳霜也跟随剧组在各地造势。在奥克兰、盐湖城、堪萨斯城、底特律和匹兹堡等城市,柳霜在一系列剧场里现场表演,这无疑让票房更加火爆。在费城的马斯特鲍姆剧院,金牌节目主持迪克·鲍威尔(Dick Powell)亲自主持影片开映式,随后柳霜在台上献歌一首,"男孩将是女孩,女孩也将是男孩",并用五种语言感谢观众的热情捧场,其中还包括意第绪语(犹太语)。在纽约卡皮托尔剧院的一场盛大演出中,柳霜担纲主角,一同表演的还有杰克·本尼(Jack Benny)、卢·科迪(Law Cody)和阿贝·莱曼(Abe Lyman)的乐队。10月底,柳霜重返洛杉矶,身穿从布达佩斯跳蚤市场上买来的裙子在滨海小城马里布的一个派对上露面,迷倒了在场宾客。这年冬天,柳霜享受着新剧的巡回演出,其中包括全部由华人演出的戏剧《黄马甲》(*The Yellow Jacket*)。此外还有简版的中国戏剧《王宝钏》(*Lady Precious Stream*),以及诺埃尔·科沃德(Noel Coward)的《私生活》(*Private Lives*)。不久,柳霜把科沃德的歌曲融入自己的演出。[13]

欧洲的自由使柳霜不愿再受人摆布,回到美国后,她开始发出自己的政治声音。1931年,日本入侵中国东北激怒了柳霜,九一八事变促使她在这年年底发表了题为《中国东北》的文章,谴责日本的暴行,控诉日本违反了《国际联盟条约》。在其演艺生涯中,柳霜发表的政论文章并不多,这是其中一篇。该文刊登在友人罗布·瓦格纳的《比弗利山庄通讯》(*Beverly Hills Script*)上,比较中国讲究耐心的古老智慧与现代日本社会急躁好斗的特性。柳霜讲到中国传统的独立性和亿万中国人坚贞不屈的抵抗将保证最终的胜利。这是她以后主要文化归属的一个例证。柳霜写道:

> 世界从未像今天一样需要一场精神复苏,来缓解压断神经的节奏和使人窒息的大机器所带来的疲倦。因此,我们正见证人类历史上最伟大的复兴,在生活的哲学中,这终将给予人类新的关怀和福祉。就像纤弱的荷花总是在淤泥上绽放一样,尽管有日本铁蹄的踩躏,有着完美纯洁道德与高雅精神的中华文化定将在血腥与暴力之上绽放。[14]

透过这篇文章,我们发现柳霜的中国民族主义情绪正日益高涨。她热切地赞扬中国人的才华,自豪地称赞中文的"隐喻和明喻意境幽远,文字简洁优美,翻译成任何一种文字都会索然无味,流失真谛"。柳霜声称,自清朝终结后中国对西方更加开放,她如数家珍地称赞"胡适、邝泗、顾维钧、施肇基、顾子仁、刘廷芳,他们都在西方大学中赢得很高的荣誉"。柳霜相信他们的成功是应得的,因为"中华民族素来尊崇博学之士",他们的地位比军人高得多。她告诉读者,北平对远道而来的学者礼遇甚隆,或许这也反映了她的希望:将来自己在中国也能受到同等礼遇。知识和意志结合成抵抗侵略的不屈力量,这将使日本的进攻化为乌有。学者傅葆石后来在日本控制下的上海看到中国人的消极抵抗,柳霜的说法与傅的看法相近。在美国,她并没有身处某一个被占领区,但她曾在身心上受到束缚,不得不遵从西方社会的态度。随着时间的推移,最终柳霜将扩展她的抵抗方法。[15]

▼

1931年秋,鉴于在美国没有演出安排,柳霜准备返回欧洲,《电影》杂志撰文告诉读者,"美国的舞台和银幕都没有柳霜满意的角色"。恰在此时,一部大制作电影《上海快车》突然邀请她出演该片的三号人物。本片由阿道夫·朱克出品、约瑟夫·冯·斯登堡(Josef von Sternberg)执导,于1931年底开始拍摄,主演除柳霜外,还有玛琳·黛德丽、克莱夫·布鲁克、华纳·奥兰,许多性格演员的杰出表演也为本片增色不少。影片的故事背景是1925年内战中的中国,摄影师黄宗霑在片中应用了许多自己在1928年中国之行中拍摄的镜头,使《上海快车》更显真实。故事发生在一列从北平到上海的列车上,黛德丽饰演的"上海百合"是故事的中心人物,她是一个恶名远扬的西方妓女,曾毁掉许多中国男人。电影开始不久就介绍一群坐在头等车厢的古板欧洲乘客,他们每个人心中都有一个秘密。车上还有两个中国人,一个是奥兰饰演的亨利·张,他是便装出行的军阀;另一个是柳霜饰演的中国妓女惠菲。许多欧洲乘客,包括他们的头目、布鲁克饰演的唐纳德·"医生"·哈维上校,都不愿理会惠菲,他们中间的长老会牧师甚至坚持要把惠菲赶下火车,但却没有要臭名昭著的上海百合一并下车。惠菲在对话中揭穿他们的虚伪造作。愚蠢做作的哈格蒂太太(路易斯·克洛斯·黑尔 [Louise Closser Hale] 饰)为人古板自负,在上海有一处寄宿公寓。她来到上海百合和惠菲的包厢,拿出自己的名片交给她们,假惺惺地说自己的公寓"专门接待最受人尊敬的人士"。听罢此言,上海百合挑起眉毛,假意相信哈格蒂太太经营一处淫秽场所;惠菲则刻薄地回敬她说:"我并不知道在你的公寓里受人尊敬的标准是什么,哈太太。"故作清高的哈格蒂太太碰了个软钉子,气急败坏地退回到走廊。

在途中,火车临时停车,一队中国士兵在车上抓到一名叛军的间谍。为了不被发现,张悄悄打电报给沿线的下属,让他们再次截停这列火车。在高潮的一幕中,哈维上校和上海百合重新燃起久违的爱情。火车被叛军劫持后,张露出了他本来的面目——叛军头目。他亲自审问所有头等车厢的乘客,并把哈维扣押起来索要赎金,当晚还强奸了惠菲。原来,张之所以劫持火车,是为了用哈维交换被抓的间谍。最终,张的目的达到了,并把上海百合扣留在自己的身边。然而,逆转劫案的却是惠菲,为了复仇和一笔20 000美元的奖金她刺死了张。最终,上海百合和哈维在人头攒动的车站拥抱在一起,在他们背后,惠菲默默地离去，虽然活着，却是孤零零的。[16]

尽管冯·斯登堡用了表现主义的技法在片中凸显黛德丽的金色长发和棱角分明的脸庞，但柳霜却凭借高超的演技将她的角色发挥得淋漓尽致。惠菲朴素的言语常带讽刺意味，总是一针见血地刺透欧洲乘客们罪恶的过去；惠菲轻盈的表演毫不拖泥带水，却常常毫不隐讳地表现出她对欧洲旅人的鄙弃。在片中，当哈维上校拒绝与她握手时，惠菲高贵的矜持揭露了他种族主义的虚伪。尽管哈维上校拒绝与中国妓女有任何接触，却对上海百合情有独钟，他们的浪漫推动剧情。具讽刺意味的是，哈维全然不顾黛德丽在片中所说的事实："单单一个男人不会把我变成'上海百合'。"黛德丽这句话可能臭名昭著，但柳霜说出影片中最震撼的对白。当惠菲杀死张报仇雪耻后，她在走廊上遇到哈维，便请他解救上海百合，并警告他"最好带百合离开这里。我刚刚杀了张将军"。她说这话时面若冰霜，堪与任何一部黑色电影（20世纪40—50年代好莱坞侦探片）中的对白相提并论。后来，上海百合对惠菲说道："真不知道我是不是该感谢你杀死了张。"惠菲讥讽地告诉她："这不重要，我不是为了你才杀死他，他只有死才能还清欠我的债。"柳霜在电影的结尾往往死去，只有《彼得·潘》和《巴格达窃贼》除外，《上海快车》是又一个例外。尽管柳霜在片中的角色明显是妓女，但冯·斯登堡对结局含混不清的处理却让她活着离开了车站。

冯·斯登堡和派拉蒙公司才华横溢的服装导演特拉维斯·巴顿（Travis Banton）明显限制了柳霜的服饰，以便凸显本片女主角黛德丽，但柳霜巧妙地运用发型来表现自己的角色。第一次出现在车站时，惠菲额前梳着又长又厚的齐刘海，这种发型在中国叫作"茶壶盖"。她尖尖的鬓角紧贴脸庞，长长的耳环晃来晃去，俨然一个性格坚强、善于处世的世俗女子。在后来的场景中，比如遭强奸那一幕，惠菲的头发散乱地披落在肩上，一副性感的模样。当惠菲和上海百合被叛军吵醒并被带离车厢时，她也是这样的发型。虽然惠菲在与叛军对峙时将头发别在脑后，但后来被张强奸时她的头发又散落下来。此后，叛军士兵调戏惠菲时，亦理解她蓬乱的头发展示她的性状态。后来当惠菲拿出匕首刺死张时，她梳起了少女般的童花头。电影末尾，她又梳起干练的"茶壶盖"，准备重新回到现实世界。当记者们围上前来向她打听刺杀张军阀一事时，惠菲挥手让他们散开，口中说道："我不想谈论这件事。"[17]

柳霜对自己出演的这个角色确实有很多话要说，虽然她在片中不能说出来。随后几年，她在欧洲徜徉时，柳霜为片中的惠菲创作了一首独白诗，每到一个国家，就用那里的语言重新表演一次。透过这首诗，我们可以看到柳霜眼中的惠菲：

> 阳光从不照在我这种女人身上。
> 你知道，我的工作开始于黑夜。
> 霜雨雷鸣对我都一样，
> 我在等待顾客。
> 一个年轻人从那边走来了！"嗨，小伙子，放松一下？
> 看见你真好，快来吧。"
> 管他年轻年老，管他是贫是富，各种各样的男人。
> 有人哭，有人笑，他们都愿来。
> 他们来买笑，我愿意出卖自己，这是他们的权利。
> 他们称之为爱情，我却觉得是地狱。
> "晚上好啊，甜心。过得怎么样？"
> "小伙子，怎么样？走吧，跟我走。"
> 很久以前，我全心全意地深爱过，他也爱着我。
> 我们爱得很热烈！我们永远不分离。
> 一天夜里他卖了我，只为了不到200美元。
> 爱真美好！啊！我们相爱时是多么的没头脑。
> 但总有一天我会偶遇我的爱人。

复仇的滋味多好啊！我多么期待那一刻！

我会向他微笑，我会与他调情，我会很温柔。

当他在我怀抱里，我会让他更近我身：

"生活多美好！我的宝贝儿，我们真幸福！"

死吧，你这混蛋！太好了，恶人有恶报！

当然，警察会找到我，我没有理由躲避，

他们总是跟着我；他们太残忍，

这次有什么区别？这都无所谓！

所以，笑总比哭好，对吧？

你好，长官。没关系，我累了。

走吧，给我戴上手铐。我不抱怨。这就是生活！ [18]

字里行间渗透着柳霜心中对这些年来抛弃她的男人那深深的怨尤，她对从马歇尔·尼兰到布朗宁和罗塞尔等负心汉仍心存一份愤懑。在柳霜看来，被亲密恋人抛弃的自己与惠菲的窘境颇为相似，被最亲近的人，被种族身份，被那些急切地去爱她但没有勇气承诺的人伤害。在柳霜的独白中，我们看到的是一个女人的悲剧：男人想得到她却又不愿付出真爱，这份悲凉的情感通过意大利语、法语、西班牙语、瑞典语、德语和挪威语传达给欧洲各地的观众。随着时光的流逝，柳霜一定明白她的真爱终将徒劳无功。

若是有鼓鼓的荷包，或许柳霜尚可聊以为慰。她在《上海快车》一片的演出挣来了 6 000 美元，相比黛德丽 78 166 美元的片酬只是个零头，而这不过是派拉蒙当年付给这个德国影星的报酬的一半；不仅如此，她全部行头的花费几乎是柳霜的两倍。只需草草一瞥就知道，柳霜在这部影片中的服装比她通常的服饰粗糙得多。在电影这种媒体中，服装是很重要的一部分，金发美女黛德丽一定不会甘心让柳霜凭其独特的亚洲长裙抢过自己的风头。[19]《上海快车》成为当时的票房明星，一经上映便被视作斯特堡的经典之作。倘若那时便有奥斯卡最佳女配角奖，柳霜一定会凭借惠菲这一角色赢得最佳配角奖。[20]

但华人对本片的反响却没这么乐观。在中国，国民政府发起运动抵制"精神污染"，尤其针对美国电影。《上海快车》开拍之前，在中国政府知情的前提下，冯·斯登堡曾到上海寻访拍摄实景。尽管如此，国民政府还是发现这部影片的部分内容有辱中国国格。其一是剧中台词"时间和生命在中国没什么价值"，中国大使馆对此表示抗议。柳霜的角色是另一个争议之处。在本片拍摄过程中，天津的《北洋画报》在头版刊出题为《派拉蒙又用黄柳霜羞辱中国了！》的抗议文章。派拉蒙高层试图缓解中国大使的愤怒，但中国国内的抗议声却迟迟没有消退。柳霜在片中饰演妓女惠菲，这是个大问题，为此上海一家通俗报纸谴责她是"中国的女叛徒"。该片在上海的法租界首映，具有强烈民族主义情绪的导演兼剧作家洪深在当天下午观看了这部电影。洪深曾在耶鲁求学，毫无疑问他比其他中国人更熟悉柳霜的电影，同大多数中国赴美留学生一样，他也对侮辱中国的电影十分敏感。此外，他是现代中国影坛编剧和导演界的领军人物，这样的地位使他对柳霜的敌对情绪更充满了悲剧性。洪深早年曾参与过国际影坛的争论，在1929年通过谴责一部哈罗德·劳埃德（Harold Llyod，又名罗克）丑化中国的电影而在国际影评界占据一席之地。当天看完《上海快车》的日场后，洪深在夜场开始时站在影院的前排，向现场观众大声谴责这部电影。在他的呼吁下，国民政府很快将本片列入禁映的名单。[21]

究竟这部电影如何惹恼了中国民族主义者，或许派拉蒙甚至柳霜并不清楚。影片以两个妓女为主要角色，这已经让他们难以忍受，遑论在这个日本入侵的非常时期在片中丑化革命力量。在这些政治原因之外，中国人对该片还有更深层的抵制。此时，派拉蒙意欲吞并所有中国电影公司，以便在中国影坛建立垄断。派拉蒙象征着美国的文化帝国主义，吞并中国电影公司的企图几乎成功，因为中国政府的否决而前功尽弃，此后派拉蒙的电影也被置于更严格的审查之下。随之而来的是政治人格这一问题。洪深领导的民族主义运动正在伺机而动，随时准备抵制外国电影,他本人也利用一切机会公开宣扬自己的主张。最后,柳霜的背景和外貌也是原因之一。柳霜祖籍广东,这是在国民政府中引起争议的地方。基于以上因素,电影审查机构禁止《上海快车》上映,并暂停派拉蒙在中国发行电影的特许权。直到美国政府通过外交手段干涉此事,派拉蒙才在中国恢复其生意运作。[22]

若不是洪深等民族主义者对有辱中国的言论如此敏感,他们或许能听到柳霜饰演的角色口中对中国政府的赞誉之词。当叛军将领亨利·张劫持火车并以此交换被英国人缉拿的同伙时,惠菲思忖着除掉他以获得20 000美元的奖赏。她对其他乘客说道:"抓到姓张的,无论死活,国民政府奖赏20 000美元",并断定"奖金发出的那一天对中国来说,将会是个欢乐时刻"。尽管惠菲只是个妓女,但却是国民党的忠心支持者,与国民政府一样希望制伏这些军阀。[23]

在中国,柳霜可能比洪深和国民政府所意识到的更受欢迎。除《良友画报》因为主编伍联德与她私交甚笃而多次刊登有关她的报道外,《北洋画报》《申报》和《玲珑》等多家中国报刊杂志也常常刊登她最新的电影的剧照。早在1930年,《北洋画报》刊登了一幅柳霜的铅笔肖像画。上面不仅有她的英文签名,还有她手抄的唐诗:"山不在高,有仙则名;水不在深,有龙则灵。"[24] 一个让人意想不到的机构也授予柳霜一份殊荣。德国电影杂志《我的电影》在题为《年轻的影星博士》的文章中介绍说,北平大学这所中国最著名的大学授予柳霜荣誉博士头衔,并称这一事件"可能是特例",因为欧洲(也包括美国)的大学从不向演员授予荣誉学位。北平大学通过这一举动,承认柳霜"为祖国赢得荣誉,为艺术作出贡献"。该杂志认为,北大此举说明该校并未将电影视作"二流艺术"。若是考虑到民族主义者抗议柳霜的愤怒行径,这一荣誉头衔更显得非同寻常。它告诉世人,柳霜可能赢得了中国自由派知识分子的赞誉,他们希望以这样的举动来展示对她的欣赏。后来,正是这些知识分子给了她支持和声援。[25]

《上海快车》让柳霜有机会重新认识玛琳·黛德丽,这个派拉蒙欲一手捧红以抗衡葛丽泰·嘉宝的女星。黛德丽在自传中并未提及柳霜，但她的女儿玛利亚·里瓦（Maria Riva）回忆，正是拍摄该片期间两人成了"密友"。里瓦说："在拍片期间，她们一起谈话，不是排练镜头，只是谈些轻松事，有时凑在一起抽烟，有时用吸管啜饮冷咖啡。"玛琳总是不厌其烦地打理柳霜平整的刘海，让服装师一遍遍地重做一件和服，想尽办法让她看上去更美丽性感。有时，二人会在玛琳奢华的试衣间里放松片刻，一起听她收藏的为数可观的理查德·陶伯的唱片。玛琳总是与柳霜不离左右，而与搭档的影片男主角却保持距离，那个男主角"像预料的一样，有上镜的下巴，英国人，别无其他长处"。[26] 欧洲媒体也迎合这一论调，纷纷在杂志上用很大篇幅报道柳霜在《上海快车》中的表演和她与玛琳的友谊。实际上，法国和西班牙媒体给予柳霜的报道比给黛德丽的更多。[27]

在许多影评人看来，这对美女组合无疑是该片的焦点。片中黛德丽与布鲁克的爱情让人难以信服，部分是因为布鲁克这个英国演员僵硬的表演，更主要的是二者缺乏心灵感应，十年后亨弗莱·鲍嘉（Humphrey Bogart）和英格丽·褒曼（Ingrid Bergman）在《卡萨布兰卡》（*Casablanca*, 1942）中的感情戏弥补了这一缺憾。相比之下，玛琳和柳霜在片中的关系倒更加扣人心弦。她们在片中分别饰演上海百合和惠菲，在同一包厢内，与其他乘客分隔开来。之所以如此，她们的身份给了观众答案。二者的关系通过服装、化妆、灯光、取景和位置显示出来，就像吉娜·马尔凯蒂（Gina Marchetti）所揭示的那样，所有这些都暗示观众，她们的关系非比寻常。上海百合总是一袭黑装，而惠菲则常常以暗色服饰出现在镜头前，两人相互映衬。[28] 在这段时期，柳霜在其他电影中的服装大多类似于京剧的造型。在《上海快车》中，柳霜身穿式样简朴的长裙。上海百合与惠菲一起走进包厢后便拉上窗帘，似乎与世隔绝。然而，后者杀死亨利·张以报强奸之仇后，拒绝了上海百合的谢意。显然，惠菲之所以这么做是出于自己的目的，而非为了拯救被张劫持的上海百合。在影片结尾，百合依偎在冷漠的布鲁克医生怀中，留下惠菲一个人孤独地远去。两人的演艺生涯也如同上海百合与惠菲一般，黛德丽登上了电影王国的山巅，在好莱坞这座浮华之城中上演一幕幕的都市人生；而柳霜这个真正的电影奇才却回到她孤独的世界之旅。她的离去让黛德丽不再有竞争压力。黛德丽曾与友人一同观看《上海快车》，播映结束后，朋友称赞柳霜的表演堪称完美。此言一出，气氛立刻变冷。该片拍摄结束后，黛德丽与柳霜再没有相遇过。[29]

《上海快车》中的镜头常被拿来证明黛德丽和柳霜之间有性关系。事实到底如何，恐怕永远也不会有人知道。电影公司尽力保护旗下的明星们远离流言蜚语，同时期望好莱坞演员们能洁身自好。任何同性恋行为一经发现，当事人都将遭到好莱坞的拒绝。有同性恋关系的明星要搬到洛杉矶以外较安全的小镇。在好莱坞，专擅披露绯闻的专栏作家卢拉·帕森斯（Louella Parsons）和赫达·霍珀（Hedda Hopper）经常出没于几家主要电影制片厂对面的餐馆，有效地监察着整个电影圈中的人物。两位专栏作家都欣赏柳霜的演技，并给了她很好的评价；两人到处都有密探，查探同性恋行为的蛛丝马迹。风靡20世纪20年代的女同性恋时尚（lesbian chic），如今在这个新的保守主义年代开始走入地下。在这样的背景下，柳霜尤其需要洗清疑点。然而，在同性恋者看来，柳霜与黛德丽在一起的这些场景暗示了她的性取向。这段时期，女演员之间的同性恋并不是新闻，如果柳霜和黛德丽确有其事，这段感情再次证明了柳霜敢于突破界限、混淆划分人类行为界线的勇气。正如柳霜要去欧洲才可以与白人男子为伴一样，倘若她需要一个女伴，出国旅行无疑是最安全的做法。颇能说明问题的是，柳霜未被邀请与黛德丽一起进行宣传之旅，个中原因不言而喻：免得她会给这位上升中的德国影星造成哪怕是间接的竞争压力。[30]

尽管《上海快车》为电影公司赚了很多钱，但本片主演之一的柳霜并没有凭此签到新的演出合同，甚至一部剧本需要亚洲角色时，剧组也没有找她。有传言称柳霜要出演几部电影的女主角；但并没有落实，也并非完全是坏事。第一部是《袁将军的苦茶》，原计划由柳霜饰演一个腐败的中国将领的情妇。虽然本片最终在无线电城音乐厅上映，但由始至终都饱受争议。此时，中国驻美国大使馆更加警惕有辱中国形象的电影，强烈反对片中的台词"人命在中国值不了几个钱"，以及片中所描绘的对待战俘的方式。美国影评人对片中一个白人女子可能会用自己的身体贿赂袁将军以保护另一女子（柳霜可能饰演的角色）感到震惊。《综艺》写道："看到一个中国男人试图与一个美丽正经的年轻美国白人女子言情，一定会激发不利的批评"，直接粗鲁地传达出美国人对本片的关注。《袁将军的苦茶》触犯了美国人对跨种族爱情的偏见，因而降低了本片的公众形象，也注定了几年后将重新拍摄。制片方选择由白人演员出演"黄面孔"，这样柳霜虽然失去了拍片的机会，却得以远离这部已被玷污的影片。然而，旧日的偏见仍然存在。1932年，柳霜为米高梅公司的电影《子女》（*The Son-Daughter*）中的主角试镜，该片改编自戴维·贝拉斯科（David Belasco）的一部百老汇戏剧。但后来她听小道消息说，米高梅觉得她"太中国人了而不能饰演中国人"。1931年末，米高梅一时失手，决定由海伦·海斯（Helen Hayes）出演本片的主角。事实证明米高梅的决定酿成了惨重的失败。海斯的表演令人不敢恭维，而中国致府因本片侮辱国民而禁止在中国上映。1933年翻拍的《蝴蝶夫人》由西尔维娅·悉尼（Sylvia Sidney）和加里·格兰特（Cary Grant）联袂主演；另一部影片《尊敬的黄先生》（*The Honorable Mr. Wong*）令人匪夷所思地选择爱德华·G·鲁滨逊（Edward G. Robinson）和洛蕾塔·扬（Loretta Young）担纲主角。[32]柳霜曾在短片《好莱坞面面观》（*Hollywood on Parade*）中用台山方言朗诵了一首中国诗，为浮华城的电影制作注入了一些文化。派拉蒙在1933年破产，这对柳霜没有任何助益，而这就是柳霜在好莱坞这一年的全部生活。柳霜朗诵诗歌对好莱坞而言，意味着她的广东话代表中国语言，而这正是致力于推广国语的国民政府所反感的。[33]

比起语言背后的政治,柳霜更关心她的演艺工作。她很快便察觉到自己的窘境,也深知自己在好莱坞的地位不会有大起色,便在纽约和洛杉矶之间来回穿梭,并前往欧洲寻找机会。欧洲的记者仍旧十分欢迎柳霜,他们留意到她在巴黎俱乐部观看约瑟芬·贝克的演出。1932年初,当柳霜返回欧洲后,她的容貌再度出现在多个欧洲国家的杂志封面上。英国和德国的电影杂志对《龙的女儿》和《上海快车》给予极高的评价。5月,柳霜与克兰·威尔伯一起在伦敦的大剧院重新上演《目击现场》。英国记者将柳霜最近的演出按时间顺序编排起来,提到她接下来的拍片计划,将柳霜置于公众视野之中。[34]

如今,柳霜无论是去美国东海岸还是去欧洲,都有了固定行程。在纽约,她住在阿尔贡;在伦敦,她选择多切斯特;一回到洛杉矶,柳霜就住进新潮的威尔希尔花园公寓。她通常乘火车来回。1932年春天发生的一件事让柳霜意识到自己脆弱的法律地位。当时,她乘坐的火车经过一昼夜的行驶停在美加边境,柳霜走下车来,与几个朋友一起谈论往事。但加拿大移民官员拒绝她入境,她不得不滞留底特律,等待搭乘路线全部在美国境内的火车。除此之外,柳霜总是在不停地寻找工作机会。[35]

寻找新的工作机会需要得到各个地区和民众的支持,柳霜到达纽约市后颇为惬意的一件事,便是让卡尔·范·维克滕为她拍照。维克滕身兼影评人与小说家,凭借拍摄哈莱姆文艺复兴而享誉后世,但那时他刚刚开始自己作为艺术界编年史家这个新的职业生涯。柳霜与维克滕及其妻子法尼亚·马莉诺夫往来颇多,经常互致节日问候,每逢喜事还常常发电报问候。早在1930年5月,柳霜与维克滕夫妇相识,当年10月就登临维氏府上参加派对。通过维克滕搭桥引路,柳霜结识了纽约城中一个由多才睿智、家境殷实的都市化人群组成的圈子。圈中人没有种族偏见,既不畏避跨种族的爱情,也不鄙视同性恋,堪与欧洲的自由派沙龙相比。在他们的一次派对上,柳霜邂逅了影星弗雷德里克·马奇(Fredric March)及其妻子布兰奇·克诺夫（Blanche Knopf）、作家辛克莱·刘易斯（Sinclair Lewis）和佐拉·尼尔·赫斯顿（Zora Neale Hurston）以及埃塞尔·沃特斯（Ethel Waters）。在纽约的另一次聚会上，柳霜遇到了英国广播公司（BBC）《广播时报》（*Radio Times*）的节目制作人埃里克·马施威茨（Eric Maschwitz）。后者立刻被柳霜的魅力俘获，多年后仍能回想起她打开门的那一刹那，"她穿着白色衬衫，皮肤白皙，身材苗条而优雅"。此时马施威茨与妻子赫米奥娜·金戈尔德（Hermione Gingold）的婚姻已摇摇欲坠，这个好色之徒完全拜倒在柳霜的石榴裙下，但他们开始恋爱却是在几年之后。马施威茨回到伦敦，但已无法忘记柳霜，心中还隐隐记着柳霜唱过的一首歌。此时，柳霜满足于常常与维克滕一同出门消遣，以此来排解心中的烦恼，两人还曾一同观看在麦迪逊广场花园举办的一场为期六天的自行车比赛，柳霜可能是在柏林时爱上这项运动的。友谊让二人在余生中鸿雁传书。这一次，他捕捉到柳霜戴着白色羽毛制成的钟形帽下可爱的脸庞和乌黑的秀发。尽管她不喜欢有些穿燕尾服的照片，但维克滕的大部分照片柳霜都是欣赏的。在很多场合，柳霜都愿意摆好姿势，等待维克滕给自己拍照。[36]

　　柳霜给维克滕夫妇的信件揭示了许多关于她的性格的方方面面。柳霜通常会用自己的个人信纸写信，信纸上以浮雕方式印着她的中文名字。书信的文字清新睿智，字里行间透露出温暖与友爱。信中的内容尽管只是闲话家常，但显示出柳霜对朋友的真诚、对生活成熟而深刻的体悟，以及她的乐观豁达。今天，研究者们能够接触到的数量最多的柳霜信函就是她写给维氏夫妇的书信，其数量之多（超过200封、时间跨度逾30年）足以说明柳霜孜孜不倦地设法和这些她视为真心朋友的人保持联系。柳霜不仅仅依靠电影公司的公关，也靠私人信件维持交往，以此来感谢那些喜欢她的支持者们，并用这种方法为自己的影片造势。

　　柳霜在信中显示出的世事洞明与她的演技旗鼓相当。她是一位杰出的演员，悲剧、喜剧、恐怖剧和正剧样样得心应手。正如柳霜在一封给维克滕的信中所言，她觉得"得心应手，我能应付所有的事，就算通俗喜剧也没问题"。演通俗喜剧需要四处巡演，很消耗体力，但也能让柳霜展现她唱歌和跳舞方面的天赋。柳霜的同事都非常尊敬并喜爱她，在好莱坞这个充满嫉妒、竞争激烈的浮华之城，这是很高的赞誉。好莱坞的演员们喜爱与作家和知识分子往来，也喜爱结交权贵以谋取地位。能够自由进入这个浮华圈子而毫不做作的人为数不多，而柳霜就是其中之一。在多次欧洲之行中，柳霜得以定期登门拜会欧洲知名的艺术家，并在主要的博物馆里专注于欣赏艺术。柳霜博览群书。她告诉《荧屏》（Screenland）杂志，自己是忠实的"莎翁迷"，最近又爱上了阿纳托尔·法朗士（Anatole France）的《天使的反叛》（The Revolt of the Angels）。柳霜被公认拥有影视圈里最迷人的双手，也是好莱坞演员中最具大都会魅力之人。电影公司十分敬重她的专业精神，知道她每次拍戏都准备充分，而且从不会记混台词。记者眼中的柳霜风度翩翩、平易近人而且幽默风趣。柳霜知道，在其他人选择耍大牌的情况下，要在圈内生存下去，就既要善于在专业上进行合作，又要有人格上的矜持。黄柳霜这个洗衣工的女儿是世界上最明事理的女人，对于这个赞誉，她受之无愧。[37]

在生命的旅途中，柳霜也学会了一些生活技巧。她能说多种语言，并为自己坚持不懈地学习一种新语言而自豪。媒体有时提醒她注意自己不够地道的德语，但她用起成语来却是得心应手。说来奇怪，尽管很多收藏柳霜签名的人都知道，她可以用中文书写自己的名字，但国语的确是柳霜最差的语言。她的英语笔迹至少让一个人了解到她的个性的多面化。在伦敦时，柳霜认识了从柏林流亡至此的精神分析学家夏洛特·伍尔夫，也许二人早在柏林便已相识。伍尔夫专攻两个方面：一是手相学，即通过分析手的掌纹来研究精神健康，后来伍尔夫就这一课题写出两部出色的著作；二是双性和女同性恋研究，关于这个课题，伍尔夫也写了几本开创性的著作。伍尔夫本人就是同性恋，喜好穿男装。在柏林，她在知识分子圈子中交游甚广，是沃尔特·本雅明的好朋友；在巴黎，她与莫里斯·拉威尔（Maurice Ravel）、马塞尔·杜尚（Marcel Duchamp）等众多知识分子交往甚密；如今在伦敦，贵友会（Society of Friends）为她提供庇护，得以逃出纳粹的魔掌。伍尔夫整理了一本社会名流手相的辑录，在此过程中，可能是通过她们共同的朋友奥尔德斯·赫胥黎（Aldous Huxley）和玛利亚·赫胥黎（Maria Huxley）认识了柳霜，正是在他们的帮助下，伍尔夫才得以进入英国的社交圈，并结识了英国的出版商查托与温都斯（Chatto and Windus）书局和美国的阿尔弗雷德·克诺夫（Alfred Knopf）出版社。[38]

　　来到伦敦后，伍尔夫需要挣钱生活，在赫胥黎的帮助下，她撰写了关于社会名流的手相这本书。1938年，克诺夫出版社在纽约出版了她的《手相研究》（*Studies in Hand-Reading*），该书一年前在伦敦刊行。奥尔德斯·赫胥黎为这本书写了一篇恭维有加的序言，书中除了他的掌纹外，还包括各界名流如曼·雷、巴尔蒂斯（Balthus）、拉威尔、塞西尔·比顿、安东尼·阿尔托（Antonin Artaud）、约翰·吉尔古德（John Gielgud）和柳霜。伍尔夫是个严谨的科学家，她对柳霜个性的认知与众不同。在她看来，柳霜的手相"很像中国书法"。与欧洲人不同的是，柳霜以及其他东方人"自青年时起就可以控制他们的情感，按照东方圣人的哲学观安排自己的生活"。她毫不讳言地指出，柳霜的感情生活服从于她的冥想，她只要靠冥想就可以"平衡令自己高度紧张的烦恼和忧郁"。伍尔夫认为，塑造柳霜的力量主要来自两方面，一方面是"想象和直觉"，另一方面是她对周围人的影响力，这也是她演艺事业成功的原因。接下来，伍尔夫继续写道："自由和寻求自由是柳霜性格中最主要的道德动机，这是她自幼形成的。"除此之外，柳霜的手相还显示出她有"发育较早的智性生活，与对性爱影响力独特的敏感结合在一起，共同导致年轻时神经过度紧张"。柳霜的幸运线"比她的命运线更深更平直"，意味着运气对她一生的影响比后天的努力和自由意志更大。无论人们如何看待伍尔夫的研究，也不管对手相学有多少非议，伍尔夫对柳霜的分析确有真实之处。抛开伍尔夫的东方主义视野，她对柳霜的分析使人们更加明白柳霜对他人的影响，即她相信每个人心中都有一份真诚，也相信人性中有高贵善良的一面：即她把探索知识与追求性爱结合起来（这是柳霜早期与导演和摄影师过从甚密的一个原因）。伍尔夫也告诉读者，柳霜为成功付出了很大的代价。就像她自少年时期起偶尔显现的那样，柳霜时常陷于忧伤，而且会在没有任何征兆的情况下或大发雷霆，或心烦意乱。柳霜性格中的这些缺点后来让她吃了苦头。[39] 在查看伍尔夫的研究时，笔者曾询问几位不知道柳霜的中国朋友，请他们评论书中柳霜的手相。他们的观点与伍尔夫相差无几，而且都特别指出柳霜早期曾患有精神疾病，在学校生活不顺，与父母感情不和，性格兼有暴躁忧郁和诗意乐观的多愁善感。他们都担心柳霜后来会患上肝脏和胆囊炎疾病，而事实确实如此。

尽管柳霜"易于烦躁"，但她完全清楚该如何保持自己的魅力。柳霜对自己的影迷态度友善，而且经常举办签名会来提高自己电影的票房。或许得益于她的开朗坦率，柳霜在与政府机构打交道时省去了一些繁文缛节的烦恼。30年代，柳霜频繁奔波于大西洋两岸，并因此熟识美国领事官员。这种友好关系最终派上了用场，帮她申请到珍贵的美国护照，当然她的名气也是原因之一。这份编号 #9389 的护照由国务院通过派驻伦敦的外交机构寄到柳霜手中。尽管她仍然需要继续申请 430 表格，但如今再同移民局打交道时，柳霜背后已经有了美国护照的保护。[40]

柳霜往往从纽约市出发去欧洲。从该市巨大的邮轮码头登船，看着美国在身后渐渐远去，颇为浪漫，而这跨越大西洋的海路也让柳霜与头等舱的上流社会人士为友。在纽约她跻身名流，卡尔·范·维克滕是柳霜也是文学艺术界众多人物的无价盟友。维克滕对纽约最好的地方了如指掌，在他的建议下，柳霜在纽约时选择了第43大道的阿尔贡酒店下榻，这里是记者、艺术家、诗人和小说家常常光顾的地方,他们在这里或进午餐或是长期居住。柳霜很喜欢这家酒店,酒店老板弗兰克·凯斯(Frank Case)在回忆录中曾记录下柳霜的美言:"我在阿尔贡有宾至如归的感觉,我喜欢这里的一切。"在维克滕的安排下,柳霜结识了旅居纽约的名流格特鲁德·斯泰因(Gertrude Stein),后者1934年至1935年冬天在阿尔贡小住,恰逢此时柳霜也留居于此。自然,媒体报道了类似的交往,这对柳霜的演艺事业有利无害。维克滕还教会柳霜使用莱卡相机,此后柳霜常常在行囊中塞一部相机,在环游世界时随手拍下身边的一情一景。柳霜在巴黎和伦敦时享受着文艺界故交的友谊,如今在纽约,维克滕也让柳霜有了类似的经历。虽然他对柳霜一直都很忠诚,但维克滕对一件事颇有微词。他告诉自己的传记作者布鲁斯·凯尔纳(Bruce Kellner),柳霜常常因为深夜买醉而不能守约,甚至错过排练。虽然问题还不是特别严重,但柳霜的酒量还是足以响起警钟。她频繁出入各种派对,阿尔贡的一个门卫曾告诉记者说,柳霜每次参加社交活动,都要到第二天早上7点左右才能回来。[41]

柳霜的社交活动还没有影响到她的健康,部分是因为她坚持运动。无论身在何方,柳霜都不曾放下体育活动。在洛杉矶,她常常打网球;在英国,柳霜喜欢骑马;在瑞典,滑雪是她的最爱;在气候温暖的地方,她享受游泳。这一时期的明信片上常印着柳霜身穿新潮优雅的泳装的照片。柳霜这一旅人在走访的每一个城市中游逛,既为引人注目,又为了解每个旅居地的日常生活。

沉湎烟酒是柳霜走上星途的代价,尽管这种代价在影坛不是什么新闻。正如伍尔夫从她的手相中看到的,柳霜总是被深深的幽怨困扰;据报道,她有时会突然大发雷霆。婚姻的问题总是让她心烦,每逢有记者问起柳霜的终身大事,她总是回答说想要嫁给一个华裔学者。实际上,与她相恋的总是上了年纪的白人知识分子,而他们总会弃她而去。遗憾的是,嫁一个华裔学者只能是一个梦想。在美国留学的中国学生总体上与华裔美国人保持距离。这其中有阶级和语言差异的问题,同时也因为 20 年代的留学生们大多是民族主义者，他们既反感又蔑视柳霜的银幕形象。尽管有爱情上的困扰，但柳霜绝不是一枚任人摆布的棋子，她起诉自己的电影公司，并威胁要控告《纽约时报》。可能受益于在父亲的洗衣店里记账的经历，柳霜涉足地产买卖时颇有头脑。尽管柳霜看上去很爱自己的家人，为兄弟姊妹支付学费，但母亲死后她迟迟没有回去一事，却让我们看到她冷漠的一面。至于她没有马上赶回洛杉矶的原因，可能永远都是个谜了。

此时柳霜 27 岁，在演艺道路上颇为成功，享誉欧美。她脑中似乎满是对爱情的思考。1932 年初，柳霜接受《好莱坞杂志》记者拉尔夫·帕克（Ralph Parker）的采访，谈到爱情与伦理，其言谈闪烁着思想的火花，不乏真知灼见。柳霜对比了中美之间对爱情的不同定义，认为在中国爱情是一个人的隐私。当中国人来到美国时，他们不能理解美国人的性行为。在柳霜看来，在中国，"人们不像在美国一样公开展示自己的情感。东方人把接吻视作私密的事情，他们不会当众接吻"。她用自然现象比喻人间真爱，说道："一棵弯曲的大树，一个灵魂扭曲的女人，比起那些在身体和道德上更完善的人来说，可能爱得更加高贵。"而中国人深知，"爱情像所有美好的事物一样脆弱。"随后，帕克将话题转到欧洲男人，对此他解释道："能比柳霜更睿智地理解不同国家人们的性格的人寥寥无几，因为她曾出游过许多国家。"柳霜的回答没有令他失望。她说到"欧洲人如何能把激情和爱情分开"，这让他们比非常负面地看待不道德行为的美国人更为自如地包养情妇。欧洲人把通奸视作一件难以避免却又有趣的事情；而中国人对待失德之事"总是带着哲理式的冷静，他们知道，人活在天地间有很多无法解决的难题，而这就是其中之一"。

了解自己并以此为出发点解构万事，这就是柳霜的人生态度，它帮助柳霜在人生道路上避免犯错，尤其是在"夜生活和不道德人士"泛滥的演艺职业中。不过她承认，自己从未"偏离正道"，正是这种"自我认识"使她能够"在我认为正确的道路上坚持不懈地走下去"。

她的力量来自"一种敬祖孝宗的东方式哲学"。她常常规划人生，相信自知之明为自己指明前进的方向，避免"大多数人会犯的错误，迷茫彷徨，随波逐流。因为他们既不成功又不快乐，只能无谓地抱怨"。今日之柳霜已然功成名就，自当放眼新的目标："既然学无止境，我希望能够在思想上和精神上都做到至善至美。"[42]她与美国听众分享这些令人仰慕的目标。当面对不同的影迷时，柳霜撰文分析跨种族爱情的激情与危险。

1932年夏，柳霜重返巴黎后针对跨种族婚姻写了一篇精彩的文章，刊登在《世界电影》（*Revue Mondiale*）上。本文由柳霜这样的公众人物执笔，全面分析了这一有争议的话题，值得广泛征引。柳霜以质疑拉迪亚德·吉卜林（Rudyard Kipling）的名言"东是东来西是西，两者不会衔接"开篇，认为吉卜林的话充满个人感情，读来朗朗上口，但却"讲不通"，因为柳霜自己就"生于长于东方式的世界，但西式的世界充斥我生活中的每一刻"。柳霜宣称，有朝一日自己结婚时，"那魔法般的桥梁"足以让自己跨越东西，将二者融合为"一生的幸福与和谐"。自己的如意郎君是谁、他是什么种族都不重要，柳霜只希望"能够自由地相爱、成婚，与来自任何地方的任何人（只要相爱）开始新生活"。然而，选择跨种族婚姻一定要卓越不凡，因为他们的生活"不像平凡大众那样，无惊无险，总是活在'体面'的枷锁下，成为与邻居一模一样的人，在时光的打磨中慢慢老去"。

W·萨默塞特·毛姆（W. Somerset Maugham）的小说《月亮与六便士》（*The Moon and Sixpence*）中的高更（Gauguin）是柳霜的灵感来源，他反叛无爱的婚姻，便驶向南海，与一个迷人的当地土著女孩成婚。在柳霜的生活中也确有这样的事情，她认识的一个欧裔美国人如今正与自己的中国妻子幸福地生活在马来西亚，后者拒绝了一名中国贵族，嫁给了现在的丈夫。柳霜从他们身上看到信心，看到爱情的力量足以战胜一切。她暗暗决定，只会将自己交给一个"勇敢而善良的男人，他既爱我又会保护我"；但即便是这样，婚后她仍将是中国人，"因为我真的不喜欢那些改变国籍的人"。她特别想像查理·卓别林那样，虽然大半生身在他乡工作，却心系故国。她在此特别以英国人为例，说明自己不喜欢的男人类型，他们总想让妻子"变成自己的样子"。而在柳霜看来，为了保持丈夫的兴趣，妻子必须维持一种神秘感。

柳霜坦率地讲到在洛杉矶和美国遭遇的歧视。尽管《凯布尔法》在 1930 年被废止，但她能嫁的华人男子依然少之又少，而嫁给白人男子的跨种族婚姻仍面临法律禁令。柳霜想起了在学校的中国朋友们，她们不顾父母反对嫁给"美国人"。跨越种族界线的婚姻需要"夫妻双方有勇有谋，无所畏惧"，除非双方都愿接纳对方的不同之处，否则这段姻缘只能以失败告终；同时，他们还要围绕婚姻重新安排自己的生活。由于事业上的要求，她并没有为婚姻做好准备，而她的演艺成就让她高兴、满足。但柳霜的解释反映了她的难言之隐，跨种族婚姻的法律限制吓走了她的白人情侣，而若是按照法律规定的那样缔结婚约，就像她在文章中所写的那样，她也要付出巨大代价。嫁给白人男子意味着柳霜在好莱坞的演艺生涯的结束，甚至要从此远离美国和英国。家庭和事业对柳霜无比重要，这意味着长期的恋爱关系更适合她。[43]

当柳霜思忖跨种族婚姻的麻烦时，她深知名誉似过眼云烟、稍纵即逝的道理，也常常担心媒体的错误报道会危害自己的演艺事业。例如，1932 年夏末，柳霜不得不就一个错误身份事件向美国报界奋起抗争。事情起源于一个失误。1932 年 9 月初，作曲家鲁道夫·弗里莫尔（Rudolf Friml）与一名中国女子在驱车前往维也纳的路上撞伤了一个骑车的人，几天后伤者不治身亡。奥地利警方很快逮捕了两人，没收了他们的护照。警方在气恼之下把被拘留的中国女子误认作是黄柳霜，他们自以为逮到了国际名人而兴奋异常，很快将此事通告给奥地利报纸，该报纸将消息传遍全世界。警方用了一天左右的时间弄清这次车祸，最终发现事故双方都没有犯错，而与已发表的报道正

20世纪20年代的黄家。左起：露露、瑞英、柳凰、李恭桃、经材（后排）、锦英（前排）、黄善兴、柳霜和伟英。

穿着传统中国服装的李恭桃、柳霜、露露和黄善兴，约摄于1907年。

李恭桃(拍摄日期不详)。

上：黄善兴木炭画。长安村，约创作于 1890 年。

右：黄善兴的第一任妻子李氏，长安村，约摄于 1890 年。

下：黄善兴和李氏的儿子黄斗南，柳霜的同父异母哥哥，约摄于 1922 年，当时他在东京早稻田大学读书。

柳霜年轻时在《小丁》中的剧照,黄宗霑摄于1921年。

《人生》剧照,1921年。在剧中钱尼正在折磨柳霜,这种遭遇在柳霜的电影中司空习惯。

柳霜,由W.F.西利约摄于1922年。柳霜美艳的外表下充满反叛,与父母的传统观念相对抗。

《海逝》剧照,肯尼斯·哈兰饰演的艾伦·卡弗正告诉柳霜扮演的莲花自己要独自返美。柳霜忍不住流下了眼泪。

右：《巴格达窃贼》剧照，图中的柳霜在范朋克的刀下颤抖，是一幅惊艳世界的经典照片。

下：从左至右分别为范朋克、未知名的剧作家、中国最畅销的女性杂志《良友画报》的主编伍联德和柳霜在《巴格达窃贼》的摄影棚。范朋克的名气堪与卓别林相比，柳霜凭借与他的关系蜚声影坛，在中国影响尤大。

柳霜在《彼得·潘》中饰演虎莲，黄宗霑摄。

1927年6月30日的《良友画报》封面，这是这份中国先锋女性杂志支持柳霜的较早证据。但此后，在中国对她的批评很快就压过了赞美。

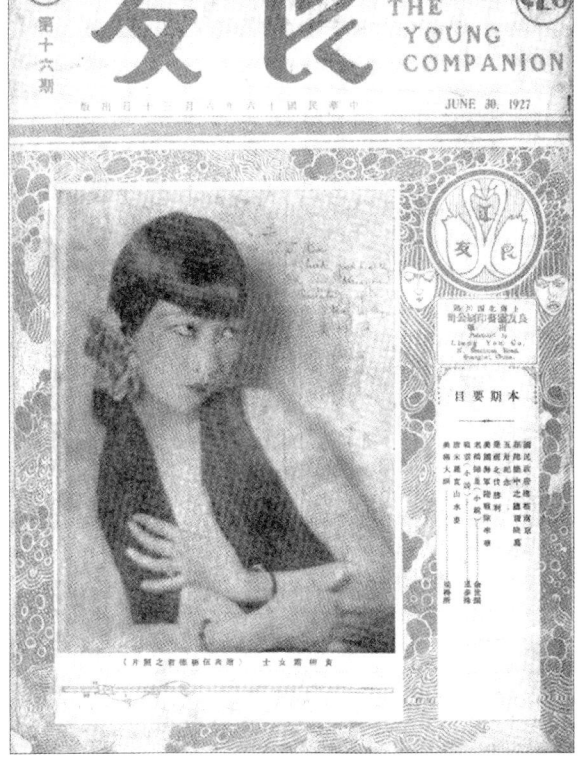

柳霜的 430 条款申请表，凭借这份文件她才可以离开美国后再次入境。无论她的名望有多高，柳霜都不得不一再申请并确认自己的美国公民身份。

上：柳霜首次穿上专为美国妇女设计的裤装。柳霜不像玛琳·黛德丽和葛丽泰·嘉宝一样穿改过的男装，而是穿专为她设计的服装以展示自己的美感。

左：柳霜穿着她最喜爱的套装，改自父亲的婚礼礼服。

右：柳霜与华纳·奥兰在《老旧金山》中的剧照。两人一起合作的多部电影成为柳霜的经典作品，私下里他们成为至交。

下：詹姆森·托马斯扮演的皮卡迪利夜总会老板威尔莫特眼中的《唐人街繁华梦》经典镜头。秀秀正在洗碗间为女工跳舞，这段融合东西方文化的舞蹈为她征服了欧洲观众。

《唐人街繁华梦》在维也纳的海报,展示出欧洲艺术视野下东方女子的性感,也显示出柳霜在欧洲享有更多的女性自由。

玛琳·黛德丽、柳霜和莱妮·里芬斯塔尔在柏林出版界的舞会上,阿尔弗雷德·艾森斯塔德摄于1929年1月。这幅著名的照片引来无数争议。30年代末,美国人用这幅照片指责希特勒的种族主义。后来,同性恋学者用它来暗示三人间的暧昧关系。毫无疑问,该图显示出柳霜在两次世界大战间隙的欧洲所享受的个人自由。

上:柳霜与雅各布·菲尔德汉姆在维也纳歌剧院表演《中国舞女》,约摄于1931年8月。柳霜颇以这段经历为荣。

左:柳霜在《龙的女儿》中的剧照,这是派拉蒙高成本的傅满洲电影之一,也是她1931年返美后的作品。这幅照片突出展现了她非同寻常的审美情趣。

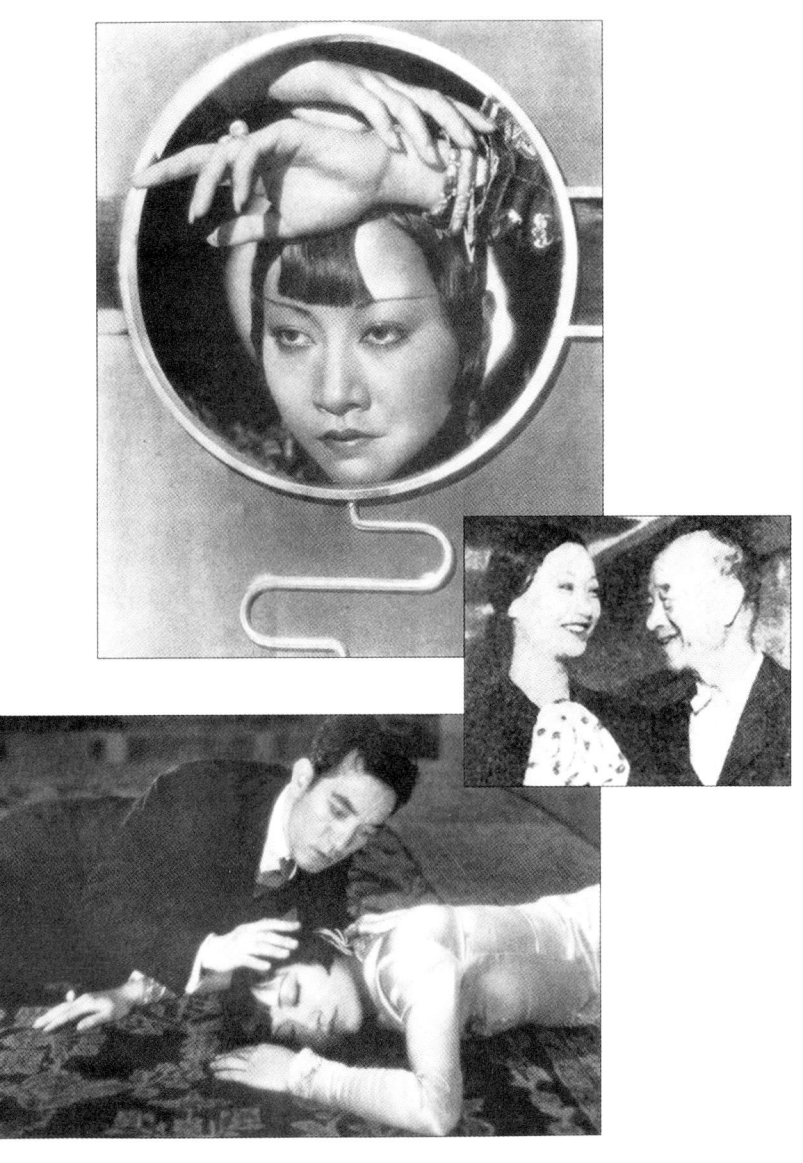

上：这幅《上海快车》的剧照完美地展现了柳霜号称好莱坞最美的双手。

中：柳霜与父亲。她曾说，"我常常在电影中寻找父亲的影子。"该图显示他们已经冰释前嫌。

下：早川雪洲和柳霜在《龙的女儿》中的剧照。柳霜在电影角色中常常遭遇死亡的命运。

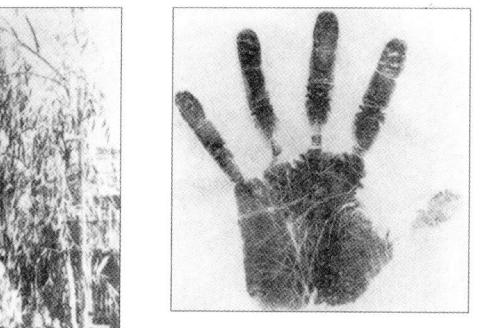

左上：明信片上的照片中，柳霜正在为洛杉矶新唐人街的一棵柳树培土。柳霜经常为纪念事宜摆姿势拍照，也常以其他各种方式回馈唐人街。

右上：伍尔夫书中收录的柳霜的掌纹，该书揭示了柳霜性格中的深度紧张。

右下：三条龙。图为柳霜在《石灰屋布鲁斯》中与拉夫特跳阿帕希舞。柳霜的身体、衣服和天花板装饰都强调龙在中国是权力的象征。在西方的视野中，这些因素却成为可怕的龙女的象征。

1935年，保罗·罗伯逊、柳霜和梅兰芳在伦敦街头，法尼亚·马莉诺夫摄。在这张坦率友好的照片中，柳霜的国际化生活跃然纸上。

20世纪30年代末柳霜与卡尔·范·维克滕和法尼亚·马莉诺夫夫妇在纽约，摄于柳霜在纽约市时与维克滕夫妇时常拜访的朋友尼古拉斯·穆劳伊的派对上。注意柳霜改装过的京剧头饰。

1936年胡蝶与柳霜在上海，这是中国"电影皇后"与最杰出的美国华裔女演员的合影。虽然相识不易，但她们最终成为密友。

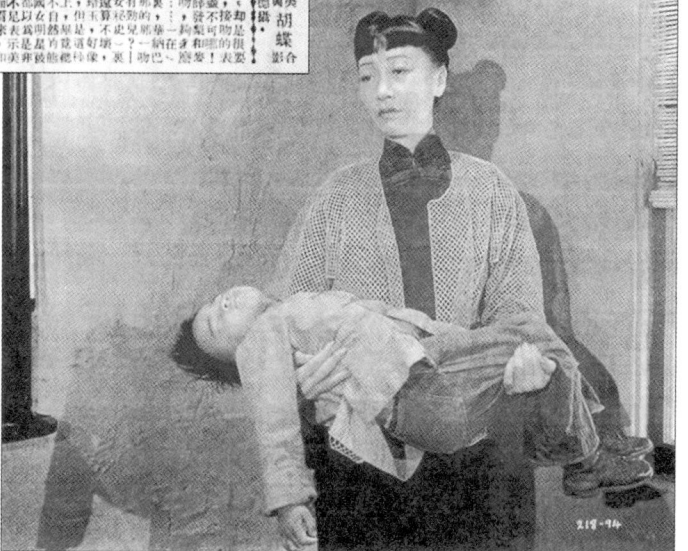

《重庆来的女士》剧照，柳霜怀抱一名在日军空袭陪都重庆中身亡的孩子。这里有意淡化了柳霜的美貌，而突出她致力于中国抗战事业的爱国情操。

相反，当时柳霜并不在车中，甚至没有前往维也纳。警方为此道歉，但很多奥地利人仍旧相信车中的女子就是柳霜，她伪装自己只是为了逃避更严厉的惩罚。9月13日当弗里莫尔和那个女同伴来到维也纳时，数千民众聚集起来，期望亲眼一睹柳霜的风采。见不到柳霜后，民众用骚乱表达失望，直到手持棍棒的警察赶来才把他们驱散。不久之后，二人前往艺术家们喜爱的度假胜地塞梅林。《纽约时报》每天都报道该事件的最新进展，尽管该报最终刊登了奥地利警方宣布柳霜与此事无关的声明，但这并未平息柳霜对该报的愤怒之情。她对范·维克滕抱怨道，《纽约先驱论坛报》(*New York Herald Tribune*)负责任地去核实此事，但《纽约时报》却不顾真假，只管刊登电报发出的任何消息。柳霜通过自己的律师要求该报向她正式道歉，但事情的结果没有让她满意，于是柳霜写信给维克滕，询问他是否认识另一名律师。显然，柳霜不打算在秋季返美，而是选择留在伦敦，向经验丰富的女演员凯特·罗克（Kate Rork）和著名女演员艾伦·特里（Ellen Terry）的侄女梅布尔·特里·刘易斯（Mabel Terry Lewis）学习戏剧。艾伦和梅布尔是演员约翰·吉尔古德和兄长沃尔·吉尔古德（Val Gielgud）的表姐妹，后者既是小说家，又是英国广播公司戏剧部门的主管。这些关系后来为柳霜接触英国的艺术名流开辟了门路。[44]

1933年4月26日，柳霜再次跨过大西洋，继续三年来不间断的欧洲之旅。此次离开美国前，黄家人聚在一起拍了一张全家福，照片上的黄善兴坐在前排，难掩喜悦的神情。之后黄家人就天各一方。从现存的移民记录来看，柳霜第二年7月才回到美国，而10月在弟弟黄瑞英的陪同下再次离美赴欧，在欧洲一直待到1935年6月。若是算上1928年到1930年旅居欧洲的时光，柳霜在这七年多时间里，大部分时间都在欧洲，她这种独立的生活模式一直持续到30年代末。一位作家不禁惊叹，没有一位演员能像柳霜一样维系如此的独立性，除非彻底告别演艺圈；而柳霜能如此成功，全赖她独特地融合了亚洲的神秘感与西方的独立性，并称赞柳霜把好莱坞的游戏规则玩得很好。

柳霜是他遇到的最聪明、最优雅的女性之一，无论学什么都手到擒来，语言天赋极佳，独具一格，她也是个精明的生意人。她的生意触觉暂且不说，柳霜从22岁到34岁一直四处漂泊，而这个年龄段是任何女演员的黄金时段。她有意识地尽可能拒绝好莱坞拙劣的种族歧视对她的事业的种种限制。当然，欧洲影坛也并非尽善尽美，但其家长式的态度尚能忍受。欧洲大陆为柳霜着迷，这使她可以利用自己的银幕生涯出演长期上演的舞台剧，也可以享受大都会式的生活方式。[45]

正如柳霜告诉移民局巡查员的那样，她的生活的确所费不赀。每次去欧洲，柳霜都乘坐跨海邮轮的头等舱；留居纽约和伦敦时，总是入住最好的酒店。但她并非对美国的经济困境满不在乎。1933年，当她来到英国后，公开谈论美国的经济萧条时说，"尽管我们继续拍电影，但很多事情现在都不能确定。当萧条袭来时，如果你还有工作，可能会意识不到它。但如果你在经济繁荣时失业，就能真切地感受到你自己的萧条了。"柳霜懂得怎样在萧条时期保持人气，也深谙特殊的宣传技巧。例如，1933年5月10日，柳霜做了一件轰动性的事情。当天她身穿一袭引人注目的中式长袍亮相英国下议院，议员们停下辩论，目不转睛地欣赏这位东方美女。此后，柳霜流连于雾都，欣赏电影、戏剧，直到6月初搭乘欧罗巴号前往德国。现在看来，1933年夏天去德国是一个错误的选择。此时，随着希特勒权力的巩固，针对犹太人的攻击和法律禁令越来越多。雅利安条款将犹太人赶出了公职部门、艺术界和报界，也禁止他们经商。这时的反犹狂热还没有席卷影院、夜总会和咖啡厅，这些地方表面上还保持着魏玛时代的自由。柳霜此次在德国的时间并不长，或许她感受到纳粹煽动的国民狂热已经熏染了她深爱的柏林。也许柳霜只是想维持自己在这座城市和这个国家影坛的地位，柏林和德国没有忘记柳霜，直到魏玛共和国变成第三帝国，这里的人们仍然支持柳霜的演艺事业。[46]

柳霜此时曾计划前往南美，但由于种种原因没能成行，伦敦转而成了下一个目的地。5月的前两周，柳霜在大使馆俱乐部表演歌舞。是月28日，柳霜在伦敦的一场演奏会上结识了小提琴演奏家弗里茨·克赖斯勒（Fritz Kreisler）；6月，柳霜多次在霍尔伯恩帝国大剧院露面。随后，柳霜来到法国南部，期间在马略卡岛度过一个不长的假期。⁴⁷回到伦敦后，柳霜住进了多切斯特酒店，在那里邂逅1933年在欧洲巡回演出的艾灵顿公爵（Duke Ellington）和他的乐队，一行人时常彻夜欢饮，不醉不休。10月，柳霜在都柏林开始了她自己的个人舞台剧，名为《悦耳的歌声与有趣的服饰》（*Tuneful Songs and Intriguing Costumes*）。在杂耍、魔术、滑稽戏和合唱等热身表演后，柳霜用一首中国民歌《茉莉花》开始自己的表演，抓住了都柏林记者们的心弦。在此次表演中，柳霜身穿一袭中式服装性感迷人，随后她为观众献上一首首外国歌曲，丝竹声中柳霜也一次次换上不同国家的民族服饰，一支小型乐队从旁伴奏。最后，柳霜身着新潮靓丽的欧洲长裙献上一首轻松活泼的歌曲《就是现在》（*Any Time Now*），然后换上《上海快车》中惠菲的服饰登台致谢。本片刚刚在爱尔兰上映，柳霜此举为她赢得了更多掌声，也为这次演唱会画上了圆满的句号。在这阵"柳霜旋风"后，她回到伦敦；两周后，也就是11月初，柳霜前往利兹演出，随后奔赴米德兰和苏格兰。在利兹逗留期间，柳霜甚至观看了一场足球赛。她继续南行，1933年至1934年冬天在罗马、那不勒斯、佛罗伦萨和威尼斯进行舞台表演。至此，柳霜不得不避开柏林这个旧时常去的地方。尽管柏林的咖啡文化保留了下来，但阿道夫·希特勒和纳粹党攫取了政权，他们正驾驶着德国这辆战车驶向一场灾难，柳霜的许多拥护者或被驱逐或被消灭。⁴⁸

伦敦依然张开安全而友好的双臂迎接柳霜。此时，柳霜在好莱坞的演艺事业进退维谷，她索性在伦敦开拓电影新路。1933年，柳霜的第一部电影有着有趣的根源。这部名为《血字的研究》（*A Study in Scarlet*）的电影改编自阿瑟·柯南道尔爵士（Sir Arthur Conan Doyle）的福尔摩斯探案故事，于1933年5月首先由万维影视（World Wide Pictures）旗下的伯罗特·罗（Poverty Row）工作室发行。

几乎就在该片拍摄结束时，万维影视公司倒闭了。然而，该片仍属上乘佳作，幸运的是福克斯公司慧眼识珠买下了版权，相信任何一部福尔摩斯电影都会是票房灵药。此次与柳霜搭档演出的是雷金纳德·欧文（Reginald Owen），他刚刚完成福克斯出品的电影《夏洛克·福尔摩斯》（*Sherlock Holmes*），希望能够在这个伟大侦探的系列电影中担纲主演。本片起初由法裔美国人罗伯特·弗洛里（Robert Florey）执导，但弗洛里将导演之职交给埃德温·L·马丁（Edwin L. Martin）后挂冠而去。[49]

《血字的研究》围绕伦敦秘密组织滴血团的一系列自杀事件展开。当一名成员加入自杀队后，滴血团的其他成员便聚集在莱姆豪斯区分发他的财产。琼·克莱德（June Clyde）饰演的艾琳·福里斯特的父亲是最近的自杀者，为了查明父亲死亡的真相，艾琳冒险加入了自杀队。正当艾琳与滴血团成员谈话了解情况时，另一名成员帕克先生跟跟跄跄地走进房间，倒在地上重伤身亡。在第三个成员离奇死亡后，该组织邀请福尔摩斯和华生医生前来调查真相。不久，福尔摩斯遇到柳霜饰演的帕克夫人。随着镜头来到帕克的乡村庄园，观众可以看到艾琳正被囚禁于此，其他成员纷纷倒毙在地。最终，福尔摩斯发现了事情的真相，真凶正是帕克，他在太太的怂恿下假装死亡，为的是攫取无价的清廷珠宝。在以谋杀罪逮捕帕克夫妇后，福尔摩斯发现二人并没有真正结婚，从而避开了跨种族婚姻这一敏感话题，两人的关系只不过是更为人们接受的夫妾关系。影片以艾琳和未婚夫约翰幸福地走进婚姻殿堂而落下帷幕。《血字的研究》有几大特色令人关注。该片具有浓厚的欧陆风情，故事情节构成其悬念的一个来源，而摄影、灯光和布景等拍摄技巧也渲染了浓厚的悬疑气氛。片中人物常常用暗号交流，他们选择弃置的建筑物组织神秘的集会。杀手总是在雾气弥漫的大街上为非作歹。只有到了片尾，真凶才浮出水面。在电影进展中，导演用新式设备展现被害人面前的杀手形象。死者遇害前总会看到杀手巨大的身影，在惊恐地叫喊"居然是你！"后命丧黄泉，下一幕便是一只手勾画出下一个受害人的名字。高潮情节的摄影角度是通过凶手的眼睛展现的,他在镜头前总是手握香烟,吞云吐雾间更显神秘色彩;尽管影评人并不认为该片是最经典的福尔摩斯电影,但他们对柳霜的表演一致交口称赞,并评价《血字的研究》在总体上表现不俗。[50]

这部福尔摩斯电影的成功鼓励柳霜继续留在英国,出演更多的电影。1934 年,柳霜在英国参演了三部电影,由《猛虎湾》(*Tiger Bay*)打头阵。由于原剧本的故事场景在伦敦的莱姆豪斯区,这里略加装饰后便成了猛虎湾,该片一开始就不太顺利。此时,莱姆豪斯标志性地展示异域情调已让人厌倦。英国电影审查官将此片贬为"最差的美国黑帮电影",宣称此片对英国观众没有任何潜在价值。不得已之下,剧组只得将场景转移到一个默默无闻的南美港口,本片才得以通过审查。[51]

《猛虎湾》是位于伊林的 A.T.D 影业公司的作品,由 J. 埃尔德·威尔斯(J. Elder Wills)执导,雷·温德姆(Ray Wyndham)任制片,柳霜、亨利·维克托(Henry Victor)、勒内·雷(René Ray)联合主演。片中最重要的场景猛虎湾是一个迷雾重重的港口城市,从各国流浪而来的三教九流云集于此。黑人、白人和亚洲人纵情狂欢、醉酒当歌,这样的场面在柳霜的欧洲电影中常常出现。跨种族婚姻也极为常见。在片中,柳霜饰演的柳章在猛虎湾拥有一家夜总会,里面充斥着华丽的中国古玩,不同种族的男女自由进出。柳章总是一袭长裙,优雅异常。然而,在表面的浮华背后危机四伏。奥拉夫(维克托饰)一伙虎视眈眈,一直找机会控制柳章的店,勒索保护费。当他们前来寻衅时,柳章一口回绝,奥拉夫等人随即大闹舞厅,赶走了店里的伙计。在这条主线下潜伏着莱蒂(雷饰)和迈克尔(维克托·加兰[Victor Garland]饰)这两个白人青年的爱情故事,柳章一直保护他们不受凶暴的奥拉夫欺负。在令人发笑的一幕中,奥拉夫和他的打手们来到店里吃霸王餐,柳章独自一人招待他们。奥拉夫感到奇怪,柳章解释道，因为店里的伙计都被赶走了，所以只有她一人炒菜做饭、迎来送往。酒足饭饱后，奥拉夫一伙人突然明白中计，急匆匆赶回家时，药性已经发作，个个上吐下泻。这伙强盗劫持莱蒂后，柳章亲手杀死了奥拉夫。杀人偿命，柳章知道警察将会惩罚自己，便割腕从容自尽。[52]

尽管本片结尾处阴森恐怖，但柳霜在拍片过程中却十分愉快。她写信告诉维克滕夫妇，自己很享受在伊林的巴泽尔迪恩工作室拍摄《猛虎湾》的生活。出演该片意味着柳霜有时间和机会参加更多伦敦的派对。有一次，柳霜在派对上遇见了威尔士亲王，因为太过紧张而忘记行屈膝礼，只勉强说出"阁下"，而这正是人们期望一个美国人能做到的礼节性行为。在其他一些派对上，柳霜曾与萨默塞特·毛姆共坐一席，也曾结识中华民国驻英国大使顾维钧夫妇，他们的友谊日后将为柳霜在中国的影响助益良多。但是柳霜与其他人交往的进展却不太理想。1934年5月，柳霜聘请塞西尔的养女凯瑟琳·德米尔（Katherine DeMille）帮自己创作一支舞蹈。凯瑟琳正在自己的艺术道路上挣扎，并不看好柳霜的舞蹈技艺，她曾写道："柳霜不会跳舞也不会唱歌，但她有世界上最好的身材，面庞长得像明代公主。她唱起歌来就像洛杉矶唐人街的卖唱女孩，五音不全，听着不禁让人寒战连连。"显然，德米尔冲破了这些对柳霜不利的见解，二人还成了终生好友。[53]

柳霜在英国的下一部电影是《阿里巴巴之夜》（*Chu Chin Chow*），摄于1934年4月，由伦敦的不列颠高蒙电影公司出品。《阿里巴巴之夜》堪称传奇戏剧，曾在伦敦上演2 338场，从1917年到1919年曾在百老汇的舞台上演。英国影评人认为，此剧搬上银幕无疑是电影史上的大事。柳霜在片中饰演不忠实的女奴扎哈特，尽管这只是个小角色，而且柳霜此次在片中露面的时间比以往更少，但杂志和报纸却纷纷用她半裸的剧照作封面或封底。柳霜在《阿里巴巴之夜》前20分钟内没有戏份，但该片的宣传材料仍以柳霜身着长裙弹奏琵琶的照片为封面。资深的音乐厅喜剧演员乔治·罗比（George Robey）在片中饰演阿里巴巴，柳霜的朋友、杰出的德国演员弗里茨·科特纳饰演强盗头子阿布·哈桑（Abu Hasan）。作为一个阿拉伯之夜的传奇故事，本片配上了戏剧《阿里巴巴之夜》在伦敦西区上演时的旧音乐以及为电影版专门谱写的新乐曲。芭蕾舞演员安东·多林（Anton Dolin）率众献上优美的舞蹈。各种影评热捧该片华丽的布景，称赞柳霜虽然戏份有限，却用不俗的演技为影片增色不少。后来，柳霜与该工作室对簿公堂，赢得关于付酬出镜的诉讼，显示出她的商业头脑。虽然柳霜在《阿里巴巴之夜》中参与有限，但本片为她在英国赢得很好的声誉，成为柳霜抗衡好莱坞的坚强后盾。美国影评界总体上对《阿里巴巴之夜》反响平平，但欧陆的情况则恰恰相反，在这里，柳霜登上了权威电影杂志的封面，收获了众多充满赞赏的评论。科特纳出演片中人物，为该片打开了德国和奥地利市场，两国媒体特别称赞柳霜"表演精到，人物丰满"。[54]

1934年，柳霜在英国拍摄了第三部电影《爪哇情》（Java Head），虽然此片包含有趣的种族方面的话题，但却如同扔上影坛的一枚哑弹，整体上在电影界并没有引起轰动。故事发生在19世纪50年代，柳霜在片中饰演美丽的中国公主严桃，陪同约翰·洛德（John Loder）饰演的英国丈夫格里特·安米登返回位于布里斯托尔的家。严桃的东方外貌让安米登全家乃至布里斯托尔人蒙羞，安米登的初恋女友妮蒂·沃勒（伊丽莎白·艾伦［Elizabeth Allen］饰）尤感痛心。片中最为引人注目的是柳霜的长裙与其他演员身上维多利亚风格服装间的反差。影片开始不久，出现了严桃与安米登接吻的大胆镜头，这是柳霜在多年的演艺道路上第一次通过审查上映的吻戏。这一吻后，严桃天真地感谢自己的丈夫"问候她的方式"，这句台词是为了减弱这一幕的色情成分。随着电影的展开，安米登逐渐厌倦了严桃这个中国妻子，公然与初恋情人调情。最终，严桃选择了自杀，而安米登和他的旧爱幸福地破镜重圆。[55]

柳霜在《爪哇情》中的装扮值得注意。她的头发和眼线是根据京剧人物的造型妆扮的，发型和眼睛暗示她的皇室身份，引来英国普通民众的公开侧目。当安米登家族的族长得知自己的家族生意卷入鸦片贸易后,心脏病突发。严桃换上了哀悼的发型,祈祷佛祖保佑,而不再爱她的安米登却在一旁冷冷地嘲讽她"像异教徒一样行礼"。总之,严桃是一位流落英国民间的清宫格格;她吞服鸦片而死是可以预见的,这是传统中国妇女在被丈夫抛弃后的典型做法。柳霜选择在英国拍戏,这令她在好莱坞的演艺事业几乎销声匿迹,1934 年初她曾在《好莱坞盛宴》(*Hollywood Party*)这部反应平平的影片中客串小角色,《综艺》讽刺剧中的柳霜是"矮子里面的将军"。柳霜可能几年前拍摄过这个客串角色。《好莱坞盛宴》唯一值得称道之处是由黄宗霑担任摄影师。[56]

柳霜在英国星光照人之时,派拉蒙再度希望由柳霜担纲新片主演,这足以说明她在影坛持久不衰的实力。1934 年 7 月 24 日,柳霜返回美国,来到派拉蒙的摄影棚,与乔治·拉夫特(George Raft)和琼·帕克(Jean Parker)联袂主演电影《莱姆豪斯蓝调》(*Limehouse Blues*,1934),此时她离开美国已经有 15 个月了,距离她在美国参演的上一部影片时间更久。自从 1929 年出演《唐人街繁华梦》后,伦敦莱姆豪斯区已然成为柳霜电影作品的一部分。这里融汇了世界各地的三教九流,而《莱姆豪斯蓝调》来自柳霜对莱姆豪斯这个种族混杂区的不灭兴趣。本片让柳霜再次赢得掌声,而为期一个星期的拍摄也为她带来 8 000 美元的报酬。[57]

像《爪哇情》一样,《莱姆豪斯蓝调》开场时有一个刻着意指万物之灵的汉字"神"的锣。前者在英国拍摄,而后者在好莱坞。在本片中,只有柳霜与这一祈祷神灵的情节有关,或许这正是她的主意。在《莱姆豪斯蓝调》的故事中,哈里·杨(拉夫特饰,弄细了眼睛)利用自己经营的酒馆百合园从事走私,蒙塔古·洛夫(Montagu Love)饰演的竞争对手皮尤·塔尔伯特嫉妒他的成功,只能拿帕克饰演的女儿托妮出气。托妮是新上道的扒手,一次行窃时被失主发现,情急之下躲进杨的私人办公室。杨被年轻美丽的托妮吸引住了,帮她应付过了前来盘查的警察。听说女儿与杨的关系后，塔尔伯特一怒之下暴打女儿。而柳霜饰演的杨的情妇素兰得知情夫爱上托妮后，警告杨不要理睬那支"白人小花"，因为"她不能带给你幸福"。面对情夫的拒绝，素兰告诉他"黄色小花会服从她的主人"，并再次警告他说："有朝一日你就会明白东方和西方的差距。"随后，素兰找到托妮，要她不要再和自己的男人来往。柳霜用不同的发型表达人物的内心活动。素兰留着已婚妇女的"发髻"，当她与哈里正面冲突时就改变了发型，两手叉腰显示出自己强悍的阔太太身份。

当哈里和素兰向神灵祷告时，哈里祈求神灵给他智慧，而素兰则恳求真爱。素兰敬拜的不是佛祖，而是台山乡下信仰的民间神祇。在这部电影中，柳霜更多展示出自己接受家庭的信念和幼年环境的熏陶。遗憾的是，这种接受和认可却出现在一部悲剧性的电影中。

在随后的剧情中，哈里抓住皮尤，并结束了他的性命。当警探来到百合园调查案情时，素兰正轻轻哼唱那首《莱姆豪斯蓝调》，这是柳霜第一次在银幕上献唱。这首歌的歌词婉转凄凉，她唱道"噩梦永远挥之不去／什么样的噩梦啊？／是什么让我害怕莱姆豪斯的夜色？／难道我也要戴上伪善的面具／难道我也要随波逐流，直到开始怀疑自己是否发狂？"这些歌词很适合非洲裔美国人粗犷的布鲁斯歌曲；电影上映后，《莱姆豪斯蓝调》深受黑人爵士乐和布鲁斯歌手的喜爱，由此显示出柳霜对不同人群的吸引力。

素兰吟唱时穿着一件绣龙旗袍，轻舞身躯如同龙在游动。舞台的正面绘着另一条龙。西方影评人可能很容易把柳霜解作龙女（恶婆）。然而，既然柳霜经常自己挑选戏服，那么她的用意是用这一袭美丽的旗袍来象征力量，因为龙在中国是权力的象征。旅居欧洲几年后，柳霜无疑对自己的银幕表现更有自信，并且用自己的装扮来展示中国文化，这是她在好莱坞电影中唯一可以做的。她完美的银幕形象受到广泛认可，这使得柳霜可以在电影中向她的精神家园致敬。这件由拉维斯·巴顿设计的绣龙旗袍，现在被看作20世纪最美的女性服装之一。

柳霜在1956年把它捐给了布鲁克林博物馆。随后它又被送给大都会艺术博物馆，在2010年的一次大型展览中展出过。这件衣服的偶像地位归功于它自身的美丽，也归功于柳霜的银幕形象。它是一件在恰当的时间和场合穿在一个恰当的人身上的一件恰当的衣服。

随着故事的进展，素兰对哈里小心种族差异的警告一语成谶。托妮爱上了伦敦西区的年轻小伙埃里克，这让素兰更有理由嘲笑哈里的越界行为。影片最引人注目的一幕是哈里和素兰在夜总会的狭小舞台上大跳阿帕希舞。虽然素兰身上的旗袍绣着象征婚礼的汉字"双喜"，但哈里却丝毫不念旧情，借着舞蹈动作多次让素兰摔倒在台上。透过柳霜大大的眼睛，观众看到的是她心中的伤痛。[58]

托妮自父亲死后一直靠哈里的照顾为生，但当哈里从素兰口中得知托妮爱上埃里克后顿起杀心，决定除掉这个比自己年轻的情场对手。素兰告诫托妮和埃里克小心哈里，随后自己结束了生命。等哈里意识到自己的行为有多么愚蠢时为时已晚，他在与警察的枪战中身亡。像其他影片一样，《莱姆豪斯蓝调》剧终时，托妮和埃里克这对白人情侣幸福地生活在一起，而片中的中国主角却遭遇暴死。[59]

尽管柳霜在片中的表演、歌唱和舞蹈堪称完美，但影片在美国和英国的影响却不温不火。她的朋友罗布·瓦格纳以该片为例告诉好莱坞的读者，柳霜的"故乡从不对她的才华和艺术表示欢迎"，坦言幸亏美国人从欧洲迎回了柳霜，她在那里取得了"范朋克想要而没有"的社会地位。瓦格纳之所以参加派拉蒙为本片举行的公关派对，"不是因为要吹捧柳霜，而是因为我们爱她、崇敬她"。[60]

该片在中国人的眼中可就不能用崇敬一词来形容了。中国的媒体抨击柳霜出演此片，谴责该片"再一次抹黑中国"。在该片上映前，派拉蒙曾咨询过中国大使馆的"技术顾问"，后者建议做几处小小的修改，但该片的立意和情节完全冒犯了中国的民族主义者。上海的《电声》杂志讽刺拉夫特饰演的中国男人道："看看他的装扮，你可以想象这家伙的表演会怎样侮辱中国。"整个1935年中，《电声》一直在批评柳霜，称她因过重正在控制饮食减肥。该杂志还向读者介绍了好莱坞一名新的华人女演员杨秀，祈祷她不像柳霜一样"疯狂，甘作西方人的傀儡，及做出各种有失尊严的行为"。[61]

当柳霜拍摄《莱姆豪斯蓝调》之时，黄家老小登上了前往中国的轮船。由于建设联合车站，黄父的洗衣店连同附近街区的房子一同被拆除了。他的第二任妻子撒手人寰，如今自己不得不赋闲在家，垂垂老矣的黄父决定回广东台山乡下长安村的祖籍地安享余生。露露、柳凰、伟英和 12 岁的锦英陪他踏上回乡的旅程。露露和柳凰有心在中国寻找拍电影的机会，而伟英和锦英只是陪父亲回到故土。1934 年 8 月 5 日，柳霜与他们在洛杉矶港口挥手告别，目送一行人登上威尔逊总统号邮轮。屈指算来，柳霜与家人分开已经一年有余，如今刚刚见面又要再受离别之苦。她答应一年后前往中国，但实际上他们再次重逢已是 18 个月之后。黄家一行抵达中国后，黄父在面向海外台山父老的月刊《新宁》杂志的一篇文章中称赞柳霜是自己的骄傲。[62]

柳霜并不打算留在好莱坞等着新的角色找上门，而是在《莱姆豪斯蓝调》拍摄结束后再度动身前往欧洲。1934 年 12 月 24 日，她离开巴黎来到罗马，在这里参加了几场演出后返回伦敦，连续几个晚上在雾都的戏院登台亮相，其间她曾与理查德·陶伯一同出演《波吉与贝丝》（*Porgy and Bess*），与伊冯娜·普兰当联袂演出《爱在日落余晖时》（*Before Sunset*），还曾观看中国传统戏剧《王宝钏》，演员服装由梅兰芳设计，但所有演员都是白人。在这个冬天剩下的时间里，柳霜游览了欧洲各地，2 月 16—18 日在挪威的奥斯陆，1935 年 3 月初在瑞典。从这里启程，柳霜前往意大利，接下来访问西班牙、瑞士，随后回到斯堪的纳维亚半岛。柳霜所到之处的民众都很少有与华人接触的经历。能够来到斯堪的纳维亚半岛、西班牙和意大利南部的中国移民往往都是随船出海的水手，或是四处打零工的劳工和沿街叫卖玩具、风筝、木刻和其他新鲜玩意儿的小贩。这些国家的人从未见过一个像柳霜这样见多识广的中国女子。柳霜的舞台表演可以反映出她世事洞明、极富国际化的生活经验。每逢登台表演，柳霜常会唱起《茉莉花》、《对我说爱》(*Parlez Moi D'Amour*)、《安格尔》(*Ingre*)、《龙之舞》(*Dragon Dance*)、《街头女》(*Street Girl*)等歌曲，并以自己的标志性歌曲《混血女子》(*Half-Caste Woman*)结束演出。在每一个国家，柳霜都会改编献上不同的歌曲。比如，在瑞典她唱"一个瑞典姑娘"；在挪威她就会唱一首关于挪威姑娘的歌曲。[63]

柳霜选择唱《混血女子》，显示出这些年来她的性格特点。这首歌是1931年由诺埃尔·科沃德为查尔斯·B·科克伦（Charles B. Cochran）的《滑稽剧》(*Revue*)所写的，歌曲一经面世，当年就被伤感歌手海伦·摩根（Helen Morgan）为齐格菲歌舞团（Ziegfeld Follies）重新改写。在科沃德看来，这首歌的曲调笨拙，但在柳霜眼中这是她演出的绝配。这首歌的第一节歌词如下：

　　酒喝一点，笑有一点，爱多一点
　　我能满足你的需要
　　想一想，逗逗乐，这一切是为了什么
　　那就是我欧亚混血儿的信条

接下来是梦幻般的失恋哀叹，询问一个"混血女子，你细细的眼睛等待着、期待着看到什么？"这首歌弥漫在欧陆的酒吧和客栈中，歌中的欧亚混血女子在两种文化的碰撞中艰难生活，注定将孤苦一生。这首歌唱出了混血女子内心中深深的幽怨。科克伦的《滑稽剧》中"混血女子"的场景设计包含几个时髦女子，她们没精打采地坐在几乎空空如也的吧台前，无力又无奈地晃着威士忌酒瓶。尽管柳霜不是生物学意义上的混血儿，但这么多年来她在欧洲游荡，使她感觉像混血儿一样。虽然几乎整个欧洲都接受了这位东方女星，但她身上的异域风情丝毫未减。非但如此，无论走到哪里，柳霜都很少见到华人，难免心中有一丝孤独。就像这首歌唱的那样，柳霜或许正是借酒消愁，短暂的恋情也能给她些许安慰。[64]

冬天，当柳霜流连于意大利、法国、斯堪的纳维亚和瑞士期间，她在法国享受了两周的假期，到春天时她回到伦敦。1935年5月11日，柳霜认识了两个将在下一年对她助益良多的朋友。在中华民国驻英国大使馆接待处，柳霜被引见给京剧大师梅兰芳和中国"电影皇后"胡蝶。胡在回忆录中写下了与柳霜相逢的那晚。她和梅兰芳历经舟车劳顿遍游欧洲，从罗马启程后，当天刚刚来到伦敦。胡蝶起初对结识柳霜并不热心，形容她的衣服"像是清朝兵勇的服装"。由于柳霜不会国语，只能讲台山方言，所以只能通过翻译与胡蝶交谈，两人很难深入交流。尽管柳霜和胡蝶没有立刻成为朋友，但她与梅兰芳的交往却顺利得多。他们谈起京剧时很是投机，梅兰芳答应在柳霜到中国拜访自己时教她表演京剧。柳霜亲自带这位伶界巨子在伦敦四处游玩，在卡尔·范·维克滕的妻子法尼亚·马莉诺夫为他们拍摄的照片上，梅兰芳、保罗·罗伯逊和柳霜一起在伦敦街头漫步，显示出柳霜的国际化风貌。在日常生活的细节上，柳霜同样也能帮助他们。马莉诺夫在伦敦的生活不顺心，幸而有柳霜热情帮助；她和罗伯逊关系不和，毫无疑问是柳霜居中调和。不巧的是，马莉诺夫住的酒店正在装修，吵得她难以入睡，于是柳霜帮忙为她在克拉里奇酒店订好房间，随后带她南下布莱顿、北上伊顿，度过了几个夜晚。后来她们搭伴乘船回到美国。马莉诺夫曾在写给丈夫的信中提起柳霜的友情带来的愉悦。[65]

柳霜认识罗伯逊已经有几年了。当他们于1935年在伦敦再次相遇时，罗伯逊正拒绝民主党主席约翰·汉米尔顿（John Hamilton）的邀请。这位民主党官员提议罗伯逊回美国，在黑人中为艾尔夫·兰顿（Alf Landon）竞选，反对总统富兰克林·D·罗斯福（Franklin D. Roosevelt）。汉米尔顿告诉罗伯逊说，如果他接受的话，他就可以得到将来好莱坞的任何演出合同。因为所有的好莱坞巨头们都是坚定的民主党人，他们痛恨罗斯福。罗伯逊婉言谢绝了。他很可能将这件事告诉了柳霜，此举使柳霜思考她自己的角色。可以肯定的是，她想提升自己的电影地位／角色。[66]

1935年6月柳霜怀着雄心壮志返回美国，她想在迄今为止制作成本最高、对中国态度最好的好莱坞电影中担纲主演。一直以来，米高梅都想把赛珍珠（Pearl Buck）的普利策奖作品《大地》搬上银幕，由于种种原因耽搁几年后，此时终于可以如愿。尽管赛珍珠这部影响颇大的小说并没有根除令人生厌的美国东方主义，但改编成电影必将极大地改善以往电影中的种族偏见。就像史景迁所言，这部小说的最佳之处是对农活、收割和妇女分娩的描写。同时，吉原马里指出，赛珍珠笔下的中国人就像一个模子里刻出来的一样，而且个个都有幼儿化的倾向，这些特征在电影中更加明显。然而，柳霜最初对这部改编自小说的电影抱有很高的期望。1931年《大地》一书首次出版时柳霜便读过此书，读后立刻想要饰演小说中的女主角阿兰。书中的阿兰隐藏了一批珠宝，但这笔财富却阴差阳错地促成丈夫与另一个女人通奸，或许阿兰的命运激起柳霜的共鸣，她对自己的演艺事业爱恨交加。通过阿兰，赛珍珠将自己对中国女人的认识展现在读者面前，即她们富于自我牺牲精神，但同时又逆来顺受。尽管阿兰身上有这些偏见性的性格特征，但柳霜相信，这个人物一定是好莱坞能够允许一个中国女演员出演的最丰满的银幕形象之一。

米高梅买下了小说的版权，而赛珍珠也尽力说服电影公司邀请华人演员在中国出演此片。与国民政府的交涉步履维艰，华裔美国演员回美参演也障碍重重，这使得本片的拍摄一再推后，柳霜出演片中关键角色的希望也日益渺茫。米高梅惯于选择"黄面孔"而不用柳霜出演亚洲角色；另一个原因是米高梅对柳霜的雇主的态度，尽管米高梅曾多次借用柳霜拍片，但在这家电影巨头眼中，派拉蒙只是一家小字号的电影公司。中国政府对柳霜也没有伸出援手。中国政府与米高梅就电影问题进行联络的特派员吴将军告诉罗布·瓦格纳，柳霜在中国的名声"非常差……每当她出演一部电影，中国的报纸就登上她的照片，告诉人们'柳霜又一次丢了中国的脸'"。吴表达了对柳霜的同情，但同时指出柳霜饰演的妓女和女奴角色得罪了中国公众,他说道:"中国十分不满中国妇女的形象被表现成这样。"但国民政府对华裔美国演员的的态度并没有被完全接受。尽管各家电影公司乐于听从中国政府的建议,但美国的华人演员却在近期抗议副领事,也就是吴将军的行为。在柳霜的侄子沃尔特·黄(Walter Wong)和华人演员联合会主席弗兰克·唐(Frank Tang)的领导下,大约有40名男女演员集合起来,在中华民国驻美国大使馆门前抗议。华人演员的代理人、有"唐人街市长"之称的汤姆·格宾斯(Tom Gubbins)因参演中国政府认为有辱国格的电影而被副领事批评,他们对此尤为愤慨。[67]

洛杉矶报界对中国的民族主义情绪并不买账,早在1933年3月就呼吁公众,力求确保柳霜出演阿兰一角。在电影《大地》的拍摄简介中,该角色被设定为一个奴隶般屈服于丈夫王伦的弱女子。在实际生活中,柳霜并不像这种弱女子,但在本剧中,她要以主角身份出演这样一个女子。人们相信柳霜适合出演阿兰这个角色。1934年8月,柳霜从欧洲回到美国,卢拉·帕森斯询问她是否要为参演《大地》试镜,柳霜笑答她不会为"《大地》或其他任何电影"试镜。柳霜用她一贯的幽默口吻说道:"我知道我看上去是个中国人,人人都不会有异议。"随后柳霜推荐露露出演这个人物,告诉人们:"虽然她没大我们几岁,但是就像我们的母亲一样。"[68]

米高梅公司的决策层相信,欧裔美国演员出演这些角色会和真正的中国演员一样演得很好,这种态度并不令人奇怪。片方最终决定由保罗·穆尼(Paul Muni)出演王伦,这样一来柳霜饰演阿兰的机会就彻底消失了,因为公司不允许柳霜在任何电影中饰演白人演员的妻子,即便他饰演的是中国人。柳霜若参演本片,只能饰演莲花,这是片中的第五号角色,一个20岁的艳妇。据说柳霜曾对米高梅的欧文·塔尔贝格(Irving Thalberg)抱怨道:"如果你让我饰演阿兰,我会很高兴。但你却因为我的中国血统让我饰演一个小人物,让美国人饰演中国角色,还把所有主角都留给了美国人。"但塔尔贝格不为她的呼吁所动。

据《综艺日报》（*Daily Variety*）报道，如果因为由亚洲演员饰演阿兰这样的主要角色而出现"类似异族通婚"的情况，本片的"审查会更为严格"，米高梅无疑不愿冒这个险。至于柳霜是否曾受邀出演莲花这个角色，媒体有相反的报道。尽管柳霜后来否认自己曾受邀出演这个人物，但米高梅的档案显示，公司高层认为她年纪偏大，而且不够漂亮，不适合莲花一角。这个角色交给了奥地利芭蕾舞演员蒂莉·洛施。最终由德裔女演员路易斯·蕾娜出演阿兰，她曾连续两次获得奥斯卡奖，《大地》帮她拿到了金像奖。凭借柳霜的才华，如果由她出演阿兰，定能捧回奥斯卡奖，这必将奠定她未来的演艺道路上更大的成功。[69]

米高梅为《大地》挑选演员的大部分时间里，柳霜都在欧洲，但任何努力都无法帮她获取阿兰这个角色。片方将这一任务交给了欧文·塔尔贝格的助理艾伯特·卢因（Albert Lewin），从他留下来的报告中可以发现，柳霜等亚裔演员的问题困扰着米高梅等电影巨头。公司最初的计划对柳霜有利，还在1933年时米高梅就打算为本片选用能讲国语的演员。从当时挑选演员的报告来看，演员的类型和能力是仅有的两个参考标准。在弗朗西斯·马里昂等编剧看来，阿兰是电影《大地》的头号主人公，饰演她的演员年龄必须在20岁到30岁之间，目光和善，嘴巴可爱。饰演莲花的演员年龄要在20岁左右，美丽且有剧中最性感的身材。1935年12月10日，卢因让柳霜这个年届30、已有16年从影经验的老演员前来试镜，很明显是有意让她出演莲花而不是阿兰。随后卢因写信给上司说，他"对柳霜的外貌有点失望。她看上去不够美丽，不足以让王伦想入非非；不过，柳霜能否出演莲花可以进一步考察"。四天后，柳霜进行了第二次试镜，这次卢因仍然担心她不够漂亮。在他对黄柳凰、陆锡麒（Keye Luke）等华裔演员的试镜报告中，卢因的担心是一致的，即尽管她们都有中国血统，但并不符合自己意识中的（负面的偏见性的）中国人形象。基于上述论断，卢因建议让她们作为群众演员烘托气氛，而不能担纲主演。今天看来，卢因的建议颇有讽刺意味，他的上司毫不质疑地接受这些报告这一事实，不能掩盖他们潜藏的种族意识。后来，柳霜告诉她的华人影迷，米高梅没有选用更多的华裔演员，这是个错误；她说，实际上"我不看好他们的选择，所以当他们让我参演影片时，我拒绝了"。她的命运与其他华裔演员一样，没能参加本片的拍摄，她们都属于米高梅认为不适合的种族。正如维克托·朱所言，艾伯特·卢因，还有他的上司，挑选的不是真正的中国人，而是"米高梅式的中国人"。在本片的拍摄中，米高梅同样拒绝聘用著名的华裔摄影师黄宗霑，全然不顾他在业界的杰出声望和对中国场景的丰富经验，或许这对柳霜而言是个安慰。[69]

　　目前尚不清楚是柳霜放弃了出演本片的机会，还是米高梅拒绝了柳霜。柳霜在好莱坞演出的角色尽是电影中的小人物，因此有人怀疑她是否具有适合的戏路来出演主角阿兰。但正如我在本书中自始至终告诉读者的，柳霜的演艺技术堪称一流。作为一个华裔美国妇女，柳霜多年来思考自己的身份，有足够的才能和智识在银幕上演绎贤妻、良母、女工，当然可以诠释一个受尽丈夫鄙夷和欺骗的女子。比起蕾娜，她的个人经历使她更有资格出演阿兰。一个更恰当的疑问应该是：柳霜饰演这个角色会比蕾娜差吗？蕾娜这位奥地利女演员在片中操一口浓重的中欧口音，她饰演的阿兰永远是一副受尽丈夫欺压、懦弱顺从的样子，极少有情绪变化。她的身体动作十分僵硬，甚至暮气沉沉，她的发型也完全不适当。电影中其他演员的表演也一样不着边际。《大地》堪称一场"黄面孔"的大杂烩，用现在的标准衡量简直不堪入目。片中有些镜头明显带有种族歧视，如穆尼用胡言乱语来代表国语，而大量的性格演员无论外貌还是音容，怎么看都像西方人；再看看在片中饰演歌女莲花的洛施，她穿的衣服、跳的舞蹈，无疑是模仿几年前柳霜在欧洲的表演。真正的华裔演员却只能跑跑龙套。尽管《大地》在欧洲和美国反响不错，但却失去了成为中美文化的桥梁的机会，令人扼腕。[70]

柳霜不可能理解米高梅对此片的规划。该公司拒绝柳霜参演的决定立刻伤害了她，适时地象征好莱坞是如何浪费她的才华。受到这次打击后，柳霜鼓起勇气，决定到中国去实现她一生的梦想。种种迹象表明，柳霜在中国的待遇会比在米高梅更好。而且她的这一决定得到很多支持，友人黄宗霑告诉她自己在中国受到的礼遇，另一个朋友黄海升（Newsreel Wong）正在中国工作，答应报道她的中国之行。上海《电影画报》的编辑本杰明·陈（Benjamin Chan）在好莱坞和德国两次与柳霜见面，高度称赞祖国的热情好客。

柳霜决定去中国，也有自己艺术方面的考虑。从演艺事业的早期，京剧的魅力就深深吸引了她。1935年她与京剧大师梅兰芳在伦敦的会面重新燃起了她对京剧的向往。好莱坞让她深感失望与隔膜。此时，柳霜宣布自己将前往中国师从梅兰芳学习京剧，或许会在那里开办自己的剧院，更有可能的是，有朝一日重返美国，将投身于在这里传播京剧艺术。[71]

然而最大的原因或许是黄氏举家迁回中国。黄父搬到长安村已经两年有余；弟弟黄经材在上海颇有名望的圣约翰书院任教；露露在香港的中国海关谋到一个职务；黄锦英则在长安村跟着父亲学习；只有瑞英和柳凰留在洛杉矶，她在《大地》中出演一个小角色；黄家其他成员正利用柳霜资助取得的学识回到中国，成为每年到中国寻找更好机会的1 600个华裔美国人中的一员。对于20世纪30年代心态发展成熟的华裔美国人而言，回到中国既是一项事业选择，又不乏精神动力，此时的柳霜也准备好成为其中一员。1935年12月16日，她写信告诉维克滕夫妇，自己为《大地》中的莲花一角已经参加了米高梅的两次试镜，而路易斯·蕾娜"定然出演阿兰这个人物"，承认自己毫无办法扭转局面。就在这一天，柳霜拿起自己的美国护照，径直来到移民局申请430表格，以便确保中国之行后能够重返美国。好莱坞的制片商们无疑已厌倦了柳霜频繁的缺席，开始寻觅新的华人影星。好莱坞巨头们看中了人称"美美"的施蕴珍，她是中华民国驻美大使施肇基的女儿，也是卫斯理女校的毕业生，更容易为挑剔的国民政府接受。好莱坞让柳霜星光熠熠，但也让她声名狼藉，柳霜似乎已经准备告别这把双刃剑。在给忠实影迷菲茨罗伊·K·戴维斯（Fitzroy K. Davis）的信中，柳霜写道："我会在1月21日离开美国前往中国，在那里待一年，学习国语和中国戏剧，希望我将能带回一些特别的东西。"柳霜终于要回家了。[72]

第 5 章　寻根之旅

《大地》开拍之际，柳霜着手安排自己的演艺计划。当这部根据赛珍珠小说改编的电影成为好莱坞娱乐杂志的宠儿时，柳霜以准备返回故土的方式庆祝她 31 岁生日。她完全清楚，要想一雪未能出演阿兰之耻，最好的方式就是活得潇洒、活得漂亮。赫斯特公司（Hearst Corporation）与柳霜商谈后，决定派杰出摄影师黄海升陪她一起去中国。作为回报，柳霜同意为《纽约先驱论坛报》写几篇文章。随后，她背上依赖的莱卡相机，带上所有的现金，开始了前往中国的航程。黄海升是顶级摄影师，在国民政府的政界人士中人脉颇广。在柳霜离开洛杉矶前，哈里·拉赫曼（Harry Lachman）和邰·拉赫曼（Tai Lachman）为她举行了盛大的钱别宴会，"好莱坞头面人物悉数到场"。觥筹交错间，华纳·奥兰调侃道，与柳霜一起去中国是件愉快的事，"但我仍然是查理·钱宁，这回是在《马戏团》（The Circus）中"。而奥兰也确实计划与柳霜在中国重逢。柳霜在 1936 年 1 月 7 日的信中向卡尔·范·维克滕表达了自己的感激之情，感谢他发来的生日贺电，希望能在 1 月 24 日离开旧金山经火奴鲁鲁前往香港之前收到他的近照。预定的启程日是中国旧历新年，柳霜视此为吉兆。但实际上，柳霜不幸赶上了码头工人罢工，直到 26 日才启程出发。滞留旧金山期间，她靠观看夜场芭蕾和戏剧打发时间。一路上，柳霜不辞辛苦，确保媒体给予她的远行足够的关注。她的努力没有白费，赫斯特报系，尤其是《洛杉矶观察家报》，对她的报道不吝笔墨。[1]

柳霜对外称，她之所以去中国，家庭团聚是很大的原因。她在文章中写道，前往中国是一生的梦想，自己正计划学习汉语和中国文化；

除此之外，黄家大部分成员都在中国，等着自己前去团圆。就在离开旧金山之前，柳霜宣布希望有机会与梅兰芳一起在北平的戏院听戏，期待着重返美国后组建一个剧团，在全球巡演。她告诉记者："我想学习中国戏剧，但以我全部的舞台经验，充其量只能算是个新手。我想从古典的中国戏剧开始，最终挑选两三个剧目，找几个好翻译，再拉上一群能讲英语的中国人一起到世界各地演出。"[2]

临行前，柳霜读了林语堂的名作《吾国与吾民》（*My Country and My People*），以便增加对中国的了解。林语堂凭借编撰汉语词典享有盛誉，同时也是一名重要的哲学家。该书 1935 年在美国出版，旋即成为了解中国习俗和信仰的重要著作。书中对中国人性格的解读不禁让柳霜陶醉，引起她的共鸣。林语堂在书中探讨了生活中戒急用忍和平和之道的重要性，几乎就是柳霜与好莱坞的关系的真实写照。林氏对妇道的强调也反映在柳霜的文章中。林氏对当代妇女地位的探讨给柳霜留下了深刻的印象。他认为在几个世纪的压迫之后，中国的女性现在控制了她们的家庭。林承认男人们主宰公共社会，但是拥有鼓胀钱包的已婚妇女才是上海百货商店里售货小姐羡慕的对象，这里的售货小姐指摩登女郎。时尚并不重要，他认为，已婚妇女控制自己的家庭、性行为和母性地位，与她们所享有的私人自由相比，现代的独立性并不会有什么重大成就。林的历史性分析和哲学思想直接挑战了柳霜的公众生活，使她不得不思考自己在中国作为一个母亲这样生活，是否会好过在好莱坞虚幻的名气中发光。林氏建议人要靠幽默豁达立足社会，这更是柳霜多年秉承的信条。此时林语堂正在上海，毫不避讳地谈论美国之旅；而柳霜正欲离开美国，期待着能与他见面，并成为挚友。[3]

出发后没多久，柳霜便写好了第一篇文章，很快传回美国大陆。对于中国之行，她似乎矛盾重重，深感自己正走向一个"陌生的国度，但是在某种意义上，我正在回家"。她回忆了父亲描述的那个小村庄，以及保家安民的神祇；但字里行间不像朝圣者，更像游客。她想着如何把美籍华人托付给自己的信息传递给他们在中国的亲属。在旅途中，柳霜印象最深的是普通华人乘坐的下等船舱，在那里她遇到回家的华人，有些人已经病入膏肓，还有人带着稀有的鸟类作为给亲属的礼物。从旧金山到夏威夷的旅途平静无奇，柳霜在写给维克滕的信中说，自告别宴后，自己"在从旧金山到夏威夷的船上吃了睡、睡了吃"。她眼中的火奴鲁鲁干净整洁，在这里享受美味的燕窝汤和在威基基海滩的太平洋海浪中畅泳，这是自从在瑞士的阿尔卑斯山滑雪后最令她振奋的活动。[4]

2月8日，柳霜抵达日本横滨，走马观花地看过京都和东京后，次日启程前往中国。在给维克滕的信中，柳霜抱怨东京景色平平，但京都的寺庙和神社却"着实精美"。或许她不得不中途停靠日本，但她立刻公开自己的日本之行却令人费解。1931年后，中日关系降到冰点，战争一触即发，而且上海充斥着反日宣传小册子。幸运的是，关于她在日本短暂停留的消息在中国没有传播开来，而知情者也有其他计划。顾维钧夫人发电报给柳霜，在她的劝说下，柳霜决定先在上海登陆，沪上士绅准备了一连串的宴会对柳霜的到来表示欢迎。[5]

然而，并不是所有人都盼望她的到来。当柳霜乘坐胡佛总统号邮轮穿过太平洋时，有关她的争论浪潮席卷了中国东部。许多杂志连篇累牍地报道她曾在银幕上侮辱中国，公开质疑为何要欢迎柳霜的到来。有些公然抨击柳霜的品行，《电声》就是其中之一，该杂志把她与美国华人演员李世民（Li Shimin）做了比较，赞扬后者最近拒绝出演有辱国格的角色。相比之下，柳霜屈从于电影公司老板的行为表现出她缺乏民族自尊。《时代电影》甚至建议让柳霜在中国停留五年甚至十年，以便好好了解这里的风土人情，作者呼吁若是柳霜不答应，便将她驱逐出境。面对如此众多的辱骂，柳霜的弟弟经材撰文为她辩护，呼吁中国人民和媒体接纳姐姐。经材强调柳霜期盼学习汉语，希望能走访中国的名胜古迹，并强调了她的拳拳爱国之心。[6]

其他事件虽与柳霜个人无关，但却为她的到访制造了敌意的气氛。

此时，国民党政府发起了新生活运动，通过一系列群众运动，反对在公共场合吐痰、小便和抽烟等危害社会和有辱斯文的不文明行为。这类运动很快掀起一股浪潮，反对自清末出现的妇女现代化潮流。政府的发言人慷慨陈词，要求妇女安守二等的政治地位，远离公共集会，劝她们接受德容言功的"四德"。而柳霜在电影中常常恣意地暴露双腿，这与胡蝶、阮玲玉等中国影星格格不入，她们在电影中常常穿戴整齐。如今，中国政府甚至规定了裙摆的最短尺寸。在这样的氛围中，柳霜的银幕形象在政治上来说就突然变得很具危险性。[7]

中国的影评人自然难免受到这一新保守主义的影响。1935年，电影《新女性》的上映及其主演阮玲玉的自杀激起的怒潮，直到柳霜抵达中国前夕仍未平息。尽管制片人尚未屈从于政府的政策，但保守回归的迹象已颇明显。20世纪30年代早期，虽然中国电影中不乏职业妇女和不依靠丈夫独立生活的中国女性形象，但却充满警戒。妇女如果踏出传统角色，无一例外要付出沉重的代价，包括横遭厄运或死亡。这正是《新女性》讲述的故事。这部影片于1935年旧历新春在上海上映，主人公是在大上海打拼的单身妈妈韦明，她是一个教员，还是个准作家。她成功的写作生涯并没有为她带来快乐，因为八卦杂志太多地暴露了她的生活。据说韦明的原型是上海影坛新秀艾霞，她在主演了自编的电影《摩登女性》后自杀身亡。另一个影响影评人的重要因素是易卜生（Ibsen）的话剧《玩偶之家》（*A Doll's House*），该剧在上海的流行导致该市将1935年以该剧的悲剧性主人公命名为"娜拉之年"。在阮玲玉的这部电影中，来自公众的压力也将韦明推上了自杀之路。这部影片的象征意义揭示了上海电影界与电影记者间的激烈冲突，后者会剖析影片的每一个场景以寻求道德和政治上的意义。饰演影片女主角的阮玲玉的个人生活让本片的境遇更为复杂，她是30年代中国影坛的当红明星。比柳霜更甚，她将自己坎坷的命运转化为银幕上妇女命运的精彩写照。在短暂的从影生涯中，她两次在电影中惨遭强奸的厄运，在四部电影中以自杀收场。此时，她自己的婚姻也开始瓦解。阮玲玉的丈夫名叫张达民，是一个出身富贵的上海纨绔子弟。两人的婚姻遭到上流社会张家的反对，没有多久，二人分居，但仍维持着婚姻关系。随着在影坛的地位越来越高，阮玲玉另觅新欢，她付钱给张，使他同意接受这一新安排。当她提出离婚时，张达民却一纸诉状将她告上法庭。小报抓住此事大做文章，一时间上海滩满城风雨。绝望中，阮玲玉选择了自杀。甚至《纽约时报》也报道了她的葬礼，据估计有十万余人参加，几乎占上海总人口的十分之一。在随后的日子里，不断有小册子和杂志报章分析导致阮玲玉自杀的原因。直至今日，阮的形象依然光辉而矛盾。[8]

围绕《新女性》的争论让柳霜明白，在中国记者的眼中，她的职业和生活一定会将她引向死路。阮玲玉接受了自己的"罪过"，就像她自己的名言一样，"人言可畏"。二人的另一个相似之处在于，《新女性》也是一部无声电影，产生于有声电影开始在中国影坛取代无声技术之时。尽管阮玲玉生在上海，但她只会说广东话，出演一部国语配音的有声电影的机会渺茫。任何一个看过《上海快车》的中国人都知道，柳霜只会说最基本的粤语，这让她根本无法在中国影坛立足。柳霜曾抱怨过她在电影中的角色，但从未公开表达过自杀的意向。她在电影中的命运与阮玲玉等为人率直的女演员如出一辙，但她总是以一种自嘲和讽刺的态度表达不满，希望自己的墓志铭刻上"她早已死过一千次"。当上海媒体这群恶鲨磨尖利齿等她送上门来时，柳霜也已做好了应付他们的准备。[9]

幸运的是，在中国看过柳霜的电影的人不仅仅是影评人。据报道，成千上万的上海民众涌向码头，争睹这位享誉世界的华人女星的风采。正如李欧梵指出的，中国的批评之声大多来自左派，追随或推动民族主义者对电影叙事和女性现代主义的控制。多年来，知识分子、艺术家和社会精英一直关注着柳霜的演艺生涯。无论是上流社会还是普通民众都视柳霜为大明星，她的电影给所有人留下了深刻的印象。[10]

上海是一座充满活力的全球化大都市，焕发着勃勃生机，柳霜在这里丝毫不会觉得无聊。这里有为数可观的影院和百货商店，时尚杂志中不乏迷人的和摩登的影像，其记者和影评人也探讨时政。大上海是一个灯红酒绿的花花世界，就像当时的一本指南所言，茶和鸡尾酒迎来上海的夜生活，钟鸣声起，鼎食夜宴；觥筹交错，无醉不欢。午夜之后登场的是"狂欢、杜松子酒和爵士舞，上海没有清教徒式的生活"。酒店和餐馆沿着"暴力的小巷、海军和陆军的训练场"一字排开，都有自己的歌舞表演。上海催生了属于自己的音乐，融合美国爵士乐、好莱坞电影歌曲和中国民谣，被称作"时代曲"。美国爵士乐手巴克·克莱顿（Buck Clayton）曾在1934年来到上海，深深地被这里的大都会风情和这种被恶意的批评家称为黄色音乐的大杂烩或群众音乐吸引。并非只有克莱顿对上海有好感。这座黄浦江畔的不夜城被誉为"东方巴黎"，但实际上与欧洲的巴黎难分伯仲。上海不是一个地方性的殖民城市，而是一个不折不扣的国际化大都市。柳霜此前就生活在这样的城市中，对她来说，选择在上海登陆为中国之行开了个好头。[11]

1936年2月9日，胡佛总统号停靠上海港，柳霜走下甲板，第一次踏上中国的土地。在此之前，柳霜就已经开始拍摄她的中国之旅了。当胡佛号缓缓驶入黄埔江的时候，柳霜就在拍摄家庭纪录片，她拍下了几幅小船和舢板的镜头。在码头等待着柳霜的是成千上万的影迷。在她向人群致意之前，弟弟黄经材和一群记者便乘渡船驶近大船，登上船舱迎接她。他们在舞厅中等待，直到柳霜出现。经材向记者介绍了姐姐的演艺事业。此时的柳霜穿着黑色裙子以示对中国的尊重，头上的黑色帽子伸出尖尖的一角，这是她自己设计的，命名为兽王帽。挑剔的记者注意到尽管柳霜化了妆，她已青春不再。言谈中，柳霜叫经材来与自己拍张合影。记者们很快意识到，她既不会说国语，也不会写汉字。柳霜镇定自若地穿上修身的裘皮大衣，登上渡船来到海关码头。随后，友好地满足了记者拍照的要求，摆出不同姿势从各个角度照相，这些照片在随后几天见诸报端，反响颇好。黄海升记录下柳霜登陆的整个过程，写成报道发给赫斯特旗下的各家报纸；不久，柳霜自己又用镜头记录下了黄家老小在国泰酒店重逢的场面。

关于谁在柳霜通过海关后迎接她，媒体的报道存在争议。有些报纸说，上海的影坛名流并没有去码头欢迎柳霜，这让她心存不快。而香港媒体的报道则恰恰相反，声称在码头迎接柳霜的不仅仅有上海电影界的风云人物，而且还有顾维钧大使夫妇，柳霜的姐姐露露和梅兰芳也在现场。柳霜在现场回答记者的问题时，再次说到自己希望学会汉语，了解"祖国的风土人情，了解中国同胞，懂得其他一切与中国有关的事情"。记者闻言便很快把话题转到关于她的电影的争议之上，质问她为何出演辱华片。柳霜红着脸辩护道，自己别无选择，即便自己不出演这样的角色，也会由"日本或朝鲜演员来饰演，而且……我也会丧失尽力改变中国形象的机会"。而且，如果她拒绝演出，她还要把片酬退给片方。柳霜称自1933年以来，自己已经很少出演电影了，大部分时间都在欧洲的舞台上度过。[12]

这次中国之行的开端良好，来到上海后，柳霜很快成为各种豪华晚宴的座上宾。顾维钧大使夫妇为她举行了欢迎晚宴，这类邀请将柳霜捧上了中国的上流社会，跻身国际精英人物之列。顾维钧此时正欲前往法国，就任中华民国驻法大使，顾夫人被视为风华绝代的佳人。这次奢华的晚宴有十五道餐，着实让柳霜吃了一惊。与顾氏一家及其他名流的照片不仅出现在上海当地的报纸上，也登上了《纽约先驱论坛报》。在写给维克滕一家的信中，柳霜兴高采烈地说林语堂夫妇出席了晚宴。这位著名的作家告诉她，到纽约的航程曾"吓得自己噤若寒蝉"。此次上海之行让柳霜与林氏夫妇结下了真挚的友谊。1936年底，当林家搬到纽约时，柳霜介绍他们认识维克滕一家，后者很快将这位学者引荐到纽约文坛的顶端。[13]

柳霜继续陶醉在上海的上流社会中。认识林氏夫妇那个晚上，她参加了欢迎挪威驻沪总领事的宴会。那个周六的傍晚，柳霜成为上海"最佳着装女士"场合的焦点。一整天，柳霜都在申城流连，顾夫人将自己的私人旗袍裁缝介绍给柳霜。后来，柳霜曾称赞顾夫人对中国时尚的建议"独具慧眼"。[14]柳霜流连于上海的街头。黄海升则拍下了如画的沪上风情，有街景，有人物，包括行乞者、街边小贩、算命先生和年轻女子。一天，柳霜邂逅了自己的老朋友梅兰芳，这位京剧大师邀请她前去赴宴。柳霜受邀访问南京的国家电影委员会，对此她无法回绝。

面对友善的媒体时，柳霜谈论的话题更为广泛。著名的妇女杂志《良友画报》从20年代中期起便报道柳霜的演艺生涯，该杂志的主编与她私交甚好。《良友》报系共有五家杂志，其中不乏曾诋毁柳霜者，但现在每家杂志都希望进行一次独家专访，并许诺会在下一期预留篇幅刊登她的故事，而且就用柳霜自己的语言娓娓道来。柳霜在采访中除了说到她常常讲述的个人经历外，还特别强调她对访问中国的向往。她描述当自己的演艺事业在柏林处于巅峰时，却感到孤独，因为众多的影迷中竟没有一个中国人，自己"盼望来中国已经好多年了"。她在文章中写道，自己在德国和法国学到的东西越多，就越发感到"思念中国"；声称自己无论身在何方，最爱读有关中国的文字。她特别强调林语堂《吾国与吾民》的影响。她描述自己在上海遇到一位青年联合会教师，如何"敬佩他作为中国学者高雅而有教养的态度"。

柳霜也提到她努力想要世界各地的观众明白，自己在电影中的角色不可能代表中国人，他们需要更多地了解她的国家。在欧洲，她试图培养"一种处世哲学，用中国传统文化让自己自然适应。此刻我正站在祖国的土地上，要做到这一点就容易多了"。[15]然而，一件不愉快的意外提醒了柳霜：还有一些顽固的白人觉得她低人一等。据深谙沪上风情的观察家项美丽（Emily Hahn）说，在柳霜访问申城期间，一位友人邀请她去只对西方人开放的哥伦比亚俱乐部打保龄，没想到经理却不让她进去，说自己不得不小心行事。此时柳霜意识到，即便是在中西汇通的大上海，她的中国血统也会让她像普通中国人一样被白人拒之门外。毕竟，这是一座公园门口竖着"只对白人开放"与"狗不得入内"（普遍误传作"华人与狗不得入内"）警示牌的城市。[16]

尽管柳霜不吝地表达自己对中国的热爱，但反对她的影评人却不愿就此罢手。他们幸灾乐祸告诉读者，柳霜已年过三十，却尚未婚配，甚至还没有男朋友。《时代结》(*Modern Puck*)嘲笑柳霜不理解为什么中国人不接受她，说她在中国远不如华纳·奥兰那么受欢迎。另一个批评意见是，她无论何处都下榻于最高档的国际酒店。有些文章提醒读者注意，柳霜不过是个游客，终日与上流社会宴饮，却很少与普通大众沟通。一份杂志宣称，这些普通人并不很喜欢她。这些攻击并非全是空穴来风。从黄海升拍摄的纪录片中，我们可以看到柳霜一走出高级酒店就钻进豪华轿车；走出豪华轿车便进入高级酒店。即便是在上海街头漫步，柳霜也常常摆出姿势让摄像师拍摄，就像她在好莱坞或欧洲时那样。她出入旗袍店和花园，更像是一掷千金的观光客，而不是想要深入了解中国文化的求学者。她不是一名简单的观光客，而是一位有意识地观察全球都市文化的女性游荡者。柳霜曾在旅途中邂逅沃尔特·本雅明和夏洛特·伍尔夫，结识柏林的其他游荡者；如今的柳霜专心地从艺术角度欣赏这座城市。就像安克·格列波（Anke Gleber）指出的那样，游荡者无论男女，都喜欢避开传统路线，陪伴着自己孤独的身影穿过全球一座座城市，行踪飘忽不定。尽管柳霜的某些行为，如观光，看起来像是旅游，但实际上她正在创造自己的经历，以此来提高自己的演艺层次。作为一个女演员，柳霜深知拍电影是不连贯的。在她漫游上海和其他城市的旅途中，柳霜筛选出那些让自己印象深刻的人与事，以便形成自己的审美情趣。甚至她挑选精美的服装也不仅仅是在消费，同时也是在研究和规划未来的银幕角色。柳霜有能力将自己的演艺事业与情感需求融合起来，能够靠视觉培养审美，这使得上海成了她这种视觉意识的一部分。[17]

柳霜遭遇的事情证明她的中国之行远超过一次旅游。纪录片只揭示了上海生活的惬意之处，但却不能完全反映当地人对她的态度，大众情感如暴风骤雨，很快就显示出自己的威力。在上海停留六个星期后，柳霜准备前往广东的祖籍地。1936年3月26日，柳霜抵达香港，这本应是一片欢腾的场面。台山同乡会和东莞电影公司高层一起前往码头迎接柳霜，公司希望能说服柳霜在两部新片中担纲主演，他们带来八个花篮以示敬意，还在粉红色的绸缎上写下"欢迎影坛奇葩黄柳霜"。但不知道是因为身染流感，还是因为与另一名乘客争吵，柳霜对她的影迷表现出少有的粗鲁。当台山的代表感觉到她态度冷漠时，他们的反应迅速而具毁灭性。人群中有人喊道："打倒黄柳霜——侮辱中国的小丑。不要让她上岸。"柳霜听懂了这些愤怒的话，不禁失声痛哭。在人群的蜂拥中，花篮和绶带倒在路上，任人踩踏。

民众的愤怒并没有很快消失。此时广东省正被高失业率困扰，人们早已躁动不安。在发给身在长安村的黄父的联名电报中，抗议运动的领袖们称他为良念，敦促他告诉柳霜不要来这里。他们警告说，如果柳霜执意来到长安村，黄氏一家都会被赶走；同时电告报界，不要报道柳霜的任何行踪。事到如今，柳霜只能去露露家，在那里悄悄地住了两天。可悲的是，每次柳霜冒险外出，都会有愤怒的人群辱骂她。三天后，黄父发电报给柳霜，劝她这几日不要到长安村来。柳霜很快做好准备，前往菲律宾，希望能平息这场抗议风波。[18]

柳霜原本没有打算去菲律宾，但她以患重感冒和发烧为由，很快订了一张船票前往温暖的南方。3月3日星期二，柳霜不声不响地抵达菲律宾，尽管她用了刘钟（Liu Tsong）这个假名，但菲律宾的媒体还是很快发现了她。报章杂志在头版登出柳霜中途停留菲律宾的新闻，声称她的"面孔为天下千万影迷所熟识"。像以前一样，柳霜优雅地回答了许多记者的提问，告诉他们自己对中国之行非常满意，对中国的现代化感到惊奇。柳霜说自己来菲律宾是想享受像加利福尼亚那样的阳光，坦承此时没有签约任何一部电影，但正在考虑出演歌剧《图兰朵》（*The Princess Turandot*）的新版本。柳霜在菲律宾的生活如同上海一样，充斥着没完没了的宴请，甚至连菲律宾总统曼努埃尔·奎松（Manuel Quezon）和第一夫人都在总统府设国宴欢迎柳霜。

星期六，柳霜再次启程返回中国。[19]

黄善兴告诉柳霜，长安村的形势依然紧张，因此在香港登岸之前，柳霜和露露一起去澳门小游几日。尽管是匿名旅行，但她们住进澳门一位著名教师家中的消息很快就散布出来。澳门绅商和记者争相前来索取签名、合影留念。此时的柳霜已经可以很惬意地造访当地的名胜古迹。[20]

4月9日，柳霜回到香港。恰逢华纳·奥兰刚刚抵达香港，柳霜便请他参加一次特别的中国午宴。宴罢归来不久，柳霜便乘汽车进入广东，第二天到达祖籍地长安村。关于她在长安村的际遇，有各式各样的报道。20世纪80年代发表的口述历史称，当她进入村子时，村民们向她投掷石块。也有报道称，她在村中受到很好的招待，包括笔者直接接触到的一些材料都是这样描述的。柳霜在长安村住了十天左右，有几晚睡在邻近的永安村里，那里是黄氏宗族的发源地。村里的老人回忆说，柳霜常常拿糖果分给大家吃，还给每人40角的票子（小额货币，但足够买一斤肉）。据一位村民回忆，陪伴柳霜来的摄影师（黄海升）拍下了她和父亲依依不舍的道别。类似的报道称黄父的第一个妻子李氏和儿子黄斗南热情地欢迎柳霜，让她在这里生活得舒适而开心。长安村距离台山五公里，坐落在山间。当柳霜偶尔走到镇上时，发现村民们很惊诧地看着自己。1928年，在海外华侨的资助下当地建起了一座剧院，村民们在那里看过柳霜的电影。柳霜后来说，当地人相信她是个谜，或者是台机器，绝对不是像他们一样的真人。[21]

柳霜来到长安村后的所思所想更多地显示了她真实的个性，而不是为西方世界和中国北方所熟知的镇定自如的银幕形象。长安村与散布广东乡间的几百个小村落别无二致，这类村庄往往位于大城市（长安村靠近台山）近郊，由许多连靠在一起的褐色石屋组成。村里的道路通到各家门前，曲折的小巷蜿蜒绕过各家各户。屋子外面有一圈高墙保护主家安全，只有从正门才能进入；塔楼可以警告村民小心逃窜的匪盗。在村庄入口处，柳霜看到一扇木制的大门。20年后，她的家庭纪录片在美国上映,柳霜在片中说起自己前往长安村时,仍难掩兴奋之情,她也开心地提到从广州到台山的火车之旅。黄海升拍下了黄父和弟弟锦英前来迎接柳霜的一幕,他们并肩沿着小路走进长安村。黄锦英很快就上学去了,柳霜解释说,因为中国人非常重视教育。随后,她和父亲在家门前的台阶上聊了许久。在长安村期间,柳霜饶有兴趣地看了鱼塘和农田,留意到这里的村民如何互帮互助。其中的一些场景明显是特意设计的,代表柳霜对一个从未谋面但多次在头脑中想象的家乡的移民式的乡愁。在纪录片的末尾,柳霜告诉人们,这次寻根之旅差不多是自己一生中最满意的事情。

  长安村之行满足了柳霜深深的故国情怀,也满足了她父亲的愿望。告别长安村后,柳霜返回香港,维克滕寄来的一组照片已经在那里等着她了。许多照片拍摄于 1935 年末,地点是纽约的阿尔贡酒店。3月23日,柳霜乘船北上,抵达上海。[22]

  柳霜在上海度过了随后的两个月。报纸仍常常报道她的行踪。在此期间,柳霜曾赴旅游胜地苏州一游。在这里,她和弟弟经材一起徜徉在街头巷尾,一起漫步在苏州河畔,看牧童侍弄水牛。4月1日,柳霜造访了美丽的杭州,这里以风景如画的西湖和精美的丝绸名扬天下。弟弟为柳霜拍下了试穿丝质旗袍的录像。裁缝用的是传统的量身之法,将一根绳子在多个地方打结测量,这种方法似乎一定不会错。后来,柳霜沿着沪杭路观赏风景,拜会市长,出席晚宴,又订了许多旗袍。第二天,柳霜返回上海。[23]

  中国媒体对柳霜无休止的攻击终于渐渐缓和下来,这部分归功于她与记者打交道的能力。尽管记者的问题往往十分挑衅,但柳霜总能耐心地做完访谈,一遍遍地重复自己的故事,一边告诉记者自己的角色是不得已而为之,一边捍卫自己的演艺事业。在这一过程中,她的国语也明显有了长进。最终,即便是那些最具攻击性的记者也忍不住在采访后向她索要签名,而柳霜也总是爽快地答应。这一变化的第二个原因是享誉中国的梅兰芳和胡蝶公开向柳霜表达友谊。两人一个是梨园巨擘，一个是影坛皇后，在代表中国出席莫斯科国家电影节和随后访问欧洲后声名日盛，已处于各自事业的巅峰。在柳霜抵达不久后，梅兰芳便主持晚宴，盛情招待柳霜。一年前在伦敦时，胡蝶与柳霜并不相熟，但如今却公开拥抱她。胡蝶自1935年11月在三一圣公会教堂嫁给富商潘有声后声望如日中天，那场盛大的婚礼吸引名流之众堪比几年前蒋介石与宋美龄的婚礼。此时，上海滩的报纸杂志纷纷报道柳霜与胡蝶和潘一起露面。记者们开始在柳霜住的酒店附近的街头等待柳霜和胡蝶一起出现在他们的镜头前。黄海升拍摄了两人一起在上海流连、签名和闲逛闹市。随后，他将纪录片寄给洛杉矶的赫斯特公司，公司很快推动此片在美国上映，吸引美国观众到影院中一睹这位风靡美国的女星的中国之旅。也许可以挖苦说，胡蝶毫不费力就从与美国明星黄柳霜的友谊中受益，但她敢于面对有敌意的记者这种勇气的确值得嘉奖。到了夏天，赫斯特报系纷纷报道他们的中国同行已经接纳了黄柳霜。[24]

4月底，胡蝶带柳霜来到上海最有名的明星电影公司，也就是胡的雇主。从黄海升拍摄的纪录片可以看到，柳霜到达后，胡蝶把她引荐给公司的当红明星们，他们带领柳霜和胡蝶参观了公司。他们还拍摄了两小时的新闻电影，其中部分出现在黄海升拍摄的纪录片中。[25]虽然身在中国，但柳霜并未忘记她的美国朋友。5月8日，她写信给维克滕，给他寄去上海最好的中餐馆的菜单，告诉他自己正计划去北平学习国语和京剧。

5月9日，柳霜动身乘车去北平。她的第一站是国民政府首都南京。政府邀请她参加一场特别的欢迎仪式，柳霜将此视为殊荣。出席欢迎仪式的有似乎是外交部情报司司长李迪俊、国家戏曲学院（National Opera School）院长卢刚、中央电影业办公室主任余上沅及其他高级官员。柳霜身穿镶红边的黑色丝旗袍以示敬意，外面配着海军蓝大衣。对此事，媒体的报道颇有不同。《电声》上的一篇文章指出，柳霜受到热情款待，在席间她用英语表达了自己回到故国的喜悦，伴有汉语翻译。她在讲话中提到,自己想在北平停留数月以便学习汉语,顺便收集"历史题材的剧本,以后可以将它们搬上伦敦、巴黎和纽约的舞台",用这种方法让世界各国了解中国非凡的历史文化。随后,柳霜在著名艺术家叶浅予的素描图上签名。文章认为柳霜看来很后悔曾饰演不光彩的角色。另一篇文章则没有这么友善,声称宴会的主人利用柳霜不会讲也听不懂国语连番侮辱她。当她得知该文的欺骗性报道后,柳霜告诉读者自己已经就其演艺事业的缺陷成功地与政府进行了沟通。不幸的是,1949 年国民政府垮台后,相关历史档案消失不见了,事情的真相恐怕永远无法明了。[26]

柳霜没有从南京直达北平,而是先去了山东省的泰山,参观了泰山上著名的庙宇。在港口城市天津,柳霜参拜了观音庙,在观音像前焚香叩头,并抽签问运,当她抽到上上签时,旁观者齐声说观音菩萨会保佑她前途无量。随后,柳霜在北平拜会了一个算命先生,问他自己最好嫁给中国人还是外国人。算命先生看过她的生辰八字后告诉她,嫁一个中国男人更好。柳霜微笑离去。[27]

5 月 14 日,柳霜抵达北平,下榻在最好的酒店。黄海升记录了她的行程,柳霜时而在街头漫步,时而乘电车,有时坐人力车,有时坐轿子,而且还在街边买东西。后来,柳霜曾参观圆明园,还登上了著名的石舫。她到一所戏剧学校学习,还上了汉语课。同时,日报和周报的记者们不厌其烦地报道她的发型、衣服、妆容和绣着"黄柳霜"字样的手提包。[28]

柳霜依循自己在上海的日程,拜会北平的社会名流。多年来,《北洋画报》一直对柳霜持批评态度,这时该报刊登了一幅柳霜与燕京大学的创始人司徒雷登(John Leighton Stuart)的合影,燕京大学是中国最重要的基督教教育机构。两人都有长老会的教育背景。司徒雷登生于中国,是在中国最受尊敬的西方人之一。这张照片为柳霜在中国大众中赢得了几分敬意。司徒雷登也是蒋介石的重要顾问,是国民党的公开支持者。他对柳霜的推崇为她添了政治分。后来,司徒雷登成了交战中的国共两党间的特殊调停人。柳霜在北平结识了政坛各方的不同人物，包括美国驻北平军事顾问弗兰克·多恩（Frank Dorn）。经黄海升介绍，柳霜与他的好友埃德加·斯诺（Edgar Snow）和夫人海伦（Helen）成了朋友。[29]

像上海一样，北平的报纸一方面报道柳霜令人艳羡的服饰，另一方面又嘲笑她的妆容、她的游客身份，以及她拒绝住在私人宅邸而选择下榻奢华的北平饭店。柳霜花了许多时间参观北平的旅游景点，在一位来访的美国参议员的陪同下，她走访了南口。在那里，一群来自天津的北洋工艺学堂的学生认出了她，围着她要求签名和合影。在随后的一小时中，她签名超过50次；之后柳霜一行去了八达岭，那里的长城让她叹为观止。[30]

6月8日是柳霜格外高兴的一天，那一天北平第一夫人吴棠和兄长吴坦军在家设宴招待柳霜，并请她一起观赏家中花园里著名的太平花。柳霜在一个名叫艾的男子的陪同下前来赴宴。她穿着黄色的旗袍，带着绣有自己中文名的手袋和莱卡相机。宴会的客人都是北平知识界的精英，有著名京剧演唱家李万春和琴师王少卿，二人都在晚宴上为柳霜这位贵客献艺。宴会期间，柳霜高度赞扬了他们的音乐天赋。在记者的众目睽睽下，吴棠摘了两朵花别在柳霜的刘海旁边。这是为最尊贵的客人保留的表达女性温柔感情的时刻，当柳霜离别晚宴时，记者听到她说自己"非常非常高兴"。同晚，她观赏了李万春的表演。表演之后，他们一起在六国饭店共进晚餐。柳霜显然被李的才华打动了，当他们告别时，柳霜紧紧握住了李的双手。她感谢李万春与自己共度良宵，感慨道："天下没有不散的筵席！我们将天各一方，不知何时能再次见面。"这种惺惺相惜改善了柳霜的情绪。在欧洲，柳霜与艺术家和知识分子相聚包含寻找生活和职业的意义；在好莱坞，种族偏见把柳霜推到边缘；相形之下，柳霜在吴家度过的这一个夜晚，既有彼此倾慕，又有文化与民族认同。[31]

当北平酷热的夏季开始让柳霜疲惫不堪时，她选择了北戴河作为避暑之地,这里也是中国名流们最喜欢的海滨胜地。7月2日,她和几个美国人一起到了那里。不久,报纸上开始刊登柳霜身穿泳衣的照片,她在这里一直逗留到7月末。[32] 柳霜在北平待了四个月(其中一个月在北戴河避暑),后返回上海。此时的柳霜已经学会了不少国语,而且学了一点拨奏曼陀林①。现在该收拾行囊返美了。临行前一日,有一名记者拜访了柳霜。她告诉记者,这次寻根之旅很成功,希望能够每年都回来一次,称"即便在中国待两三个月,也能让我学到很多东西"。在柳霜看来,中国正取得巨大进步。她最喜欢北平,在那里可以见到真正的中国,尽管各地的村落也值得看一看。柳霜先去了香港,在那里接到一家英国电影公司的电报,给她提供一个银幕角色。接受邀请后,她决定先返回美国,稍作停留后乘飞机去巴黎,然后坐船去伦敦。10月23日,柳霜辞别上海,登上了返回美国的轮船,11月5日抵达火奴鲁鲁,28日到达旧金山。这次非凡之旅至此画上了句号。[33]

柳霜的中国之行并没有让她成为中国公民。每到一地,她基本上都入住国际知名的豪华酒店,与中国的精英圈子打交道,在中国的大都市中穿梭。在穿衣打扮上一掷千金。除了在长安村短暂停留外,她很少接触中国的普通民众,也没有前往那些她名气不及的偏远地区。她的确学了不少国语,但似乎已经放弃组建京剧剧团巡演的计划,也没有要拍摄一部中文电影的想法。

然而,柳霜毕竟还是满载而归,信心大增,她打定主意要致力改善祖国的形象,减缓其贫困问题,支持中国日益严峻的抗日斗争。柳霜与中国认同,将自己视为中国人。自从20年代末起,柳霜就不断地向这一定位靠近。现在,她已经准备与国民党、蒋介石和城市知识分子站在一起。即使她对中国的理解是零散的、片面的,但她对自己认可的这个国度的支持一如既往地真诚、热切、坚定不移。

---

① 一种乐器。

第6章 情系故土

柳霜在中国被奉为贵客；但在美国，她只不过是一名所谓的"中国公民"。柳霜一回到旧金山，迎接她的是对她的家庭身份的粗鲁提醒。回到美国，就必须向美国移民暨归化局报告，领取身份证件。问询的内容之一是要告知检察官博伊德·雷诺兹（Boyd Reynolds）其他家庭成员的行踪。她告诉雷诺兹，父亲现居中国长安村，身体状况仍未见好转，黄锦英依然伴其左右；露露则一直住在香港；黄经材住在上海基督教青年会（YMCA），在圣约翰书院及上海大学商学院教授一门商务课程。把这些事实详尽地报告给美国移民暨归化局的官员特别重要，因为有一个骗子在芝加哥盗用了黄经材的身份资料，谎称自己是黄柳霜的弟弟。不消说，这段问询持续了很长时间，移民暨归化局请黄柳霜辨认弟弟黄经材和那个冒名顶替者的相片。随后，她又要填写厚厚一叠表格，这些都足以证明美国政府对华裔美国公民的监管几乎事无巨细。不过，柳霜终究还是澄清了这些混乱局面。她向检查官说明，露露当时住在上海，黄伟英住在洛杉矶北55大道1200号的新居中，在那儿研究航空学，黄瑞英同他住在一起。当黄父回到美国而没有返境许可证时，柳霜要为他做担保。尽管黄善兴在美国出生，但之前登记的资料出了差错，显示他生在中国。虽然柳霜凭着自己的名声和优雅气度扭转了局面，但她还是不得不签署一份保证书，担保黄善兴将不会成为靠政府救济的人。[1]

在向移民检察官报告完家人的情况后，柳霜接受了好友罗布·瓦格纳的采访，谈论她的中国之旅。她谈到在中国经历的趣事，饶有兴致地说起在北平与那些店主们讨价还价的情景，还有在北平时遇到的女房东如何热情好客,在她那里住了两个月分文不要。当她谈及回长安村探亲的经历时,更是喜不自禁,回忆到她父亲费尽口舌教化村民成为美国人时,她大笑不止。她严肃地谈到中国人的肤色,坚持认为这主要是地理环境的作用和防阳光照射的结果。访谈快结束的时候,柳霜提到在中国期间自摄的短片,她说这部短片仅限私人观赏,除非"巨人影业公司(Colossal Pictures)出资百万求购"。[2]

柳霜对中国的电影事业充满热情,她告诉《洛杉矶先驱快报》(*Los Angeles Herald Express*):"中国电影的潜力无可估量。"对于中国的民族主义者对她以往所饰演的角色的苛责,柳霜当然一清二楚,因此她开始游说电影制片商拍摄一些在主题和角色方面都对中国有利的影片。她在曾工作过的派拉蒙影业公司有欣赏她的听众,当柳霜说国语和广东话两种中国语言,以及德语、法语、意大利语和其他欧洲语言时,着实让听众惊诧不已。她坦承自己刚到中国时被国语给"镇住"了,但是过了几个月之后,她就学会了,可以用这种官方语言作基本交流。在后来的日子里,柳霜把这趟归国经历视为她一生中的重大成就之一,每每提及总是兴奋不已。当然,她在1937年时无法预料到,后来的抗日战争、国共内战和冷战政治都使她再也没有机会回到祖国,而她的家人则不得不在这些变故中陆续返回美国。最早回来的是经材和露露,他们详尽地描绘了日本人轰炸上海的情景。露露是从香港辗转到上海的,在那里的海关部门工作。当日本人的炸弹"杀死成百上千的中国人"时,她随同其他美国公民逃离了那里。她祈祷自己再不要看到那样的情景,并且断言美国人该庆幸他们自己没有卷入这场冲突。随着日本军队侵入华南地区,继而发动全面侵华战争,已是垂暮之年的黄善兴与儿子黄锦英被迫在1938年11月逃回美国,他们前脚刚刚离开长安村,日军后脚就占领了整个广东省。不过,他的大儿子黄斗南仍留在那里。作为长安村里最有文化的人,并且是这个地区唯一能说日语的人,黄斗南引起了日本军官的特别关注。他们鞭打他,命令他向乡亲解释他们要对新主人履行的义务。一开始,黄斗南拒不从命，但最终他还是不得不充当这一千夫所指的角色。然而，他在整个战争期间都在帮助长安村的乡亲，他杰出的英雄事迹也为人们所铭记。黄斗南娶了三房妻室，育有14个女儿和8个儿子。他的母亲李氏于1942年5月7日去世。大约在此时，黄娶了第三房妻子邝颜容，1943年她生下了第三个女儿黄翠娴，她现居广州。[3] 由于这些私人关系和她的中国之旅，柳霜对祖国表现出强烈的爱国情绪，因此对日本侵略者痛恨不已。那一年晚些时候，派拉蒙影业公司的一次新闻发布会透露柳霜更换了住所，因为她不愿自己的居所面对一个日式花园。[4]

当柳霜在洛杉矶安顿下来后，她似乎准备与一家电影公司建立长久固定的关系。她与好莱坞电影公司再次合作似乎表明她的生活依然一切如故。据说她可能将在米高梅公司出品的《马可·波罗游记》(The Adventure of Marco Polo) 里出任主演，但是制片厂精于算计，他们起用名不见经传的新演员西格丽德·格丽 (Sigrid Gurie)，与加里·库珀 (Gary Cooper) 演对手戏。如此荒唐可笑的角色分派只是这部作品众多的问题之一，后来这部电影惨遭失败。不过，米高梅公司的确在一部名为《好莱坞盛宴》的综艺性电影里起用柳霜，这部由上下两集组成的作品于1937年4月9日公映。值得注意的是，这是柳霜与克拉克·盖博 (Clark Gable) 同台献艺的唯一一次机会，同时这一影片也为她制造了展示新服饰的机会。在电影脚本中，柳霜在镜头前讲述她刚刚在"中国度过了最不可思议的一年，我首次探访我的祖国"。柳霜接着描述中国女士如何"穿着漂亮的旗袍，看上去既端庄又靓丽"。柳霜忍不住倾其所有购买旗袍。在银幕上和她在一起出现的是两个年轻的中国女孩。柳霜跟她们讲国语，但是她们却抱歉地表示"她们只会说广东话"。柳霜遗憾地说："哦，我还以为我可以借此机会温习一下我的国语呢"，这表明她自己实际上已经掌握了中国的官方语言。西化的中国传统经典常融合在她的时尚风格中。[5] 正当好莱坞的制片商讨论如何利用柳霜的新技艺时，柳霜已经另有打算。她与埃里克·马施威茨从1931年起就彼此接近，时常在伦敦会面。他们的第一次会面还激发马施威茨写了一首歌,后来这首歌成了 20 世纪最令人难以忘怀的歌曲之一。他在一艘远洋客轮上开始写这首歌曲,到达伦敦后方完成。这首名叫《这些傻事》(*These Foolish Things*)的歌曲的头几行明显地让人想起柳霜的浪漫故事:

> 一支沾了唇印的香烟
> 一张前往浪漫之地的机票
> 我的心儿仍插有双翼
> 这些傻事让我想起了你

这一年,马施威茨过得很好。他是英国广播公司综艺表演的导演,并获得了终身贵族的荣誉。后来,好莱坞向他伸出橄榄枝。当马施威茨离开英国广播公司前往加利福尼亚时,他考虑是否接受他那部成功的剧本《巴拉莱卡》(*Balalaika*)六位数的卖价,柳霜驱车到伯班克机场迎接他。马施威茨对于放弃伦敦的工作还有些踟蹰,柳霜认真地讨论了他的忧虑,说服他好莱坞是适合他发展的地方。马施威茨惊讶"黄小姐如何心平气和、亲切而机智巧妙地分析了我目前的状况"。当马施威茨要返回伦敦时,柳霜送他前往机场,他深有感触地说:"每一个人在其有生之年都应该认识或爱上至少一位受过教育的华人。"马施威茨离开美国后不久,柳霜便乘船前往伦敦与他见面,并观赏该季上演的最新戏剧。他们还旋风般造访巴黎,在《三首圆舞曲》(*Trois Valses*)中见到伊冯娜·普兰当,观看了帕格尼尼(Paganini)的一场表演。之后,她返回美国,期待马施威茨再次赴美。[6]

柳霜回到美国后遇到一个可怕的威胁。1937 年 3 月,柳霜被人敲诈勒索,敲诈者在恐吓信上要求她向一部电影作品捐助 20 000 美元,否则便向她脸上泼硫酸,并且也让她父亲破相(当时她父亲仍在中国)。20 世纪 30 年代末,具有暴力倾向的疯狂影迷不乏其人。起初,警察们并没有把柳霜受威胁当回事儿,直到制片人大卫·O·塞尔兹尼克（David O. Selznick）的妻子遭到同样的威胁时，他们才严肃地对待这一事件。在恐吓信上，一个署名 E. J. 富特（E. J. Foote）的医生要求塞尔兹尼克出钱资助一部他出演耶稣的电影，并说和他一道出资的还有黄柳霜和另一个名叫艾梅·麦克弗森（Aimee McPherson）（并非那个身为布道者的麦克弗森）的女演员。恐吓信警告塞尔兹尼克付清所要求的数目，否则他的孩子们将被弄瞎。柳霜完全被这些威胁吓呆了。她告诉《洛杉矶观察家报》，收到这封恐吓信后，她几天不敢合眼，还雇了一名保镖。接下来的几天里，形势变得更加复杂。明尼苏达州的一个女人也给麦克弗森写了恐吓信，这个名叫莉迪娅·斯温森（Lydia Swenson）的家庭主妇随即被捕，但被诊断为精神错乱。时任美国联邦调查局局长的 J·埃德加·胡佛（J. Edgar Hoover）开始对这一连串事件产生兴趣，他要求下属几乎每天都要上报一次。联邦调查局在 1937 年 3 月 25 日询问了柳霜。她告诉联邦调查局职员说，她不知道为什么自己会成为敲诈勒索者的目标，她从不曾认识"想要制作这种电影"的任何人。当职员们听她讲述的时候，她打电话给富特，后者声称他自己也收到了恐吓信。富特用这种策略免于被捕，尽管他仍然在联邦调查局的监控之下。联邦调查局的视线同时也转向一个名叫塞西尔·雷诺兹（Cecil Reynolds）的人，他来自格兰代尔市，以前是一位医生，也是塞尔兹尼克以前的技术顾问。雷诺兹声称认识柳霜，给她提供过一些服务。在接下来的六个多月里，除了审查柳霜的信件外，联邦调查局和本县的地区检察官在这一案子上没有采取多少行动。截至 1939 年，当地的副总检察长甚至暗示整个事件都是自导自演的恶作剧，目的是把柳霜推入公众的视线中。虽然他乐此不疲地毁谤柳霜，但是检察总署和联邦调查局都没能成功做出任何检控，最终这一案子在 1941 年不了了之。[7]

这种勾当并没有阻止柳霜旅行，她没有在好莱坞逗留很久。她再次造访了美国移民暨归化局，安排在 6 月份前往欧洲旅行，这次旅行延迟到是年秋天。她先在华盛顿特区进行了数场表演，之后于

1937年5月末在纽约市的马库斯·洛伊①州立影院进行了为期一周的歌舞表演。这些表演与她以前在欧洲的表演相似。她穿着一套纯黑色的旗袍，以一首古老的广东民歌开始了表演，随后是对自己经历的戏剧性描绘，以诺埃尔·科沃德的《混血女子》为开场白。在纽约的长居地阿尔贡酒店接受采访时，柳霜以她众所周知的幽默感告诉一位记者，世界各地的服务员都会回应客人的"Oy"和"Hallo"；然而在这家著名的曼哈顿酒店，只有按铃才管用。在匆匆回到西岸后不久，她又返回了纽约，在纽约州的韦切斯特县和康涅狄格州韦斯特波特的夏令巡演剧场进行表演。柳霜似乎很享受这种氛围，因为她在8月份的表演档期前一个多月就到了。在改编自普契尼的歌剧《图兰朵》的戏剧表演中，柳霜担任主角。柳霜首次尝试这种夏令巡演便取得了成功，可谓令人瞩目。韦切斯特戏院是纽约精英人士汇聚的地方，他们中的许多人都参加了柳霜的首演，为她欢呼助威。后来，她成为这些人的社交派对中受尊敬的座上客。这些有权势的人物的出席确保了纽约最重要的报纸和著名的新闻社的持续关注。报刊上常常出现诸如"绚丽多姿"、"独一无二"和"令人愉悦"等词汇来形容她的表演。很多影剧评论人对柳霜表演时所穿的服装赞不绝口，这些服装都是她从中国带回来的。只有纽约的娱乐杂志《综艺》给了她负面的评价，认为她的表演"在动作和表情上都很别扭"。她在康涅狄格州获得的赞誉更多一些。剧院信托董事会的重要成员卡尔·范·维克滕当时去了现场，为柳霜拍摄了大量照片。在首演当晚，包括塔卢拉·班克黑德（Tallulah Bankhead）、埃塞尔·巴里莫尔（Ethel Barrymore）、艾拉·娜兹莫娃在内的一些百老汇最显赫的女明星也出席了。班克黑德和娜兹莫娃在首演当晚的出现证明了柳霜在女同性恋者中享有很高的声望。[8]根据文森特·普赖斯（Vincent Price）的女儿的叙述，柳霜与其父亲合作期间曾有一段短暂的暧昧

---

① 马库斯·洛伊（Marcus Loew，1870—1927），美国电影业巨头，最早的影院创始人。

关系。普赖斯当时刚结婚不久,这一事实使人们对传闻有所怀疑。这个夏天之后,柳霜没有立即返回洛杉矶。1937年8月底,柳霜离开美国前往伦敦。在伦敦期间,她在皇家剧院观看了《波吉与贝丝》,在莎夫士伯里剧院观看了《爱在日落余晖时》。这次她没有逗留很久,[9]因为马施威茨此时已到了美国。马施威茨把妻子留在纽约,只身乘飞机前往洛杉矶。到了机场后,他避开米高梅制片公司的接机人与柳霜晤面。柳霜为他找了一家很好的酒店,然后他们一起欢度了数月的浪漫时光。她带马施威茨到唐人街与她的家人一同进餐;他们一起在圣莫尼卡的沙滩上漫步;一同参观圣莫尼卡"美妙绝伦的"赛马场;一同在"棕泉市沙漠里的绿洲"游玩;她还带他参观了好莱坞。不久,他在这儿建了一所小房子,后来成为该市外来英国人的落脚处。[10]

约翰的哥哥沃尔·吉尔古德是一位优秀的作家,同时也是马施威茨在英国广播公司的朋友,他经常与柳霜和马施威茨同程旅行。吉尔古德喜欢柳霜,觉得她"装扮得美丽动人"、"对我总是温柔体贴",这些赞誉出自一个认为好莱坞总体上平淡无奇的人之口,殊为难得。尽管吉尔古德对电影制片人和导演的行为十分不屑,认为这些人对待演员像是对待"杂货铺的果酱罐"一样,但是他还是很喜欢柳霜提供的日程安排。有一天下午,吉尔古德和马施威茨在一家名叫"It"的咖啡馆共进午餐,这是柳霜为资助中国和西班牙的孩子而举办的午餐慈善会。后来,他们开车去见厄普顿·辛克莱①,随后参观了森林草地墓园,瞻仰欧文·塔尔贝格②造价昂贵的墓穴,他们对于家人为了将他们所爱的人埋葬在珍·哈露③的墓穴旁边如此舍得花钱感到惊奇。数天后,这两个英国人驾车前往柳霜位于威尔希尔公园的公寓,接她一起前往佩莉诺餐馆就餐,之后他们出发前往可可豆儿小树林夜总会①。在观看埃德加·伯根(Edgar Bergen)和查理·麦卡锡(Charlie

---

① Upton Sinclair,美国20世纪著名作家。
② Irving Thalberg,1899—1936年,美国早期电影史上的电影制片人。
③ Jean Harlow,活跃于20世纪30年代的美国著名女演员,被世人公认为"性感女神"。

McCarthy）在夜总会的表演后，柳霜带他们去了"返程路上一家位于闹市区的小咖啡屋，在那儿观看一个小男孩表演的小把戏，柳霜认为表演得很不错"。吉尔古德最高兴的是柳霜带他们去了派拉蒙影业公司的拍摄场地，并且在那儿的餐厅吃了一顿午餐。这是柳霜为她最要好的宾客（包括范·维克滕夫妇和奥尔德斯·赫胥黎）准备的保留节目。他们同阿基姆·塔米洛夫（Akim Tamiroff）共进午餐，同时柳霜还把吉尔古德介绍给约翰·巴里莫尔（John Barrymore）、多萝西·拉穆尔（Dorothy Lamour）和劳埃德·诺兰（Lloyd Nolan）。一位公关人员拍摄了吉尔古德与乔治·拉夫特的照片，并且抓拍了这个英国人和柳霜站在派拉蒙影业公司门口的瞬间，这张照片拍得非常好。吉尔古德把这些照片都放入他对好莱坞这些日子的回忆录中。[11]

当马施威茨同好莱坞和伦敦的伙伴消遣的时候，柳霜对于自己的演艺事业未曾懈怠。她想把自己这次回中国的经历融入她饰演的各个角色中去。比如，1937 年末，柳霜参与了一个即兴表演的短剧——由纽约 WCAF-NBC 主办的《皇家果胶时刻》（*Royal Gelatin*）节目。在剧中，她饰演一个"在美国度过一生后返回祖国的中国女人"。派拉蒙影业公司为她精心打造了这一新的形象。很明显由柳霜执笔的一篇新闻稿这样写道："虽然像父母一样在美国出生，但是我却是一个纯正的中国人，比任何时候更中国。当完成自己的首次寻根之旅后，我发现自己在这里焦躁不安，寻找某种找不到的东西。这种东西中国人在许多个世纪以前就已经找到了，即心静如水，这来自于对生活的感悟，是一种发自内心的宁静。"电影杂志也随声附和，声称黄柳霜对中国的挚爱帮助她达致心静如水的境界，而其他人可能是在婚姻或事业中找到这一点。柳霜自己也明白，中国人对她的态度并不都是正面的，但是她仍然从自己的归国之旅受益良多。《现代银幕》（*Modern Screen*）引用她的话说："我觉得我们应该把真正的中国人展示给世人，

---

① Cocoanut Grove，20 世纪 30 年代波士顿一家著名的夜总会。

就算只是为了更正过去电影中的印象。"[12]

幸运的是,柳霜的愿望与当时放宽的美国对华政策相一致。赛珍珠和亨利·R·卢斯(Henry R. Luce)领导、罗斯福总统支持的中国游说团主张美国应担负起对中国的责任,援助中国抵抗日本帝国主义。美国人把他们在中国几代传教士的活动中形成的家长式宗教意识与一种民族道义的世俗情感结合起来,开始更友好地对待中国人。尽管柳霜没有参演《大地》,但是这部电影做了许多努力去改变美国人对中国人的偏见。随着第二次世界大战的到来,援助中国的问题在军事上成为必需。美国政府开始支持蒋介石领导的国民党政府,在此值得一提的是蒋介石的妻子宋美龄,她的美貌、智慧和教育水平(毕业于卫斯理女子学院)似乎活现了一名西化的中国女性形象。[13]

美国公民主要通过美国援华联合会(United China Relief)援助中国。在柳霜从中国返美后,她竭尽各种方式支持美国援华联合会。美国人对华态度的改善意味着制片公司可以开始给她一些更好的角色。然而,对华态度和蒋夫人的权势使柳霜帮助中国的勇敢努力注定蒙上阴影。他们还使许多人相信柳霜在电影中塑造的形象是陈旧的,甚至是有辱中国人的,这种态度给她的事业带来了灾难性的影响。

一开始,柳霜在返美后有很多值得高兴的事。与派拉蒙影业公司签的一份好合同意味着恢复与那些优秀职员之间的关系。柳霜的老朋友、明星们的设计师伊迪丝·海德(Edith Head)为她设计了华丽的服装,同时也乐于接受她在电影中穿中式礼服。这两种具有渊源的服装使柳霜得以穿上长长的服装来遮掩她的大腿,这使她在华人观众的眼中更显尊严。她与海德的关系是互惠的。当海德自己也采用柳霜的齐刘海发型时,这位设计师给予了柳霜最高的评价。对于海德如何与她的明星们和睦相处,沃尔·吉尔古德在回忆录里有一段精彩的描述。她们每人都有一个人体模型,这是具备"所有必需尺寸"的精确仿制品,海德利用这些人体模型为柳霜和其他明星们设计出奢华的服装。当派拉蒙影业公司的化妆师为柳霜化妆时,吉尔古德也仔细地观察了一番，"以便我能够近距离地看一看这种高超的技艺，以便我能赞赏——谢天谢地，幸好我们还有其他谋生方式！电影明星的生活如此难挨，此印象深刻至极。"[14]

在派拉蒙影业公司，约翰·恩斯特德（John Engstead）带领一班技艺一流、极富魅力的摄影师，他们能最大限度地利用发型和化妆技术，懂得柳霜的特殊要求和专业技能。派拉蒙影业公司似乎致力于实践柳霜对美国电影中的中国人角色的新构想。然而，制片公司却不愿意花大钱来提升她的明星身份，仍然把她的电影看作是B级电影，这类电影通常被用在美国影院中流行的两部影片轮流放映中。[15]

柳霜在派拉蒙影业公司的首部电影是《上海女儿》（*Daughter of Shanghai*），这部电影于1937年秋末开始摄制。起初，派拉蒙影业公司想把这部电影叫作《堂会之女》（*Daughter of the Tong*），不过，在与中国领事讨论之后，派拉蒙决定不用这一名字。制片公司的内部人员将这部电影称为"黄柳霜的故事"，而制片公司想要的是一个"震撼性的片名"。柳霜声称自己在拍摄这部影片时很开心，因为它对中国做了正面的描述："跟我以前所饰演过的任何角色相比，我更喜欢这部电影中的角色……这部电影对中国人好一些——改变的是我们有令人同情的角色。"制片公司吹嘘说中国领事张大光接受这一剧本。这部电影的导演罗伯特·弗洛里是一个经验丰富的B级电影制片人，热衷于收藏中式家具用作场景布置。与柳霜搭档的演员有安必利（Philip Ahn）、J.卡罗尔·奈什（J. Carrol Naish）和巴斯特·克拉布（Buster Crabbe），及年轻演员安东尼·奎因（Anthony Quinn）。奎因刚刚娶了柳霜的舞蹈教练、来自伦敦的凯瑟琳·德米尔为妻。李清华①也在这部电影里饰演一个小角色。柳霜在这部电影中得到很高的片酬，在25天的摄制中赚取4 166.67美元。相比之下，安必利拍摄20天仅赚取1 000美元，柳霜的收入似乎是令人满意的，

---

① Chingwah Lee，20世纪30年代美国著名演员，曾参演《大地》。

但是这一收入却远远落后于当时派拉蒙影业公司付给玛琳·黛德丽、克劳德特·科尔伯特（Claudette Colbert）、梅蕙丝（Mae West）和其他影星的巨额薪金。[16]

在《上海女儿》中，柳霜饰演的林兰英是主角。电影以林兰英的父亲被人谋杀开始，他是一个中国古董进口商，因为拒绝帮助非法外侨进入旧金山而激怒了走私者，招致杀身之祸。接着登场的是负责侦破此案的大侦探吉姆·李（安必利饰）。他首先约见了兰英和她家的一个朋友玛丽·亨特夫人（塞西尔·坎宁安 [Cecil Cunningham] 饰）。兰英不相信警察，决定自己去破案。她前往中美洲寻找一个叫奥托·哈特曼（查尔斯·比克福德 [Charles Bickford] 饰）的人，认为是他操纵了这起谋杀案。为了监视他，她应征成为他的夜总会的舞蹈演员。吉姆·李追踪她，并且安排了一次私下会面。他们对哈特曼的业务明细账簿起疑，认为这是他犯罪的证据。兰英女扮男装偷偷地带走了这本账簿，登上正在离开的移民船。当移民们发现她是一个女人时，开始袭击她。最后，兰英不得不与吉姆·李一起游上岸才得以逃脱。上岸后，他们两个人阴差阳错地进入了玛丽·亨特夫人的庄园，随后他们发现她才是真正的主谋。亨特夫人把他们扣为人质，不过吉姆·李得以逃脱，并且通知警察逮捕了亨特夫人，救出了兰英。后来，吉姆·李向兰英求婚，后者接受了。从此以后，他们两个人过着幸福的生活。[17]

制片公司的宣传人员放风说，柳霜和安必利之间的"现实版"婚姻即将举行。她拒绝承认此事，声称亲吻安必利让她想起亲吻自己的弟弟。柳霜这样说是因为她和安必利是老朋友，人们时常看到他们两个人一起帮助亚裔学生在南加利福尼亚大学注册。他们之间的友谊显然战胜了她的言论，这部电影的票房表现相当好。《纽约时报》一直都不是她的盟友，这次却给予柳霜很好的评价，大体上对这部电影赞誉有加。派拉蒙影业公司为这部电影进行了大力宣传，但不如六年前为电影《龙的女儿》所做宣传的力度。[18] 柳霜的那些外国记者朋友们也给予了相应评论。在英国，《影迷》杂志称赞她的同时，声称这部影片是"狂野的好东西"。《电影周刊》称赞这是"她惯有的魅力"的重现。奥地利的《电影杂志》非常期待地宣布新电影的上映。[19] 有迹象表明柳霜获得了新的声望：中国杂志《国光影讯》对《上海女儿》给予好评。文章的作者首先向读者介绍她早年的职业生涯，那时候她演出的电影"与祖国疏远"。接着说，如今她回到祖国的怀抱，那趟归国之旅使她"对自己的错误有所悔悟"。当她离开中国的时候，她声称从此以后她只拍摄对中国正面评价的电影，这部新影片表明她信守了自己的承诺。尽管该评论令人鼓舞，中国的其他电影公司和媒体仍然没有原谅柳霜早年所饰演的角色。漂亮的女星陈云裳主演的反日题材影片《木兰从军》（*Mulan Joins the Army*，1939）在当时非常卖座，她在宣传时说自己"和黄柳霜不是一路人"，宣称自己不会在冒犯中国的种族主义影片中饰演任何角色。[20]

柳霜穿上在北平购买的许多华丽服饰，着力在电影中展现典型的中国元素。她有一套蓝色绉纱面料的衣服，上面饰有以浮雕法织锦的梅花图案，以三种深浅不同的蓝色缎子滚边。裤子是蓝色丝绸面料，一个东方式的结节图案衬于网面之上。她收藏的另一件衣服用的是白色缎子，饰有以浮雕法织锦的金蝴蝶图案。滚边上镶着金黄色的穗带，与很小的金色蝴蝶紧紧地联结在一起，同时裤子上以同样的织造方式镶有金黄色的独脚鹤。值得一提的是，这一时期她的所有服装都是遮盖大腿的，遵从了中国人的传统标准。显然，柳霜从这些服装和她的朋友伊迪丝·海德为她出演派拉蒙影业公司的电影而设计的服装中获得莫大喜悦。她的快乐情绪可以从这一时期的剧照中清楚地看出来。在柳霜几十年来拍摄的成千上万张照片中，那些在1937年至1939年间为派拉蒙影业公司拍摄的照片显示，这是她演艺生涯中最愉快的时光。不管是电影剧照，还是与其他演员或制片人的非正式合影，柳霜都是习惯性地展露出幸福和满足的微笑。派拉蒙影业公司的摄影师可谓技术精湛，但是他们还不能与20年代末被柳霜征服的那些摄影师的艺术造诣相媲美。所以，是柳霜的志得意满和非同寻常的服装令这些照片充满着积极向上的精神。[21]

在出演《上海女儿》之后，柳霜很愉快地继续忙碌。她在1937年12月初给卡尔·范·维克滕写了一封信，谈到露露从遭受战争蹂躏的上海回到美国，以及她新拍的改编自舞台剧《目击现场》的电影；还谈到由于自己一直忙于制片厂的工作，"这些日子我都没能到处走走"。她在圣诞节到来前几天刚刚拍完《危险探知》（*Dangerous to Know*），又马上投入到新的影片中。虽然柳霜和盖尔·帕特里克（Gail Patrick）在这部电影里都是主演，但是后者得到14 437美元的薪金，远远多于柳霜得到的5 000美元，甚至比导演罗伯特·弗洛里的酬金还要多。柳霜把她在圣诞节期间赚的钱悉数交给了著名的华裔医生玛格丽特·钟（Dr. Margaret Chung），后者正在为美国援华联合会募集善款。之后，柳霜沉浸于对范·维克滕的感激之中，因为范·维克滕给她寄来了明信片，庆祝她1月3日的生日。柳霜33岁了。[22]

《上海女儿》的票房不错，几个月后，派拉蒙影业公司发行了《危险探知》，这是罗伯特·弗洛里执导的第二部B级电影。柳霜饰演的人物是兰英夫人，她是一个很有势力的匪徒史蒂芬·雷卡的情妇，雷卡的饰演者是阿基姆·塔米洛夫。安东尼·奎因饰演雷卡的帮凶尼基，劳埃德·诺兰饰演警长布兰登，他决心要将上述三人抓捕归案送交法庭受审。故事围绕雷卡野心勃勃地想控制市政厅，追求社会名流玛格丽特·范·凯丝（帕特里克饰）展开。雷卡和布兰登的生日是同一天，这个歹徒每年都会以行贿的方式来庆祝生日，但他遭到正直的警长断然拒绝。于是，雷卡转而纠缠菲利浦·尤斯顿（哈维·斯蒂芬斯[Harvey Stephens]饰），此人正是范·凯丝的未婚夫。当雷卡突然给他一笔巨额资金投资债券时，后者欣喜若狂。这当然是一个除掉麻烦的尤斯顿的圈套，头脑简单的尤斯顿搞乱了一切，他告诉兰英夫人，雷卡打算娶玛格丽特·范·凯丝以便爬上上流社会。雷卡计划抢走尤斯顿的债券，然后将所有损失归咎于这个容易受骗的人，这样他的阴谋就可以万无一失了。然后,雷卡逼迫范·凯丝跟他订婚以换取尤斯顿的自由。尽管雷卡从事犯罪活动,但他却是一个有教养的人,喜欢用管风琴演奏巴赫、莫扎特、柴可夫斯基和亨德尔的作品。面对爱人的不忠,兰英表现得很淡然,她哼唱着《感谢记忆》。当雷卡演奏到亨德尔的《广板》（*Largo*）时,兰英刺死了自己。这时候警长布兰登出现了,他将兰英的死归罪于雷卡。影片结束时,范·凯丝和尤斯顿乘坐火车去度蜜月,他们对身后发生的悲剧全然不知。[23]

　　该片的对白反映当时的电影剧情一贯禁止异族间的性行为。这种"异族性关系"的诱惑毁掉了雷卡的事业,也间接地促使兰英自杀。兰英曾经告诉雷卡,玛格丽特·范·凯丝生活的世界是他永远都不可能进入的。她警告说,他最好还是接受她的爱。当雷卡拒绝她的时候,兰英便结束了自己的生命。[24]

　　在美国,这部电影没有受到重视。《纽约时报》和《综艺》认为这部电影配不上演员们的才华,基本上不屑于介绍和评论这部电影。《好莱坞报道》（*Hollywood Reporter*）的态度略好一些,称柳霜很"漂亮",同时称赞她的表演"泰然自若和从容淡定"。[25]在欧陆,迫在眉睫的战争使可以上映美国电影的影院数目锐减。然而在英国,评论家给予了更广泛的赞许。《影迷》杂志在对这部影片的长篇报道中,大量地引述这部电影的对白,实际上给观众提供了观影指南。《电影周刊》称这部电影是一部"扣人心弦的、匪徒传记式的传奇剧",柳霜和塔米洛夫的演出相当精彩。在法国、德国和奥地利,该片也获得了好评。德国人的认可值得注意,尽管柳霜并不具雅利安人背景,但纳粹的文化部门显然接受这部电影,《危险探知》在德国的宣传照和评论都盖上了纳粹文化部的许可印章。如前所述,一直到30年代,希特勒的政党都允许柏林人保持一些他们早期的自由主义思想。美国电影制片公司继续向德国输出他们的产品,因为当地的公众一直很喜欢柳霜。在当时还没有完全处于第三帝国统治下的奥地利,从各大杂志的报道中可以看出公众对柳霜的欣赏。维也纳的《电影杂志》在评论《危险探知》时，以大标题向读者介绍说，"黄柳霜，来自电影世界的、我们亲爱的老相识"。这是第二次世界大战结束前，奥地利或德国的杂志最后一次公开提到柳霜。[26]

电影事业的忙碌并没有掩盖柳霜内心深处的悲伤。马施威茨厌倦了洛杉矶"永恒的日照"，准备回到伦敦，回到妻子身边。柳霜为马施威茨雇请的韩国司机把他们送到机场。马施威茨后来写道，离开柳霜是他离开美国最难过的事情，因为"她是我最珍爱的人，亦师亦友，她是一件瓷器，对我笨拙的双手而言，是如此的娇弱。登机的铃声响起，语无伦次地说着道别的话，猛然间，我从成堆的巧克力和赛珍珠的小说中抬起头，眼中噙满泪水"。他就这样离开了。在此后数年里，他们打了许多越洋电话，但是距离和战争撕碎了柳霜后来对朋友所说的"她生命中的挚爱"。[27]

随着真挚爱情的消逝，柳霜将精力集中在工作上。她在六个月内接拍的第三部电影是有关占星术的恐怖片《你生于何时？》(*When Were You Born?*，1938)。为拍摄该片，派拉蒙影业公司将柳霜借调给华纳兄弟影业公司。电影的片尾以星座的方式列出与柳霜一同参加演出的人员名单。在片中，玛丽·凌（黄柳霜饰）通过占星术侦查案件。在一艘驶往旧金山的船上，她告诉古董商菲利浦·科里（詹姆斯·斯蒂芬森［James Stephenson］饰），他只剩下 48 个小时的生命。靠岸后，科里被人暗杀。玛丽·凌被控谋杀科里，她必须利用占星术来还自己清白。通过向科里生活中曾打交道的各色人等询问一些重要问题，她查明科里实际上是个敲诈勒索者，他的妻子是在他的逼迫下嫁给他的。她进一步查明，科里的身份是伪装的，实际上他是一个毒枭。为了掩盖他的罪恶，真正的科里早已被他杀害。最终，玛丽·凌成了这部电影里的女英雄。这部电影在美国并未得到很多评价，但是在英国，柳霜的表演得到了评论家的称赞。[28]

柳霜在派拉蒙影业公司旗下的下一部电影是《唐人街之王》(*King of Chinatown*，1939)，该片是为了纪念著名的美籍华人外科医生玛格丽特·钟。派拉蒙影业公司因为非常满意柳霜上一部电影所带来的收益,在这部电影中将她的薪酬提高到 9 790 美元。该片由阿基姆·塔米洛夫与柳霜主演,参加演出的还有 J. 卡罗尔·奈什、安必利和安东尼·奎因。影片中,弗兰克·巴图林(塔米洛夫饰)操纵着唐人街的非法勾当。他在一场拳击赛中输掉 20 000 美元,比输钱更重要的是他颜面尽失。巴图林指使职业杀手去干掉他的对手迈克·戈登(奎因饰)。但后者早已得到绰号为"教授"的巴图林的贴身助手(奈什饰)的投效,他出卖了自己的老板。戈登在一家由华人医生凌昌(悉尼·托勒 [Sidney Toler] 饰)开的药店门口枪击巴图林;该医生曾拒绝向巴图林交保护费,他就是著名的华裔女医生玛丽·凌(柳霜饰)的父亲。在医院里,玛丽·凌负责巴图林的康复疗养。后来,他说服她去一趟中国为红十字会筹措资金,并成为他的私人医生。结果不出所料,这个歹徒爱上了她,虽然她已经和鲍伯·李(安必利饰)订了婚。在唐人街的大街尽头,戈登杀气腾腾而来,使整个唐人街人心惶惶。为了杀死巴图林,他威胁说要杀死凌昌医生,除非他女儿帮他干掉已经受伤的巴图林。后来警察介入,戈登投案自首。戈登被捕后,这部戏的焦点便集中到"教授"身上,原来他是一名逃犯。在巴图林的家里,"教授"在警察到来前杀死了已经洗心革面的巴图林。巴图林的一个遗愿是资助玛丽·凌在中国开办一家小型医院。不久后,她嫁给了李医生,之后一起前往中国。[29]

  柳霜为了演好这个角色,特地在洛杉矶一家医院观摩一个危险的肾脏手术。在手术室里,柳霜穿上外科医生的衣服,戴上口罩,非常认真地观看手术过程。《咔嚓杂志》(*Click Magazine*)详尽报道了柳霜的观摩,刊登了好几页的照片。[30] 尽管这部电影的意图良好,但并未得到热烈反响。《综艺》在对电影谴责性的总结中正面提到柳霜;《每日综艺》的评论员认为她的演艺才能令人鼓舞,她的潜能将引领她出演更好的角色。《好莱坞报道》对这部电影给予较好的评价,赞誉柳霜的表演"有深度"。《纽约时报》再一次指责派拉蒙影业公司用这样的剧本欺骗演员们。³¹ 在国外，这部电影得到的回应更令人满意。英国的《男孩电影》（*Boy's Cinema*）用了整整 10 页的篇幅刊登这部电影的对白，中间插入大量柳霜的照片。《电影周刊》评价她"像往常一样与众不同"。《唐人街之王》成了在奥地利放映的最后一部黄柳霜主演的电影，因为第二次世界大战的到来进一步限制了美国电影的放映。³²

柳霜也找到了另外的片源。赛珍珠的经纪人联系到她，协商让她在舞台剧《飞入中国》（*Flight into China*）中担纲主演。柳霜对此热情回应，但她说自己对电影拍摄权更感兴趣。与此同时，柳霜的经纪人联系上赛珍珠方面，希望将《大地》作为 1938 年的夏令剧目。将这部小说搬上舞台的首次努力失败了，但赛珍珠还是应该感谢人们对她这部小说的期待。双方就许多可能的情况进行了磋商，并即将签订协议。突然赛珍珠断然拒绝柳霜出演任何角色，所有商谈戛然而止。通过奥逊·威尔斯（Orson Welles）的斡旋，柳霜最终得以与赛珍珠合作。这位著名的演员创立了坎贝尔（汤品罐头）剧场①。1939 年 4 月 14 日，他让柳霜出演赛珍珠的小说《爱国者》（*The Patriot*）的电台版。³³

柳霜为派拉蒙影业公司出演的最后一部电影是《迷失者之岛》（*Island of Lost Men*），该片于 1939 年春摄制，夏天发行。柳霜与 J·卡罗尔·奈什领衔主演。柳霜饰演正在寻父的令金，其父令将军（理查德·洛 [Richard Loo] 饰）被一群由格雷戈里·普林（奈什饰）率领的乌合之众绑架，带到新加坡北部的丛林。令将军一直被冤枉贪污了中国政府的公款。令金与普林约好在新加坡的一家夜总会见面，她以自己最喜欢的一家伦敦酒店的名字给这家夜总会取名为"克拉里奇"酒吧。在那儿，她表演了一曲《滨海之歌》（*Music on the Shore*），这是弗雷德里克·奥朗代（Frederick Hollander，玛琳·黛德丽的许

---

① 威尔斯创办的这个剧场是由 Campbell Soup Company 冠名赞助的。

多电影歌曲的作词人）和弗兰克·莱塞（Frank Loesser）为她写的一首歌。她唱的这些歌词表达了偶尔在她内心掀起的涟漪：

> 我以海滨为床
> 棕榈叶在头顶摇晃
> 还有海浪拍打出滨海之歌
> 让我留在那里，让我留在那里
> 沙子吹进我的发间
> 眼看着新加坡来的船只漂流而过
> 我要这疯狂的世界自己作出抉择
> 我永远都不会叫喊："怎么回事？"
> 我以海滨为床
> 棕榈叶在头顶摇晃
> 还有海浪拍打出滨海之歌 [34]

令金同意随普林一同前往丛林中的总部。在那里，令金遇见了张泰（安东尼·奎因饰），他是正在寻找令将军的密探。普林很快发现了张泰的真实身份，并下令将他杀掉。幸运的是，张泰被曾教授救了，后者正与当地的土著密谋推翻普林在这里的势力。之后，张泰找到了将军和流失的现金，他便与令家父女一起向河流下游逃去。普林认为他们会被土著杀掉，便不再管他们。后来，普林的一个心腹（年轻的布劳德里克·克劳馥 [Broderick Crawford] 饰）出卖了他。当反叛的土著将普林层层围住时，普林发现自己只剩下最后一颗子弹了。在众叛亲离之下，他被土著用长矛刺穿了胸部。最后，张泰和令家父女安全返回新加坡。[35]

这一次，评论家对这部影片报以更大的热情。《综艺》对于演员的表演、渲染气氛的场景和整个电影制作都表示认可。尽管评论家认为这个剧情缺乏新意，但是柳霜却被描述为"有尊严，有能力"。《每日综艺》称她的歌唱得"悦耳"。《纽约时报》则称赞 J·卡罗尔·奈什。在英国,《电影周刊》对这部影片表现不屑,但认为柳霜令人信服地饰演了她的角色。36

《迷失者之岛》的制作遇到一些问题。阿道夫·朱克最初给这部影片取名为《中国枪》(Guns for China),但这个名字冒犯了华盛顿国防部的官员;最终"迷失者之岛"看上去最不招人嫌恶。需要额外几天夜间拍摄的丛林场景,以及渡河用的慢舟等,使该片的花费超支达 22 500 美元。最初的预算总额为 165 000 美元,超出的比例异乎寻常。这就造成了演职人员和制片方之间的摩擦。柳霜为这部影片拍摄了 37 天,所获薪酬是 6 000 美元。她每天要在拍摄场地忙活 12 个钟头,因此她得到 1 000 美元的加班费。派拉蒙影业公司同时还花费一千多美元为柳霜购买或租用演出服饰。塔米洛夫在两年前仅能赚取一点儿薪酬,他在这部影片里挣了 8 125 美元。奎因仅得到 750 美元。37

30 年代末,柳霜为派拉蒙影业公司拍电影的薪酬显示了她演艺事业的一个基本模式。她参演四部电影的周薪算起来平均每周都不到 1 000 美元;不过,她主演每一部电影都能挣大致 5 000 美元到 6 000 美元,这就让柳霜达到好莱坞电影演员中上层的收入水平。她参演的 B 级电影通常仅需几周就完成,这使电影制片厂可以在一年里拍摄多部类似电影。尽管她所获得的薪酬还算可以,但好莱坞把她定位为亚洲演员却限制了她的收入。就周薪而言,她位列好莱坞演员的前百分之二十,但就年薪来看,她则处于在这个产业里谋生者的后百分之五十。作为仅有的一位有名气的美国华人演员,柳霜的才能有很高的曝光率,但她的事业被制片公司有意限制。制片公司的偏见和狭隘眼光阻碍了柳霜赚大钱。1938 年公布的好莱坞薪水排名前一百位的演员名册上,她不在其中。38

在柳霜与派拉蒙影业公司合作完成这四部电影后,派拉蒙影业公司决定不再同她续约,影片制作的额外费用可能是原因之一。不过,柳霜总是准备充足，她从电影合同中攒了足够的钱买下位于圣维森特大街 326 号一处诱人的公寓，这条街至今仍是洛杉矶最好的街区之一。作为帕利塞兹开发区的一部分，柳霜的公寓正好位于第四大街和圣维森特大街的交界处，离太平洋仅有几个街区之遥。她把自己的两块地皮分成四个单元，并很快给公寓命名为"月亮门公寓"（moongate apartments）。在圣莫尼卡的高速公路铺设前很长一段时间里，圣莫尼卡市就向好莱坞的演员、导演和编剧提供住处。柳霜现在购买的房子所处的这个地方，很久以来就是圣莫尼卡市中一个波希米亚艺人聚居区。她的房子附近住着摄影师爱德华·韦斯顿（Edward Weston）和他的儿子们，画家尼古拉·费希（Nicolai Fechin）、作家克里斯托弗·伊舍伍德（Christopher Isherwood）及葛丽泰·嘉宝的情人萨尔卡·菲特尔（Salka Viertel）。

帕利塞兹开发区离乡村峡谷不远，十多年前柳霜在那里与查尔斯·罗塞尔一起做运动。高贵会如今已处于衰败之中，峡谷的大部分成了威尔·罗杰斯公园（Will Rogers Park）。在柳霜新家的不远处，有一个德国移民聚居区，叫"太平洋帕丽萨德"（Pacific Palisades），那里有许多建筑奇观。沿着太平洋海岸的高速公路向北不远几英里便是马里布市。柳霜的房子所在的社区异常美丽。从圣维森特大街到布伦特·伍德的整条路上都种植着珊瑚树。分隔第四大街的棕榈树一直延伸到百老汇街。沿袭台山传统，柳霜的新家门前开辟了一个小池塘。她和姐姐露露的合影在中国广泛流传：露露坐在她身边，柳霜束起发髻——已婚女子的发型——前额留着童花头。中国读者知道她并没有出嫁，所以可能明白柳霜束起发髻的意思是她把自己"嫁给了中国"。她最小的弟弟锦英那时候才 16 岁，他们的母亲已经去世，所以他便搬来与柳霜同住。他们姐弟俩很喜欢在花园里忙活，精心培育柳霜收集的各种异域植物，其中有一盆以她的名字命名的兰花。她同时也与一些猫狗为伴。柳霜经常在此奢华地招待国际友人。1939 年 11 月 23 日，她在家里热情地招待了林语堂夫妇。柳霜给家里的墙面涂上桃红色，装饰着天堂鸟花朵。[39]

柳霜为这幢公寓大楼的两块地皮支付了18 000美元现金，这是这片有着大约十年历史的开发区中最贵的。她的税收评核将房产的价值定为3 680美元。在购买一个月后，她以10美元的价格将部分所有权卖给了姐姐露露和妹妹柳凰，以确保她的家人保有这个房产。[40]

柳霜很喜欢回到洛杉矶，虽然这座城市的闹市区跟以前大不相同。市政当局为了建造火车站，已经征用了原唐人街的地域，并且强制性驱赶那里的居民。一群华裔商人创建了新唐人街，有一座宏伟壮观的大门，还有许多以游客为对象的商铺和餐馆。1938年6月25日，柳霜和中国领事张大光夫妇，以及她在好莱坞的同事陆锡麒和杨秀（Soo Yong）一起参加了新唐人街的开幕礼；柳霜挥锹铲起第一坯土，种下一棵柳树。三年后，在中秋节典礼上，她作为礼仪小姐坐着女王的马车。她还在唐人街的弗格森街和北洛杉矶街交界处设了一个摊点签名，为援华联合会募集善款。在这个节日典礼上，柳霜要求并得到了其他一些优待，包括一辆豪华轿车和一名司机。总体来看，其他美籍华人演员并没有嫉妒柳霜得到这些优待。叶天鹅（Swan Yee）是当时一名有志向的演员，她称赞说："黄柳霜是一位相当不错的女演员，没有哪位亚裔女演员可以媲美。"在这一时期拍摄的一些影片中亮过相的陆锡麒与当时既是演员又是经纪人的卢贝琪（Bessie Loo）都认为，欧洲待柳霜比美国好得多。据柳霜的姐姐露露说，柳霜因顾家而很受家人尊重，她对家人的学业予以慷慨资助。柳霜的风格和才华影响了其他华裔美国人。大约同时期，剧团演出的艺人时常穿着源于柳霜电影装扮的宽松的新上海服装，载歌载舞于当时美国所有唐人街中的剧院和俱乐部。[41]

在闲暇的夜晚，柳霜会去"龙穴"（Dragon's Den）放松一下，这是埃迪·史（Eddy See）在新唐人街开办的小酒馆和餐厅。史对自己餐厅里的"八仙"和"舞龙"壁画引以为豪，这是由本基·大久保（Benki Okubu）、黄齐耀（Tyrus Wong）和玛丽安·布兰查德（Marian

Blanchard）等艺术家合创的。很快，这个"龙穴"就大受包括沃尔特·迪斯尼（Walt Disney）和马克斯兄弟（Marx Brothers）等好莱坞名人欢迎，成了他们的聚会之所，他们喜欢吃这儿的炸虾和杏仁鸭。

柳霜在这儿有专座。尽管顾客们喜欢在背后谈论她，但是一旦她就在眼前，他们还是目瞪口呆地惊叹。她通常身着一套斜肩的丝质旗袍，肩上披着一件长长的貂皮大衣，她总是用她那诱人的修长的手向影迷们示意。她很喜欢与埃迪·史分享一些冷笑话。其中她最喜欢的是关于一个渔夫捕到一条长着长长金发的美人鱼的故事。当渔夫把美人鱼捞上来之后，他仔仔细细地打量了她的全身，然后又把她扔回了海里。跟他一起捕鱼的同伴问他："为什么？"这个渔夫反问道："怎么用？"[42]还有一次，制片公司曾经在她的合同中加入一则条款，要求她剪短头发，但柳霜拒绝了这一条款以表明她对中国身份的认同。制片公司在柳霜参演的三部电影中为她构想了美国化的角色。对此，柳霜反驳说，她饰演的角色必须吸引许多国家的女性，而不仅仅只是面向美国女性。制片公司顺应了她的意愿，他们通过在宣传单报道这一争端，表明这场争论没有恶意。而这一事件在中国被当做柳霜爱国主义精神的实例加以报道。一家杂志说，柳霜公然反抗她的制片公司是为了纪念她已经去世的母亲，因为她的母亲是一个坚守传统的女人，她决不会赞成自己的女儿剪短头发。然而，因为她在《上海女儿》一角的需求，柳霜二十年来第一次把自己的指甲剪掉；等到她的指甲重新长出来时，她戴上了美甲护套。中国的新闻报纸对她坚守华人的传统表示赞许。[43]

作为公众对华态度好转的迹象，美国的杂志对柳霜拥抱祖国的文化予以认同。《美好家园》（*Better Homes and Gardens*）用了整版来展示她中国风格的室内装饰和花草。读者艳羡一个明星的家具有助于赋予好莱坞神秘感时，关于柳霜的新家的文章则将异国情调和舒适感相结合，使她的影迷接受华裔美国人为光鲜耀眼的人物。唯一不太协调的是这篇文章以黑白印刷，而周围平淡无奇的故事却用漂亮的彩色印刷。美国报刊界的缺陷不乏其他例子。《观赏》（*Look*）杂志第二期以柳霜作为封面女郎。尽管该杂志认为她是"世界上最漂亮的华人女孩"，但照片中的她却挥舞着一把短剑。在内文中配的是一张更温顺的她与弟弟瑞英的合照；文章提到她是一个单身女子。下一个月，该杂志再次暴露其种族偏见，它转载了由阿尔弗雷德·艾森斯塔德拍摄的柳霜、玛琳·黛德丽和莱妮·里芬斯塔尔的合照，并配以文字说明："希特勒不会喜欢这个合照——这样的照片不可能再拍了。"[44]

柳霜尽量在每一次拍宣传照时都展现出迷人的中国风采。传奇摄影师乔治·赫里尔（George Hurrell）为她拍照时，她在收藏的服饰中挑选了一套非同寻常的中国服装，并且配上精心制作的头饰。赫里尔回忆起她的时候，认为她完全是公事公办的样子。比较这组现存的照片，她的中国式头饰看上去几乎平淡无奇。在这组照片的第二张（后来赫里尔印制了昂贵的限量版）中，他捕捉了柳霜美丽的一面：她的衣服从肩上滑落，露出一个乳头。这张照片成了收藏家们的热宠，而赫里尔利用这种兴趣，在几年间印制了许多这张照片的限量版。这组照片中的其他照片则于1938年6月发表在《故事影片》上。[45]

20年代末纷乱的日子在柳霜使世界更美好的决心中似乎无足轻重。1938年6月，她开始了一项义举为中国筹款，捐献紧缺的药品。国民党高官李宗仁为此致函感谢柳霜。[46]她拍卖了自己多年来在巴黎、纽约、中国和好莱坞购置收藏的礼服。一年前，她就表示因为衣橱的空间不够，所以要卖掉其中的一部分。早在1937年3月她就卖掉了一些，以资助援华联合会。现在，她准备将所有的礼服都卖掉，以帮助美国援华联合会。有些她从未穿过，有些她在派拉蒙影业公司拍摄的电影中穿过。她还设法帮黄蕙兰卖掉一条项链，所得的5 000美元悉数捐给美国援华联合会。在拍卖会上，柳霜展示了她于1936年在中国参观访问期间自摄的五卷胶片。她把这次拍卖会的所得存入一笔中国银行基金，专门用于帮助中国的战争难民。[47]

为了自己的演艺事业及支持中国的抗战，她四处奔波。1939年

4月，她去纽约参加范·维克滕夫妇特地为她和林语堂举办的私人派对。[48] 战争的爆发使她既不能前往中国，也不能前往欧洲，因此柳霜签约去澳大利亚巡回演出，目的是为援助中国进行公开游说和举办募捐活动。她于5月4日乘船从旧金山经火奴鲁鲁辗转到达墨尔本。在公开刊登的照片上，她穿着自己最喜欢的皮大衣。她解释自己之所以穿皮大衣是因为澳大利亚已是冬天。她于6月5日到达墨尔本，蒂沃利戏剧公司（Tivoli Theater Company）已经在这里安排了以柳霜为主演的一系列综艺表演。她的表演题为《好莱坞的精彩》。主要演员还有桑尼·拉蒙特（Sonny Lamont）和贝蒂·伯吉斯（Betty Burgess），还有一些次要演员：表演曼陀林的两兄弟、走钢丝表演者和一些跳芭蕾舞的临时演员。柳霜在这些混杂的演员中无疑鹤立鸡群。她以一首中国民歌开始自己的表演，接着吟唱了一曲巴斯克人的情歌，这首含有暗讽意味的歌是献给澳大利亚女人的。最后，她以一曲人们熟悉的歌曲《混血女子》结束表演，这首歌是她八年来的代表作，表明这首歌如何恰当地反映了她的个性。评论家们为她的表演能力欢呼，同时对她针对澳大利亚人的委婉的讽刺一笑置之。

柳霜把这些流行曲目与几出中国戏剧结合起来，揭露日本侵略中国的暴行。随着日本侵略军与天津的各国侨民间关系日趋紧张，7月1日，柳霜突然将自己的节目改造一番，以便能更尖锐地谴责日本侵略者。这部新剧反映了7月底由外国租界保护四个被指控杀死一名日本军官的中国年轻人引起的一场危机。作为报复，日军封锁了英国侨民的聚居区，切断食物和燃料供应，对每个想进去的人都要彻底搜查。英日关系随之急剧恶化。柳霜的这部作品名为《路障之内》，用戏剧效果展现了租界内外国侨民及中国人所遭受的苦难。尽管节目的导演严厉批评柳霜，称她为"过气明星"、"花颜尽失的半老徐娘"，她依然义无反顾。演出结束后，柳霜深深地鞠躬，并感谢导演，以此回应他的侮辱，然后在掌声中走下舞台。[49]

柳霜身在墨尔本的时候，她饰演的《唐人街之王》正在当地的蒂沃利电影院上映，她也多次在电影的播映现场亮相。虽然柳霜对所有人都很友好，但她对好莱坞却颇有微词。她告诉采访者说，她厌烦了饰演反派人物，想尝试一下新的角色。她坦诚地说，综艺表演的薪酬可能很低，但是"我从这里面领悟了生活的真谛"。在墨尔本度过颇为成功的数月后，柳霜于1939年9月3日回到美国。她告诉范·维克滕，"再次回到家里，我很开心。"在从火奴鲁鲁回来的途中，她与阿道夫·朱克夫妇及钢琴家阿图尔·施纳贝尔（Artur Schnabel）为伴。他们都感受到这场战争的残酷，柳霜希望这场战争是"短暂的事件"。[50]她客串了两部微不足道的影片，包括共和影业公司（Republic Pictures）1940年出品的影片《中国园艺节》（Chinese Garden Festival）。该片是"哈丽雅特·帕森斯与明星会面系列"（Harriet Parsons Meet the Stars Series）之一，参演的大牌影星包括罗莎琳德·拉塞尔（Rosalind Russell）、多萝西·拉穆尔、丽塔·海华斯（Rita Hayworth）、沃尔特·皮金（Walter Pidgeon）和玛丽·璧克馥。她在另一部影片里的戏份更多一些。在这部广受欢迎的系列电影《埃勒里·奎因的屋檐之谜》（Ellery Queen's Penthouse Mystery，1941）中，柳霜参加了由哥伦比亚影业公司（Columbia Pictures）于1941年出品的最新一集，在演员表中她仅次于拉尔夫·贝拉米（Ralph Bellamy）。这部电影涉及一个将一批珠宝从东方运往美国出售作为中国人抗日资金的计划。戈登·科布（诺埃尔·麦迪逊[Noel Madison]饰），一位非常富有的珠宝收藏家，参与了这一计划，但不久便与这批珠宝一起消失了。在这个复杂的剧情中，大名鼎鼎的侦探埃勒里·奎因（贝拉米饰）受邀去解开这一谜团。柳霜饰演中国政府的一个间谍，名叫洛伊斯·凌。谋杀又将发生，不过埃勒里·奎因利用得到的秘密情报找到了凶犯，这批珠宝也失而复得，最终得以拍卖来援助中国人。[51]这部影片在"埃勒里·奎因侦探系列"中是最微不足道的一部，故而也未得到几个评论家的推荐。《好莱坞报道》用欣赏的语气说柳霜"让人愉快、给人印象深刻"，而《综艺》评论她

"不费吹灰之力地演小角色"。[52]

渐渐地，柳霜的电影工作枯竭了。她向范·维克滕抱怨说，制片商不再聘请她了，她"不知道自己是否还会再去工作"。柳霜时常去剧场，跑到幕后看看朋友，收集一些亲笔签名。她款待了从中国来的维克托·沙逊爵士（Sir Victor Sassoon），带他和几个朋友参观制片厂。几个月后，她抱怨说自己的"职业生涯了无生气"。在期待转机的同时，她承认"自己至少正学着如何操持家务"。在那幢位于圣维森特大街326号住宅的花园里，她和一个租客发现了一种新的植物。[53] 随着自己电影事业的光环褪去，柳霜变得淡泊宁静，不再追求奢华的生活，而是更关心时事。1939年4月，《西雅图日报》刊登了一篇对她的精彩访谈。在访谈中，柳霜怀疑财产的价值，思考人们是不是该一年清理两次住宅，把不需要的东西捐献出来，尤其是那些对别人有用的东西。她意识到自己手头有一大堆东西，放弃了留待将来之用的想法，不知道自己是否会活那么久享用它们。她把自己的中式礼服捐给了中国的救济机构，以此实践她的想法。

友谊也需要常温。柳霜说道，"我们抛下了某些人，或者他们抛下了我们；彼此已不再适应。"在生命和爱情中，柳霜经历了多次失望，早已决定不再为不值得的人浪费时间。为此，她购买了每分钟10美分的昂贵电话服务，期望只有那些真的有话要说的人才会打来。枯燥的人不值得她花费时间，"有些人很容易从其他人那里得到满足，放下他们没有丝毫不好，相反，若是让他们浪费我们的时间，不仅自己一无所得，他们也毫无所获。"后悔是没用的情感。或许她懊悔自己的摩登女郎时代，但亦明白"我们不能走回头路……过去的事已经过去了，发誓再也不会犯此类错误，不会再让真正关心自己的人失望"，这话就自然指她的家庭。读者不必接受安东尼·陈（Anthony Chan）的观点，认为柳霜皈依道教，但却可以清楚地意识到，柳霜正认真地看待自己渐渐老去的生命和事业。她的人生智慧大多来自个人经历。在影坛打拼廿载之后,柳霜痛苦地领会到爱情与友谊倏忽而逝的特性。

很快，她就会用坚忍的态度面对生死。[54]

1940年夏，灾难降临到这个家庭。柳霜的妹妹柳凰在演艺生涯上仅有的经历是参演《龙的女儿》和《大地》，可能因自己微不足道的演艺生涯而备受煎熬，于1940年7月25日在家里的车库悬梁自尽。黄善兴说柳凰曾经断断续续地做过速记员的工作，并没有表现出情绪低落。此时，柳霜正准备去宾夕法尼亚进行夏令巡演，听闻此讯她立即推迟了演出计划。她于8月12日写信给范·维克滕，对他们发来的唁电和善意表示感谢，说这是"我们最需要朋友们的理解之时"。她以个人独有的方式告诉他们，这一自杀事件"既突然又不幸，一提到它就会觉得难以忍受，所以我不会谈论这个话题"。她重新制定了日程表，计划于8月26日开始在宾夕法尼亚的表演。她带锦英同行，并期望在9月1日前后到达纽约的阿尔贡酒店。[55]

柳霜和锦英在纽约待了大约一个月。锦英已满18岁，他的年龄刚好是他这个有名的姐姐的年龄的一半。母亲已去世，柳霜也没有孩子，她渐渐成了这个小弟弟的半个母亲。几年前她带他去了欧洲，后来与他在中国碰面。如今，他们又一起来到纽约。范·维克滕夫妇陪锦英观看了一系列百老汇戏剧，还同一些演员会面。锦英后来写道，他从姐姐那儿听说了许多关于范·维克滕夫妇的事情，他很高兴看到他们是自己在纽约碰到的"心肠最好的两个人"。接着，姐弟俩回到他们在圣维森特大街326号的家。[56]

柳霜一到家，旋即成为美国援华联合会的一名善款筹集人。同时，她全职为美国援华联合会工作。她还成为"饭碗"运动（Bowl of Rice drive）在电影界的主要负责人，这一运动旨在向中国和美国援华会提供医药援助。10月26日，柳霜乘坐飞机从洛杉矶飞往纽约，为11月1日在纽约华尔道夫酒店举办的"饭碗"舞会充当"女王"。接着，她主办了一场时装表演，领头的是"八个楚楚动人的中国女孩……跟着是14个美国女子，她们均是从社会各个阶层选出来的最美丽的女孩，穿着现代晚礼服出场……所有这些晚礼服都受中国传统服饰的启迪，但是巧妙地修改了颜色搭配、基本图案和样式，以适合美国人的脸型和体型"。柳霜于十年前在英国发起的创举最终也影响到美国。她对中国服饰的改造如今被美国观众接受和喜爱。为了"一碗饭"慈善活动，柳霜前往波士顿，并顺便走访新英格兰的其他地区，参加了更多的筹款聚会和表演。她于 12 月 15 日回到她"特别钟爱的小旅馆"阿尔贡整理行囊，乘火车回到洛杉矶。[57]

马不停蹄的奔波及柳凤的去世，使柳霜疲于应付。她感激锦英帮她打理圣诞节期间的事情，因为"我身心俱疲"。范·维克滕给她寄来一组新照片，这是这一年他第三次寄来照片，这给柳霜带来快乐。她告诉他，将来"我将只做你的模特"，而且考虑"穿上各种各样有趣的服装供你拍摄"。在这封感人的信的结尾，她感谢她所有的朋友在过去多年以来的"热切关心和支持"。[58]

柳霜也参加很多广播电台的表演，她于 1941 年 11 月 12 日上了弗莱德·艾伦（Fred Allen）的《德士古星剧场》（*Texaco Star Theatre*）节目。尽管欧战在持续，海外的朋友们仍然没有忘记她。伦敦的《电影世界》用一个版面刊登了一张她在圣莫尼卡家中吃午餐的照片。编辑还特别提到，墙上有一张由歌剧歌手佛朗哥·奥托里①为她画的可爱漫画。编辑给这张照片配的标题是"好莱坞的民主之友"。[59]

因为没有与制片公司的固定合约在身，柳霜可以随心所欲地以她想要的方式帮助中国人抗日，其中的一个方式就是电影。她主演了由伯罗特·罗制片厂制片人发行公司（Poverty Row Studio Producers Releasing Corporation，简称 PRC）制作的影片《轰炸缅甸》（*Bombs over Burma*，1942）。这部电影由约瑟夫·H·刘易斯（Joseph H. Lewis）执导，他拍摄过多部西部电影，并经常为大大小小的制片厂工作。这部电影于 1942 年 3 月 30 日开始拍摄，是年 5 月 28 日公映。

---

① Franco Autori，生于那不勒斯，1928 年移民美国的歌剧歌手。

《轰炸缅甸》是一部有趣的影片，大致被看作柳霜名气下降的标志。这部电影是一部有效的宣传影片，用以支持中国的抗日战争，跟中国救援协会（*China Relief Agency*）此前发行的几部电影非常相似。柳霜在片中饰演林英，是缅甸的一位学校老师，秘密为中国军队从事间谍活动。她被委派了一项任务，确保沿滇缅公路的秘密食品供应路线畅通无阻。在电影开头的十分钟，柳霜用中文和班上的学生们说话。直到日本人的炸弹开始投掷在校舍上时，英语才开始出现。林英把所有的孩子都转移到安全的地方，但最后一刻却发现有一个小男孩掉队。正当她进入教室找回那个男孩时，日本枪手射杀了他。林英坐着公共汽车离开了这个村子，同行的有一个华人间谍海磨神父（诺埃尔·麦迪逊饰），还有一个地下间谍德国人罗杰·豪爵士（莱斯利·丹尼森 [Leslie Dennison] 饰）。豪很快就发现了这些乘客的真实意图，他命令汽车司机（内德里克·杨 [Nedrick Young] 饰）逮捕他们。林英设法让司机相信豪才是真正的恶棍。村民们拿着锄头杀死了豪。从此，滇缅公路便成为战时物资的安全通道。[60] 不过，这部影片受到的批评却没那么安全。《综艺》把这部电影称作是"非常低级的战时节目编排"；《纽约时报》称该片为"废品"。柳霜在海外的影迷们倒更愿意接受这部电影。英国评论家称她的表演"真诚而感人"。[61]

1942 年，柳霜的大部分时间都花在红十字会、美国劳军联合会（USO）和美国援华联合会的活动中。1 月份，她前往新奥尔良参加红十字会的募捐活动。在那里，柳霜随同她称之为"我们的女飞行员"的李霞卿一起参加活动。在美国进行政治游说的这一年，李霞卿是为中国政府募款的主要人员。李霞卿有时比柳霜得到更多赞誉，但柳霜始终如一地为民族利益而努力工作。8 月 19 日，柳霜进行了一次全国电台广播，为战争基金召集工作者。9 月 23 日，她和格里高利·派克（Gregory Peck）、查尔斯·布瓦耶和阿基姆·塔米洛夫一道参加了一项救济活动；10 月 14 日，她又与几个亚裔演员在加利福尼亚州的圣安娜市为战争募捐。在"珍珠港事件"一周年纪念会上，柳霜以宣誓成为防空队员的方式表明她的爱国热情。她声称，作为一名在美国出生的华人，她觉得帮助捍卫这个自由民主的国度给予她的好处是一项殊荣。[62]

同时，柳霜还重新拿起纸笔，以写作来支持抗日事业。1942年，她为《新华食谱》（*New Chinese Recipes*）作序，这是一个旨在为美国援华联合会募款的项目。这本书的作者是家政顾问梅布尔·斯特格纳（Mabel Stegner）和年轻的华人餐馆老板弗雷德·温（Fred Wing），这本书收录了大约60种广东菜谱，其中大部分已经成为热衷于中国食物的美国人所熟悉的菜。令人惊讶的是，这本书是首批在美国印制的中国食谱之一，在该书出版之前只有三种同类印刷品，其中有两种还是学术研究报告。华人餐馆的老板长期以来都在使华人的烹饪适应当地食物的烹制方法，但鲜有人把这些方法编制成册。这本书有一个显而易见的意图：在一个反对少数族裔食物文化的时代，它试图将华人的烹饪技术推向主流。柳霜的方案具有先见之明。尽管美国人反对少数族裔食物，但认为华人是盟友。正像他们参加许多"饭碗"聚会一样——柳霜经常是这种聚会中最吸引他们的人，美国人成群结队地进入华人的餐馆，使华人餐馆在战争期间生意兴隆。柳霜早在十年前曾给一个名流的食谱撰过稿，但是这一次是她首次有机会广泛地讨论华人食物。她在序言里写道，希望中国文化可以融入美国的主流文化中。在这两页的文章里，柳霜虚构了"一个美国家庭主妇"，她想在家里烹制中国菜，但是却不能领会其中的奥秘。在参观了许多华人餐馆的厨房后，她认识到华人的烹饪技术是用"感觉"，依靠经验来判断温度和烹饪时间。对她提出的许多问题，华人厨师的回答含糊不清、令人费解。她急切地想找到一种方法，将华人的烹饪方法"转译"为美国人的食物习惯。幸运的是，她遇到了斯特格纳和温，他们正在从事这种"转译"工作，即把华人的烹饪技艺转化成"任何一个美国家庭主妇都能理解执行的明确计量标准和科学的烹制术语"。中国菜的一个优势是，所有的配料都能够轻而易举地在任何一家超市里买到。柳霜夸耀道，最终是一本书把吊人胃口和健康的食物带到了餐桌上，既省时又省钱。最重要的是，这本食谱对孩子们和丈夫都有吸引力，他们"从来就不喜欢蔬菜"。提供食谱是明星们增进他们的完美形象的一个主要方式。柳霜参与的书则具有更为强烈的意识形态含义。与其说她兜售的是个人形象，倒不如说她在努力推动华裔美国人的食物成为美国日常食物中的一部分。她坚持使用容易获得的配料和简单的准备工作，她还提醒说，吃中国食物有益于作战，这一切都使华人的烹饪技艺更吸引美国人的口味。[63]

尽管有报道说柳霜已经息影了，但是她一直都在寻求好的角色。1942年6月，她与贝托尔特·布莱希特商谈是否可以让她在百老汇上演的戏剧《四川好人》（*The Good Woman of Setzuan*）中饰演沈德。不过，柳霜很快便失去了与这位德国剧作家合作的兴趣。[64] 夏末，她开始参演制片人发行公司的第二部影片《重庆来的女士》（*Lady from Chungking*），该片于1942年12月发行，详细描述中国人民抵抗轴心国的斗争。柳霜饰演一名指挥游击战争的杰出女性关梅。关梅秘密混入在稻田里干活的农民中，侦察日军的活动情况。她和战友营救了在这一地区失事的两名美国飞行员，还杀掉了企图抓捕这两个美国人的日本侦察兵。日军司令官迫使她交出其中一名飞行员，当地农民把另一名飞行员藏了起来。更糟糕的是，这个日军司令官对关梅产生了好感，使她成为自己的情妇。对关梅来说，她想获取更多关于日军行动的情报。日军发现了被老百姓杀死的日本兵的尸体，这一消息打断了关梅和日军司令官的幽会。关梅说服了日军司令官放过当地的老百姓。后来，她的身份——"关梅女士，著名游击队领导人"——暴露了。影片暗示关梅和其中一名飞行员有异族恋爱关系。她必须杀掉日军司令官茴村将军来让老百姓相信她不是他的情妇。当日本人处决她的时候，她自豪地说中国人民必然会战胜侵略者。这部影片受到的关注还算不错。柳霜对她饰演一个正面的中国女性形象无疑感觉良好。她饰演的角色是一个女英雄，这种角色在欧裔美国女演员担纲主

角的电影里是不存在的。好莱坞很少将战时的女人塑造为女英雄的形象，他们往往倾向于戏谑她们。⁶⁵

柳霜很满意这部电影，她觉得该片对战争有贡献。是年夏天，战争似乎离她很近了，因为战机一群群地在洛杉矶上空出没，而且她还听到阵阵枪声。锦英不得不在晚上为她开车，因为他们住在一个"灯火昏暗"的区域，同时也因为她的视力大不如前；他不断地给她提供维生素 A 和胡萝卜。对于锦英在演艺界初试身手，柳霜表现得非常兴奋。他以基姆·黄（Kim Wong）的艺名在布鲁斯·汉宁（Bruce Hanning）执导的电影《了不起的霍利迪夫人》（*The Amazing Mrs. Holiday*，1943）中饰演迪安娜·德宾（Deanna Durbin）。由于奉召服兵役，他的演艺生涯因此中断。可能是他姐姐的关系帮了他，他获分配到精锐的情报机构。在军营里待了乏味的几个月后，他被调往伦敦。后来，他陆续在巴黎和布鲁塞尔工作。⁶⁶

柳霜则继续为美国援华会及整个战争工作。然而超出她控制的事情将使她的努力得不到肯定。1942 年至 1943 年冬春之际，宋美龄访美做了成功的政治宣传。通过在国会演讲，以及在纽约、芝加哥、旧金山和洛杉矶的群众集会上作为最耀眼的人物所做的宣传，宋美龄留给美国人的印象是她可以成为强有力的领袖，同时她作为贤内助的角色并不妨碍她发挥强烈的爱国主义。她的演讲极具感染力，她的美貌和优雅征服了美国人。在各个方面看起来，她的身上表现出西方、基督教教育和中国女性特质的最佳组合。

好莱坞为宋美龄的访问做足了功夫，可谓是倾巢而出。亨利·卢斯和大卫·塞尔兹尼克为她举办了有 200 位好莱坞明星参加的特别茶会，稍后又举办了一场有 1 500 位社会名流参加的派对。宋美龄在好莱坞露天剧场三万人面前所作的关于她的祖国正惨遭蹂躏的演讲，使在座的每一个人都泪流满面。在这之后的几天里，许多人发现他们竟然会哼唱中国的国歌。在好莱坞盛会的台面上，宋美龄被安排与一群美丽动人的女演员坐在一起，包括英格丽·褒曼、芭芭拉·斯坦威克

(Barbara Stanwyck)、金吉·罗杰斯（Ginger Rogers）和洛蕾塔·扬。舞台上明显缺席的是黄柳霜，[67]好莱坞的许多人都对这样的冷落表示愤慨。柳霜的挚友罗布·瓦格纳指出，"除了领事馆的工作人员外，当时没有一个华侨代表。"他说甚至在这场由精挑细选的明星参与的盛会之前，蒋介石夫人就要求与制片厂的官员们私下会晤。瓦格纳声称："没有哪一个人比黄柳霜更忠实地为援华事业而努力工作。但是在这次电影招待会上，她被邀请来向蒋介石夫人问好了吗？没有！"瓦格纳的妻子指出，柳霜的缺席是这场盛会唯一"不和谐的音符"。塞尔兹尼克对这样的批评感到不安，他解释说："之所以没有邀请黄柳霜是有原因的。"后来的调查揭示，宋美龄代表团里一位姓熊的先生曾专门交代不要邀请黄柳霜。[68]

事实上，许多华裔美国人都没有出席这场演讲和这些盛事。这一遗漏无疑源于中国人鄙视自己在海外的同胞的历史传统。数个世纪以来，中国政府都把海外的中国人视为卖国贼和罪犯。在美国，这一状况更趋复杂，因为大多数的华裔美国人来自中国南方，多说广东话，这种方言及文化在提倡说国语的中华民国受到冷遇。此前，宋美龄对华裔美国人的形象也作过评论。这次访问期间，她讲到希望美国人不要把华裔美国人仅仅看作苦力和洗衣工，这一观点显然会刺痛这个好莱坞洗衣工的女儿。柳霜的演艺生涯也是一个重要问题。人们知道，宋美龄非常厌恶好莱坞电影中表现的华人形象，她让好莱坞制片厂的官员们知道她的想法。在她的眼里，柳霜代表着不堪回首的过去，其他人亦赞同宋的观点。在赛珍珠的文稿被修订用于美国援华联合会制作的电台节目之前，她称其中的一个人物是"像黄柳霜一样粗俗的形象"。宋美龄写过关于中国女性在抗击日本侵略斗争中的角色。虽然她认为中国女性具有高度的爱国主义情怀和坚定的意志，但她显然不曾想到女演员也可以成为有效的榜样。在她的著作《中国将再起》（*China Shall Rise Again*）中，她探讨了文化工作者。对她来说，这一术语描述那些为广大女性提供大众教育的人，而非女演员。黄柳霜可以为美国援华会做一切她想做的有益之事，但她在国民党的意识形态中却没有任何位置。最后的原因是，宋美龄缺乏民主包容的精神来接受黄柳霜是与她平等的。在这趟旅程较早时，温斯顿·丘吉尔（Winston Churchill）首相正在华盛顿访问，宋美龄坚持要求丘吉尔至少在她纽约的居所和华盛顿之间找个地方会面，由此引发了争议。她的哥哥要求她妥协一下，但是宋美龄回答说她的级别比英国首相的级别高很多，所以他应该来谒见她。她的哥哥和驻美大使顾维钧对这种将外交礼节凌驾于国家安全之上的做法感到非常不安。这场会晤终究没有实现。宋美龄对柳霜的冷遇，实质与此相同。宋美龄出身中国名门，期望她与一个洗衣工的女儿同台是不可想象的。所以，柳霜遭受到如此冷落自是必然的。柳霜竭力坦然面对这件事情，说最重要的是中国的抗战事业。这一事件造成的长期影响是，中华民国的精英阶层对柳霜的态度影响了美国人对她的看法。宋美龄对柳霜的恶意评价后来被美国的左翼学者所吸收，而且在很大程度上是她在美国的名声恶化的主要原因。柳霜的命运被宋美龄此行所取得的积极成果所遮蔽。宋美龄的访问改善了美国人的对华态度，促使美国总统富兰克林·罗斯福最终成功地取消了《排华法案》。[69]

柳霜尽量往好处想，依然坚持她的演艺事业和为抗战服务。1943年8月，她在马萨诸塞州坎布里奇市的剑桥夏日剧院主演了由J. H. 本里莫（J. H. Benrimo）和哈里森·罗兹（Harrison Rhodes）共同执导的戏剧《柳树》（*The Willow Tree*）。柳霜向法尼亚·马莉诺夫报告说，评论家都不喜欢这部戏剧，但是他们对她的表演表示好感。演出结束后，她前往纽约，住在爱丽舍酒店，与范·维克滕夫妇共度了一段美好的时光。[70]

柳霜在内布拉斯加的军事基地度过了这一年的圣诞节。在这里，她发现士兵们对她很欣赏和感激。这两个营地依据种族隔离开来，柳霜把从范·维克滕举办的派对上听到的关于黑人士兵"最熟悉的影星"的故事讲给他们听。[71]之后，柳霜访问了劳军联合组织总部，她希望借此去海外走一趟。她最后得到去阿拉斯加和加拿大的机会。1944年夏天的一段时间里，柳霜为劳军联合组织的军营表演歌舞，这是由好莱坞胜利委员会安排的，然后她参观了美国人的军事基地，从加拿大的埃德蒙顿几乎到达北极圈。她说："我见到的许多男孩子们都曾在阿留申群岛同日本人战斗过"，并且他们都渴望再次抗击日本人。在说这些话的时候，她显示出强烈的爱国主义精神。她引以为豪地说所有的士兵都认为日本人只是在寻求"自绝"。到 5 月底，她又来到明尼阿波利斯，在那儿的军营里，她因为拿出一双筷子而给食堂造成一些混乱的状况。[72]

柳霜极其渴望到海外走一趟，她向在英国的朋友们游说，希望能帮她找一个角色。柳霜给伦敦《电影世界》杂志的埃里克·琼斯（Eric Jones）写了一张言辞优雅的便条，于是琼斯向她推荐说西区剧院有一个人可以为她创作舞台剧。琼斯建议重新上演《图兰朵》，理由是这样的作品一定会获得成功，因为柳霜"不论是唱、跳，还是说，她只消往舞台上一站，便必然能展现其魅力"。他记得有一个令人惬意的夜晚，当她参加在伦敦的一个鸡尾酒派对时，她的两个耳垂边各自"盛开着"一朵矢车菊。他说她的到来将有助于消除伦敦经历五年战争后的悲伤氛围。[73]

1944 年 9 月，正是在诺曼底登陆成功之后，柳霜成了纽约斯托克俱乐部（Stork Club）的常客，她出现在那儿似乎很自然，没有引起太多的关注。不过几年后，这里的服务生居然拒绝为黑人艺术家约瑟芬·贝克提供服务，于是她不得不起诉俱乐部的老板谢尔曼·比林斯利（Sherman Billingsley）。比林斯利显然没有将其出了名的对美国黑人的种族偏见强加给这位美国最杰出的华裔女演员。[74]

战争结束后，柳霜有了大把的空闲时间，她不再有电影角色可演，同时由于全国交通运输的削减，她能饰演的戏剧角色也少了。她准备卖掉圣维森特的房子，但是对于所有来看房子的买主，她都不喜欢。后来，一阵暴风将写有"出售"字样的牌子刮倒在地，她认为这是一种征兆。她要求经纪人到某处给她找一个角色。她随同一个朋友去旁听在旧金山举行的和谈大会。她希望去纽约探望锦英，同时参加由范·维克滕发起的义演，但是因为"交通不便"均未实现。最后，在10月份她乘坐南线的火车辗转到了纽约。柳霜写信告诉范·维克滕，她由这条路线来纽约的速度太慢了，到达纽约时她可能已经有了南方口音。[75]当柳霜回忆起她为战争所做的努力时，她可能会感到骄傲。她已经尽了力，长期支持和援助中国抵抗日本的侵略。然而，她的辛勤工作却没有使她与美国华人社会保持更紧密的关系。她竭力去建造沟通的桥梁，但是她的这一努力却因为宋美龄访美期间对她的冷落而受到伤害。另外，大多数华裔美国女性的战时经历与柳霜的经历不同。她们在工厂里工作，在军队中服役，形成家庭之外的生活，创造基于共同经历的性别团结。这些无疑都难以与柳霜的四处奔波和高度公开化的活动联系在一起。普通女性建立了一种工人阶级的团结，而柳霜的魅力却建立在好莱坞及其转瞬即逝的忠诚之上。[76]柳霜不得不怀疑，她的时代是否已经逝去。

第 7 章　成为华裔美国人

在第二次世界大战结束后的一段时间里,柳霜一直处于"被闲置"状态,得不到制片商的垂青。只有一些初创不久的小制片公司含糊其辞地许诺让她去工作。洛杉矶是她与老朋友聚会的地方,但她仍然留恋旅行,特别想去纽约。1947年秋,她开始了劳顿的旅行,取道东北部的一些小城市。到达纽约后,她分别在广场饭店和斯特恩氏百货商场作了关于中国美容习俗的演讲,目的是推广蓝瑟瑞克(Lentheric)的上海香水。在这次旅行期间,她在长岛附近登上漫画家罗伯特·里普利(Robert Ripley)的中国游艇,好好地放松一下,里普利将这一趟短程旅行拍摄下来。从镜头中可以看到,柳霜被一群年青的女人围着,她们都竞相模仿她的外表和衣着。[1] 在结束纽约的行程之后,柳霜开始了历经30个城市的巡回演讲,主题是中国的健康和美容问题,这一系列演讲建立了她作为中国女性美容方面权威人士的形象。这次巡回演讲的公关活动包括用亚麻布制成的奢华的节目单。从现存的演讲文稿可以看出,她在演讲中强调家庭护理。例如,她告诉听众,保护女人头发的最好方式是每周梳理一次,为了"不弄乱发型",要用皮革枕头。头发应该精心梳理而不要用力刷扯。洗头发也要小心,因为这样会洗掉头发的天然油质,"要用植物油来清洗"。扎头发应该选用丝线,扎到接近头皮的地方。另外,大量的发蜡可以增加头发的光泽,花朵和首饰可以用来装饰女人的头发,鸦片护肤霜有助于保持皮肤的肌理。柳霜还向人们推荐使用指甲护套,"要是有能力就用贵重金属制的,否则便用竹制的。女人应当有一个镜匣和一些梳妆盒,用于放置化妆品、梳子、刷子和香水。"匣子或盒子选用檀香木可以为所有这些东西增添香气。柳霜还建议养几条金鱼，因为她认为观赏金鱼可以保养眼睛。

来年夏天，她又上路了，到波科诺山的旅游景区做事。她很享受这些重振名气的感觉，尽管为时短暂。就在这个时候，她的弟弟锦英给她带来了更大的安慰，他先后考取南加利福尼亚大学（USC）和加利福尼亚大学洛杉矶分校（UCLA）。她写信给范·维克滕，很骄傲地告诉他她弟弟在几何学和工程学上小有成就，但又说她弟弟真正的抱负是摄影。她也问过范·维克滕能否帮他在纽约找一份工作。后来这件事情似乎不了了之，显然柳霜也需要他在这个孤独的家中陪伴。[2]

柳霜的"月亮门"需要她操心了。每个房主都知道一幢房子的历史总是有起落。她卧室小书房里的壁炉引起了一场火灾，火苗很快蔓延到其他房间，造成重大损失。此外，为了与邻居们和睦相处，她不得不把自家院子里的30棵老树移走。她曾经一度差点把这幢房子卖掉，但是残酷的社会现实又使她打消了此念头。花边新闻专栏作家赫达·霍珀是大部分好莱坞人都敬畏的人物，她和柳霜已经就这幢房子的价钱达成一致意见，还付了定金。柳霜开始去找一个新房子，结果她发现所有华人在住房方面都要受种族限制性规定的约束，无论名气多大、如何漂亮，均不能幸免。一方面自己的房子就要售出，另一方面却找不到一个新住处，在这种情况下，柳霜给霍珀发了一封电报，恳求她取消买卖合同，作为朋友的霍珀同意了。由于她已经没有什么电影片约，柳霜位于圣维森特大街246号的另一幢公寓倒派上了用场，通过短期和长期出租，她获得了经济收入。大体上，柳霜跟她的这些租客们的关系很疏远，但偶尔也会与他们以朋友相待。康拉德·多尔（Conrad Doerr）当时还是圣莫尼卡城市学院的一名学生，他以每月40美元租了位于车库上面的一个房间。柳霜最初打算把这幢公寓作为她弟弟们的栖身之所，所以房间都很宽敞、舒适。因此，原本只打算短期租住的多尔，后来在那儿一住就是八年。他住进来几个月后，便和柳霜成了好朋友。

她邀请多尔到她自己住的宅子。他注意到屋子里面并不排场，以西方的风格为主。门里面就是锦英的住处，多尔觉得很难和锦英打交道。柳霜则很容易相处，她索性雇请多尔做她的司机，因为锦英不愿做此事。在这种情形下，多尔跟随柳霜拜访了伊迪丝·海德，或者驾车前往圣莫尼卡市去看安东尼·奎因的演出，当时他正在进行《欲望号街车》(*A Streetcar Named Desire*)的巡回表演。他们也会在晚上出行，不紧不慢地前往当地的剧院，或者只是去杂货店买点东西。有一天晚上，在《图兰朵》的一场小型演出会上，她在中场休息的时候登上舞台，唱了一首普契尼的歌。多尔发现，她不论什么时候出现在公众的视野里，都依然会引起小小的轰动。此外，她还烧得一手好菜，时常会邀请多尔与她共餐。柳霜在唐人街买齐做菜的原料，多尔也明白，他要做的就是品尝美食，不必询问每道菜的原料是什么。[3]

对柳霜来说，朋友变得比以往任何时候都更加重要了。柳霜一如既往地向范·维克滕报告她新近结交的各色人等。许多人的名字现在已经被遗忘了，不过他们都是那个时代的文学巨子和好莱坞演艺界的名人。柳霜时常在自己家里款待他们，她穿着非常漂亮的中式服装。多尔记得，对于正式的晚宴，柳霜都要精心装扮一番。史家人是柳霜的常客。她家的常客还有黄宗霑及其夫人萨诺拉·芭布·郝（Sanora Babb Howe）、奥斯卡最佳服装设计奖获得者多萝西·杰金斯（Dorothy Jeakins），以及凯瑟琳·地密尔，她是西席的养女、安东尼·奎因的妻子，后两人都是柳霜10多年的好友。在一次类似的聚会中，黄宗霑放映了他"二战"后回中国时拍摄的一个短片，这令柳霜想起了10年前她那次意义深远的寻根之旅。同艾薇·威尔逊（Ivy Wilson）一样，林语堂夫妇无论什么时候来到，都会来看望柳霜。诺曼·福斯特（Norman Foster）住在附近，据传他是柳霜的一个情人。作为导演，他创造了陈查理、摩托先生（Mr. Moto）和大卫·克罗克特这些电影人物形象。柳霜家的另一个常客是摄影师尼古拉斯·穆雷（Nikolas

Muray),他是柳霜30年代末在纽约结识的朋友。她的名邻居之一,画家尼古拉·费希曾给她画像。柳霜明白凡事要适可而止。曾有人介绍她加入琼·克劳馥在马里布新开的一家夜总会,但是由于每年要交1 100美元的会费,她谢绝了。她更喜欢那些闲暇、随意的时刻,和几个从龙穴来的男孩围坐在一起,抽烟、喝酒、玩纸牌。在这些场合和其他那些闲暇时刻,柳霜一般穿着一套黑色的宽松长裤和毛衣,头发就像她20年前在《巴格达窃贼》里一样乌黑。她对他们咕哝道:"要知道,不是五千万中国人都可以成为黄柳霜。"所有的人都会对她的幽默哑然失笑。她的笑话是中国版的非裔美国人自嘲式的布鲁斯故事。大多数时候,她似乎很享受与锦英的家庭生活。比如这样的温馨例子:她在给范·维克滕的一张明信片背后写道,锦英和她正在家里进行时装拍摄,这时他们养的那只名叫"公爵"的宠物狗闯了进来,把他俩撞得人仰马翻。所以,他们三个给范·维克滕夫妇寄上这张明信片,表达他们永远的爱,同时还在信封里夹寄了一条领带。[4]

外出旅行依然对柳霜最有吸引力,不过有时候这些旅行也不是一帆风顺的。有一次,她与有名的史氏家族的雷·史(Ray See)结伴而行,穿过乡村地区前往芝加哥参加一个大会,以推销史的中式家具。干这件事情挺辛苦,她得穿着高跟鞋站一整天,不断地与人握手。史后来声称柳霜想和他发生性关系,并让他与自己的妻子离婚,然后娶她。这次展示会结束时,他们彼此交恶。有一次,柳霜在返回圣莫尼卡的途中就病倒了。多年的奔波、油腻而难消化的食物、酗酒、对事业的失望及令其备受煎熬的种族主义偏见,都使她的身心受到伤害。1948年12月,她住进圣莫尼卡医院,被诊断得了门脉性肝硬化。这是一种肝病,通常是由饮酒过量导致的。医生曾考虑让柳霜做手术,但最后还是在严厉警告后让她回家了。[5]

好莱坞又想到她了。1949年,在柳霜离开银幕五年之后,她在布赖恩·唐利维(Brian Donlevy)主演的写实电影《冲撞》(*Impact*)中得到一个角色。在这部电影中,柳霜饰演苏林,一个富有的实业家的女仆。尽管这只是一个小角色,但苏林这个角色是理解实业家沃尔特·威廉姆斯(唐利维饰)被不忠的妻子艾琳(海伦·沃克[Helen Walker]饰)谋杀(未遂)的关键性人物。《每日综艺》称她的这次复出之作"太棒了",同时《好莱坞报道》也称赞柳霜,说她的表演有"说服力和权威性"。尽管戏份有限,但柳霜把这部电影视为她演艺事业的一个小小的复兴。接着,柳霜与霍尔·沃利斯(Hal Wallis)在派拉蒙影业公司会面,洽谈在翻拍影片《上海快车》中饰演一个主要角色。这部新影片将取名为《北平快车》(*Peking Express*)。在该片中,柳霜饰演的角色嫁给一个军阀,并生了两个儿子,其中一个儿子是国民党员,另一个儿子是共产党员。这部由约瑟夫·科滕(Joseph Cotten)主演的电影尽管有许多华人角色,但是电影于1951年上映时,柳霜的戏份被剪掉了。[6]

在接下来的几年里,柳霜不得不把全部心思放在家庭的要事上。在遭受长期病痛后,黄善兴勇敢的心最终于1949年10月11日在加利福尼亚州老鹰岩石的霍姆斯特德洛奇停止跳动,享年89岁。悼念仪式在罗斯代尔公墓举行,由华人长老会教堂的菲利浦·李神父主持。露露安排了一切事宜,并且决定将黄善兴的遗体火化,骨灰没有同他们的母亲放在一起,而是安置在另一个墓穴里。大体而言,当时很少有中国人选择火化,但在广东省,很早以来遗体火化便很流行。从这次葬礼可以看出,黄善兴长期恪守着他的文化传统。参加葬礼的有他仍然健在的两个女儿露露和柳霜,以及儿子经材、伟英、瑞英和锦英。柳霜过度悲伤以致突然昏倒,之后在天使皇后医院住了两天。黄斗南已经于1948年2月29日在长安村先于他的父亲去世了,而中国的战事使得黄家在美国的家人没能获知他的死讯。他留下了四对儿女。[7]

两年后,柳霜有一些可贺的开心事。1951年底,锦英从加利福尼亚大学洛杉矶分校顺利毕业,露露则嫁给了当地商人霍华德·关(Howard Kwan)。1952年9月10日,柳霜在协联会茶室为她的姐弟们举办了一场宴会。根据柳霜的描述，露露"坚持中国的风俗"，因而在场的每一个人"都对她戏谑调侃一番"。结婚后，露露看起来更快乐了，而且不必再为所有的黄氏弟妹们操劳了。柳霜在给范·维克滕的信中说，"感谢上帝，她不会再烦我们了。"作为老大，露露一直以来都在照管着她的弟妹们。虽然柳霜认为大姐将来会把所有的注意力集中到她的丈夫身上，但是黄家重大的决定还是要由她来做。[8]

柳霜因出演《冲撞》而得到的好评使她的演艺事业出现了转机。当时，电视台正在雇请一些经验丰富的老演员来提高电视台的知名度，并且充实电视节目。柳霜知道这种新的媒体形式比电影工业略低一筹，但她还是希望能得到工作机会。1950 年夏，她去纽约待了数周，在那儿商谈将电台和电视结合起来做一个系列节目，但此事最终搁浅。后来，与派拉蒙影业公司合作的杜蒙电视网（Dumont Network）让柳霜录制自己的节目，这便是名为《柳霜女士的画廊》（*The Gallery of Madame Liu Tsong*）的一个中国侦探系列剧。为了摄制这一系列节目，1951 年的整个秋天柳霜得在纽约度过，这是这份工作中最好的部分。遗憾的是，杜蒙电视网的资料库很久以前就已经失散了，所以剧本已经不复存在。这个节目每集半个小时，第一季于 1951 年 8 月 27 日亮相，一直持续到是年 11 月 21 日，讲述一位拥有艺廊的美丽中国女子——柳霜女士勇敢地探寻珍贵艺术品的经历。第一集没有标题，其余九集的标题分别是《黄金女子》（9—3）、《茂盛的橡树》（9—10）、《千眼男子》（9—17）、《燃烧的沙漠》（9—24）、《太阳神的影子》（10—1）、《火种盒》（10—31）、《宁静尊贵之屋》（11—7）、《自作自受》（11—14）和《魔鬼的面孔》（11—21）。他们讨论过，1952 年春天还有第二个系列。这个新的系列将包括两个专题节目：《傅满洲》和《龙的女儿》。第一、二个系列的原稿都已经不存在了。鉴于她后来的生活中发生了很多事情，1952 年春天的这个计划很有可能没有实现。无论如何，杜蒙电视网最终取消了这个系列。[9]

个人的麻烦事又来了。在纽约录制完节目回到家后,柳霜开始了更年期,不知道自己每天在身体上和情绪上会有什么样的感受。多尔注意到,她经常一整天都喝得醉熏熏的,时常买来一瓶又一瓶的伏特加。有时候,他们一起喝上数个钟头,谈论过去的事情。多尔记得,柳霜对她的演艺事业非常自豪,但是也抱怨好莱坞加诸她的令其名声扫地的角色。米高梅电影公司拒绝让她出演《大地》这件事情仍然让她耿耿于怀。在她所有的电影中,柳霜似乎最喜欢《爪哇情》,虽然这是一部微不足道的作品,但是这是唯一一部她在银幕上吻过男主角的电影。

多尔回忆,除了得到一个角色拍电影外,没有其他事能让柳霜有成就感,也没有别的东西能让她满足。本内特·瑟夫(Bennett Cerf)是柳霜多年的好友,如今已是兰登书屋的主编,他总是不断地给她寄来新书,而她也会如饥似渴地很快就把书读完。他提议她写自传,但此事也不了了之。那时候她的注意力转移到锦英身上,他就职于圣莫尼卡的道格拉斯飞机公司,但却梦想开一家礼品店。锦英一直坚持他钟爱的摄影工作,同时也开始从事一项副业,即制作对襟绣花外套,配以丝网蝶形图案。然而柳霜很享受担当妈妈的角色。内心深处,她饱受痛苦,很想前往纽约,一是见见范·维克滕夫妇,一是看看有什么工作可做。当时有一些尚未定案的计划,去德国表演几部戏剧,或者去英国拍摄一部电影,但这些都没有确定。好莱坞正忙于将许多制片厂转变成电视制作公司,柳霜担心"电影产业……正在迅速消失"。锦英和她都"投降"了,他们买了一台小电视机;她后来发现,看电视可能会"成为一种疾病,并滋生懒惰"。[10]

1953年12月初,柳霜的健康突然恶化了,她患了中风,腹内出血。锦英将她身体的垮掉归咎于很多因素,包括她的肝脏问题、自闭、更年期和由于失业而导致的经济焦虑,所有这一切是在她不顾自己和朋友的生命时积累起来的。柳霜乐观、勇敢的态度掩饰了她正在遭受的巨大痛苦。这一次,她的医生再次检查出根源是门脉性肝硬化。这一疾病是无可逆转的，会对肝脏造成严重的创伤，抑制血液中废物的清除，还导致身体各孔窍处的高压。圣莫尼卡医院的医生给她泵入八品脱血液，帮她度过危险，并严厉警告她，用柳霜自己的话来说，"他不会把我从坟墓里再挖出来了。"在医院待了几天后，柳霜转移到帕萨迪纳市的西拉·马德雷山脉旅舍，在那儿疗养两个月。这个小旅舍是一个舒适惬意的地方，她在这儿谨遵医嘱，"像猪一样吃东西"。她勇敢的幽默感帮助她度过了这段生命中最痛苦的时期。锦英请求范·维克滕夫妇帮柳霜在美国东部找一些事情做，他认为"那将是最好的药"。住院和护理的费用都很高，因此柳霜将她的一些珠宝放在当地寄卖，并请求范·维克滕在纽约帮她卖掉。到2月份的时候，她感觉身体好多了，就去棕榈泉待了一段时间，尔后去了派拉蒙制片厂。那儿没什么进展，不过她同塞西尔·德米尔、阿道夫·朱克及其他几个主管们一起吃了顿午餐。尽管那里没给她提供什么工作，但他们的友好接待证明她在好莱坞具有极好的声望。为了调解自己的情绪，她读起了戴尔·卡耐基（Dale Carnegie）的书《积极思考的力量》（*The Power of Positive Thinking*）。[11]

翌年，柳霜忙于房子的事情，她对木工的收费有诸多抱怨。她试图减去10磅的体重，"这样我就可以穿得上几件晚礼服了"。她去纽约待了10天，接着返回洛杉矶，操持圣维森特一百多平方英尺房产的售卖，用来偿付医疗费用，并维持她和锦英的基本生活。这幢公寓的价钱涨得太高了，到1954年其税务评估已猛增到18 800美元，看来还会持续上涨。她对法尼亚·马莉诺夫说，当看到她那些美丽的老树被连根拔起的时候，她的心都碎了；她感觉"每当微风吹拂的时候，便有一片枯黄的棕榈叶随风飘扬，像是在责备我"。她感到很内疚，为了不见到那些曾经很壮观的大树躺在地上，她考虑进入花园时戴上眼罩。她怀疑自己在圣维森特的日子是不是也将要到尽头了。锦英继续打理这幢公寓，这样可以保证赚取足够的钱来偿付税金及保养房屋。房地产开发商在她原来的土地上建起18个单元的住房，建设过程中产生的噪音加重了她的负罪感；她不得不请求工人将他们的厕所从房子里移出去。其他人也同样怀念过去的美好时光。她在一家博物馆里邂逅派拉蒙影业公司的杰西（Jessie）和贝茜·拉斯基（Bessie Lasky）。杰西安慰她说："（毕竟）我们在那些更美好的时光里留了影。"¹²

到 1955 年 8 月，柳霜感觉身体状况有所好转，应该可以去旅行，于是就打算去一趟英国和欧洲大陆。她计划先去伦敦，然后去巴黎，接着可能是慕尼黑——"他们正在那儿拍摄很多英语和德语的好影片"。时隔 18 年后，她于 9 月初再次来到伦敦。尽管她告诉采访者这趟旅行不过是来玩，但是她随身带了很多精美的中式服装，并就英国制片商和当前的电影前景问了许多问题，种种迹象都表明，如果有令人满意的作品，她会很快签约。一系列不可思议的事情随之发生了。有一个叫"安娜·媚"（Anna May）的艺人在麦克莱恩·罗杰斯（MacLean Rogers）的闹剧《就是乔》（*Just Joe*，1960）中得到一个小角色，饰演桃花。罗杰斯最为出名的是与斯派克·马利根（Spike Mulligan）和彼得·塞勒斯（Peter Sellers）共同执导了《傻瓜秀》（*The Goon Show*，1968），他也是低成本喜剧和低俗情节剧熟练的炮制者。在《就是乔》这部戏中，莱斯利·兰德尔饰演的乔在一家洗涤剂厂工作，是一个一直被老板忽视的无名小卒。当一起行业间谍案发生的时候，乔证明了自己是英雄。剧中的另一个名人是乔恩·珀特维，后来成为一个英国科幻电视节目中的第三任"神秘博士"①。罗杰斯每年都要制作几部类似的节目，但他一直等到 1958 年才在英国发行这部闹剧，直到 1960 年才授权美国一个分销商播映这一节目。一家英语电视网 ATV 公司让柳霜在电视连续剧《巫蛊因子》（*The Voodoo Factor*，1959）中饰演一个小角色。这部电视剧讲述的是一个干劲十足、名叫戴维·惠特克的科学家的故事，他正在为人类世界的生存而战斗，抵

---

①英国广播公司制作的一个系列剧。

御从一个热带岛屿上传播来的疾病,而这种疾病是由一位传说有两千岁的蜘蛛女神引起的。《巫蛊因子》是一部六集连续剧,由玛克辛·奥黛丽(Maxine Audley)和莫里斯·考夫曼(Maurice Kaufman)主演。在这部经典的科幻片中,柳霜在其中的一集里饰演一个角色。她饰演的是一个马来西亚女孩,而不是古代的女神。她的这一角色可能只是这部连续剧中的一个试播角色,所以一直到1959年底,她饰演的角色才出现在英国的银幕上。

不管柳霜饰演的角色如何怪诞,伦敦对她来说是一个令人振奋的地方。她住在伯克利广场附近的韦斯特伯里酒店,她喜欢这儿的宜人气候,还曾与萨默塞特·毛姆在多切斯特一起共进午餐。在估算了经费后,她决定放弃前往巴黎和慕尼黑的计划,直接于10月12日返回美国。她乘坐飞机回到美国的时候已是筋疲力尽。不过,一进家门,锦英就给了她一个莫大的惊喜:他把公寓重新粉刷了一遍。在她的门口也聚集了一些房地产经纪人,他们渴望获得她剩下的那些地产,即靠近街角的地块。她早先的投资如今就只剩下这最后一张王牌了,可是还没等到来得及应付此事,她便旧病突发,在圣莫尼卡医院住了两天。[13]

最终,柳霜没能经得住房地产经纪人的苦劝。1956年春,她把圣维森特大街上的这座宅子卖了,搬进圣莫尼卡第21大道308号的一处公寓。她向法尼亚·马莉诺夫描述道:她一开始拒绝了大多数人的求购,直到这个她认为最合适的人出现,便在一个周末卖掉了这个地方。买家容许柳霜把这儿的许多珍稀植物移植到她的新家。她很快又订制了新的私人专用信纸,在信纸的顶端像往常一样用大字体印上她的名字"黄柳霜"。锦英负责搬离他们生活了18年的住处,为新住宅贴墙纸,教姐姐使用高档的新家用器具。朋友们也通过邀请他们一起用餐来提供帮助;姐弟俩在闲暇时一起看电影《国王与我》(*The King and I*, 1957)和《野餐》(*Picnic*, 1955)。对柳霜来说,卖掉圣维森特的宅子意味着她人生中的一个重要时期结束了。值得一提的是，在她最辉煌的日子过去多年后，又生了一场重病的几年后，她还有一个对她忠心耿耿的弟弟和许多朋友照顾她。虽然柳霜没有结婚，也没有孩子，但是很明显她身边的人都爱着她。在柳霜的朋友中，范·维克滕夫妇对她的关爱无疑是最体贴入微的。她的生日从未被忽略过；她在电视上的亮相也总是能得到人们的赞誉和支持。纽约的这对夫妇为她寄来书籍或者那些提到她的新闻剪报。每逢节日，卡尔和法尼亚都会给她寄来鲜花和明信片共同庆祝。她的朋友不止这几位，还有早年好莱坞的演职人员，在她与范·维克滕夫妇的信件中，德米尔、拉斯基、克诺夫和维多（Vidor）这些名字经常出现。反过来，柳霜也会在复活节、圣诞节和中国春节寄贺卡给朋友，在旅途中给他们寄明信片。她的热情、乐观和勇气感染了许多人，因此他们都愿意在她后半生的生活中主动和她打交道。她的这些品质也使她成为宴会上讨人喜欢的人，甚至不请自来的造访也不会使人生厌。柳霜拥有的这些特质也令她跟那些自毁前程或陷入孤独的前明星完全不同，而沃尔特·本雅明 25 年前在柏林就看到了这一点。这些品质更一直帮助她度过那些艰难的时刻。此外，她精明的理财能力也是令人钦佩的。她并不富有，但也不穷困，她很会过日子。[14]

柳霜的伦敦之行和对萨默塞特·毛姆的拜访终于有了回报。导演威廉·惠勒（William Wyler）在 1956 年雇请柳霜参演 NBC 公司的一部电影，这部影片是根据毛姆的《情书》（The Letter）改编的。惠勒在 1939 年导演过这部电影的早期版本，当时他也考虑过让柳霜饰演同一角色。他在自传里评论说，在早期的那个版本里之所以没有选柳霜，是因为她那时候"属于性感女郎一类，而且太稚嫩了"。现在她可以饰演这一主要角色。柳霜对这一角色做了一些调整，使之更有尊严和力量。在故事的结尾，柳霜在剧中饰演的"情妇"要求那个想拿到丈夫的情书的欧裔美国女人跪在她面前乞求。当后者跪下乞求时，柳霜面无表情地高高在上，这一情景在原著中并非如此。[15]

柳霜接下来继续接演了一些小角色。她在哥伦比亚广播公司

(CBS)播映的《巅峰系列》(*The Climax Series*)中出演了两集，其中一集《中国游戏》于 1956 年 11 月 22 日放映。与柳霜合作演出的有麦克唐纳·凯里（MacDonald Carey）、丽塔·莫雷诺（Rita Moreno）和康斯坦斯·福特（Constance Ford）。这次表演得到很好的评价，《洛杉矶先驱快报》称这是近两年里最好的戏剧。这样的评价使柳霜重获自信，她对法尼亚·马莉诺夫说，她现在开始对生活有一种从容的态度，而且要让紧张跟过去一道烟消云散。[16] 她参与的另一个电视节目则不需要任何表演。这部连续剧叫《无畏之旅》(*Bold Journey*, 1956)，在美国广播公司（ABC）播放，采用的脚本是柳霜 1936 年回到祖国时自摄的短片。柳霜再次被请回纽约，介绍这部片子并给它配解说词，现在这部片子题为《祖国》(*Native Land*)。柳霜告诉范·维克滕夫妇，《无畏之旅》用她的短片来开始该剧新季的上映。当时柳霜已习惯乘坐横贯大陆的航班，尽管她抱怨过这些航班非常令人疲倦。让她高兴的是，在她从纽约录制完节目回家时，刚刚做了摘除胆囊手术的锦英带着她最珍爱的小猫 Smoky（烟）在门口迎接她。[17]

由于锦英的努力和对姐姐无微不至的关爱，柳霜又重新回到生活的正轨。锦英把整栋房子刷了一遍，而且"在我们这个小巧玲珑的家里开辟了一个最有趣的花园"。为了回报弟弟对她的关爱，柳霜帮他开了一家小小的礼品店，起初开在布伦特伍德市场，后来有了自己的店铺。当地的报纸对此也有报道，刊登了"美女演员黄柳霜造访基姆·黄的东方新奇饰品店"，并为一盏"铜制莲花灯"讨价还价的照片。柳霜在弟弟的店铺露面毫无疑问会吸引更多人光顾。另外，锦英为私人摄影和做室内设计也赚到一些佣金。所以当他外出时，柳霜便"照看店铺"。如今，她拥有了她在 1929 年为法国影迷写的文章中所说的"小工作"。要是任何老观众来到这个店铺，他们都"可能恰好看见我正拿着一把中式鸡毛掸子在店里忙活着"。她生活中的另一项改进是，1957 年她一时兴起买了一辆崭新的灰红色奥兹莫比尔

（Oldsmobile）轿车，这样她和锦英就可以开着它到处跑，还能尽享加利福尼亚的灿烂阳光。[18]锦英比以前有进步，他愿意为姐姐开车了。

柳霜身体的康复使她对电视演播室来说更具吸引力。据说有一部长达26周的连续剧要让她来演，但最终没有实现。1958年5月1日，她在《巅峰系列》的《致命的文身》（*Deadly Tattoo*，1958）中饰演另一个小角色。柳霜喜欢奔忙于电视演播室，而且为这部片子还去了洛杉矶的文身店，"我很清楚自己必须刺一个文身，因为在我认识的人之中，没人了解文身的制作过程。"柳霜保持一贯的专业精神，她跟一个发声导师学习，以便能用"洋泾浜英语"说对白。同时，柳霜在剧中还需要戴一个眼罩，这使她觉得非常好笑。她曾与斯坦·弗雷伯格（Stan Freberg）一同为澳大利亚航空公司拍了一则有趣的广告，刊登在《假日杂志》。1959年10月，她又被雇为一部叫《伊甸园的冒险》（*Adventures in Paradise*，1959）的新连续剧"增添活力"。该剧由新演员加德纳·麦凯（Gardner McKay）主演。在第一集《从南芝加哥来的女士》（*The Lady from South Chicago*，1959）中演出的还有波莱特·戈达德（Paulette Goddard）、苏珊妮·普雪特（Suzanne Pleshette）和西蒙·奥克兰（Simon Oakland）。这一节目在1959年11月2日播映。柳霜饰演的角色叫杨露，是一个国际货币兑换员。尽管只是在一场戏里演一个微不足道的角色，但是柳霜看上去很高兴，可能是因为这次不像好莱坞制片厂惯常分派给她的那些诸如女仆或被诅咒的角色。一个月后，她在一集由朱莉·伦敦（Julie London）主演的叫《马尼拉使命》（*Mission to Manila*，1959）的戏里客串。虽然这些节目不光鲜，但却使柳霜的名字和音容笑貌留在公众的心里。[19]

随后在1960年3月15日，《怀特·厄普秀》（*Wyatt Earp Show*，又名《义海倾情》）请她出演《中国圣母》（*China Mary*）。这一集给了柳霜充分的上镜机会，同时该剧也使她有机会饰演一个富有挑战性的正面角色。故事发生在墓碑镇，这是一个由许多白人和华人组成的矿业小镇（作者向观众保证这样一种人口组合一定会产生冲突）。柳霜饰演一位华人社团的领袖人物，故事情节揭示了这个社团的非法活动，最突出的便是赌博。因为厄普（休·奥本恩 [Hugh O'Brien] 饰）怀疑一些华人深夜袭击摇摇晃晃走在街上的白人醉汉，所以他前往"中国圣母"的总部，而这个地方"禁止白人进入"。电视观众可以从柳霜的侧面镜头瞥见她以往的美丽，但是正面镜头则暴露了疾病对她造成的损害。"中国圣母"保证她会调查这位警长怀疑的事情，并且坚持亲自处理这件事情，这样就可以保持种族分离互不相干的现状。正当厄普毕恭毕敬地听从她的建议离开时，另一起袭击事件导致一名叫李功的华裔青年被捕。"中国圣母"前往监狱，要求将他释放，声称她会给予他惩罚。回到赌窝之后，这个年轻人和"中国圣母"发生了激烈的争吵。他声称她使她的人民蒙羞，他和他的帮派正在报复过去白人对华人犯下的罪行。很快，观众便发现"中国圣母"实际上是这个叛逆青年的母亲。她不情愿地释放了他。厄普决心假扮成醉汉来解决这些行凶和袭击行为。正当李功袭击厄普的时候，他的母亲从阴暗的地方走出，射杀了他。厄普后来返回到"中国圣母"那里，带来在李功手指上发现的一枚戒指。厄普走进她的房间时，她正在一尊佛像前吟诵一曲悲伤的挽歌。厄普承认，作为一名白人，他无法完全理解这些犯罪行为的动机。他请求她将李功的戒指交还给他的母亲。她悲伤地接过这枚戒指，并且承诺会这样做。尽管柳霜的身体很虚弱，但是她的表演强劲有力，而且充满生气。整个剧情反映当时出现的美国第二代移民之间的帮派斗争，引人入胜而颇具悲剧性。不过，情节中还包括她饰演的角色与孩子之间的关系，现实中的柳霜却从不曾有过孩子。[20]

接下来，柳霜作为特邀嘉宾出演了侦探连续剧《迈克·汉姆》（*Mike Hammer*, 1958）中的一集《这就是那个神秘的家伙》。这场戏由达伦·麦加文（Darren McGavin）主演，陆锡麒参演。这也是一部黑色犯罪连续剧。柳霜参演的这一集的故事发生在洛杉矶的唐人街，她饰演朱夫人。影片的拍摄手法突出了夜晚的街景,以及一个伪装成社区俱乐部的"番摊"①赌场的室内场景。汉姆正在调查朱夫人的丈夫朱力和一个名叫乔伊的小混混被谋杀的案件。经过明察暗访后,汉姆去朱夫人的家造访她,他注意到她的家里收藏了很多中国古董。柳霜在这里的表演除了有点儿僵硬外,总体上还过得去。她的下嘴唇的那种沉重感使得这种僵硬更为明显,两年前那场几近致命的疾病使她的下嘴唇仍然有点歪斜。在剧中,朱夫人雇请汉姆找出杀害她丈夫的凶手。连续的探查将他带到了"番摊"俱乐部,这个俱乐部是由一个叫萨姆·黄(卢克[Luke]饰)的人掌管的。这部戏到此为止还算体面,接下来就开始显现粗鄙的种族偏见。汉姆不得不打倒几个身材魁梧的"黄皮肤"门卫,才能进入俱乐部里面。他将其中一个推下了防火梯,咆哮着说"见鬼去吧!"在"番摊"的游戏里,饰演华人赌徒的演员以胡言乱语来充作国语。汉姆公然地蔑视他们。当他离开时,汉姆警告萨姆·黄停止愚蠢的行为。他问黄是从哪所大学毕业的:康奈尔还是哥伦比亚?黄咧嘴笑答:"加利福尼亚大学伯克利分校。"这段对话反映了一个无情的讽刺:华裔美国人在大学毕业后无法找到真正的工作。

汉姆去了趟警察局,他在那儿得到了他想要的所有信息。杀害朱力的凶器是一把匕首,而杀害乔伊的凶器是一把口径为22毫米的手枪。汉姆回到朱夫人那儿,并且轻而易举地让她供认了一切,原来是乔伊杀了她丈夫,朱夫人便把乔伊杀了。汉姆要把朱夫人带到警察局,他向她保证警察会理解她为丈夫报仇雪恨的心情。在他们离开她的家时,她向汉姆指出"阴和阳"的标志,解释说它们的意义表示"死和生"。虽然柳霜饰演的这个角色还算有些尊严,但她对重回类似自己20年代题材的电影并不高兴。唐人街是图财害命的地方,她饰演的角色是命中注定难逃劫数的女人,汉姆这个人物身上粗鄙的种族偏见,这一切都像一场噩梦。以前,在柳霜拍摄了自认为好的作品时,她都会第

---

① 旧时用豆子赌博的一种形式,流行于广东人中间。

一时间告诉范·维克滕夫妇去看她的表演,这一次她没有出声,个中缘由不言而喻。[21]

柳霜也在重组自己的精神生活。她成长于一个长老会教派和新儒家信仰相结合的家庭环境中,成年后信奉基督教科学派的教义。1953年出现的身体健康问题使她确信,玛丽·贝克·艾迪[①]的说教并不充分。现在她开始接受基督教合一派(Unity School of Christianity)的传道,她的很多女性朋友都是这个派的成员。柳霜告诉范·维克滕夫妇,合一教堂的牧师休·斯金博士(Dr. Sue Sikking)给她们授课,这些教义给了她"幸福和快乐的人生观,我每天都期盼愉快的生活"。柳霜相信教会使她摆脱了身体危机,重获健康。1960年初,她在院子里试图抱起一只迷失的猫,但这只猫抓伤了她的脸,弄坏了她的右眼,使她的前额肿胀,并发了一场高烧。柳霜服了医生开的药,但却认为是合一教堂的康复课治愈了她,她称后者的疗效神奇。她为纽约的朋友们祈祷。柳霜也从文学作品中找到精神的慰藉。法尼亚·马莉诺夫给她寄来了林语堂的新书《古文小品译英》(*The Importance of Understanding*),柳霜非常喜爱这本书。她认为这"实际上是一本汉语词典"(虽然林语堂早在30年前就编著过一本真正的汉语词典),同时她还发现在一个"由于其他民族的误解而导致的紧张和压力时代",这本书所传递的信息非常有意义。[22]

被电视上一系列成功的经历鼓舞,柳霜在1960年6月正式宣布复出。因为她的老朋友们帮她得到一些角色,她的电影演艺事业看来正在复兴。首先,她在由拉娜·特纳(Lana Turner)和安东尼·奎因主演的电影《黑衣肖像》(*Portrait in Black*, 1960)中饰演一个小角色,奎因是柳霜自20世纪30年代以来的好朋友。这部电影被称为她离别银幕17年后重返影坛之作(1949年的《冲撞》可以忽略不计);这一次,柳霜又不得不饰演一个女仆,《综艺》杂志声称对于她的复

[①] Mary Baker Eddy,基督教科学派的伊始人。

出来说，这是一个"吃力不讨好的作品"。这部电影在是年的6月发行，因此环球制片公司要求她飞往纽约参加发布会和个人见面会。这是柳霜自录制电视节目以来最大的一次进展。柳霜毫无疑问非常珍惜这次赴纽约的机会，因为可以见到范·维克滕夫妇和其他老朋友。从纽约开始，随着这部电影的巡回上映，她去了波士顿、华盛顿、巴尔的摩、克利夫兰、底特律和芝加哥，还在芝加哥进行了全球首映的庆祝仪式。7月初，柳霜回到了圣莫尼卡，此时她已是筋疲力尽，但却非常快乐。更好的消息是，电影《黑衣肖像》的制片人罗斯·亨特（Ross Hunter）购买了《花鼓歌》（*Flower Drum Song*）的版权，邀请柳霜饰演片中的主角之一姑妈，该影片于1961年2月开拍。作为好莱坞首批拍摄商业大片的导演之一，亨特认为柳霜已经完全康复，足以出演耗体力的角色，因为这部影片有一些载歌载舞的壮观场面。这一事实也表明，他觉得她已经准备好东山再起。亨特对柳霜以朋友相待，并且保证她获邀出席首映礼，这样可以让她的影迷们见证她的复出之路。[23]

安东尼·奎因及其妻子凯瑟琳后来宣称，在奎因主演、尼古拉斯·雷（Nicholas Ray）执导的新电影《雪海冰上人》（*The Savage Innocents*，1960）中，"安娜·媚"饰演了一个角色。很有可能的是，这个叫"安娜·媚"的女演员是玛丽·杨（Marie Yang），她在英国的时候即以"安娜·媚"的名字饰演了一些小角色。不过，真正的安娜·媚（柳霜）应该庆幸她没有出演这个角色，因为无论怎样粉饰，该片都不能掩盖它本身的瑕疵。如果柳霜看到这部电影，她一定会感觉回到20年代初，该片唯一的长处是它精彩靓丽的拍摄手法。[24]

1960年秋，柳霜从阿拉斯加回到家里，她下决心要获得更多角色，同时帮助锦英照看店铺。除了《花鼓歌》，传说她还将出演另一部大片《苏丝黄的世界》（*The World of Suzie Wong*，1960）。柳霜告诉范·维克滕夫妇，除了圣诞节期间被"某种病毒"折磨而卧床外，她的状况很好。1961年1月，她告诉朋友们自己感觉好多了，并且正在为过年和可能接拍的新电影做准备。她宣布说，她参演的《芭芭拉·斯坦威克剧院》（*Barbara Stanwyck Theater*）将于 1961 年 1 月 30 日在国家广播公司（NBC）播映，同时她在《危险人物》（*Danger Man*）中参演的《半途而废的旅程》（*The Journey Ends Halfway*）这一集将在 5 月 24 日播映。还有其他的工作接踵而来。[25]

事实上，柳霜正在挣扎求生。所谓的病毒折磨实际上是她的肝病又复发了，她每周都要到罗伯特·F·斯蒂尔（Robert F. Steele）医生那里打针，斯蒂尔必须每天给她做检查。她遇到的所有人都注意到她的病情的严重性。罗斯·亨特不情愿地用胡安妮塔·霍尔（Juanita Hall）代替柳霜出演《花鼓歌》。新年那天的一大早，柳霜的老房客康拉德·多尔在一家银行门口遇见她，觉得她看上去病得不轻。[26] 不过，她在写给范·维克滕夫妇的信中仍然对未来保持积极乐观。谁料想，2 月 3 日下午，柳霜在家里小憩时突发心脏病，于下午三时溘然长逝。锦英发现后马上通知斯蒂尔医生，待他匆匆赶来时，已回天无力，宣布她已经死亡，享年 56 岁。全美和英国许多报刊报道了她去世的消息，这些报道错误地将她的年龄说成是 54 岁。[27]

在柳霜的遗嘱中，她将毛皮大衣、珠宝和一些现金遗赠给姐姐露露。她的绝大部分财产，包括公寓和 80 000 美元的现金，都遗赠给了锦英。柳霜特别指出，她没有留什么东西给经材、伟英和瑞英，因为她已经在生前给他们提供了很多。要是黄善兴还活着的话，他一定也得不到任何遗产。将其他人排除在遗产馈赠之外是很奇怪。毫无疑问，锦英跟柳霜一起生活了 20 多年。然而，对于柳霜的生活来说，他是否比其他兄弟付出得更多？经材、伟英和瑞英以前也没有得到过柳霜很多钱物方面的帮助；反倒是锦英经常受到她慷慨大方的资助。她早逝的根源在于酗酒。她的去世给家人们带来极大痛苦的同时，也无疑造成紧张的家庭关系。她的财产颇多，这要归功于柳霜对收支的精心管理。考虑到她在 20 年的时间里都没有固定的电影公司薪水，她还是相当成功的。尽管演艺圈的许多偏见限制了柳霜的演艺事业，但是与许多同代人因贫困而死或寄人篱下的命运相比，她的晚年还是好很多。[28]

追思会于 2 月 8 日在圣莫尼卡西教堂的合一厅举行，由斯金牧师主持。多年前，在柳霜游历于美国各地推广中国的美容习俗时，她曾描述过一个重要人物的葬礼。按照传统习俗，柳霜的遗体将由雇用的送葬者陪送到墓地，一路"点着香以净化空气"。同时，在途中还要烧纸钱，一路上要为送葬者提供茶点。有人希望她的家人能够遵循这些传统。但有迹象表明柳霜希望遵循台山人的传统，在她的遗嘱里，她要求家人将她火化。根据这一要求，露露将柳霜的遗体在伍德兰公墓的太平洋殡仪馆火化。然后，她的骨灰被安放于她母亲在罗斯代尔公墓的棺木旁边。墓碑上只用中文写着她母亲的名字，柳霜的名字写在旁边，上面既没有日期也没有墓志铭。颇具讽刺意味的是，她的墓地附近埋葬着马歇尔·尼兰和托德·布朗宁，正是这两个人让她生前备受折磨。[29]

后记　余音绕梁

柳霜去世后，锦英将店铺关闭了一个月。他首先拜会的人包括范·维克滕夫妇，他在4月14日的信中对他们表达了谢意。锦英说自己已经厌倦了无所事事，准备回去工作。他安慰维克滕夫妇，说柳霜和自己都相信生命永恒，"终有一天，我们会再次相逢，共享重聚的幸福时光"。当年年底，锦英关掉店铺，在附近的退伍军人管理局找了份差事。新工作按时上下班，压力小，收入比经营东方装饰品还要高一些。在接下来的几年中，锦英一直与真诚的维克滕夫妇保持联系。1964年，锦英欣喜地告诉他们自己已经结婚，太太卡罗尔（Carol）已经有孕在身，孩子将是黄善兴和李恭桃夫妇的长孙。此外黄李再无其他孙辈。

在中国，黄斗南一家的情况要好得多。尽管斗南只有3个女儿此时仍然健在，但他有14个孙女、7个孙儿。全家人经历了中国巨大的政治变局。在70年代的一张家庭照上，斗南的4个女儿穿着农民装、留着"解放头"——头发齐刷刷齐耳剪掉。到80年代，斗南的女儿们开始移民北美，分别住在底特律和多伦多。长达数十年的隔断使柳霜的记忆仅仅保留在已泛黄的电影杂志里关于她1936年访华的相关记述中。斗南和父亲的境况较好。每年，仍然住在中国的黄家子孙们都会聚集在长安村祭奠良念（黄善兴在长安村的名字）和斗南。[1]

随后的几十年间，柳霜的其他兄弟姐妹也陆续过世。1971年4月10日，曾在洛杉矶圣约翰大学执教多年的黄经材因心脏病去世。应露露的要求，经材被火葬，骨灰安放在罗斯代尔公墓他父亲的墓穴旁边。黄瑞英从麦道航空公司仓库管理员的岗位退休后，1993年12

月26日辞世，享年88岁。他没有与家人葬在一起，而是安息在好莱坞山的林茵纪念公园。1995年10月31日，露露也告别人间，此时距她93岁生日仅两个月。锦英则于2007年12月14日去世，享年85岁。黄家人普遍长寿，这似乎可以证明柳霜为追逐好莱坞之梦所付出的代价。[2]

  柳霜的遗产远远超越她的直系家庭。柳霜被视为早期电影时代最伟大的美国亚裔影星，她引领了后来的演员。正如谢汉兰所言，柳霜在银幕上的典型形象自然而然地演化为几十年后的经典妓女形象苏丝黄。但柳霜去世时，恰逢美国亚裔演员短暂的黄金时代。关南施（Nancy Kwan）和威廉·霍尔登（William Holden）主演的《苏丝黄的世界》更大胆也更细腻地演绎了跨种族的爱情，远超过柳霜的任何一部电影。1961年，罗斯·亨特拍摄的《花鼓歌》是美国第一部全部采用亚裔演员的电影。亨特的这部电影原本邀请柳霜出演，影片在处理文化融合与性别定型问题上微妙而睿智，这正是柳霜终其一生孜孜以求的。与柳霜在电影中的表现不同，关南施在这部电影中载歌载舞，"我喜欢自己的女儿身"，意气风发；然而，在这两部轰动一时的电影后，亚裔演员总体上在美国电影中仍然很少出现，也受到诸多限制。1967年，周采芹（Tsai Chin，周信芳之女）在007系列电影《雷霆谷》（*You Only Live Twice*）中饰演一个楚楚动人的中国女子，与肖恩·康纳利（Sean Connery）演对手戏。其他华人演员如郭邓如鸾（Beulah Quo）、赵李驰（Chao Li-Chi）、詹姆斯·洪（James Hong）和卢燕（Lisa Lu）等，都只能凭借二流角色赢得短暂的名气，却始终不能突破好莱坞选用演员的限制。

  甚至到了90年代，华人和其他亚裔演员仍然经常眼看着"黄面孔"从自己手中抢走人物角色。关南施发现，只有去欧洲和香港才能冲破挑选演员的种族限制。关离开美国在外发展十年后重返好莱坞时发现，人们对苏丝黄的批评多过赞誉。关比其他许多亚裔演员乐观，他们中的许多人认为自己能够出演的角色深受种族偏见所限。他们面临的约束比柳霜经受的有所松动，但是柳霜所抱怨的演艺圈内刻板的角色定型却一直延续到今日。³

人们对柳霜的记忆主要在于电影，但故去之后，她在电影界的影响比起其他影视界的亚裔演员并没有好多少。玛琳·黛德丽使《上海快车》持续受到关注，但几十年来却鲜有评论注意到柳霜的其他电影：在美国，柳霜的电影偶尔出现在深夜的节目中；在欧洲，尤其是英国，她的电影是各种电影节的主打影片；但在中国，毫不奇怪，柳霜早已被淹没在历史中，鲜为人知。

亚裔美国人对她的评价毁誉参半。为她反面的银幕形象和不羁的生活感到尴尬，柳霜如今已被推入"无名女子"的境地。作家偶尔将她贬为龙女或花蝴蝶，但并没有超越国民政府在30年代对她的指责。渐渐地，有人意识到对她的评价不应局限于"融合了异域情调，滑稽可笑的性感女星"。尽管人们开始关注她的演艺生涯，但却很少有作者仔细研究过柳霜的遗产。如今有零星的有关她的诗歌、戏剧及评论，但还缺少持续性的整体研究。⁴

对柳霜的认识偶尔也会透出一线曙光。1973年，亚洲时装设计师协会（Asian Fashion Designers）将年度大奖以柳霜的名字命名，以纪念她在演艺生涯中对时尚的影响。通过这小小的方式，柳霜的名字不至于被完全遗忘。人们纷纷制造各种服装、化妆品和玩偶向她致敬。⁵

对她的缅怀持久有力，以无形的方式存在。有一类理解边缘化情感的文化让黄柳霜的名字长存。同性恋者推崇她和她的影艺生涯，往往把柳霜视为同类，从她身上获得灵感用于新的创作。有名的流行画家安迪·沃霍尔（Andy Warhol）在诸多明星中尤其崇拜柳霜，他在其艺术生涯早期设计了一件拼贴艺术品"疯狂的镀金拖鞋"，来表达对柳霜的敬意。沃霍尔其他的鞋子作品大多轻灵空幻，而这幅向柳霜致敬的作品则散发着悲凉和阴暗。这双鞋的弧度极高，必须弓着脚才能穿上，就像几百年来中国妇女的裹足。尽管柳霜躲过了缠足的厄运，但好莱坞电影公司却用限制性的卑微角色"束缚"她的才华，这类角色凸显西方式的、被邪恶地肉欲化了的中国妇女。被这双鞋装住的双腿呈现土黄色，布满了发黑的静脉，向人们倾诉着柳霜在演艺生涯中所受的痛苦。这样的颜色很少出现在沃霍尔50年代的作品中，预示着他以小道新闻报纸、死刑执行室和60年代的种族暴乱为题的死亡图像。沃霍尔和柳霜大概从未相遇过，但他独特的天才却使他能洞穿柳霜的事业。

雷·约翰逊（Ray Johnson）是一名拼贴图和波普艺术家，有时做沃霍尔的合伙人。约翰逊不善于与女子打交道，他曾在文章中写道，"柳霜就像一只指路的手，告诉我'往那边走'。"约翰逊曾为来自全国各地的艺术家创办了一个名为纽约函授学院（New York Correspondence School）的幻想俱乐部。这是一个有些轻挑讽刺的名称。在柳霜去世后的几年间，她一直是这个俱乐部的核心人物。约翰逊用邮递艺术作为概念媒介招揽别人加入他的圈子，一旦联系上，参加者便加入他的俱乐部。在这个有着微妙联系的世界中，约翰逊为马塞尔·杜尚、设计师帕洛玛·毕加索（Paloma Picasso）和女演员谢利·杜瓦尔（Shelly Duvall）以及柳霜之类的人物着迷。1972年6月3日，约翰逊发起了想象的黄柳霜影迷俱乐部，参加者在纽约文化中心礼堂会面。博物馆馆长迈克尔·芬尼（Michael Finney）的模特妻子内奥米·西姆斯（Naomi Sims）扮演柳霜。西姆斯是个性感撩人的非洲裔美国人，正符合柳霜在约翰逊心目中诡异的美。约翰逊之所以推动这样的聚会，只是想知道在这种对明星幻想的痴迷中，这些参加者能够制造何种机会。所谓无心插柳，约翰逊使柳霜的名字在一大群有影响的艺术家和知识分子中间留存。[6]

其他同性恋者出于"坎普"①的原因被柳霜吸引。苏珊·桑塔格（Susan Sontag）令人信服地指出，尽管坎普不是典型的同性恋审美，坎普情结和同性恋审美有特别的"关联与相似之处"。桑塔格著有一部讨论坎普情结的书,在她看来,同性恋和坎普爱好者把柳霜在电影中和公众前的形象视作一种风尚,而非实质性的东西;她的东西边缘化、高度矫揉造作和夸张,充满了双重意义和信号。通常,她的作品被视作"如此糟糕,以至于倒成了好的"。由此观之,柳霜的真诚起了反作用,因为她的严肃认真没有成功。[7]

男同性恋者也觉得柳霜的服饰太"夸张"。尽管我们可以从柳霜的服饰中解读出政治和民族含义,但男同性恋者认为她的京剧戏服有些过火了。保罗(Paul)就是其中之一。他是百老汇经典音乐剧《歌舞线上》(*A Chorus Line*)中的演员,也是"珠宝盒剧团"[②]中男扮女装的舞蹈演员,他回忆说剧团里没有人"有尊严,大多为自己的职业感到羞愧"。有一次,剧团在第125大街的阿波罗剧院演出,上演"这个东方人的节目"。保罗记得,"我看上去像黄柳霜,头发两侧各戴一朵大菊花,头顶一个巨大的头饰,上面挂满了金色的小球,四处摇晃。"在保罗走向舞台的途中,他遇见了自己的父母,老保罗夫妇出乎意料地前来观看表演。母亲看着他不禁惊叫"天哪!"柳霜的戏服穿在男人身上无疑更具震撼力。[8]

这种同性恋感觉部分地与马丁·黄(Martin Wong)的艺术创作观点接合起来。黄是一位颇有天赋的画家,其创作的环境是纽约市下东区,他把自己刚毅的城市现实主义风格与同性恋形象以及对华人和华人祖先的尊敬结合起来。黄用店铺、洗衣店的标志、餐馆和街景等华裔美国人的典型形象进行创作。他曾潜心研究安迪·沃霍尔的波普艺术,在80年代末和90年代初分别创作出令人钦佩的梅兰芳和黄柳霜肖像画。在这一创作过程中,他重振了亚裔美国知识分子对柳霜严肃的学术兴趣。[9]

尽管同样对柳霜性感的神秘感兴趣,但是专注于研究亚裔美国人

---

① camp,多元化的性别观,但常常指同性恋。
② Jewel Box Revue,著名的男扮女装剧团。

历史的新兴学者们却没有上述轻松玩乐的一面。对他们而言，柳霜是一个亟待解决的难题。或许她会被定位为一位杰出的贡献者，就像在医学、政治、教育、体育等重要领域中有突出贡献的亚裔先锋一样。我们可以在关于亚裔美国人历史的百科全书中发现，对柳霜的简短介绍往往与其他亚裔开拓者并列。因为柳霜的遗产对亚裔族群内外的人有着不同的意义，因此相比那些其他领域的先驱，要想重新构建对柳霜的记忆，就需要更开阔而微妙的视野。

忠实地将柳霜写入自己著作的是剧作家黄哲伦（David Henry Hwang）。他的获奖作品《蝴蝶君》（*M. Butterfly*）借鉴了普契尼的《蝴蝶夫人》的主题和基调，这也是柳霜《海逝》一片的主题。戴维·克罗嫩贝格（David Cronenberg）将《蝴蝶君》搬上银幕，从中可以看到柳霜的影子。正如辛西亚·刘（Cynthia Liu）所言，片中的人物桑让人回想起柳霜其中一部最好的电影中的人物，也促使一家影迷杂志让这位已经去世的女星重登封面，让人们思索围绕着她的喜与悲的讽刺性。在这一点上，这部电影提示人们如何理解柳霜何以成为一个忧郁而阴柔的女星的缩影。[10]

直至今日，华裔美国演员仍未走出柳霜的阴影。1987年，陈冲凭借《末代皇帝》（*The Last Emperor*，1987）一鸣惊人，但在90年代，她发现自己饰演的角色走上柳霜的老路。在短篇电视剧《大班》（*Tai-Pan*）中，陈冲饰演一个中国娃娃式的妓女。目前风头最劲的华裔美国影星是刘玉玲（Lucy Liu），而她的戏路却只局限在亚裔动作片上。其他亚裔美国演员从柳霜的人物角色和演艺之路上找到类似的艺术灵感。诗人约翰·姚（John Yau）将他的一首诗命名为《无人曾试吻黄柳霜》，诗中思索柳霜穿行欧洲时的寂寞、她的孤傲以及她在影坛的挫折，而所有这一切都没有爱情的滋润。杰西卡·哈格多恩（Jessica Hagedorn）1971年的诗作《柳霜之死》将她奉为银幕上的亚裔美国女性之母。就像马丁·黄用姑妈比拟对柳霜的理解一样，哈格多恩在自己的母亲身上看到柳霜那悠远的母性魅力。最近，伊丽莎白·黄（Elizabeth Wong）的戏剧《中国娃娃》（*China Doll*），直接取材于柳霜的生平。正如辛西亚·刘所说，这类形象帮助亚裔美国艺术家摆脱了东方主义视野下柳霜的负面形象。[11]

如今还有许多艺术家正把柳霜放入自己的作品中，如迈克·凯利（Mike Kelly）就用洛杉矶唐人街的许愿井表达自己对柳霜的仰慕，该许愿井是派拉蒙影业公司赠予唐人街的礼物的一部分。凯利重修了这个著名的雕塑，并增加了柳霜的剧照。柳霜的影响也渐渐渗入时尚界。如同在美国的亚裔艺术家们想讲述他们自己人的故事，本书试图揭示的是：柳霜的范例和精神将熠熠生辉，照亮我们脚下的路。

参演影片目录

1. 《红灯笼》（*The Red Lantern*）。大都会电影公司 1919 年出品。阿尔伯特·卡贝拉尼（Albert Capellani）执导。由琼·马西斯（June Mathis）和卡贝拉尼改编自伊迪丝·惠利（Edith Wherry）的小说《红灯笼——灯笼女神的故事》（*The Red Lantern*: *Being the Story of the Goddess of Lantern Light*）。电影共有七盘胶片。主演有：艾拉·娜兹莫娃、爱德华·J．康纳利（Edward J. Connelly）、诺亚·比里、弗兰克·柯里尔、青山由纪夫（Yukio Ao Yamo）、达雷尔·福斯（Darrell Foss）、麦克韦德夫人（Mrs. McWade）、弗吉尼亚·罗斯、温特·霍尔、玛丽·范内斯（Mary Van Ness）、哈里·曼（Harry Mann）。柳霜在片中跑龙套。

2. 《法外之徒》（*Outside the Law*）。环球影业，1920 年。卡尔·莱姆勒（Carl Laemmle）出品，托德·布朗宁执导，吕西安·于巴尔（Lucien Hubbard）和布朗宁共同编剧，威廉·费德罗（William Fildew）摄影，影片共有八盘胶片。主演有：普里西拉·迪恩、拉尔夫·刘易斯（Ralph Lewis）、朗·钱尼、惠勒·奥克曼、E. A. 沃伦、斯坦利·戈瑟尔斯（Stanley Goethals）、墨尔本·麦克道尔（Melbourne MacDowell）和威尔顿·泰勒（Wilton Taylor）。柳霜是片中的群众演员。

3. 《小丁》（*Dinty*）。第一国民联合电影公司，1920 年。马歇尔·尼兰和约翰·麦克德莫特（John McDermott）联合执导，马里昂·费尔法克斯（Marion Fairfax）编剧，尼兰提供剧情。戴维·凯森（David Kesson）、查尔斯·洛奇尔（Charles Rosher）和福斯特·莱奥纳德（Foster Leonard）任摄影，共有七盘胶片。主演有：韦斯利·巴里、科林·穆尔、汤姆·加勒里（Tom Gallery）、巴尼·谢里（Barney Sherry）、玛乔丽·道（Marjorie Daw）、老诺亚·比里（Noah Beery, Sr.）、沃尔特·张（Walter Chung）、帕特·奥马里（Pat O'Malley）、凯特·普赖斯（Kate Price）、汤姆·威尔逊（Tom Wilson）、阿伦·米切尔（Aaron Mitchell）、牛顿·霍尔（Newton Hall）、杨·希普（Young Hipp）和霍尔·威尔逊（Hal Wilson）。柳霜饰演"唐人街的居民"。

4. 《冰火两重天》（*A Tale of Two Worlds*）。古德温电影公司，1921 年。弗兰克·劳埃德（Frank Lloyd）执导，J. E. 纳什（J. E. Nash）编剧，古维诺·莫里斯（Gouveneur Morris）身上提供素材。该片由诺伯特·布罗丹（Norbert Brodin）摄影，哈里·威尔（Harry Weill）拍摄剧照，同时也身兼副导演。主演包括：J·弗兰克·格伦登（J. Frank Glendon）、莱提斯·乔伊、华莱士·比里、E. A. 沃伦、玛格丽特·麦克韦德（Margaret McWade）、山本东乡（Togo Yamamoto）、杰克·尤特克·阿贝（Jack Yutake Abbe）、路易·张（Louie Cheung）、周杨（Chow Young）、艾特·李（Etta Lee）、阿丁（Ah Wing）、五郎奇诺（Goro Kino）、阿瑟·索姆斯（Arthur Soames）、艾迪斯·查普曼（Edythe Chapman）、德怀特·克里滕登（Dwight Crittenden）和艾琳·里奇（Irene Rich）。柳霜在片中跑龙套。

5. 《白老鼠》（*The White Mouse*）。塞利格-罗克影视公司，1921 年。贝尔特伦·布拉肯（Bertram Bracken）执导。主演：韦斯利·巴里、威拉德·路易斯（Willard Louis）、玛格丽特·麦克韦德、刘易斯·斯通（Lewis Stone）、埃塞尔·格雷·特里（Ethel Grey Terry）和贝茜·王（Bessie Wang）。柳霜饰演华人妻子的小角色。

6. 《长子》（*The First Born*）。早川影业公司，罗伯特森-科尔发行公司投资，1921 年。科林·坎贝尔（Colin Campbell）执导，弗雷德·斯托尔斯（Fred Stowers）根据弗朗西斯·鲍威尔（Francis Powers）的同名小说改编而成，共有六盘胶片。主演有：早川雪洲（Sessue Hayakawa）、海伦·杰尔姆·埃迪（Helen Jerome Eddy）、"大男孩"

沃德（Warde）、五郎奇诺、玛丽·帕维斯（Marie Pavis）、威尔逊·汉默尔（Wilson Hummel）、弗兰克·M·赛琪（Frank M. Seki）。柳霜饰演女仆。

7. 《人生》（*Bits of Life*）。马歇尔·尼兰出品，第一国民联合电影公司投资，1921年。尼兰执导，露西亚·斯夸尔（Lucita Squire）编剧，根据尼兰的轶事改编，共六盘胶片。主演有：韦斯利·巴里、罗克莱夫·菲勒斯（Rockliffe Fellowes）、朗·钱尼、老诺亚·比里、约翰·鲍尔斯（John Bowers）和黄柳霜。柳霜饰演钱尼的妻子宋彤（Toy Sing）。

8. 《羞耻》（*Shame*）。福克斯电影公司，1921年。艾米特·弗林（Emmett Flynn）执导。本片由弗林和伯纳德·麦克康维尔（Bernard McConville）编剧，根据马克斯·布兰德（Max Brand）的"执着"改编而成，由卢西恩·安德罗特（Lucien Androit）摄影，共九盘胶片。主演有：约翰·吉尔伯特、米奇·摩尔（Mickey Moore）、弗兰基·李（Frankie Lee）、乔治·西格曼（George Siegmann）、威廉·V·蒙格（William V. Mong）、乔治·尼克尔斯（George Nichols）、黄柳霜、罗斯玛丽·西贝（Rosemary Theby）、多丽丝·伯恩（Doris Pawn）和"红色"卡比（David Kirby）。柳霜饰演李春。

9. 《海逝》（*The Toll of the Sea*）。大都会电影公司的彩色电影制片厂，1922年。切斯特·M·富兰克林执导，弗朗西斯·马里昂提供素材并担任编剧，J. A. 贝尔（J. A. Bell）摄影，共五盘胶片。主演有：黄柳霜、肯尼斯·哈兰、比阿特丽斯·本特利（Beatrice Bentley）、芭比·马里昂（Baby Marion）、艾特·李（Etta Lee）和杨明（Ming Young）。柳霜在片中饰演女主角莲花。

10. 《漂流》（*Drifting*）。环球影业，1923年。托德·布朗宁执导，布朗宁和 A. P. 扬格（A. P. Younger）共同编剧，改编自约翰·克尔顿（John Colton）和黛西·安德鲁斯（Daisy Andrews）的同名戏剧，由威廉·费德罗摄影，共七盘胶片。主演有：普里西拉·迪恩、马特·摩尔、华莱士·比里、J.法雷尔·麦克唐纳德（J. Farrell MacDonald）、罗斯·迪奥内（Rose Dione）、埃德娜·蒂奇纳（Edna Tichenor）、威廉·蒙格、黄柳霜、布鲁斯·介朗（Bruce Guerin）、威廉·莫兰（William Moran）、玛丽·德·阿尔伯特（Marie De Albert）和弗兰克·兰宁（Frank Lanning）。蒙格在片中出演中国医生，柳霜饰演她的女儿罗斯·李（Rose Lee）。

11. 《雷鸣的晨曦》（*Thundering Dawn*）。环球影业，1923年。哈里·加里森执导，约翰·布兰克伍德（John Blackwood）提供剧情，莉诺·科菲（Lenore Coffee）和约翰·古德里奇（John Goodrich）编剧，共有七盘胶片。主演：温特·霍尔、托马斯·桑斯奇（Thomas Santschi）、J.沃伦·克里根、安娜·尼尔森、查尔斯·克拉里（Charles Clary）、黄柳霜、乔治亚·伍德索普（Georgia Woodthrope）、理查德·基恩（Richard Kean）、爱德华·伯恩斯（Edward Burns）和温妮弗雷德·布莱森（Winifred Bryson）。柳霜饰演吧台女。

12. 《巴格达窃贼》（*The Thief of Bagdad*）。联美公司道格拉斯·范朋克工作室，1924年。拉乌尔·沃尔什执导，阿瑟·埃德森（Arthur Edeson）摄影。洛塔·伍兹（Lotta Woods）编剧，埃尔顿·托马斯（Elton Thomas）提供剧情，共十四盘胶片。主演有：老道格拉斯·范朋克、斯尼兹·爱德华兹（Snitz Edwards）、查尔斯·贝尔彻（Charles Belcher）、茱兰·约翰斯顿（Julanne Johnston）、黄柳霜、温特·布洛瑟姆、艾特·李、布兰登·赫斯特（Brandon Hurst）、托特·杜·克罗（Tote G. Du Crow）、索衿（Sojin）、K. I. 南部（K. I. Nambu）、萨奇·哈特曼（Sadakichi Hartmann）、诺贝尔·约翰逊（Nobel Johnson）、马蒂尔德·科蒙（Mathilde Comont）、查尔斯·斯蒂芬斯（Charles Stevens）和查尔斯·西尔韦斯特（Charles Sylvester）。柳霜在片中饰演蒙古女奴。

13. 《第四十道门》（*The 40th Door*）。Pathé Exchange，1924年。C.W.帕顿（C. W. Patton）担任制片，乔治·B·塞茨（George B. Seitz）执

导。弗农·沃克（Vernon Walker）摄影，由弗兰克·莱昂·史密斯（Frank Leon Smith）改编自玛丽·哈斯廷斯·布拉德利（Mary Hastings Bradley）的同名小说，共六盘胶片。主演有：阿莱妮·雷（Allene Ray）、布鲁斯·戈登（Bruce Gordon）、弗兰克·拉克廷（Frank Lackteen）、黄柳霜、伯纳德·西格尔（Bernard Siegel）、莉莲·盖尔（Lillian Gale）、艾丽·斯坦顿（Eli Stanton）、弗兰克·曼（Frank Mann）、斯科特·麦吉（Scott McGee）和奥马尔·怀特黑德（Omar Whitehead）。这是1924年系列电影中的一部，柳霜在片中饰演吉娜（Zira）。

14. 《阿拉斯加人》（*The Alaskan*）。派拉蒙公司旗下的明星拉斯基公司，1924年。赫伯特·布勒农（Herbert Brenon）执导，由威利斯·戈德贝克（Willis Goldbeck）改编自詹姆斯·奥利弗·柯尔伍德（James Oliver Curwood）的同名小说，共七盘胶片。主演有：托马斯·梅根、埃斯特尔·泰勒（Estelle Taylor）、约翰·塞恩波利斯（John Sainpolis，后来改名为约翰·圣·波利斯 [John St. Polis]）、弗兰克·康波（Frank Campeau）、黄柳霜、阿方斯·艾纳（Alphonz Ethier）、莫里斯·坎农（Maurice Cannon）和查尔斯·奥格尔（Charles Ogle）。柳霜饰演爱斯基摩少女基克（Keok）。

15. 《彼得·潘》（*Peter Pan*）。派拉蒙公司旗下的明星拉斯基公司，1924年。赫伯特·布勒农执导，由威利斯·戈德贝克改编自詹姆斯·马修·巴里（James Matthew Barrie）的小说《彼得·潘》或《永远长不大的男孩》（*The Boy Who Wouldn't Grow Up*），共十盘胶片。主演有：贝蒂·布朗森、厄内斯特·托兰斯、西里尔·查德威克（Cyril Chadwick）、弗吉尼亚·布朗、费尔、黄柳霜、埃斯特·罗尔斯顿（Esther Ralston）、乔治·艾丽（George Ali）、玛丽·布赖恩（Mary Brian）、菲利普·德莱赛（Philippe De Lacey）和杰克·墨菲（Jack Murphy）。柳霜饰演虎莲（Tiger Lily）。

16. 《四十记媚眼》（*Forty Winks*）。派拉蒙公司旗下的明星拉斯基公司，1925 年。弗兰克·于尔松（Frank Urson）和保罗·伊里布（Paul Iribe）执导，佩弗雷尔·马利（Peverell Marley）摄影。贝尔特伦·米尔豪瑟（Bertram Millhauser）改编自戴维·贝拉斯科（David Belasco）和西席·B·地密尔的小说《查姆利勋爵》，共七盘胶片。主要演员包括：维奥拉·达纳（Viola Dana）、雷蒙德·格里菲斯、西奥多·罗伯茨（Theodore Roberts）、西里尔·查德威克、黄柳霜和威廉·博伊德（William Boyd）。柳霜饰演女冒险家安娜贝勒·吴（Annabelle Wu）。

17. 《最美一刻》（*His Supreme Moment*）。第一国民电影公司塞缪尔·戈尔德温工作室出品，1925 年。乔治·菲茨莫里斯（George Fitzmaurice）执导，阿瑟·米勒（Arthur Miller）摄影，弗朗西斯·马里昂改编自梅·埃丁顿（May Edington）的《永无止境》（*World Without End*），共有八盘胶片。主演有：布兰奇·斯威特、罗纳德·科尔曼、凯瑟琳·迈尔斯（Kathleen Myers）、贝尔·本内特（Belle Bennett）、西里尔·查德威克、内德·斯帕克斯（Ned Sparks）、尼克·德鲁兹（Nick De Ruiz）和黄柳霜。柳霜饰演后宫女孩。

18. 《第五大道》（*The Fifth Avenue*）。制片人发行公司贝尔斯科工作室，1926 年。A. H. 塞巴斯蒂安（A. H. Sebastian）制片，罗伯特·G·维尼奥拉（Robert G. Vignola）执导。詹姆斯·C·范特里（James C. Van Tree）摄影，由安东尼·科德威（Anthony Coldeway）改编自阿瑟·斯特林格（Arthur Stringer）的《第五大道》，共六盘胶片。主演有：玛格丽特·德拉莫特（Marguerite de la Motte）、阿兰·福里斯特（Allan Forrest）、路易斯·德雷瑟、威廉·蒙格、克劳馥·肯特（Crauford Kent）、露西尔·李·斯图尔特（Lucille Lee Stewart）、黄柳霜、莉莲·朗登（Lillian Langdon）、约瑟芬·诺曼（Josephine Norman）、萨利·朗（Sally Long）和弗洛拉·芬奇（Flora Finch）。柳霜饰演妓女南洛（Nan Lo）。

19. 《唐人街之旅》（*A Trip to Chinatown*）。福克斯电影公司，1926 年。

罗伯特·P·科尔（Robert P. Kerr）执导，巴尼·麦吉尔（Barney McGill）摄影，比阿特丽斯·范（Beatrice Van）编剧，查尔斯·霍伊特（Charles Hoyt）提供剧情，共六盘胶片。主演包括：玛格丽特·利文斯顿（Margaret Livingston）、厄尔·福克斯（Earle Foxe）、J. 法雷尔·麦克唐纳、黄柳霜、哈里·伍兹、玛丽·阿斯泰尔（Marie Astaire）、格拉迪斯·麦克康纳尔（Gladys McConnell）、查尔斯·法雷尔（Charles Farrell）、黑兹尔·豪厄尔（Hazel Howell）、威尔逊·本奇（Wilson Benge）和乔治·库瓦（George Kuwa）。柳霜饰演奥哈提（Ohtai）。

20. 《丝绸之花》（*The Silk Bouquet*，又译《龙马》[*The Dragon Horse*]）。马克电影公司与中国教育电影公司合作，费尔蒙公司出品，1926 年。哈里·里维尔（Harry Revier）执导，编剧和剧情都已不清楚，共八盘胶片。主演有：吉米·梁、黄柳霜、张飞鸿（Fay Kam Chung）、玛丽·玛格丽（Marie Muggley）、K. 纳缅（K. Namian）和厄妮·韦布尔（Ernie Viebare）。

21. 《沙漠的代价》（*The Desert's Toll*，又译《恶魔的丧钟》[*The Devil's Tull*]）。米高梅，1926 年。克利福德·史密斯（Clifford Smith）执导，杰克·洛奇（Jack Roach）摄影，加德纳·布拉德福德（Gardner Bradford）为本片命名，共六盘胶片。主演有：凯瑟琳·基（Kathleen Key）、大树酋长（Chief Big Tree）（本名伊萨克·约翰尼·约翰 [Isaac Johnny John]——译注）、黄柳霜、汤姆·桑斯奇（Tom Santschi）、卢·米汉（Lew Meehan）、弗朗西斯·麦克唐纳德（Francis McDonald）和吉恩·"大男孩"·威廉姆斯（Guinn "Big Boy" Williams）。柳霜饰演印第安女孩奥尼塔（Oneta）。

22. 《忤逆女》（*Driven from Home*）。查德威克工作室，1927 年。詹姆斯·杨（James Young）执导，厄内斯特·米勒（Ernest Miller）拍摄，伊尼德·海伯德（Enid Hibbard）和埃塞尔·霍尔（Ethel Hall）编剧，故事来自霍尔·里德（Hal Reid），共七盘胶片。主演有：

雷·霍勒（Ray Hallor）、弗吉尼亚·李·科尔宾（Virginia Lee Corbin）、保丽娜·加衣（Pauline Garon）、索衿、黄柳霜、墨尔本·麦克道尔、玛格丽特·塞登（Margaret Seddon）、谢尔顿·刘易斯（Sheldon Lewis）、弗吉尼亚·皮尔森（Virginia Pearson）、埃里克·梅恩（Eric Mayne）和阿尔弗雷德·费舍尔（Alfred Fisher）。柳霜饰演周三（Cho San）。

23. 《武先生》（*Mr. Wu*）。米高梅，1927 年。威廉·奈伊（William Nigh）执导，约翰·阿诺德（John Arnold）拍摄。洛娜·穆恩（Lorna Moon）根据哈里·莫里斯·弗农（Harry Maurice Vernon）和哈罗德·欧文（Harold Owen）的同名戏剧改编而成。共八盘胶片。主演有：朗·钱尼、路易斯·德雷瑟、勒妮·阿多莉、霍尔姆斯·赫伯特（Holmes Herbert）、拉尔夫·福布斯、格特鲁德·奥姆斯特德（Gertrude Olmstead）、黄英夫人（Mrs. Wong Wing）、黄柳霜、桑尼·罗伊（Sonny Loy）和克劳德·金（Claude King）。柳霜饰演婢女柳桑（Loo Song）。

24. 《正直先生巴格斯》（*The Honorable Mr. Buggs*）。百代/哈尔·洛奇，1927 年。弗雷德·杰克曼（Fred Jackman）执导，巴里·巴林杰（Barry Barringer）和特德·伯恩斯滕（Ted Burnsten）编剧，共两盘胶片。主演包括：黄柳霜、马特·摩尔、神山索衿、奥利弗·哈迪（Oliver Hardy）。柳霜饰演女男爵斯托洛夫（Stoloff）。

25. 《老旧金山》（*Old San Francisco*）。华纳兄弟，1927 年。艾兰·克洛斯兰（Allan Crosland）执导，哈尔·莫尔拍摄。安东尼·科德威编剧，达里尔·F·柴纳克（Darryl F. Zanuck）提供剧情，共八盘胶片。主演有：华纳·奥兰、多洛雷斯·科斯特洛、查尔斯·E·麦克（Charles E. Mack）、约瑟夫·斯威克德（Josef Swickard）、约翰·米利安（John Miljan）、安德斯·伦道夫（Anders Randolf）、索衿、安吉洛·罗西托（Angelo Rossitto）和黄柳霜。柳霜饰演巴克维尔的恋人。

26. 《为什么女孩们喜欢海军》（*Why Girls Love Sailors*）。百代，1927 年。弗雷德·盖尔（Fred Guiol）执导，霍尔·洛奇编剧。主演包括：斯坦·劳莱（Stan Laurel）、奥利弗·哈迪、鲍比·邓恩（Bobby Dunn）、黄柳霜、索衿和埃里克·梅恩。柳霜饰演德拉马尔（Delamar）。

27. 《中国鹦鹉》（*The Chinese Parrot*）。环球影业，1927 年。保罗·莱尼执导，本·克兰（Ben Kline）拍摄。由 J·格拉布·亚历山大（J. Grubb Alexander）改编自厄尔·迪尔·比格斯（Earl Derr Biggers）的同名小说，共七盘胶片。主演有：玛丽安·尼克松（Marian Nixon）、弗洛伦斯·特纳（Florence Turner）、霍巴特·博斯沃思（Hobart Bosworth）、埃德蒙·伯恩斯（Edmund Burns）、阿尔伯特·康迪上校（Captain Albert Conti）（原名阿尔伯特·康迪·卡德萨米尔 [Albert Conti Cadassamare] ——译注）、索衿、弗雷德·艾斯米尔顿（Fred Esmelton）、埃德·肯尼迪（Ed Kennedy）、乔治·库瓦、斯利姆·萨默维尔（Slim Summerville）、丹·马森（Dan Mason）、艾特·李、杰克·特伦特（Jack Trent）和黄柳霜。（本片被认为是"陈查理"系列电影的前身。）柳霜饰演舞女。

28. 《恶魔舞女》（*The Devil Dancer*）。联美公司塞缪尔·戈尔德温工作室，1927 年。弗雷德·尼波罗（Fred Niblo）、阿尔弗雷德·雷伯克（Alfred Raboch）、林恩·肖尔斯（Lynn Shores）联袂执导。乔治·巴恩斯（George Barnes）和托马斯·布兰尼根（Thomas Brannigan）担当摄影。哈里·哈维（Harry Hervey）提供故事情节，埃利斯·米勒（Alice D. G. Miller）编剧，共有八盘胶片。主演包括：吉尔达·格雷、克莱夫·布鲁克、黄柳霜、谢尔盖·特莫夫（Serge Temoff）、迈克尔·沃克奇（Michael Vavitch）、索衿、乌尔·米达（Ura Mita）、安·谢弗尔（Ann Schaeffer）、克拉丽莎·塞尔温尼（Clarissa Selwynne）、玛莎·马托克斯（Martha Mattox）、克拉·帕莎（Kalla Pasha）、詹姆斯·梁、威廉·H·图克尔（William H. Tooker）和克莱尔·杜·贝利（Claire Du Brey）。柳霜饰演舞女。

29.《上海街衢》（*The Streets of Shanghai*）。蒂凡尼－斯特尔公司，1927年。路易斯·加斯尼尔（Louis Gasnier）执导，马克斯·杜邦（Max Dupont）和厄尔·沃克（Earl Walker）拍摄，弗朗西斯·纳特福德（Francis Natteford）提供剧情，共六盘胶片。主演有：保丽娜·斯塔克（Pauline Starke）、肯尼斯·哈兰、埃迪·格里本（Eddie Gribbon）、玛格丽特·利文斯顿、杰森·罗巴斯（Jason Robards）、马蒂尔德·科蒙、稻田爱之（Tetsu Komai）、索衿、黄柳霜、Toshiye Ichioka 和 Media Ichioka。柳霜饰演苏泉。

30.《横渡星洲》（*Across to Singapore*）。米高梅，1928年。威廉·奈伊执导，特德·沙恩改编自本·埃姆斯·威廉姆斯的小说《血色兄弟》（*All Brothers Were Valiant*），共七盘胶片。主演包括：拉蒙·纳瓦罗（Ramon Novarro）、琼·克劳馥、厄内斯特·托兰斯、弗兰克·柯里尔、丹尼尔·沃尔海姆（Daniel Wolheim）、杜克·马丁（Duke Martin）、爱德华·康纳利和詹姆斯·梅森（James Mason）。柳霜饰演酒吧里的妓女。

31.《绯红之城》（*The Crimson City*）。华纳兄弟，1928年。阿奇·梅奥（Archie Mayo）执导，巴里·麦吉尔拍摄。安东尼·科德威提供故事并编剧，共六盘胶片。主演有：默纳·罗伊、康拉德·内格尔（Conrad Nagel）、约翰·米利安、莱拉·海姆斯（Leila Hyarns）、安德斯·伦道夫、理查德·塔克尔（Richard Tucker）、黄柳霜、马修·本茨（Matthew Betz）和索衿。柳霜饰演苏（Su）。

32.《唐人街查理》（*Chinatown Charlie*）。第一国民，1928年。C. C. 布尔（C. C. Burr）制片，查尔斯·海因斯（Charles Hines）执导。阿尔·威尔逊（Al Wilson）摄影。罗兰·阿舍（Roland Asher）和约翰·格雷（John Grey）编剧，欧文·戴维斯（Owen Davis）提供剧情，共七盘胶片。主演有：约翰尼·海因斯（Johnny Hines）、路易斯·洛兰（Louise Lorraine）、哈里·格里本（Harry Gribbon）、弗雷德·科勒（Fred Kohler）、索衿、斯库特·劳里（Scooter Lowry）、黄柳霜、

乔治·库瓦和约翰·伯德特（John Burdette）。柳霜饰演中国官员的女儿。

33. 《桑》（*Song*，又译《堕落之爱》[*Wasted Love*]、《舒穆提格斯·吉尔德》[*Schmutziges Geld*]）。大英国际电影公司，1928年。理查德·艾希伯格执导，改编自卡尔·沃莫勒（Karl Volmoeller）的《赃钱》。上映时间未知。演员表：黄柳霜、汉斯·阿达尔贝特·施莱托（Hans Adalbert Schlettow）、海因里希·乔治（Heinrich George）、保罗·贺尔碧格（Paul Hörbiger）、玛丽·基德（Mary Kid）和朱利叶斯·E·赫曼（Julius E. Hermann）。柳霜饰演的桑是马来西亚舞女。

34. 《路面蝴蝶》（*Pavement Butterfly*，又译《城市蝴蝶》[*City Butterfly*]）。大英国际，1929年。理查德·艾希伯格执导，上映时间未知。主演有：亚历山大·格拉纳克（Alexander Granach）、黄柳霜、蒂拉·加登（Tilla Garden）、弗雷德·路易斯·勒奇（Fred Louise Lerch）、加斯顿·雅克（Gaston Jacquet）和E. F. 波斯特维克（E. F. Bostwick）。柳霜饰演舞女胡蝶。

35. 《唐人街繁华梦》（*Piccadilly*，又译《皮卡迪利大街》）。大英国际沃德杜尔发行公司，1929年。E. A. 杜邦（E.A.Dupont）执导，阿诺德·本内特提供剧情并负责编剧，片长74分钟。主演包括：吉尔达·格雷、詹姆森·托马斯、查尔斯·劳顿、西里尔·理查德（Cyril Ritchard）、黄柳霜、张金和（King Hou Chang）、汉纳·琼斯（Hannah Jones）、艾伦·波洛克（Ellen Pollock）、哈里·特里（Harry Terry）、查尔斯·帕顿（Charles Paton）和黛布拉·萨默斯（Debroy Somers）以及他的乐队。柳霜饰演秀秀（Shosho），是托马斯所饰演的角色手下的演员，也是他的情妇。

36. 《堕落之路》（*The Road to Dishonour*，美国版又译《爱的火焰》[*The Flame of Love*]）。大英国际，1930年。理查德·艾希伯格执导，蒙克顿·霍夫（Monckton Hoffe）和路德维希·伍尔夫（Ludwig Wolff）提供剧情和编剧，片长82分钟。主演有：约翰·朗登、乔治·舒奈尔（George Schnell）、黄柳霜、默纳·戈雅（Mona Goya）、珀西·斯坦丁（Percy Standing）、弗雷德·施瓦茨（Fred Schwartz）和利·昂（Ley On）。柳霜饰演舞女海棠。

37. 《海棠》（*Hai-Tang*）。大英国际，1930年。理查德·艾希伯格执导，编剧和故事来源未知，上映时间不详。本片是德国版的《爱的火焰》，在英国的埃尔斯特里拍摄，主演包括：弗兰茨（弗朗西斯）·莱德勒（Franz [Francis] Lederer）、黄柳霜、赫曼·布拉斯（Hermann Blass）、G. H. 舒奈尔、雨果·华纳-卡尔（Hugo Werner-Kahle）、伊迪丝·达拉马（Edith D'Amara）、利·昂和杨海（Hai Young）。柳霜饰演舞女海棠。

38. 《爱情故事》（L'amour Maitre des Choses）。1930年。理查德·艾希伯格和琼·凯姆（Jean Kemm）联袂执导，编剧和故事未知，上映时间不详。这是法国版的《爱的火焰》，主演包括：罗伯特·安瑟兰（Robert Ancelin）、黄柳霜、马塞尔·威尔伯特（Marcel Vibert）、海伦·达利（Helene Darly）、加斯顿·杜普雷（Gaston DuPray）、弗朗索瓦·维基埃（Francois Viguier）、阿曼德·勒威尔（Armand Lurville）、克莱尔·罗恩（Clair Rowan）和默纳·戈雅。柳霜饰演舞女海棠。

39. 《炸弹风波》（*Sabotage*）。1930年。艾尔诺·梅兹纳执导。主演有：利赛洛特·沙克（Liselotte Schaak）、格雷丝·蒋、鲍勃·斯托尔、年松龄（Nien Son Ling）和黄柳霜。柳霜饰演汽车修理工。

40. 《埃尔斯特里的呼声》（*Elstree Calling*）。大英国际沃德杜尔，1930年。阿德里安·布鲁内尔、阿尔弗雷德·希区柯克、安德烈·夏洛特（André Charlot）、杰克·休伯特（Jack Hubert）和保罗·默里（Paul Murray）执导。瓦尔·瓦伦丁（Val Valentine）和沃尔特·C. 麦克洛夫特（Walter C. Mycroft）提供剧情和编剧，片长86分钟。主演有：威尔·费弗（Will Fyffe）、莉莉·莫里斯（Lily Morris）、特迪·布朗（Teddy Brown）、黄柳霜、戈登·哈克(Gordon Harker)、汉纳·琼斯(Hannah Jones)、夏洛特女孩(The Charlot Girls)、博科夫舞蹈队(The Berkoff Dancers)、三个漩涡(The Three Eddies)、艾迪飞女孩(The Adelphi Girls)和卡斯贝克乐团(The Kasbek Singers)。柳霜饰演自己。

41. 《龙的女儿》(*Daughter of the Dragon*)。派拉蒙，1931年。劳埃德·克里根(Lloyd Corrigan)执导，维克托·米尔纳(Victor Milner)摄影，由克里根和蒙特·M·凯特约翰(Monte M. Katterjohn)根据萨克斯·罗莫的小说《傅满洲的女儿》改编而成，片长70分钟。主演包括：黄柳霜、华纳·奥兰、早川雪洲、布拉姆韦尔·弗莱彻、弗朗西斯·达德和霍尔姆斯·赫伯特。柳霜饰演傅满洲的女儿灵梦公主(*Princess Ling Moy*)。

42. 《上海快车》(*Shanghai Express*)。派拉蒙，1932年。约瑟夫·冯·斯登堡执导，李·加密斯(Lee Garmes)摄影。故事来源自哈里·哈维，由朱尔斯·弗泽曼(Jules Furthman)编剧，片长80分钟。主演包括：玛琳·黛德丽、克莱夫·布鲁克、黄柳霜、华纳·奥兰、尤金·帕里特(Eugene Pallete)、劳伦斯·格兰特(Lawrence Grant)、路易斯·克洛斯·黑尔、古斯塔夫·冯·赛福特利兹(Gustav von Seyffertitz)和艾米丽·查塔德(Emile Chautard)。柳霜饰演妓女惠菲。

43. 《血字的研究》(*A Study in Scarlet*)。万维影视(World Wide Pictures)、福克斯电影公司旗下的KBS工作室，1933年。埃德温·L·马丁执导，阿瑟·艾迪生(Arthur Edison)摄影，罗伯特·弗洛里根据阿瑟·柯南道尔的同名小说改编而成，片长71分钟。主演有：雷金纳德·欧文、黄柳霜、琼·克莱德、艾伦·戴恩哈特(Allan Dinehart)、约翰·沃伯顿(John Warburton)、J. M. 克里根(J. M. Kerrigan)、艾伦·莫布雷(Alan Mowbray)、多丽丝·劳埃德(Doris Lloyd)、比里·贝文(Billy Bevan)和塞西尔·雷诺兹。柳霜饰演骗子帕克夫人(Mrs. Pyke)。

44. 《猛虎湾》(*Tiger Bay*)。温德姆，1933年。J·埃尔德·威尔斯执导，由威尔斯和埃里克·安塞尔（Eric Anselol）共同提供情节和编剧，片长70分钟。主演有：亨利·维克托、勒内·雷、劳伦斯·格罗史密斯（Lawrence Grossmith）、黄柳霜、维克托·加兰、本·苏特（Ben Soutten）、玛格丽特·亚德（Margaret Yarde）、布赖恩·布歇尔（Brian Buchel）、沃利·帕奇（Wally Patch）和厄内斯特·杰伊（Ernest Jay）。柳霜饰演夜总会老板柳章。

45. 《阿里巴巴之夜》（*Chu Chin Chow*）。不列颠高蒙/康斯博罗电影公司，1934年。沃尔特·福德（Walter Forde）执导，悉尼·吉莉安（Sidney Gilliat）改编自奥斯卡·阿舍（Oscar Asche）和弗雷德里克·诺顿（Frederick Norton）的歌剧，片长95分钟。主演包括：乔治·罗比、弗里茨·科特纳、黄柳霜、约翰·加里克（John Garrick）、皮埃尔·阿盖尔（Pearl Argyle）、丹尼斯·豪伊（Dennis Hoey）、悉尼·费尔布拉泽（Sydney Fairbrother）、劳伦斯·亨利（Lawrence Hanray）、弗兰克·科克兰（Frank Cochrane）和西尔玛·图森（Thelma Tuson）。柳霜饰演女奴扎哈特（Zahrat）。

46. 《莱姆豪斯蓝调》（*Limehouse Blues*）。派拉蒙，1934年。阿瑟·霍恩布洛（Arthur Hornblow）制片，亚历山大·霍尔执导。哈里·菲施贝克（Harry Fischbeck）摄影，西里尔·休姆（Cyril Hume）和阿瑟·菲利普斯（Arthur Phillips）编剧，故事来自菲利普斯，片长65分钟。主演包括：乔治·拉夫特、琼·帕克、黄柳霜、肯特·泰勒、蒙塔古·洛夫、比里·贝文、路易斯·文森诺特（Louis Vincenot）、E.艾琳·沃伦（E. Alyn Warren）、罗伯特·洛林（Robert Loraine）、约翰·罗杰斯（John Rogers）和温德姆·斯坦丁（Wyndham Standing）。柳霜饰演哈里的情妇素兰。

47. 《爪哇情》（*Java Head*）。ATP，1934年。J·沃尔特·鲁宾（J. Walter Ruben）执导，马丁·布朗（Martin Brown）和戈登·韦尔斯利（Gordon Wellesley）编剧，故事来自约瑟夫·赫格希默（Joseph Hergescheimer），片长85分钟。主演包括：伊丽莎白·艾伦（Elizabeth

Allan)、约翰·洛德、埃德蒙·格温（Edmund Gwenn）、黄柳霜、拉尔夫·理查德森（Ralph Richardson）、赫伯特·洛马斯（Herbert Lomas）、乔治·柯曾（George Curzon）和罗伊·埃莫顿（Roy Emerton）。柳霜饰演男主角安米登的妻子严桃（Taou Yuen）。

48. 《好莱坞盛宴》（*Hollywood Party*）。米高梅，1937 年。刘易斯·卢伊（Lewis Lweyn）制片，罗伊·罗兰（Roy Rowland）执导，约翰·克拉夫特（John Krafft）编剧，共两盘胶片。主演有：克拉克·盖博（Clark Gable）、艾丽莎·兰迪（Elissa Landi）、约翰·本内特（John Bennett）、黄柳霜、琼·E·布朗（Joe E. Brown）、弗雷迪·巴塞罗缪（Freddie Bartholomew）、利奥·埃罗尔（Leon Errol）、琼·莫里森（Joe Morrison）、贝蒂·罗兹（Betty Rhodes）、查理·蔡斯（Charlie Chase）和利奥·詹尼（Leon Janney）。柳霜饰演自己。

49. 《上海女儿》（*Daughter of Shanghai*）。派拉蒙，1937 年。爱德华·洛（Edward Lowe）制片，罗伯特·弗洛里执导，查尔斯·舍恩鲍姆（Charles Schoenbaum）拍摄，格拉迪斯·昂格尔（Gladys Unger）和加内特·韦斯顿（Garnett Weston）担任编剧，片长 67 分钟。主演有：黄柳霜、查尔斯·比克福德、拉里·巴斯特·克拉布、塞西尔·坎宁安、卡罗尔·奈什、安东尼·奎因、约翰·帕特森（John Patterson）、伊芙琳·布伦特（Evelyn Brent）、安必利、老弗雷德·科勒（Fred Kohler Sr.）、盖伊·贝茨·波斯特（Guy Bates Poster）和弗吉尼亚·达布尼（Virginia Dabney）。柳霜饰演努力寻找杀父仇人的林兰英（Lan Ying Lin）。

50. 《危险探知》（*Dangerous to Know*）。派拉蒙，1938 年。爱德华·洛担任制片，罗伯特·弗洛里执导。西奥多·斯帕库尔（Theodor Sparkuhl）拍摄，威廉·R·李普曼（William R. Lipman）和霍里斯·麦考伊（Horace McCoy）改编自埃德加·华莱士的戏剧《目击现场》，片长 70 分钟。主演包括：黄柳霜、盖尔·帕特里克、劳埃德·诺兰、阿基姆·塔米洛夫、哈维·斯蒂芬斯、安东尼·奎因、罗斯科·卡恩斯（Roscoe Karns）、波特·霍尔（Porter Hall）、霍尔·赫达（Hall Hedda）、休·萨森（Hugh Sothern）、埃德·佩里（Ed Pawley）和皮埃尔·沃特金（Pierre Watkin）。柳霜饰演雷卡的情妇兰英夫人。

51. 《你生于何时？》（*When Were You Born?*）。华纳兄弟，1938年。威廉·麦克格恩（William McGann）执导，威廉·奥康纳尔（L. William O'Connell）拍摄，安东尼·科德威编剧，原作来自曼利·霍尔（Manley Hall），片长65分钟。主演包括：玛格丽特·林赛（Margaret Lindsay）、罗拉·莱恩（Lola Lane）、安东尼·艾弗里尔（Anthony Averill）、黄柳霜、詹姆斯·斯蒂芬森、杰弗里·林恩（Jeffery Lynn）、埃里克·斯坦利（Eric Stanley）、莱奥纳德·穆迪（Leonard Mudie）、奥林·奥朗代（Olin Howland）、莫里斯·卡斯（Maurice Cass）、弗兰克·雅克（Frank Jaquet）和杰克·摩尔（Jack Moore）。柳霜饰演用占星术骗人的玛丽·凌（Mary Lee Ling）。

52. 《唐人街之王》（*King of Chinatown*）。派拉蒙，1939年。尼克·格林迪（Nick Grinde）执导，利奥·托尔（Leo Tower）摄影。莉莉·海沃德（Lillie Hayward）和欧文·里斯（Irving Reis）编剧，剧情来自赫伯特·比伯曼（Herbert Biberman），片长60分钟。主演有：黄柳霜、阿基姆·塔米洛夫、J.卡罗尔·奈什、悉尼·托勒、安必利、安东尼·奎因、贝尔纳黛娜·海斯（Bernadene Hayes）、罗斯科·卡恩斯、雷·迈耶（Ray Meyer）和理查德·邓宁（Richard Denning）。柳霜饰演玛丽·凌医生（Dr. Mary Ling）。

53. 《迷失者之岛》（*Island of Lost Men*）。派拉蒙，1939年。尤金·朱克（Eugene Zukor）联合制片，库尔特·诺依曼（Kurt Neumann）执导。卡尔·施特劳斯（Karl Strauss）和查尔斯·朗（Charles Lang）摄影，威廉·李普曼和霍里斯·麦考伊改编自诺曼·瑞利·雷恩（Norman Reilly Raine）和弗兰克·巴特勒（Frank Butler）的戏剧《刽子手的鞭子》（*Hangman's Whip*），片长63分钟。主演有：黄柳霜、J.卡罗尔·奈什、安东尼·奎因、埃里克·布洛尔（Eric Blore）、布劳德里克·克劳馥、厄内斯特·特鲁克斯（Ernest Truex）、鲁道夫·福斯特（Rudolph Forster）、威廉·海德（William Haade）、阿基姆·塔米洛夫和理查德·卢。柳霜饰演将军的女儿令金（Kim Ling）。

54. 《中国园艺节》（Chinese Garden Festival）。共和影业公司，1940年。该片是"哈丽雅特·帕森斯与明星会面系列"的第一部，有一盘胶片。主演有：罗莎琳德·拉塞尔、威廉·贝克韦尔、多萝西·拉穆尔、丽塔·海华斯、凯撒·罗梅罗（Cesar Romero）、沃尔特·皮金、黄柳霜、帕特里夏·莫里森（Patricia Morrison）、比拉·邦迪（Beulah Bondi）、玛丽·马丁（Mary Martin）、格特鲁德·尼森（Gertrude Niesen）、罗斯·赫伯特（Rose Hobart）、查尔斯·"巴迪"·罗杰斯（Charles "Buddy" Rogers）、玛丽·璧克馥、维拉·威格（Vera Vague）、简·威瑟斯（Jane Withers）、苏珊·彼得斯（Susan Peters）和奥娜·穆森（Ona Munson）。柳霜和其他名流共同出席一场派对。

55. 《埃勒里·奎因的屋檐之谜》（Ellery Queen's Penthouse Mystery）。哥伦比亚电影公司达尔摩尔工作室，1941年。拉里·达尔摩尔（Larry Darmour）制片，詹姆斯·霍甘（James Hogan）执导。该片由小詹姆斯·S·布朗（James S. Brown, Jr.）拍摄，埃里克·泰勒（Eric Taylor）编剧，故事源自埃勒里·奎因（Ellery Queen），片长 69 分钟。主演包括：拉尔夫·贝拉米、黄柳霜、玛格丽特·林赛、查尔斯·格雷普文（Charles Grapewin）、詹姆斯·伯克（James Burke）、爱德华·钱尼利（Edward Ciannelli）、弗兰克·阿尔伯特森（Frank Albertson）、安·多兰（Ann Doran）、诺埃尔·麦迪逊、查尔斯·莱尼（Charles Lane）、拉塞尔·希克斯（Russell Hicks）、汤姆·杜甘（Tom Dugan）、穆坦·莫兰德（Mantan Moreland）和西奥多·冯·埃尔兹（Theodore Von Eltz）。柳霜饰演中国间谍洛伊斯·凌（Lois Ling）。

56. 《轰炸缅甸》（Bombs over Burma）。制片人发行公司（Producers

Releasing Corporation），1942 年。阿瑟·亚历山大（Arthur Alexander）和阿尔弗雷德·斯特恩（Alfred Stern）担任制片，约瑟夫·刘易斯执导。罗伯特·克莱恩拍摄。米尔顿·雷森（Milton Raison）和约瑟夫·刘易斯编剧，片长 67 分钟。主演有：黄柳霜、诺埃尔·麦迪逊、莱斯利·丹尼森（Leslie Denison）、内德里克·杨、丹·西摩尔（Dan Seymour）、弗兰克·拉克廷和朱迪丝·吉布森（Judith Gibson）。柳霜饰演女教师林英（Lin Ying）。

57.《重庆来的女士》（*Lady from Chungking*）。制片人发行公司亚历山大－斯特恩工作室，1942 年。阿尔弗雷德·斯特恩和阿瑟·亚历山大联合制片，威廉·奈伊执导。本片由马塞尔·勒·皮卡德（Marcel Le Picard）摄影，故事情节来自萨姆·罗宾斯（Sam Robins）和米尔顿·雷森，片长 71 分钟。主演有：黄柳霜、哈罗德·休伯（Harold Huber）、梅·克拉克（Mae Clarke）、里克·瓦林（Rick Vallin）、保罗·布莱亚（Paul Bryar）、特德·赫克特（Ted Hecht）、路德维希·多纳特（Ludwig Donath）、詹姆斯·梁、阿奇·戈特（Archie Got）和沃尔特·苏·胡（Walter Soo Hoo）。柳霜饰演游击队队长关梅（Kwan Mei）。

58.《冲撞》（*Impact*）。联美公司卡迪纳尔工作室，1949 年。利奥·波普金（Leo Popkin）担任制片，阿瑟·鲁宾（Arthur Lubin）执导，厄内斯特·拉斯洛（Ernest Laszlo）摄影，多萝西·里德（Dorothy Reid）和杰伊·达拉特（Jay Dratler）编剧，片长 111 分钟。主演包括：布赖恩·唐利维、艾拉·雷恩斯（Ella Raines）、海伦·沃克、查尔斯·库伯恩（Charles Coburn）、黄柳霜、罗伯特·沃维克（Robert Warwick）、阿特·贝克尔（Art Baker）、梅·马什（Mae Marsh）、厄斯金·桑福德（Erskine Sanford）和安必利。柳霜饰演女仆苏林（Su Lin）。

59.《雪海冰上人》（*The Savage Innocents*）。格林电影—百代、派拉蒙，1961 年。马来诺·马来诺蒂（Maleno Malenotti）制片，尼

古拉斯·雷执导。奥尔多·唐蒂（Aldo Tonti）和彼得·轩尼诗（Peter Hennessy）摄影。尼古拉斯·雷根据汉斯·卢斯科（Hans Ruesch）的小说《世界之巅》（*Top of the World*）改编而成，片长 110 分钟。主演有：安东尼·奎因、谷洋子（Yoko Tani）、黄柳霜、弗朗西斯·德·沃尔夫、安迪·胡（Andy Ho）、彼得·奥图尔（Peter O'Toole）、凯达·霍利克（Kaida Horiuchi）、伊冯娜·夏默（Yvonne Shima）、李·蒙塔古（Lee Montague）、马尔科·吉列尔米（Marco Guglielmi）、安东尼·秦（Anthony Chin）、迈克尔·周（Michael Chow）、埃德·德弗罗（Ed Devereaux）和卡罗·朱斯蒂尼（Carlo Giustini）。柳霜饰演奎因所饰演角色的岳母海克（Hiko）。尽管这个角色给了柳霜，但实际上是玛丽·杨替她出演的。

60. 《黑衣肖像》（*Portrait in Black*）。环球影业，1960 年。迈克尔·戈登（Michael Gordon）执导，伊凡·戈夫（Ivan Goff）和本·罗伯茨（Ben Roberts）编剧。片长 112 分钟。主演有：拉娜·特纳、安东尼·奎因、桑德拉·迪伊（Sandry Dee）、约翰·萨克森（John Saxon）、黄柳霜、理查德·贝斯哈特（Richard Basehart）、劳埃德·诺兰、雷·沃斯顿（Ray Walston）、弗吉尼亚·格雷（Virginia Grey）、丹尼斯·科勒（Dennis Kohler）、保罗·博克（Paul Birch）、约翰·温格拉夫（John Wengraf）、理查德·诺里斯（Richard Norris）、詹姆斯·诺兰、罗伯特·利布（Robert Lieb）、约翰·麦克纳马拉（John McNamara）、查尔斯·汤普森（Charles Thompson）、乔治·沃马克（George Womack）、亨利·夸恩（Henry Quan）、伊丽莎白·陈（Elizabeth Chan）、哈罗德·古德温（Harold Goodwin）、杰克·布赖恩（Jack Bryan）。柳霜饰演女仆唐尼（Tani）。

61. 《就是乔》（*Just Joe*）。帕卡赛德，1960 年。麦克莱恩·罗杰斯执导，唐纳德·布尔（Donald Bull）和雷蒙德·德鲁（Raymond Drewe）编剧，片长 73 分钟。主演有：贝蒂·哈特利－赖特（Betty Huntley-Wright）、黄柳霜、霍华德·帕斯（Howard Pays）、乔恩·珀特维（Jon Pertwee）、莱斯利·兰德尔（Leslie Randall）、琼·雷诺兹（Joan H. Reynolds）、布鲁斯·塞顿（Bruce Seton）和马丁·怀尔戴克（Martin Wyldeck）。柳霜饰演桃花，但实际上可能是由玛丽·杨替她出演的。

资料来源

汤姆（Tom）和萨拉·彭德加斯特（Sara Pendergast）：《电影和电影导演国际辞典》（*International Dictionary of Films and Filmmakers*）第3卷《影坛明星》（*Actors and Actress*），第4版；

《故事影片》（*Moving Picture Stories*），1921年1月21日、2月11日；

丹尼斯·吉福德（Denis Gifford）：《英国电影大全》（*The British Film Catalogue*）第3版；

巴里·罗伯茨（Barrie Roberts）：《黄柳霜——东方的女儿》（*Anna May Wong: Daughter of the Orient*），《经典人物》（*Classic Images*），1997年；

帕特里夏·金·汉森（Patricia King Hanson）和艾伦·葛文森（Alan Gevinson）编：《美国电影学院关于美国电影的目录》（*American Film Institute Catalog of Motion Picture in the United States*），第1版；

互联网电影资料库（IMDB，Internet Movie Data Base）。

参演电视节目

1. 《柳霜女士的画廊》（*The Gallery of Madame Liu Tsong*）和《柳霜女士》（*Madame Liu Tsong*）（10月10日后），饰演主角。1951年，该剧由杜蒙电视网（Dumont Network）播出。柳霜参演了第1集（名称不详），1951年8月27日；第2集《黄金女子》（*The Golden Women*），1951年9月3日；第3集《茂盛的橡树》（*The Spreading Oak*），1951年9月10日；第4集《千眼男子》（*The Man with a Thousand Eyes*），1951年9月17日；第5集《燃烧的沙漠》（*Burning Sands*），1951年9月24日；第6集《太阳神的影子》（*Shadow of the Sun God*），1951年10月1日；第7集《火种盒》（*The Tinder Box*），1951年10月31日；第8集《宁静尊贵之屋》（*The House of Quiet Dignity*），1951年11月7日；第9集《自作自受》（*Boomerang*），1951年11月14日；第10集《魔鬼的面孔》（*The Face of Evil*），1951年11月21日。

2. 《情书》（*The Letter*），《制片人的陈列柜》（*Producer's Showcase*），NBC，1955年。

3. 《祖国》（*Native Land*），《无畏之旅》（*Bold Journey*），ABC，1956年2月14日。

4. 《中国游戏》（*The Chinese Game*），《巅峰系列》（*The Climax Series*），CBS，1956年11月22日。

5. 《致命的纹身》（*Deadly Tattoo*），《巅峰系列》，CBS，1958年5月1日。

6. 《这就是那个神秘的家伙》（*So That's Who It Was*），《迈克·哈

默》,CBS。

7. 与加德纳·麦凯搭档出演《伊甸园的冒险》,《从南芝加哥来的女士》,1959年11月2日;《马尼拉使命》,1959年12月7日,ABC播放。

8. 《伏都工厂》（*Voodoo Factory*）,ATV-UK 电视台,1959年。尽管角色由柳霜出演,但实际上由玛丽·杨代替。

9. 《中国圣母》,《义海倾情》,ABC,1960年3月15日。

10. 《抓住龙尾》（*Dragon by the Tail*）,《小约瑟芬》（*Josephine Little*）,《芭芭拉·斯坦威克剧院》的试播节目,NBC,1961年1月30日。

11. 《半途而废的旅程》,《危险人物》,CBS,1961年5月24日。

资料来源

Vincent Terrace, *Encyclopedia of Television Series, Pilots, and Specials*, 3 vols. (New York: New York Zoetrope, 1986).

注　释

前　言

1. Kingston, *The Woman Warrior*, 3–16. 我在此很严谨地使用汤亭亭的这个术语。有关汤亭亭的著述以及她的揣测的争议，参见 Skandera-Trombley, *Critical Essays on Maxine Hong Kingston*. 关于对名望与成就的区别的讨论，参见 Chang, "The Good, the Bad and the Beautiful," in Zhang, *Cinema and Urban Culture*, 133. 有关晚近的历史，参见 Chang, *The Chinese in America*, 208–10。有一篇文章探讨黄柳霜的生涯对当代文学的影响，该文列举了几个例证进行讨论，参见 Cynthia W. Liu, "When Dragon Ladies Die, Do They Come Back as Butterflies? Re-Imagining Anna May Wong," in Hamamoto and Liu, eds., *Countervisions*, 23–40. 关于名气和成就的不同出处，见 Yunxiang Gao, "Sex, Sports, and National Crisis," 96–161. 其他三个雕像是 Mae West、Dolores Del Rio 和 Dorothy Dandridge。

2. Said, *Orientalism*, 2–9; Spence, *Chan's Great Continent*; Hardt and Negri, *Empire*; Mulvey, *Visual and Other Pleasures*, 14–19. 我编撰整理了这些复杂的资料，但保留了作者的原意。关于东方的引文，参见 Yu, *Thinking Orientals*。

3. 关于这些人，参见 Hodges, "The Mercurial Nature and Abiding Power of Race," 84。

4. 要了解近来将黄柳霜描述为摩登女郎的观点，请参见 Leong, *The China Mystique*, 77–83, and Lim, *A Feeling of Belonging*, 75–80。

关于将黄柳霜视为"黄皮肤的黄面孔",请参见 Yiman Wang "The Art of Screen Passing: Anna May Wong's Yellow Yellowface Performance in the Art Deco Era," *Camera Obscura*, 20: 3 (2005), 159-61。另外两部关于黄柳霜的专著与本书的第一版同时问世。Philip Liebfriend 和 Chei Mi Lane 的 *Anna May Wong* 是一部叙事为主、颇有价值的汇编集,其中有不少关于她工作的旧闻轶事,并有不少珍贵的照片。International Movie Data Base 是该书的有益补充,且方便检索,关于黄柳霜的内容可浏览 http://www.imdb.com/name/nm0938923。另一部传记是 Anthony B. Chan 的 *Perpetually Cool: The Many Lives of Anna May Wong*（1905-1961）。在这一版中,我使用了两条来自该书的资料。

5. Sucheng Chan, "Race, Ethnic Culture, and Gender in the Construction of Identities among Second-Generation Chinese Americans," in Wong and Chan, *Claiming America*, 127-64.

6. 关于柳霜跨越国界访问世界各地的情况,参见 Wang, *Chinese Overseas*, 31-32, 38-40, 57。

7. 参见 *On Gold Mountain*。

第一章　童年

1. "The True Life Story of a Chinese Girl, by Anna May Wong," *Pictures Magazine*, August and September 1926; Statements of Wong Sam Sing and Lee Gon Toy, U.S. Department of Labor, Immigration Service, February 13, 1925, in National Archives, Pacific Region, Laguna Niguel, California; Leong, *The China Mystique*, 3; Shevsky and Williams, *The Social Areas of Los Angeles*, 54; Chow, "Sixty Years."

2. Aarim-Heriot, Chinese Immigrants, African Americans, 10-11, 25-

44, 52, 68–69, 82–83.

3. Wang, *Chinese Overseas*, 62–65; Hing, *Making and Remaking*, 19–22; Chang, *Chinese in America*, 110–12. 张指出异族婚姻中不乏成功的案例。

4. Hing, *Making and Remaking*, 21–28; Aarim-Heriot, *Chinese Immigrants, African Americans*, 172–214; Chang, *Chinese in America*, 130–56; Lee, *At America's Gates*.

5. Spence, *The Chan's Great Continent*, 118–43.

6. Smith, *The Lonely Queue*, 21; Lou, "The Chinese-American Community," 23–27; Chang, *Chinese in America*, 121.

7. R. Greenwood, *Down by the Station*, 20–29, 140–42; Wild, *Street Meeting*, 23–24.

8. *Sanborn Insurance Maps of Los Angeles*, 3: 268; Wild, *Street Meeting*, 124–26. 关于唐人街，参见 Benton and Gomez, *Chinatown*, 5–7。

9. Zorbas, *Fiddletown*, 30–36. Huang Family Genealogy, Chang On. 关于矿业营地，参见 Randall Rohe, "Chinese Camps and Chinatowns: Chinese Mining Settlements in the North American West," in Lee, et al., *Re-Collecting Early Asian America*, 31–54。

10. Wong, "The True Life Story of a Chinese Girl"; Statements of Wong Sam Sing and Lee Gon Toy, U. S. Department of Labor, Immigration Service, February 13, 1925, in National Archives, Pacific Region, Laguna Niguel, California; Huang Family Genealogy, Chan On; Hsu, *Dreaming of Gold*, 40–42; Johnson, *Roaring Camp*, 243–46.

11. Statements of Wong Sam Sing and Lee Gon Toy; Lou, "The Chinese-American Community," 43–49, 64; 2001 年于广州采访黄翠娴; Lee, *At America's Gates*, 92–95。

12. "The True Life Story of a Chinese Girl"; 2001 年采访黄翠娴。

13. Hsu, *Dreaming of Gold*, 11-13.
14. Statement of Lee Gon Toy, February 20, 1925; Yung, *Unbound Feet*, 166-67; Chen, *Chinese San Francisco*, 67; Aarim-Heriot, *Chinese Immigrants, African Americans*, 68-69.
15. Gyory, *Closing the Gate*, 242-61; Peffer, *If They Don't Bring Their Women Here*, 7-15; Hing, *Making and Remaking*, 203-7.
16. Liu, *Inside Los Angeles Chinatown*, 185-92; Siu, *The Chinese Laundryman*; Lou, "The Chinese-American Community of Los Angeles," 64; Barbagallo, "Changing with the Rhythm," 9; Chang, *Chinese in America*, 168-69. 关于在洗衣铺工作的人数, 参见 *Los Angeles Times*, July 24, 1921。
17. Liu, *Inside Los Angeles Chinatown*, 33.
18. 有关她的自我解读, 参见 Howe, "Between Two Worlds," 26。有关另一个同样自欺欺人的华人家庭, 参见 Larson, *Sweet Bamboo*, 62。
19. "Statement of Lee Gon Toy to J. C. Nardini," April 26, 1925, National Archives, Pacific Region, Laguna Niguel Office (Lulu and Jimmy); County of Los Angeles, Health Department, Birth Certificates 18768 (Anna May); 9927 (Mary); 1843 (Frank); 3133 (Roger); 3044 (Marietta); 8573 (Richard).
20. Sucheta Maxumdar, "In the Family," in *Linking Our Lives*, 36-40, andBarbagallo, "Changing with the Rhythm," 10.
21. Greenwood, *Down by the Station*, 92, 119-32;《华字日报》(香港) 1936年2月22日。
22. Smith, *The Lonely Queue*, 39-40。
23. 参见 *On Gold Mountain*; 关于照片, 见 J. C. Nardini 的陈述, February 24, 1925, U. S. Department of Labor, Immigration Service, 25200/105, National Archives, Pacific Region, Laguna

Niguel Office，亦可参见 Smith，*The Lonely Queue*，39-40。
24. Wong，"The True Life Story of a Chinese Girl."
25. Leong，*The China Mystique*，60；*The New Movie Magazine*（London），July 1932，26；Wong，"The True Life Story of a Chinese Girl,""Anna May Wong,"New York Public Library（NYPL）。关于类似事件，参见 Larson，*Sweet Bamboo*，69-71；以及 Lou，"Chinese-American Community,"112。
26. Greenwood，*Down by the Station*，20-21；Lou，"Chinese-American Community,"259-66；Wong，"The Childhood of a Chinese Screen Star,"34；Wong，"The True Life Story of a Chinese Girl"；Leong，*The China Mystique*，60；Liu，*Inside Los Angeles Chinatown*，64；Jesperson，*American Images*，2.
27. Chen，*Being Chines*，112-26.
28. 参见 *On Gold Mountain*，228；Yung，*Unbound Feet*，108-9；Gedhart，"Jazz Notes on Old China"；"Anna May Wong,"NYPL.
29. Chu，*Chinese Theatre in America*，9-41，56-65，75，91，96-108。关于这些回忆，参见 *London Era*，February 27，1929。
30. Wong，"Bamboo, or China's Conversion to Film"；关于柳霜用午餐钱买电影票一事，参见 *Mein Film*，June 4，1930。
31. Spears，*Hollywood：The Golden Era*，373；Sklar，*Film*，70；Koszarski，*An Evening's Entertainment*，271；Wong，"My Film Thrills"；Wong，"The True Life Story of a Chinese Girl"；以及 *Screen Play Secret*，October 1931. 关于阿尔玛·鲁宾斯，参见 *Time*，October 1，1934。关于京剧院，参见 Lou，"Chinese-American Community,"58。关于同时去看电影的另一个华人女孩，参见 Larson，*Sweet Bamboo*，123。关于人们的"观众身份",参见 Hansen，*Babel and Babylon*，16，以及 Barbas，*Movie Crazy*，9-15，61。关于自我演练哭泣的情景，参见 de Silva，

These Piquant People, 51–52。关于吴芳，参见 Eugene Wong, "The Early Years: Asians in the American Films Prior to World War II," in Feng, *Screening Asian Americans*, 53–71。

32. De Cordova, *Picture Personalities*, 55–90; Fuller, *At the Picture Show*, 133–68.

33. Sabine Haenni, "Filming 'Chinatown' Fake Visions, Bodily Transformations," in Feng, *Screening Asian Americans*, 21–53. 关于其他造访唐人街贫民窟的状况，参见 Heap, *Slumming*, 144–46。

34. Spence, *The Chan's Great Continent*, 165–67。

35. Brownlow, *The Parade's Gone By*, 31.

36. *Moving Picture Stories*, February 4, 1921. 相关评论情况，参见 Marchetti, *Romance and the "Yellow Peril*,*"* 4。

37. Lambert, *Nazimova*, 211–13; *AFI Catalog F1 (Feature Films, 1911–1920)*, 760–61.

38. 关于不经意揭示此事的情况，参见 *Picture Show*, January 20, 1923。关于中国政府对好莱坞的抨击，参见 Leyda, *Dianying*, 32–33。

39. Wong, "My Film Thrills"; Wong, "My Story"; Wong, "Bamboo, or China's Conversion to Film"; *London Era*, February 27, 1929; 以及 *Screenplay*, October 1931. 关于詹姆斯·王的评论，参见 *Ciné Miroir*, November 27, 1931 和 *Films in Review*, 12 (1960), 129–30. 有关哈里·卡尔和叶为柳霜所做的努力，参见 *Rob Wagner's Script Magazine*, September 1935, 13. 关于这场流行性感冒在洛杉矶的影响，参见 Crosby, *America's Forgotten Pandemic*, 92。

40. Wong, "Bamboo, or China's Conversion to Film."

41. Andrew W. Field, "Selling Souls in Sin City: Shanghai Singing and Dancing Hostesses in Print, Film and Politics, 1920–49," and Michael G. Chang, "The Good, the Bad and the Beautiful: Actresses

and Public Discourse in Shanghai, 1920s–1930s," in Zhang, *Cinema and Urban Culture*, 100–59; Brownlow, *The Parade's Gone By*, 31, 39; Wong, "The Childhood of a Chinese Screen Star," Wong, "Bamboo, or China's Conversion to Film"; Leong, *The China Mystique*, 57. 关于种族上的困惑，参见 Cheng, *Melancholy of Race*, 8–16。关于闯荡好莱坞的机遇情况，参见 Barbas, *Movie Crazy*, 68–77。

42. 对移民和电影的精彩评论，参见 Hansen, *Babel and Babylon*, 111–13。
43. Wong, "The True Life Story of a Chinese Girl."
44. 对汤亭亭小说的评论，参见 Cheng, *Melancholy of Race*, 64–67。
45. Stills Collection, the Wisconsin Center for Film and Theatre Research.
46. Harris, "Silent Speech," 132–37, 140–42; Field, "Selling Souls in Sin City: Shanghai Singing and Dancing Hostesses in Print, Film, and Politics, 1920–49," in Zhang, *Cinema and Urban Culture*, 99–127.
47. *Motion Picture Stories*, July 28, 1922.
48. 对此的精彩评论，参见 Cohen, *Silent Film*, 139–41。

第二章　踏上影星之路

1. Klepper, *Silent Films*, 215–17; *AFI Feature Films Catalog, 1921–1930*, 580.
2. *AFI Feature Films Catalog, 1921–1930*, 784–85.
3. Carlisle, "A Chinese Puzzle," *Movie Classic*, May 1925, and *Pictures and Picturegoer*, February 1925; *Pantomine*, December 10, 1921; *AFI Feature Films Catalog, 1911–1930*, 689 for *Outside the Law*. 关于她对比里电影的评论，参见 *Picture Show*, September 7,

1929；关于 *Lilies of the Field*，参见 *Picture Show*，January 12，1935。

4. *AFI Feature Films Catalog*，*1911-1930*，215；*Moving Picture Stories*，January 21，1921. 关于《小丁》在奥地利的情况，参见 *Der Filmbote*，July 23，1921；*Das Kino-Journal*，August 6，1921，September 15，1923；Wong，"Bamboo, or China's Conversion to Film."

5. *AFI Feature Films Catalog*，*1921-1930*，248；*Moving Picture Stories*，February 11，1921；*Der Filmbote*，August 6，1921. 关于茶杯那一幕，参见 *Time*，October 1，1934。

6. 有关早川雪洲和他妻子的文章，参见 *Picture Show*，May 7，June 4，November 5，December 2，1921。关于早川雪洲生平的总结，参见 Sklar，*Film*，80-81。有关他的家和款待来客情况，参见 Hayakawa，*Zen Showed Me the Way*，147-50。

7. *AFI Catalog F1 R*（*Feature Films*，*1921-1930*），62；*Variety*，October 21，1921；*Motion Picture Classic*，March 1922，46；*Picture Show*，January 27，1923；*Bits of Life*，Pressbook；Koszarski，*An Evening's Entertainment*，230-32；Rainsberger，*James Wong Howe*，15-16.

8. Winship，"The China Doll"；Spear，"Marshall Neilan，" in his *Hollywood：The Golden Era*；*Kinema Junpo*（*Tokyo*），November 5，1924. 关于十字架，见 Louella Parsons 在 *Los Angeles Examiner* 的专栏 August 12，1924. 与盎格鲁—美利坚人的性交往在这个华人社区也不被看好，参见 Lou，"Chinese-American Community，" 333-34。关于法律，参见 Pascoe，*What Comes Naturally*，90-92；关于异族通婚，参见 Wild，*Street Meeting*，136-44。

9. *AFI Catalog F1 R*（*Feature Films*，*1921-1930*），702-3；*Variety*，August 5，1921；*Moving Picture World*，October 29，1921；*Das Kino-Journal*，June 9，1923.

10. 关于这个故事的详细阐述，参见 Nick Browne, "The Undoing of the Other Woman: *Madame Butterfly* in the Discourse of American Orientalism," in Bernardi, *The Birth of Whiteness*, 227-51, and Marina Hueng, "The Family Practice of Orientalism: From Madame Butterfly to Indochine," in Bernstein and Studlar, *Visions of the East*, 158-83; and Yoshihara, *Embracing the East*, 77-101; 关于表演，参见 Naremore, *Acting in the Cinema*, 48-49。

11. McCaffery and Jacobs, *Guide to the Silent Years*, 269-70; Sklar, *Film*, 105, 109; Basten, *Glorious Technicolor*, 31. 关于哭戏，参见 *Picture Show*, May 6, 1922 and the commentary in Cohen, *Silent Film*, 155. 关于哈兰的角色，参见 *Picture Show*, May 26, 1923。关于柳霜的回忆，参见 *Los Angeles Examiner*, August 29, 1960。

12. *AFI Catalog F1 R（Feature Films, 1921-1930）*, 818; *Variety*, December 8, 1922; *New York Times*, December 2, 1922; Beauchamp, *Without Lying Down*, 143; Barbas, *Movie Crazy*, 72.

13. *Kinetetographic Weekly*, April 26, 1923; *Picture Show*, September 22, 1923; *Kinema Junpo* (Tokyo), February 1, 1924; *Screen and Stage* (Tokyo), March 1924; *Teano Film Gesellschaft Berlin*, July 5, 1924.

14. Pan, *Encyclopedia of the Chinese Overseas*, 334.

15. 《中国留美学生月刊》，1922 年 12 月，第 74-77 页。

16. "Anna May Wong," NYPL; Smith, *The Lonely Queue*, 36, 49; Chan, "Exclusion of Chinese Women," 128; Lee, *At America's Gates*, 100, 238; Zhao, *Remaking Chinese America*, 15, 17, 37-39; Hing, *Making and Remaking*, 22-28, 206-8. 关于洛杉矶种族间通婚情况，参见 Chang, *Chinese in America*, 196。关于倾慕美国本土的华人男子，参见 Sucheng Chan, "Race, Ethnic Culture and Gender," in Wong and Chan, *Claiming America*, 127-64。关于中

国学生和华裔美国人之间的区别，参见 Yu, *Thinking Orientals*, 115–16。

18. *Wilmington (Florida) Journal*, December 4, 1923, Clipping File, AMPAS; Kingsley, "I Shall Marry a Man of My Own Race." 关于奥尼尔戏中的吻戏，参见 Mumford, *Interzones*, 121–32。

19. Gelhart, "Jazz Notes on Old China." 亦可参见 *Screenland*, January 25, 1922。

20. 关于此类美国时髦少女，参见 Chang, *Chinese in America*, 195–96。For China, 参见 Koo, *No Feast Lasts Forever*, 98, 180–84；Sergeant, *Shanghai*, 271；Hansen, *Babel and Babylon*, 120；"East and West," *Screen Snapshots*, ca. 1924。关于李鸿章，参见 Spence, *Search for Modern China*, 213–35。

21. *Wilmington (Florida) Journal*, December 4, 1923, Clipping File, AMPAS; *Motion Picture Classic*, August 1923。

22. Hirschorn, *The Universal Story*, 42; *Kinema Junpo* (Tokyo), February 1, 1924。

23. *AFI Catalog F1 R (Feature Films, 1921–1930)*, 203; *Variety*, August 23, 1923; Skal and Savada, *Dark Carnival*, 72–74.

24. Winship, "The China Doll." 关于柳霜和她的爱车，见 *Theater*, September 26, 1925, 48。亦可参见 *Motion Picture Magazine*, July 1923；*Movie Weekly Magazine*, November 1, 1924；Photoplay, June 1923, March 1924, April 1925, August 1927。亦可参见 *Das Kino-Journal*, July 7, 1923。关于克里福德斯的 Program Notes for *Tschun-Tschi*, Neuen Wiener Schauspielhaus, Vienna, 1930。

25. *AFI Catalog F1 R (Feature Films, 1921–1930)*, 811; *Variety*, December 8, 1923.

17. 柳霜清楚记得这个故事，十年后她还提到过此事，参见 *Mein Film*, August 5, 1932。

26. Sklar, *Film*, 108–10.
27. *AFI Catalog F1 R*(*Feature Films, 1921–1930*); *Variety*, March 26, 1924; Fonoroff, *Silver Light*, 1–2; Youngblood, *Movies for the Masses*, 20, 51–52, 183n27; McCaffery and Jacobs, *Guide to the Silent Years*, 265–66; Pratt, *Spellbound in Darkness*, 298–99;"Anna May Wong," NYPL; *Kinetographic Weekly*, October 2, 1924; *Pictures and Picturegoer*, November, December 1924; *Picture Show*, November 29, 1924; Mannock 的回忆登载于 *Picturegoer*, February 23, 1950, 23。在法国的情况，参见 *Ciné-Miroir*, April 15, May, June, September 1924。关于封面，参见 *Cinémonde*, July 30, 1924。在德国的情况，亦可参见 *Das Kino-Journal*, August 14, 1926; *Mein Film*, 35, 36, 42 (1926)。在南美洲，参见 *Cinelandia*, May 1928。葡萄牙批评家们也认为柳霜是日本人，参见 *Cinéfilo* 的封面，October 1, 1928。
28. 关于 *Across the Pacific* 参见 *Herald* (Austrialia), January 2, 3, 9, 10, 17, 19, 24, 及 February 2, 6, 1925; *The Movie Times* (Tokyo), February 1, 1925; *Play and Movie* (Tokyo), February 1924; 在奥地利的情况，参见 *Der Filmbote*, March 20, April 24, August 14, 15 (*Toll of the Sea*), 1924 and *Paimann's Filmlisten*, March 9, August 27, 1926. 关于抢镜头，参见 Carey, *Doug and Mary*, 146。
29. 《电影杂志》，1925 年 11 月；《电影画报》，1925 年 5 月。关于私情，参见作者与小道格拉斯·范朋克于 2004 年的访谈。
30. 关于与罗姆尼的约会，参见 Nolan, *Lorenz Hart*, 62。
31. *Variety*, September 24, 1924; *Motion Picture Magazine*, November 1924; *Motion Picture Classic*, December 1924; 关于英国的影评，参见 *Pictures and Picturegoer*, June, October 1925; *Picture Show*, June 14, 1925; 关于日本的影评，参见 *The Movie Times* (Tokyo), October 1, 1925; November 5, 1925。

32. *AFI Catalog F1 R*（*Feature Films*, *1921-1930*），600；Koszarski，*An Evening's Entertainment*，222；Rainsberger，*James Wong Howe*，151-54；*Variety*，December 17，24，31，1924；Seagrave，*American Films Abroad*，25；*Kinetographic Weekly*，January 22，1925；*Picture Show*，March 7，1925；*Der Filmbote*，January 1924。

33. 相关表格见 Wong Lew Song File 14036/236A，Immigration and Naturalization Service，National Archives，Pacific Region，Laguna Niguel，California。关于在美国出生的华裔女性的微妙地位，见 Chan，"Exclusion of Chinese Women，"118-20，125。关于套装，参见 Howe，"Between Two Worlds，"26。关于巡查员，参见 Lee，*At America's Gates*，47-75。

34. "Anna May Wong File，" NYPL. 关于黄善兴的资料，参见 Los Angeles Recorder's Office，Norwalk California，Book 5129，1-3. 关于《1924年移民法》，参见 Hing，*Making and Remaking*，32-34；213-24；关于墨西哥和从那里更容易进入美国，参见 Lee，*At America's Gates*，158-59，179-87。

35. 《新银星》，1928年9月1日。

36. "The True Life of a Chinese Girl, by Anna May Wong，" *Picture Magazine*，August，September 1926.

37. Leong，*The China Mystique*，68-70.

38. Sklar，*Film*，183；Fowles，*Starstruck*，66，78-79，86.

39. 关于合同和旧金山的演出，参见 *San Francisco Chronicle*，July 18，1924 and January 22，1925。关于圣丹尼斯、诺奇舞女和案件，参见 *Los Angeles Times*，January 21，1915；关于案件审判，参见其他报刊，包括 *Los Angeles Times*，January 14，1925。

40. Slide，*Encyclopedia of Vaudeville*，181；*Der Filmbote*，July 25，1925。她的节目单存于 Anna May Wong Gift Collection at New York Public Library。这一时期的节目单参见 Book 8408。

41. *AFI Catalog F1 R*（*Feature Films*, *1921-1930*）, 269; *Variety*, February 4, 1925; *Films in Review*, 16 (1965), 569; *Kinema Junpo*（Tokyo）, September 21, 1925; *Movie Times*（Tokyo）, October 11, 1925; *Der Filmbote*, March 3, 1924; *Paimann's Filmlisten*, March 12, 1926; *Mein Film* 2, 4 (1926).

42. *AFI Catalog F1 R*（*Feature Films*, *1921-1930*）, 181, 235, 719.

43. *Motion Picture World*, December 5, 1925. 费尔蒙影视公司制作了 *The Silk Bouquet*，稍后在1926年2月26日将其重新命名为 *The Dragon Horse*，次年1月4日再度更新，参见 License Applications for *The Silk Bouquet*, Film Script Collection, Manuscript Division, New York State Archives. 关于对中国人及其意图的评论，参见 *Mein Film*, 10 (1926)。

44. 关于《沙漠的代价》，参见 *Bioscope*, January 27, 1927 and *Picturegoer*, November 1927. 关于费用，参见 Anna May Wong File, "Contract for The Desert's Toll," September 4, 11, 1926, USC Film Archives. 关于 Swanson, 参见 Parish, *The Paramount Pretties*, 22-26。

45. *Variety*, May 25, 1927; *Screen Secrets*, May 1928; *China Doll*, 3; *Screen and Stage*（Tokyo）, April 1927 and *Mein Film*, 45 (1927). 关于出演《正直先生巴格斯》一片的收入，见 Anna May Wong File, *The Honorable Mr. Buggs*, University of California Film Archives. 关于柳霜是否与 Wallace Beery 和 Norma Tahnadge 共同出演过《鸽子》（*The Dove*, United Artists, 1927）是有争议的，参见 *Films in Reviews*, 38: 10 (1987), 510。

46. *Los Angeles Times*, June 30, 2002; Young, *Rustic Canyon*, 83; Pendergast and Pendergast, *Writers and Production Artists*, 738-40.

47. *Mein Film*, 100 (1927).

48. *Mr. Wu*, MGM Production Notes, USC Archives.

49. *Variety*, April 20, 1927; 关于詹宁斯和 *Photoplay* 上的文章, 参见 AMPAS Clipping File; 在伦敦的情况, 参见 *Bioscope*, February 9, 1928; *Kinetographic Weekly*, February 9, 1928; *Picturegoer*, September 1927; *Picture Show*, March 12 and 26, 1927. 关于南美洲的情况, 参见 *Cinelandia*, April, May 1927. 关于奥地利, 参见 *Paimann's Filmlisten*, June 24, 1927. 关于日本的评论, 参见 *Movie Times*（Tokyo）, September 21, October 21, 1928 and *Kinema junpo*（Tokyo）, November 2, 1928. 钱尼的鼓励见 *St. Louis Post-Dispatch Daily*, July 25, 1931 的报道, 该报道重刊在 *Shanghai Express*, 1: 1（1999）。关于"黄面孔"的讨论, 参见 Fuller, "Hollywood Goes Oriental"。

50. *AFI Catalog F1 R*（*Feature Films, 1921–1930*）, 562; *Variety*, June 29, 1927; Moy, *Marginal Sights*, 90–92; *Kinema Junpo*（Tokyo）, January 10, 1930; *Das Kino-Journal*, August 29, 1928, January 5, 1929 and *Picturegoer*, August 1928. 对面部表情的重视, 参见 Cohen, *Silent Film*, 107–31。关于声音的使用, 参见 Crafon, *The Talkies*, 74, 172, 218。

51. 关于刊物的报道情况, 见 *Picture Play*, September 1, 1924, November 1927; *Photoplay*, March 1924, August 1926; *Picture Show Supplement*（London）, July 27, 1925; *Movie Weekly*, November 1, 1924; *Theater*, August 1924, August 26, 1927. 对黄所饰演角色的直接评论, 参见 *Picturegoer*, September 1927。

52. Chu, *Chinese Theater*, 173. 关于引文, 参见 Xiao, "Film Censorship in China," 246。

53. 关于詹宁斯, 参见 Carlisle, "Velly Muchee Lonely," 94. Sojin, *The Unpainted Face of Hollywood*, 60–61。

54. Endres and Cushman, *Hollywood at Your Feet*, 23, 27–34; Film Clip, Sekani Moving Ideas, Film Archive.

55. Anna May Wong Gift Collection Book 8409, NYPL; Pepper and Kobal, *The Man Who Shot Garbo*, 32; *Theater Magazine*, 1927; *Vanity Fair*, 93（May 1928），91; Pepper, *Camera Portraits*, 26; Beaton, *Photobiography*, 46–47.

56. 例如在英国的情况可参见 *Picture Show*, January 2, 1926. 在日本，参见 *Kinema Junpo*（Tokyo），January 21, 1924; March 1, 11; October 21, 1925; October 21, 1927; February 11, 1929. 泳装照出现在 *Stage and Screen*（Tokyo），August 1927; 其他的在 1927 年 3 月号刊出。

57. 《良友画报》，1927 年 7 月 30 日: Lee, *Shanghai Modern*, 64–65. 关于黎莉莉，参见 Gao, "Sports, Gender, and the Nation-State," chapter 4。

58. 天津《北洋画报》，1927 年 11 月 30 日、5 月 8 日, 1928 年 8 月 29 日。关于一则英国评论，参见 *Picturegoer*, March 1928; 关于法国的情况，参见 *Ciné-Miroir*, December 2, 1927; 关于奥地利的情况，参见 *Paimann's Filmlisten*, August 10, 1927 and *Das Kino-Journal*, October 8, 1927. 关于德国的情况，参见 *Mein Film*, March 25, 1927. 关于格雷，参见 *Screen Secrets Magazine*, December 1927, January 1928. 关于电影审查，参见 *Chinatown Charlie* and *Devil Dancer Files*, Censorship Board Scripts, New York State Library.

59. *Variety*, February 5, March 28, 1928; Ellenberger, *Ramon Novarro*, 83–84; *Bioscope*, May 17, 1928; *Movie Times*（Tokyo），November 5, 1929. 关于布尔的照片，参见 Pepper and Kobal, *The Man Who Shot Garbo*, 32 and Anna May Wong file at the Wisconsin Center for Film and Theater Research。关于南美洲的海报，参见 *Cinelandia*, June, July, August 1928.

60. *Across to Singapore*, MGM Files, USC Film Archives.

61. Carlisle, "Velly Muchee Lonely," 94; *Hollywood Magazine*,

February 1932; *Ciné-Miroir*, November 27, 1931; *Mein Film*, May 5, 1928; Anna May Wong File, June 7, 1927, National Archives Pacific Region, Laguna Niguel, California; "Anna May Wong File," NYPL; AMPAS Clippings and *Screen Secrets Magazine*, July 1928.

62. Seagrave, *American Films Abroad*, 19–23, 34–35, 41–44, 69–70.

第三章 闯荡欧洲影坛

1. Rotha, *The Film Till Now*, 230; Palmer and Neubauer, *The Weimar Republic*, 263; Ritchie, *Faust's Metropolis*, 350–54, and Elsaesser, *Weimar Cinema and After*, 33–37; AMPAS Clippings.
2. Willet, *The Weimar Years*, 89; Jelavitch, *Berlin Caberet*, 167–74; Gordon, *Voluptuous Panic*; Rose, *Jazz Cleopatra*, 83–88; Schrader and Schebera, *The "Golden" Twenties*, 142, and Ritchie, *Faust's Metropolis*, 343–45.
3. Flemming Christiansen, "Chinese Identity in Europe," and Erich Guttinger, "A Sketch of the Chinese Community in Germany Past and Present," in Benton and Peike, *The Chinese in Europe*, 42–67, 197–211.
4. Bergfelder, "Negotiating Exoticism," in Higson and Maltby, *Film Europe*, 305–8; Kreimeier, *The UFA Story*, 134; Vincendeau, *Encyclopedia of European Cinema*, 125; *Mein Film*, May 5, July 6, September 14, November 23, 1928.
5. Bergfelder, "Negotiating Exoticism," in Higson and Maltby, *Film Europe*, 302–5. Bruno, *Atlas of Emotion*, 294–95.
6. *Film Photos Wie Noch Nie*, 131–32, 159, 170, 237; Pepper, *Camera Portraits*, 26; *Tänzerinnen Der Gegenwart*, 47; Weiss, "Heads

and Tales." 关于 Menasse，见 Faber, ed., *Divas and Lovers*，49。关于雅各比的特写镜头后来被引用的情况，参见 *Tolnai Vilaglapja*, June 21, 1939, 42. 关于中国杂志的情况，参见 Lee, *Shanghai Modern*, 18–20, 34。

7. Benjamin, "Gespr lcht mit Anna May Wong," Witte, *Walter Benjamin*, 105–16; Broderson, *Walter Benjamin*, 164–66. 同样的反响可参见 Guttinger, *Köfen Sie Mal ein Ei in Zeitlupe*, 23, and Hubert, *Hollywood: Legends and Reality*, 106–9. 有关柏林的咖啡社团，参见 Ritchie, *Faust's Metropolis*, 345–46; 有关剧院和歌剧院的情况，参见 Anna May Wong Gift Collection, Books 8401, 8402 收藏的很多剧目单。

8. Spence, *The Chan's Great Continent*, 144–46.

9. Anna May Wong Gift Collection, Book 8414, NYPL; *Pour Vous*, July 18, 1929; *BN L'Arsenale*, February 1929. 关于人口统计，参见 Pan, *Encyclopedia of the Chinese Overseas*, 311–12。

10. Live Yu-Siori, "The Chinese Community in France: Immigration, Economic Activity, Cultural Organization, and Representation," in Benton and Pieke, *The Chinese in Europe*, 96–125.

11. Anna May Wong Clipping File, AMPAS; *Screenplay Secrets*, June 1929, May 1930.

12. *Ciné-Miroir*, June 14, 1929; *Cinémonde*, January 24, 1929. 关于她在伦敦的生活，参见 *Picturegoer*, September 1928 and Anna May Wong Gift Collection Book 8405. 关于露露的离去，参见 *Los Angeles Examiner*, May 30, 1929; *Picture Show*, July 27, 1929。有关柳霜对英国的评论，参见 Rivers, "Anna May Sorry She Cannot Be Kissed"。

13. de Silva, *These Piquant People*, 49–54. 亦可参见 *Picture Show*, September 7, 1930 and *Cinémonde*, January 16, 1930。

14. David Parker, "Chinese People in Britain: Histories, Futures, and Talents," in Benton and Pieke, *The Chinese in Europe*, 67–96.

15. *Ciné-Miroir*, November 15 and 22, 1929.

16. Jager, "Song"; *FilmKritik*. 最全的法国评论见 *Ciné-Miroir*, November 22, 1929. *Picture Show* 将《堕落之爱》一片戏剧化了, 1929 年 8 月 17 日。

17. Bergfelder, "Negotiating Exoticism" 308–30; Jager, "Song," *FilmKritik*; *Paimann's Filmlisten*, August 31; *Film-Kurier*, August 18, 29, 25 and September 1, 8, 10, 1928; *New York Times*, August 22, 1928.

18. *Cinémonde*, May 23, 1929; *Close up*, 3: 6 (December 1928), 9–14; *Variety*, November 14, 1928; *New York Times*, August 22, 1928 and December 30, 1929.

19. Wong, "The Chinese Are Misunderstood."

20. McLellan, *The Girls*, 62; Spoto, *Blue Angel*, 38–39; Ritchie, *Faust's Metropolis*, 355; Eisenstadt, *People*, 22; Palmer and Neubauer, *The Weimar Republic*, 12, 151, 272. 关于贝克在柏林的出现,参见 *Film-Kurier*, September 12, 1928.

21. *Pour Vous*, February 14, 21, 1929.

22. *BN de L'Arsenale*, February 1929.

23. 有关她在 1930 年时称自己是 23 岁的记录,见 *Paris-Midi*, May 1930. 关于其生日有误的情况,参见 *Die Filmwoche*, 35 (1992)。

24. *Pour Vous*, March 7, 1929.

25. *Pour Vous*, July 27, 1933 and November 14, 1930.

26. *Pour Vous*, May 26, 1932.

27. *Pour Vous*, March 23, 1933.

28. *Ciné-Miroir*, March 8, 1929; *Pour Vous*, March 16, 1933; *Cinémonde*, October 10, November 2, 1928.

29. *Screen and Stage*, August, October 1928;《新银星》,1928 年 9 月 1 日;

《北洋画报》1929 年 8 月 31 日、12 月 6 日，1930 年 3 月 18 日、3 月 20 日、4 月 1 日。

30. *Film Weekly*, December 17, 1928; February 11, 1929; *Das Magazin*, 63: 6 (November 1929); *Filmjournalen*, 5 (1930); 亦可参见 *Illustrated Sporting and Dramatic News*, November 20, 1929; *Picture Show*, August 28, 1928; *Ciné-Miroir*, November 15, 1929. 关于德国和奥地利对《唐人街繁华梦》及其再度上映的评论，参见 *Paimann's Filmlisten*, February 15, 1929; April 11, 1930; January 11, 1929, and *Mein Film*, January 30, 1930. 关于在葡萄牙上映的情况，参见 *Cinéfilo*, November 17, 1928。

31. Brodi, *Der verbotene Blick*, 297.

32. *Kinetographic Weekly*, February 7, 1929; *Close Up*, 5 (July 1929), 45–47; *Picture Show*, August 17, 1929; January 12, 18, 1930; February 8, March 1, 29, 1930; July 12, 1930. 关于法国的情况，参见 *Hebdo-Cinema*, January 25, 1929; 关于奥地利的情况，参见 *Das Kino-Journal*, February 16, 1929。关于美国的情况，见 *New York Times*, July 14, 1929。

33. 这段描述和随后内容分别来自下列评论：*Ciné-Miroir*, June 20, 1930; *Picture Show*, March 12, August 18, 25, 1928; October 20, December 19, 1929, 也来自我对该影片的解读。关于托马斯的素描像，参见 *Piccadilly Pressbook*, LOC LP559。

34. Rivers, "Anna May Story She Cannot Be Kissed"; Bennett, Piccadilly; Doerr, "Reminiscences of Anna May Wong," *Social Magazine*, February 1932.

35. Rivers, "Anna May Story She Cannot Be Kissed."

36. 在宾夕法尼亚历史协会的罗斯·琼资料集中有 50 多份简报和评论，没有一篇肯定黄柳霜，都认为罗斯·琼远远胜过黄柳霜。关于向有声电影的转变及其对明星演员的影响，参见 Sklar, *Film*, 172–75。

37. Dean, *Mind's Eye*, 67–71. 有关美国的全面报道，参见 *Los Angeles Examiner*, February 12, March 10, 1929。关于此次午宴的趣味轶事，参见 *Los Angeles Examiner*, August 12, 1934。关于花费 100 英镑纠正发音之事，参见 *Time*, October 1, 1934。

38. *Filma*, March 13, 1930; *Ciné-Miroir*, June 27, 1930; *Hebdo-Film*, March 15, 29, 1930; *Mein Film*, March 15, 1929; *Das Kino-Journal*, March 16, May 4, 1929; *Variety*, May 8, 1929.

39. AWM to VV, September 26, 1929.

40. Klaus, *Deutsche Tonfilme* 2 (1931); Guy, "Calling All Stars: Musical Films in a Musical Decade," in Richards, *The Unknown 1930s*, 102, 104; *Cinémonde*, January 16, February 13, 1930; *Mein Film*, October 7, 1930.

41. *Ciné-Miroir*, May 2, September 19, 1930; *Illustrieter Film-Kurier* (Berlin, 59 (n.d.); *Mein Film*, October 16, November 27, 1929.

42. Rivers, "Anna May Sorry She Cannot Be Kissed"; *Los Angeles Examiner*, November 23, 1929; 关于表演，参见 *Film Weekly*, April 5, 1930。

43. *Variety*, November 5, 1930; AMPAS Clipping File; *New York Times*, November 4, 1930, April 2, 1931; *Cinémonde*, September 18, 1930; *Hebdo-Cinéma*, October 4, 1930. 关于德国电影界的评论，参见 *Die Filmwoche*, January and February 1930。关于德国对黛德丽的电影的冷淡，参见 Ritchie, *Faust's Metropolis*, 358。

44. *Mein Film*, July 22, 1930.

45. 关于《炸弹风波》，参见 *Hebdo-Film*, June 7, July 5, 1930。《炸弹风波》并未归于艾尔诺·梅茨纳导演的影片，此事详情见 *Film Dope* 42 (1989), 40–43，他于 20 世纪 30 年代离开欧洲前往好莱坞，以躲避希特勒。亦可参见 Kracauer, *From Caligari to Hitler*, 194–95。

46. *Ciné-Miroir*, June 13, 1930; *Cinémonde*, July 24, 1930.

47. Rivers, "Anna May Sorry She Cannot Be Kissed."

48. *New York Times*, April 20, 1930.

49. Martin Duberman, "Robeson and Othello," in Stewart, ed., *Paul Robeson*, 123–35. 关于该晚的情况，参见 Anna May Wong Gift Collection, Book 8405。

50. *Ciné-Miroir*, November 11, 1929; *Mon Ciné*, March 11, 1930; *Carnet*, September 28, 1930; *Cinémonde*, May 18, 1933. 德国记者们对此事是同意的，参见 *Mein Film*, February 27, 1929。关于法国人的愤怒，见 Blower, *Becoming Americans*, 55–93, 特别是 78–79。

51. *Ciné-Miroir*, June 13, 14, 1930; *Paris-Midi*, May 1930。

52. *Ciné-Miroir*, June 13, 14, 1930；关于此类剧场晚间演出情况，参见 Anna May Wong Gift Collection, Book 8401。

53. *BN de L'Arsenale*, February 1929.

54. *Mein Film*, June 4, 1930.

55. Kracauer, *From Caligari to Hitler*, 6–10, 135; Eisner, *The Haunted Screen*; Bergfelder, "Negotiating Exoticism."

56. *Wiener Handelsblatt*, July 5, 15, 19, 24, August 4, 5, 12, 30, 1930; *Der Tag*, June 22, July 2, 6, 15, 20, 28, 30, 1930; *Neue Frieie Presse*, July 10, 1930; *New York Times*, October 18, 1930; *Los Angeles Examiner*, August 22, 1930; *Mein Film*, August 19, 1930. 关于 Feldkammer 和 Preminger, 参见 Prikopa, *Der Weiner Volksoper*, 83–87.

57. *Der Tag*, August 14, 1930.

58. *Wiener Zeitung*, August 17, September 10, 1930; *Wiener Handelsblatt*, September 16, 17, 1930; *Der Tag*, August 16, 1930. 关于德国的评判，参见 *Mein Film*, August 17, 1930。

59. 有关她思乡的情况，参见 *Los Angeles Examiner*，October 19，1930。
60. *Screenplay Secrets*，October 1931. 我无法找到更多关于格雷丝·韦尔考克斯的情况。她写过一出独幕话剧，是关于一个涉世未深的少女和她的男友的故事，该剧本后来发表在 *Poet Lore：World Literature and the Drama*（Boston：Richard G. Badger，1930），251–60。
61. *New York Times*，October 18，November 16，1930.
62. Smith，*Life in a Putty Knife Factory*，25.
63. Anna May Wong，AMPAS Clipping File；*Motion Picture Magazine*，October 1931；Lim，*A Feeling of Belonging*，55–56.

第四章　穿梭于大西洋两岸

1. *New York Times*，April 20，1930；October 30，1930；Wong，"My Film Thrills，" *Cinegraf*，July 1932. Botto，*At This Theater*，205.
2. 关于李恭桃的死，参见 Clippings File，AMPAS；*Los Angeles Examiner*，November 12，1930，February 3，1931。
3. *American Photography*（Boston），November 1931，573.
4. 关于柳霜到达欧洲，参见 *Los Angeles Examiner*，June 2，1931 and Anna May Wong Clipping File，AMPAS。关于奥兰的引语，参见 Bob Thomas article，December 22，1959，reprinted in *Shanghai Express* 1：1（1999）。关于片酬，见 *Daughter of the Dragon* Production Note，Box 32，Paramount Pictures File，AMPAS。
5. *AFI Feature Films*，*1931–1940*，467. 派拉蒙也在其20周年的庆祝电影上展出柳霜的照片，但没有对外公布。同上注，970。
6. Berenstein，*Attack of the LeadingLadies*，39–40，221n10.
7. *New York Times*，August 25，1931；*Variety*，August 25，1931；*Los Angeles Examiner*，August 28，1931；*Screenplay Secrets*，October

1931; *Film Fun*, October, November 1931.

8. *Cinéfilo*, March 1932.

9. "*Daughter of the Dragon* Pressbook," LP2444, LOC; *Cinelandia*, December 1931.

10. Beery, *Screen Style*, 95–119.

11. Willis, "Famous Oriental Stars Return to the Screen"; 亦可参见 *Los Angeles Examiner*, May 13, June 2–3, 1931。关于柳凰, 参见 *Picture Show*, December 19, 1931。柳霜的"回归"甚至在欧洲也引起反响, 参见 *Picturegoer Weekly*, October 17, 1931。

12. Winokur, *American Laughter*, 212; Beery, *Screen Style*, 136–40.

13. Parish and Leonard, *Hollywood Players*, 535; Anna May Wong Gift Collection, Book 8404, Book 8409. *Van Vechten Scrapbook*, 24; *Los Angeles Examiner*, August 25, 1931; *Los Angeles Times*, October 30, 1931.

14. Wong, "Manchuria," 7.

15. Wong, "Manchuria," 6–7. 关于消极抵抗, 参见 Fu Poshek, *Passivity, Resistance and Collaboration*, 21–68。

16. *AFI Feature Films, 1931–1940*, 1904; Rainsberger, *James Wong Howe*, 19; *Cinelandia*, March 1932.

17. 关于类似的文章, 参见 Marchetti, *Romance and the "Yellow Peri*,*"* 65。关于对话, 参见 "*Shanghai Express* Censorship Dialogue Script," New York State Archives。

18. Program for Anna May Wong, La Scala, Rome, 1934, Anna May Wong Gift Collection, Book 8402.

19. *Shanghai Express*, Production Notes, Box 116, Paramount Pictures File, AMPAS; 关于服饰, 参见 Rosten, *Hollywood*, 193–195。关于斯特堡对黛德丽的评语, 参见 Naremore, *Acting in the Cinema*, 132–36。

20. *Picturegoer Weekly*, October 1, 1932 and *New York Times*, February 18, 1932.

21. 《北洋画报》，1931年12月5日；《电影广播每日新闻》（上海），1932年6月17日；Jones, *Portrayal of China*, 37–41。关于《北洋画报》文章的翻译以及派拉蒙高管间的通信，见 Anna May Wong Clipping File, AMPAS. 关于洪深，参见 Leyda, *Dianying*, 82; Zhao, "Film Censorship in China," 194–96; Xiao, "Anti-Imperialism and Film Censorship during the Nanjing Decade, 1927–1937," in Lu, *Transnational Chinese Cinemas*, 38–40; Zhang and Xiao, *Encyclopedia of Chinese Film*, 188; Pickowicz, "The theme of Spiritual Pollution," and Sergeant, *Shanghai*, 248–50. 关于学生，参见 Spence, *Search for Modern China*, 283. 关于洪深，参见 Ye, *Seeking Modernity*。

22. 要了解全部关于电影审查的讨论和洪深的成名过程，参见 Xiao, "Film Censorship in China；178–200. For suspension, see Vasey, *The World According to Hollywood*, 155。

23. "*Shanghai Express* Censorship Dialogue Script," New York State Archives.

24. 见《北洋画报》，1930年11月18日。

25. *Mein Film*, 330 (1932).

26. Riva, *Marlene Dietrich*, 127; Dietrich, *Marlene*; Wollstein, *Vixens, Floozies and Molls*, 25–31; Parish, *Paramount Pretties*, 186–93.

27. *The New Movie Magazine* (London), March 1932, 42. 关于法国杂志，参见 *Cinémonde*, April 21, 28, 1932；关于葡萄牙，参见 *Imagem*, January 21, 1932.

28. Marchetti, *Romance and the "Yellow Peril*," 61–68.

29. 关于对黛德丽的刺激，参见 Lim, *A Feeling of Belonging*, 60。

30. 关于针对电影公司、绯闻专栏作家、旅行和同性恋的评论，参见 Ehrenstein, *Open Secret*, 46-52。关于对女同性恋的保守态度，见 Faderman, *Odd Girls and Twilight Lovers*, 93-118。
31. AMW to VV, September 21, 1932.
32. *Picture Show*, September 10, 1932; May 20, 1933.
33. *AFI Feature Films*, *1931-1940*, 171, 1996; Wollstein, *Vixens, Floozies and Molls*, 25-31; Rosten, *Hollywood*, 252.
34. *Screenplay Magazine*, November 1931, January 1932; *Film Fun*, March 1932; *Imagem*, January 1932; *Mein Film*, 286, 317, 320 (1931-1932). 关于贝克的表演, 参见 Anna May Wong Gift Collection, Book 8402。
35. *Los Angeles Examiner*, March 30, 1932; *Los Angeles Times*, March 29, 1932.
36. AMW to VV, May 5, July 31, 1932; Kellner, *Carl Van Vetchen*, 260; Hurston, *Dust Tracks*, 243; 关于这些集会和派对, 参见 Kellner, ed., *The Splendid Drunken Twenties*. 关于自行车赛, 参见 Ritchie, *Faust's Metropolis*, 357。关于 Maschwitz, 参见 Miall, Inside the BBC, 31-40 and Maschwitz, No Chip on My Shoulder, 59-60, 62。关于忍耐, 参见 Mumford, Interzones。
37. Paramount Press Clippings, January 13, 1938, Anna May Wong File, AMPAS. 关于演员们的虚伪, 参见 Rosten, *Hollywood*, 163-68。关于其阅读习惯, 参见 *Screenland Magazine*, October 1931。
38. Woolf, *Hindsight* 140-46; Woolf, *On the Way to Myself*, 123-25.
39. Woolf, *Studies in Hand-Reading*, 130-33.
40. Application for Form 430, Local File # 14036/120, dated December 16, 1935, Los Angeles.
41. Case, *Do Not Disturb*, 267; Case, *Tales of a Wayward Inn*, 209; *Van Vechten Scrapbooks*, 25, 26, NYPL; Kellner to Autho,

November 11, 2002;《电声》, 1936 年 10 月 23 日。

42. Parker, "Anna May Wong's Chinese Love Code."

43. *Revue Mondiale*（Paris）, June 1, 1932; AMW to VV, September 21, 1932; Zhao, *Remaking Chinese America*, 39. 关于中国学生, 参见 Ye, *Seeking Modernity*, 81-113. 关于柳霜肯定不愿为了婚姻而放弃事业的另一篇文章, 参见 *Times of India*（New Delhi）, May 30, June 10, 1933。

44. *Der Wiener Tag*, September 12-15, 1932; *Neues Wiener Journal*, September 12, 13, 1932; *Neues Wiener Tagblatt*, September 12, 13, 1932; *Mein Film*, June 23, 1932; *New York Times*, September 11-17, 1932; AMW to VV, September 21, 1932. Anna May Wong, AMPAS Clipping File; Gielgud, *Years of the Locust*.

45. 全家福载于 *Cinema Illustrazione*（Rome）, September 5, 1934。关于旅行, 参见 Newnham, "Chinese Puzzle"; Anna May Wong Clipping File, AMPAS; Immigration File 14036/120 and 84021/345（Roger）, NARA, Laguna Niguel, California; *Royal Pictorial*, February 1935.

46. *Los Angeles Examiner*, May 11, 1933; *Mein Film*, June 5, 1933; Anna May Wong Gift Collection, Box 8407, 8414, Immigration File 14036/120, NARA, Laguna Niguel, California. 关于柏林, 参见 Ritchie, *Faust's Metropolis*, 426-30, 452-57。

47. AMW to VV July 5, 1933.

48. Arena May Wong Gift Collection, Box 8401, 8407; Anna May Wong AMPAS Clipping File; *Shanghai Express* 1: 2（1999）, 6. 关于都柏林, 参见 *Dublin Evening Mail*, October 3, 1933; *Irish Press*, October 3, 1933; *Irish Times*, October 3, 1933. 关于埃林顿的演出, 参见 Nicholson, *Duke Ellington*.

49. Balio, *Grand Design*, 321.

50. *AFI Feature Films Catalog*, *1931–1940*, 2085; *Variety*, June 6, 1933; *New York Times*, June 1, 1933; *Kinetographic Weekly*, August 10, 1933; *Picturegoer Weekly*, January 27, 1934. 关于工作室的变动, 参见 Pitts, *Poverty Row Studios*, 353-56; 关于电影的奇异性, 参见 Balio, *Grand Design*, 340。

51. Richard, *The Age of the Dream Palace*, 112.

52. Print viewed at BFI.

53. U.S. Department of Labor Statement of Wong Lew Song, Local File 8402/117, Los Angeles, April 4, 1933 at NARA, Laguna Niguel, California; Parish and Leonard, *Hollywood Players*, 535; Edwards, *The DeMilles*, 131.

54. *Film Star Weekly* (London), October 13, 1934; *Picturegoer*, October 6, 13, 1934; *Picture Show*, October 13, 1934; *Film Weekly* (London), October 13, 1934; *Variety*, September 25, 1934; *Los Angeles Examiner*, November 28, 1934; Souvenir Program in author's possession; Anna May Wong, AMPAS Clipping File; Low, *Film Making in 1930s Britain*, 138. 关于奥地利的情况, 参见 *Das Kino-Journal*, October 6, 1934. 若要了解来自美国的评论, 参见 *Time*, October 1, 1934。

55. *Variety*, August 7, 1935; *Los Angeles Examiner*, January 9, 1934; *Picturegoer*, October 13, 1934; *Film Weekly*, August 24, 1934; *Kinematography Weekly*, June 8, July 26, 1934; *Today's Cinema*, June 2, 1934.

56. *Variety*, May 29, 1934; *New York Times*, July 31, 1935.

57. *Limehouse Blues*, Production Notes, Box 76, Paramount File, AMPAS.

58. 歌词参见 "*Limehouse Blues* Censorship Dialogue Script," New York State Archives, 柳霜在台上也有过艰难的时刻。据报道, 她受

伤的中指指甲伤势轻微，但到 9 月柳霜患上了牙病。*Los Angeles Examiner*，August 17，1934。

59. *AFI Feature Films Catalog*，*1931–1940*，1200. 关于评论，参见 *Cinema Illustrazione*（Rome），July 31，1935；*Piccolo*（Belgium），November 16，1934. 关于瓦格纳，参见 *Rob Wagner's Script Magazine*，September 1，1934，13。

60. *Variety*，December 18，1934；*Modern Screen*，February 1934；*New York Times*，December 12，1934；*Los Angeles Examiner*，November 9，1934；*Kinetographic Weekly*，January 3，1935；*Picturegoer Weekly*，April 6，1935；*Picture Show*，August 13，193S；*Cinema*，January 3，1935. 关于西班牙语，参见 *Cinegraf*，January 1935。

61. 《电声》，1935 年 1 月 1 日、11 日、2 月 29 日、7 月 19 日和 12 月 6 日。

62. *Los Angeles Examiner*，August 5，12，1934；《新宁》，1934 年 10 月。

63. 《电声》，1935 年 7 月 20 日；*Revista Del Hogar*，November 17，1935；Anna May Wong Gift Collection，Box 8402，8403，8408；*Pour Vous*（Paris），June 2，1932；Newnham，"Chinese Puzzle"；*Shanghai Express*（1999），6. 关于斯堪的纳维亚、西班牙、意大利和瑞士中国人较少的情况，参见 Benton and Pieke，*The Chinese in Europe* 中的相关论述。

64. Day，ed.，*Noel Coward*，141–43.

65. "Recollections of Hu Die，" 14；《电声》，1935 年 7 月 19 日；《电影画报》，1935 年 7 月 15 日；Fania Marinoff to Carl Van Vechten，May 21，June 3，8，13，16，Van Vechten Papers；*Los Angeles Examiner*，January 9，1936. 关于照片，参见 Box 162，Van Vechten Papers；Duberman，*Paul Robeson*，192–93，198。

66. Robeson，*Here I Stand*，30.

67. *Rob Wagner's Beverley Hills Script Weekly*，13：326（July 13，1935），21；*Los Angeles Examiner*，August 9，1934. 关于影视公司

的声望，参见 Rosten, *Hollywood*, 177。关于公司与中国政府的关系，参见 Vasey, *The World According to Hollywood*, 175-79。关于赛珍珠，参见 Spence, *Chan's Great Continent*, 180-82。

68. See Leong, *The China Mystique*, 75, and Wollstein, *Vixens, Floozies, and Molls*, 254. 关于对混血儿的谈论，参见 *AFI Feature Films Catalog, 1931-1940*, 808。

69. "*The Good Earth* Production Notes," Folders 2, 10, MGM Collection, USC Film Archives. Wong, "My Story"; Jew, "Metro Goldwyn Mayer."

70. 关于赛珍珠将中国人同质化，参见 Yoshihara, *Embracing the East*, 152-64。关于欧洲的反响，参见 *Das Kino-urnal*, October 2, 1937. 其他评论出自笔者本人。

71. *Los Angeles Examiner*, March 8, 1936.

72. 《国华报》，1936 年 2 月 23 日；《电影画报》，1936 年 3 月 1 日；Pizzitola, *Hearst over Hollywood*, 315; AMW to VV, December 16, 1935. 关于华裔美国人回迁中国，参见 Gloria H. Chun, "Go West…to China," in Wong and Chan, *Claiming America*, 165-90; Immigration File 14036/120, NARA, Laguna Niguel, California. 关于柳凰，参见 MGM Legal Department Records, Folder 73, AMPAS. 柳凰只得到 60 美元，这是该片中国演员的最低报酬。该片拍摄完成后，米高梅解雇了所有华裔演员。关于施蕴珍，见 *Los Angeles Examiner*, January 28, 1936。

第五章　寻根之旅

1. AMW to CVV, January 7, 1936; *New York Times*, January 26, 1936; *Rob Wagner's Script Magazine*, January 25, 1936, 27; *Los Angeles Examiner*, January 9, 17, 24, 26, March 8, 1936. 关于戏剧，

参见 Anna May Wong Gift Collection, Book 8408。

2. *Los Angeles Examiner*, March 8, 1936; Chu, *Chinese Theater*, 209.

3. Lin, *My Country and My People*, 140–53.

4. *New York Herald Tribune*, May 14, 1936; AMW to VV, February 22, 1936.

5. AMW to W, February 22, 1936; *Asahi Shimbun*, February 4, 1936; *Tokyo Nichi Nichi*, February 9, 1936; *Osaka Mainichi*, February 9, 1936; *New York Herald Tribune*, May 24, 1936; Spence, *Search for Modern China*, 420–21, 关于小册子的部分。

6. 关于黄经材的辩护之词,参见《电声》,1935年11月27日、1936年1月24日、2月14日。关于是否接纳她的质疑,见《电声》,1936年1月1日;《时代电影》,1936年3月1日;《时代电影》,1936年2月、3月;《良友画报》,1936年2月;《艺声电影》,1936年2月。

7. Spencer, *Search for Modern China*, 415–16.

8. 关于对这次有意思的对话的全面分析,参见 Harris, *Silent Speech*, Chapter 10。亦可见 Zhang and Xiao, *Encyclopedia of Chinese Film*, 284–86;关于阮玲玉,参见291–93。

9. Harris, *Silent Speech*, 354–58.

10. 关于左派的观点,参见 Lee, *Shanghai Modern*, 99–101.

11. Lee, *Shanghai Modern*, 83–110; *All About Shanghai*, 75–77; Jones, *Yellow Music*, 3–8; Clayton, *Buck Clayton's Jazz World*, 66–79.

12. 关于采访,参见《华字日报》(香港),1936年2月22日。有关柳霜抵达中国的其他信息,见《电声》,1936年2月14日;《电影画报》,1936年3月1日;《国华报》(广州),1936年2月23日;《北洋画报》(天津),1936年2月12日;《京津泰晤士报》,1936年2月16日。《字林西报》,1936年2月10–15日;《北华捷报》（上海），1936 年 2 月 19 日；《申报》（北平），1936 年 2 月 10-12 日。关于柳霜拍摄的家庭纪录片，参见 Scene List of Wong, "Where the Wind Rocks the Bamboo, " AMPAS。

13. 《字林西报》，1936 年 2 月 12 日、14 日、15 日、16 日；黄蕙兰：《没有不散的筵席》：New York Herald Tribune, May 31, June 7, 1936; Wong, "Where the Wind Rocks the Bamboo." AMW to VV, February 22, 1936; ANB, 13: 659-61.

14. Rob Wagner's Script Magazine, December 12, 1936, 11.

15. 《良友画报》，1936 年 2 月；New York Herald Tribune, June 7, 14, 1936。

16. Emily Hahn, China to Me: A Partial Autobiography (New York: Doubleday, Doran, 1944), 38.

17. 《华字日报》（香港），1936 年 2 月 18 日；《电声》，1936 年 1 月 21 日；《明星》，1936 年 2 月；《艺声电影》，1936 年 2 月。关于游荡者和旅行者，见 Gleber, The Art of Taking a Walk, 132-35. 关于上海，参见 Bruno, Atlas of Emotion, 290-93。关于讽刺，见《时代结》，1936 年 4 月。

18. 《电声》，1936 年 3 月 27 日；Spence, Search for Modern China, 426.

19. Manila Bulletin, March 4-8, 1936; Manila Tribune, March 4, 1936; AMW to W, March 14, 1936.

20. 《电声》，1936 年 4 月 3 日。

21. 《申报》（上海），1936 年 3 月 10 日；《北华捷报》（上海），1936 年 4 月 1 日；作者对村民的采访，2001 年 6 月；余锦妍对作者所言，2002 年 3 月 12 日，记录由作者保存。关于村民的迷信，见 Birmingham (Al) News, August 22, 1937, Clipping File, Wisconsin Center for Film。

22. AMW to CW, March 23, 1936.

23. 《申报》,1936年3月27日、4月1日;《电声》,1936年5月15日。
24. *Los Angeles Examiner*, August 20, 1936; Sergeant, *Shanghai*, 258-59.
25. 《申报》(北平),1936年5月1日、5日;《电声》,1936年5月8日。
26. AMW to CVV, May 8, 1936.
27. 《电声》,1936年8月28日、9月18日。
28. 《大公报》(北平),1936年5月17-21日;《北洋画报》(天津),1936年5月16日;《申报》(上海),1936年5月10日。关于司徒雷登,见 West, *Yenching University*, 23-27, 177-83。
29. 《北洋画报》(天津),1936年5月23日;Spence and Chin, *The Chinese Century*, 102.
30. 《大公报》(北平),1936年5月17-21日;《电声》,1936年6月5日。
31. 《北洋画报》(天津),1936年6月9日;《电声》,1936年6月19日;《美术生活》,1936年6月。
32. 《电声》,1936年7月10日。
33. 《电声》,1936年8月7日、14日、10月2日、9日、30日;Anna May Wong File 14036/297. Immigration and Naturalization Service, NARA, Laguna Niguel, California.

第六章　情系故土

1. 在黄柳霜的档案(编号14036/297,美国移民暨归化局1936年11月30日)中有关于1935年和1936年处理那位冒名顶替者事件的大量表格。关于与父亲的事件,参见 Leong, *The China Mystique*, 96.
2. *Rob Wagner's ScriptMagazine*, December 12, 1936, 11.
3. File 14036/1459-A. November 17, 1938, National Archives, Pacific

Region, Laguna Niguel Office; Huang Family Genealogy, 参见黄翠娴向笔者提供的家谱。

4. *Los Angeles Examiner*, November 23, 30, 1936; *Los Angeles Herald Express*, November 30, 1936; Spence, *Search for Modern China*, 437–50; Paramount Press Clippings, AMPAS。

5. *AFI Film Catalog*, *Feature Films*, *1931–1940*, 12–13; Wollstein, *Vixens*, *Floozies*, *and Molls*, 256. 关于《好莱坞盛宴》,参见 "Hollywood Party Dialogue Censorship Script, " New York State Archives。

6. Anna May Wong Gift Collection, Book 8401; Maschwitz, *No Chip on My Shoulder*, 87–88. 马施威茨既对柳霜又对他的妻子赫米奥娜·金戈尔德说过,他早已在心里写下了每一句歌词,参见 Gingold, *How to Grow Old Disgracefully*, 54。

7. *Los Angeles Examiner*, March 24–27, 29, April 3–4, 1937; Anna May Wong File 390596/190-H. Q. Federal Bureau of Investigation. 关于疯狂的影迷,参见 Barbas, *Movie Crazy*, 165–72。

8. 关于这次舞台表演,参见 *New York Herald Tribune*, May 21, 1937 and *New York Times*, May 23, 1937. 关于《图兰朵》,参见 Price, *Vincent Price*, 77;也可以参见 Anna May Wong Gift Collection, Books 8408, 8410, 以及 Clipping File, NYPL. 关于她的旅程安排情况,参见 U.S. Department of Labor, Immigration and Nationalization Service File 14036/120, NARA, Laguna Niguel, California.

9. Anna May Wong Gift Collection, Book 8403; U.S. Department of Labor, immigration and Nationalization Service File 14036/120, April 23, 1937, NARA, Laguna Niguel, California.

10. Maschwitz, *No Chip on My Shoulder*, 104–7.

11. Gielgud, *Years of the Locust*, 156–60.

12. Leong, *The China Mystique*, 88.

13. Jesperson, *American Images*, 45–58.

14. Gielgud, *Years of the Locust*, 158; Chierichetti, *Edith Head*, 54.
15. Engstead, *Star Shots*, 114, 97–229.
16. *Daughter of Shanghai*, Production Notes, Box 32, Paramount Pictures, AMPAS; 关于弗洛里, 参见 Balio, *Grand Design*, 320, 以及 Spear, *Hollywood: The Golden Era*, 333–61. 关于好莱坞薪金的情况, 参见 Parish, *Paramount Pretties*, 154, 197, 302。
17. *AFI Film Catalog, Feature Films, 1931–1940*, 466; Marrill, *Films of Anthony Quinn*, 49; Edwards, *The Demilles*, 143–47.
18. *New York Times*, December 25, 1937; *Paramount Service Magazine*, November 13, 1937.
19. *Picturegoer*, July 16, 1938; *Kinetographic Weekly*, July 3, 1938; *Film Weekly*, March 20, 1938; *Das Kino-Journal*, October 30, 1937.
20. 《国光影讯》(*Cathay Grand-News*), 1938 年 6 月 22 日。关于陈云裳, 参见 Poshek Fu, "Selling Fantasies at War: Production and Promotion Practices of the Shanghai Cinema, 1937–41," in Cochran, *Inventing Nanjing Road*, 199。关于柳霜和安必利帮助华裔学生在南加利福尼亚大学注册的事情, 我是根据 Joseph B. Comstock, Jr. 的回忆录, 此人是 Ned Comstock 的父亲, 也是南加利福尼亚大学胶片收藏馆的一名管理员。
21. *Des Moines Register* Stills Collection, LOC.
22. AMW to VV, December 4, 1937; January 3, 1938.
23. *AFI Feature Films Catalog, 1931–1940*, 456; Marrill, *Films of Anthony Quinn*, 52; Production Notes, *Dangerous to Know*, Paramount Pictures, AMPAS.
24. *Picturegoer*, August 21, 1938.
25. *New York Times*, March 12, 1938; *Variety*, March 16, 1938; *Daily Variety*, February 24, 1938; *Hollywood Reporter*, February 24,

1938; *Movie Story*, April 1938。

26. *Kinetographic Weekly*, March 17, 1938; *Paimann's Filmlisten*, October 7, 1938; *Cine Mundial*, April 1938; *Mein Film*, 666 (1938); Ritchie, *Berlin*, 455. 关于维也纳的情况,参见 *Das Kino-Journal*, August 6, 1938.

27. Maschwitz, *No Chip on My Shoulder*, 112–17, Doerr, "My Years with Anna May Wong."

28. *AFI Institute Catalog*, *Feature Films*, *1931–1940*, 2400; *New York Times*, June 9, 1938; *Kinetographic Weekly*, July 7, 1938.

29. *King of Chinatown* Production Notes, Box 69, Paramount Picture Files, AMPAS; *AFI Institute Catalog*, *Feature Films*, *1931–1940*, 1160–67; Marrill, *Films of Antony Quinn*, 61.

30. *Click Magazine*, December 1938, 8–10; Smith, *The Lonely Queue*, 47, 91–93.

31. *Variety*, March 22, 1939; *Daily Variety*, March 15, 1939; *Hollywood Reporter*, March 15, 1939; *New York Times*, March 16, 1939.

32. *Boy's Cinema* (London), May 20, 1939; *Kinetographic Weekly*, March 30, 1939; *Paimann's Filmlisten*, September 25, 1939.

33. *Campbell Soup Playhouse*, "The Patriot," episode 19, April 14, 1939.

34. *Island of Lost Men* File, AMPAS Library.

35. *AFI Feature Films Catalog*, *1931–1940*, 1041。美术影业公司(Fine Arts Pictures)在那个春天也看中了柳霜,想让她出演作品《巴拿马巡逻队》(*Panama Patrol*),但是这刚好与她的档期发生冲突。*AFI Feature Films Catalog*, *1931–1940*, 1615–16.

36. *Variety*; August 25, 1939; *Daily Variety*, August 2, 1939; *New York Times*, August 18, 1939; *Los Angeles Examiner*, August 16,

1939; *Hollywood Reporter*, August 2, 1939; *Kinetographic Weekly*, October 5, 1939.

37. *Island of Lost Men*, Production Notes, Box 65, Paramount Pictures, AMPAS.

38. 我用的数据来自 Rosten, *Hollywood*, 342, 382, 这些数据支持我在这一段中提出的观点。

39. 《北洋画报》, 1937 年 2 月 23 日; Anna May Wong Clipping File, WCFTA; Young, *Rustic Canyon*, 131-42; 关于宴请友人的派对, 参见 *Los Angeles Examiner*, November 23, 1939。

40. Los Angeles Recorder's Office, Document 446, 447, Books 16095, 26 and 16005, 268. 关于柳霜将部分产权卖给她姐姐的情况, 参见 Document 1467, Book 17003, 21。

41. *Paramount News*, Film Clip, August 7, 1941. *Chinatown, Los Angeles*. Souvenir Program of the Chinese Moon Festival, 1941. 关于与华人演员的会面, 参见 Lim, *A Feeling of Belonging*, 73。关于艺人的巡回演出, 参见 Dong, *Forbidden City* 的录像。关于唐人街的华人餐馆和游客, 参见 Gabaccia, *We Are What We Eat*, 102-5。

42. 参见 *On Gold Mountain*, 215。

43. Paramount Press Release, 1938, AMPAS Clipping File; *Shanghai Movie Star*, January 1, 1939 and 《电声》, 1928 年 11 月 20 日。

44. *Better Homes and Gardens*, 20 (September 1941), 28; *Look*, March 1, April 1, 1938. 关于中式家具和华人的魅力, 参见 Thorp, *America Goes to the Movies*, 91。

45. Stine, *The Hurrell Style*, 113; *Photoplay*, June 1938.

46. 《电声》, 625 号, 7 卷, 32 期, 1938 年; 《文华周刊》, 18 期, 1938 年。

47. *New York Times*, June 22, 1938; *Paramount Publicity Sheets*, December 28, 1937; January 13, 1938, Anna May Wong Clippings

File, AMPAS; AMW to VV, May 9, 1944. 关于早前的拍卖，参见 *Los Angeles Examiner*, January 7, March 9, 1937。另外也可以参见 *Das Kino-Journal*, March 5, 1938。

48. *Van Vechten Scrapbook*, 27, NYPL.
49. Derham Groves, *Anna May Wong's Lucky Shoes*, 16-19.
50. File 14036/236-A.M April 13, September 3, 1939 National Archives, Pacific Region, Laguna Niguel Office; AMW to VV, September 11, 1939, *Los Angeles Examiner*, May3, 5, September 5, 1939. 关于澳大利亚的新闻报道，参见 *Melbourne Age*, June 3, 10, 13, 1939 以及 *Sydney Morning Herald*, June 3, 5, 10, 1939。
51. *AFI Feature Films Catalog*, *1931-1940*, 681; Marrill, *Films of Anthony Quinn*, 64.
52. *Variety*, March 21, 1941; *New York Times*, March 7, 1941; *Daily Variety*, February 21, 1941, *Hollywood Reporter*, February 21, 1941.
53. AMW to VV, February 20, April 2, 4, May 10, 1940. Anna May Wong Gift Collection, Book 8411.
54. *Seattle Daily Times*, 1939 年 4 月 9 日，引自 Chan, *Perpetually Cool*, 147-56。关于陈将柳霜描述为道教徒的说法，见 *idem*, 145-59。
55. *New York Herald Tribune*, July 25, 1940; AMW to VV, August 12, 1940.
56. Richard Wong to VV, October 10, 1940.
57. *New York Times*, September 17, 1940; Anna May Wong Clipping File, WCTA; AMW to VU, October 12, December 12, 1940.
58. AMW to VV, December 30, 1940.
59. *Theatre World* (London), December 1941.
60. *AFI Institute Catalog*, *Feature Films*, *1941-1950*, 275; Mundy, "Joseph

H. Lewis."

61. Jesperson, *American Images*, 66, 78; *Variety*, August 19, 1942; *New York Times*, August 10, 1942; *Kinetographic Weekly*, November 19, 1942. *Bombs over Burma* Censorship Script, New York State Archives.

62. *Los Angeles Times*, December 8, 1942; *Shanghai Express*, 1: 1 (1999); AMW to VV, January 20, February 10, 1942; Office of Talent Committee, USC Film Archives.

63. Wong, "Preface" to Wing, *New Chinese Recipes*. 第二年, 该书出版了第二版暨增补版。关于食谱对明星们的重要性, 参见 Thorp, *America at the Movies*, 91–94。关于华人食物及其地方影响和烹饪书, 参见 Gabaccia, *We Are What We Eat*, 102–5, 140–50, 176。关于柳霜以前参与的烹饪书, 参见 *Milady's Style Parade and Recipe Book for 1935*. 关于食谱的书, 参见 Roberts, *China to Chinatown*, 152, 188。

64. Volker, *Brecht Chronicle*, 114; Hayman, *Brecht*, 263.

65. *AFI Institute Catalog, Feature Films, 1941–1950*, 1131; *Variety*, January 20, 1942; *Los Angeles Examiner*, December 24, 1942; *Hollywood Reporter*, November 4, 1942; *Daily Variety*, November 4, 1942; *Screen Romances*, March 1943; AMW to VV, August 31, 1942. 关于好莱坞、妇女和战争, 参见 Koppes and Black, *Hollywood Goes to War*, 93–101。另外也可以参见 *Lady from Chungking* Censorship Script, New York State Archives。

66. AMW to VV, August 31, September 10, 1941; October 5, 1943, March 17, 1944.

67. Jesperson, *American Images*, 98–102.

68. 引文来自 Leong, *The China Mystique*, 113; Pan, *Encyclopedia of Chinese Overseas*, 98–99; Wang, *Chinese Overseas*, 42–47.

69. Jesperson, *American Images*, 105-6；就洗衣工发表的看法，参见 Lin, *Biography of Mayling Soong*, 225；关于文化工作者，参见 Chiang, *China Shall Rise Again*, 326-27。
70. Anna May Wong Clipping File, AMPAS；AMW to VV, August 9, 1943.
71. AMW to VV, March 17, 1944.
72. AMW to VV, May 10, 22, 1944, January 6, 1945；*Los Angeles Times*, July 25, 1944 in Anna May Wong Clipping File, AMPAS；*Los Angeles Examiner*, March 30, 1944.
73. *Theatre World* (London), July 1944, 24-25.
74. Blumenthal, *Stork Club*, 27.
75. AMW to VV, January 6, April 9, September 28, October 31, 1945.
76. 关于战争期间的华裔女子，参见 Zhao, *Remaking Chinese America*, 48-78。

第七章　成为华裔美国人

1. AMW to VV, September 11, November 14, 1946；*Shanghai Express* (1999). 关于黄柳霜在这一时期显然拒绝的另一个机会，参见 H. A. Spanuth to AMW, January 31, 1946, Herrick Library. The Ripley film 可在加利福尼亚大学洛杉矶分校的电影档案中查到。
2. AMW to VV, August 18, 1947；February 25, 1948；October 17, 1950.
3. AMW to VV, February 25, 1948；Robert Payne Papers；Doerr, "Reminiscences of Anna May Wong," 660. Chow, "Sixty Years."
4. 比如可以参见 AMW to VV, September 11, 1946, February 25, 1948；另参见 *On Gold Mountain*, 284。关于黄宗霑在聚会上放映短片一事，参见 Richard See interview with Yunah Hong, May 2003。

5. Doerr, "Anna May Wong," 661. See, *On Gold Mountain*, 293–95; *Los Angeles Examiner*, December 23, 1948.

6. *AFI Feature Films Catalog, 1941–1950*, 1148–49; *Variety*, March 16, September 21, 1949; *Daily Variety*, March 15, 1949; *Hollywood Reporter*, March 15, 1949; *Los Angeles Examiner*, April 18, 1949. 关于她的态度，参见 Conrad Doerr to author, March 24 and 31, 2003。

7. Los Angeles City Department of Health Interment Order 52015; AMPAS Clipping File; 关于火化仪式，参见 Brook, "Funerary Ritual," Huang Family Genealogy, and *Los Angeles Examiners*, October 15, 1949. 关于柳霜住院的情况，参见 *Los Angeles Examiners*, October 26, 1949。

8. *Los Angeles Times*, September 10, 1952; AMW to VV, December 31, 1951; February 17, 1952.

9. Parish, *Actor's Television Credits*, 852; Gianakos, *Television Drama*, 211; Terrace, *The Complete Encyclopedia of Television Programs*, 295; AMW to VV, February 17, 1952. 关于杜蒙电视网档案的事件，参见 Zimmerman, "Archiving Television"。

10. AMW to VV, May 29, October 3, 1952; July 28, 1953. Conrad Doerr to author, March 24, 2003.

11. Richard Wong to VV, December 19, 1953; AMW to VV, December 28, 1953; January 31, March 6, 1954.

12. AMW to VV, October 29, 1954; January 3, August 22, 1955.

13. AMW to VV, February 28, August 26, September 8, October 6, 1955; January 7, 14, 1956; *London Star*, September 9, 1955; *London Morning Chronicle*, September 28, 1955 in BFI Clipping Files. 关于黄柳霜这次住院的情况，参见 *Los Angeles Examiner*, October 20, 1955. 关于麦克莱恩·罗杰斯，参见 Bushnell, *Directors*

and Their Films, 287. 关于《巫蛊因子》, 参见 www.us.imdb.com/Title?0191746。

14. AMW to VV, July 15, 31, 1956. 范·维克滕寄来的明信片太多了, 几乎无法列举, 不过有一个描述详尽的个案可参见 AMW to VV, August 11, 1958。

15. Masden, *William Wyler*, 203; AMW to VV, November 5, 1956.

16. Parish, *Actor's Television Credits*, 852; AMW to VV, January 2, 1957.

17. AMW to VV, January 2; February 27, 1957, Gianakos, *Television Drama*, 409.

18. AMW to VV, November 5, 1956; August 15, 1957; August 1, 6, 11, October 27, 1958; January 12, 1959; RW to VV, October 25, 1958.

19. AMPAS Clippings, May 1, 1958; Parish, *Actor's Television Credits*, 852; Gianarcis, *Television Drama*, 409; AMW to VV, April 15, August 11, 1958; January 15, June 6, 1959; *Holiday Magazine*, 1957.

20. 这一剧集的拷贝藏于加利福尼亚大学洛杉矶分校和电视中心。

21. Gianarcis, *Television Drama*, 409.

22. AMW to VV, June 6, October 26, 1959; April 4, August 14, 1960; *Los Angeles Examiner*, July 29, 1960.

23. 关于黄柳霜的这次复出, 参见 *Time*, June 20, 1960. 关于相关评论, 参见 *Variety*, June 15, 1960; Marrill, *Films of Anthony Quinn*, 186–87; AMW to VV, June 1, July 17, 1960; *Time*, June 20, 1960, 以及 *Hollywood Reporter*, June 6, 1960 in AMPAS Clippings; AMW to Ward Morehouse, July 16, 1960; *Los Angeles Examiner*, December 4, 1959; June 30, 1960.

24. *Variety*, June 29, 1960; *New York Times*, May 25, 1961;

Wollstein, *Vixens, Floozies, and Molls*, 258. 那时候, 就黄柳霜饰演的这一角色是否能够让这部电影最后通过审查的问题, 人们尚有一些争议。不过, 她最后还是与其他演员一起进入《综艺》的评论文章中。

25. AMW to VV, January 4, 1961; Parish, *Actor's Television Credits*, 852; Gianakos, *Television Drama*, 45.
26. Doerr, "Reminiscences of Anna May Wong," 662.
27. *County* of Los Angeles, Certificate of Death, 7080/2660; *Los Angeles Examiner*, February 4, 1961.
28. 她的遗嘱编号是 #439787, 存放在洛杉矶市的档案馆。有人对许多明星死后的声誉及其地位作过一些可取的评价, 关于这一点, 可参见 MacCann, *Silent Screen*, 97-114。关于黄柳霜的财产总量, 参见 *Los Angeles Herald*, March 1, 1961 以及 *Los Angeles Examiner*, March 1, 1961。
29. Ellenberger, *Celebrities in Los Angeles Cemeteries*, 192-94, 关于讣告, 参见 AMPAS Clipping file 中刊登的许多公告。

后记 余音绕梁

1. RW to VV, April 14, October 17, 1961; February 12, May 7, 26, 1962; April 26, 1964; Yu Jinyan to author, March 12, 2002.
2. 洛杉矶县, 黄经材死亡证明第 7097-015690 号; 洛杉矶县, 露露死亡证明第 39519046194 号; 洛杉矶县, 黄瑞英死亡证明第 39319056008 号。瑞英的遗体放在 Interment Space 1, Lot 9778, Murmuring Trees, Forest Lawn Memorial Parks and Mortuaries. 我无法找到黄伟英的死亡证明。
3. 关于亚洲演员和亚裔美国演员在美国影坛遭遇的困境, 见 *The Village Voice*, December 5, 1989; Zia, *Asian American Dreams*, 109-39;

Nga, "The Long March from Wong to Woo." 关于"黄面孔",见 *USA Today*, September 10, 1985; *New York Post*, August 10, 1990. 关于关南施等演员的观点,见 Lee, *Asian American Actors*。近来,一些亚裔美国人活动分子迫使福克斯网络电视台不再播放华纳·奥兰主演的陈查理系列电影,认为这部电影提起了令人不快的黄面孔时代,见 *Los Angeles Times*, July 1, 2003。

4. 这些争论可见 Liu, "When Dragon Ladies Die, Do They Come Back as Butterflies? Re-Imaging Anna May Wong," in Hamamoto and Liu, *Countervisions*, 23–40。

5. *Life Magazine*, December 10, 1971; Chu, "Anna May Wong," 288.

6. 关于沃霍尔,参见 Meyer, *Outlaw Representation*, 114;关于约翰逊,参见 De Salvo, *Ray Johnson*。

7. Sontag, *Against Interpretation*, 275–93; Meyer, *Outlaw Representation*, 108–9.

8. Bennett, *A Chorus Line*, 103.

9. Scholder, ed., *Sweet Oblivion*.

10. Liu, "When Dragon LadiesDie," 35.

11. Liu, "When Dragon Ladies Die," 31, 37.

部分参考文献

原始手稿和档案材料

Anna May Wong Clipping and Still File, the Wisconsin Center for Film and Theater Research, Wisconsin Historical Society.

Anna May Wong File 390596/190 H.Q.-1121432, Federal Bureau of Investigation, Washington, D.C.

Anna May Wong Gift Collection and Clipping Files, Billy Rose Theater Collection, New York Public Library.

British Film Institute Clipping Files, London.

Carl Van Vechten and Fania Marinoff Letters, Beinecke Library, Yale University.

Carl Van Vechten and Fania Marinoff Papers, Manuscripts Division, New York Public Library.

"Censorship Dialogue Script" Collection, New York State Archives, Albany, NY.

City of Los Angeles Department of Deeds and Assessments.

Copyright Register Files, Library of Congress, Motion Picture Division, Washington D.C

Fourteenth Census of the United States, 1920, Population, Los Angeles County, National Archives.

Hearst Newsreels Collection, UCLA Television and Motion Picture Archives.

Los Angeles Public Library.

Margaret Herrick Library, Academy of Motion Pictures, Arts, and Sciences, Los Angeles.

Mercedes de Acosta Papers, Rosenbach Museum & Library, Philadelphia.

Paramount Production Notes and Stills Collection, Academy of Motion Pictures, Arts, and Sciences, Los Angeles.

Registrar's Records, Angelus Rosedale Cemetery, 1831 West Washington Boulevard, Los Angeles.

Segregated Chinese Files, RG 85, Immigration and Naturalization Service, National Archives, Pacific-Laguna Niguel Office, Los Angeles District.

Thirteenth Census of the United States, 1910, Population, Los Angeles County, National Archives.

UCLA Theater Arts Library.

University of Southern California Film Archives.

Ward Morehouse Papers, Billy Rose Theater Collection, New York Public Library.

Warner Brothers Productions Archives, University of Southern California Film/TV Archives.

黄柳霜的文章

"Bad Luck that Helped Me," *Picture Show*, September 7, 1929.

"Bamboo, or China's Conversion to Film," *Mein Film* 222, 1930.

"The Chinese Are Misunderstood," *The Rexall Magazine*, May 1930.

"Foreword," *New Chinese Recipes Using Ingredients Easily Obtainable in Neighborhood Stores*. By Fred Wing and Mabel Stegner. New York: United China Relief, 1942.

"I Am Very Happy' by Anna May Wong," *Mein Film*, May 5, 1928.

"Manchuria," *Rob Wagner's Beverly Hills Script Magazine* (January 16, 1932), VI: 153.

"Mein Erstes Wort in Sprechfilm" (My First Word in Talking Movies), *Mein Film*, July 27, 1930.

"My Film Thrills," *Film Pictorial* (London), November 11, 1933.

"My First Words in a Talkie," Mein Film, July 22, 1930.

"我的自述",《良友画报》（上海）, February 1936.

"The Orient, Love and Marriage," *Revue Mondiale* (Paris), June 1, 1932.

"The True Life Story of a Chinese Girl," *Pictures* (Hollywood), September/October, 1926.

部分访谈与文章

Carlisle, Helen. "Velly Muchee Lonely," *Motion Picture Magazine*, March 1928, 41, 94, 101.

Howe, Herb. "Between Two Worlds," *The New Movie Magazine*, July 1932, 25–27, 74.

Leung, Louise. "East Meets West," *Hollywood Magazine*, January 1939.

Newnham, John K. "Chinese Puzzle," *Film Weekly*, June 17, 1939.

Parker, Ralph. "Anna May Wong's Chinese Love Code," *Hollywood Magazine* 21: 2 (February 1932).

Rivers, Audrey. "Anna May Wong Sorry She Cannot Be Kissed," *Movie Classics*, November 1929.

Tildesley, Alice L. "Why Waste Your Time?" *Seattle Daily Times*, April 9, 1939.

Willis, Betty. "Famous Oriental Stars Return to the Screen," *Motion

Picture, October 1931, 44–46.

"The World's Most Beautiful Chinese Girl," *Look Magazine*, March 1, 1938, 36–37.

杂　志

奥地利

Der Filmbote *Paimann's Filmlisten*
Das Kino-Journal

法　国

Ciné-Miroir（Paris）　　　　　*Hebdo-Cinéma*（Paris）
Cinémonde（Paris）　　　　　 *Pour Vous*（Paris）
Filma（Paris）　　　　　　　 *A–Z*（Paris）

美　国

American Photography（Boston）　　　　*Movie Classic*（New York）
Beverly Hills Script Weekly（Los Angeles）*Movie Story*（New York）
China Doll（Baltimore）　　　　　　　　*Movie Weekly*
Chinese Students' Monthly　　　　　　　 *Pantomime*
Cinelandia（Los Angeles）　　　　　　 *Photoplay*（New York）
Film Fun（New York）　　　　　　　　 *Pictures*（New York）
Hollywood Magazine　　　　　　　　　 *Picture Show*（New York）
Life Magazine（New York）　　　　　　 *Saturday Evening Post*
Look Magazine（New York）　　　　　　*Screenland*
Modern Screen　　　　　　　　　　　 *Screenplay Secrets*
Motion Picture（New York）　　　　　 *Screen Romances*

英　国

Cinema（London）
Close Up（London）
Film Pictorial（London）
Film Weekly（London）
*Illustrated Sporting and
　　Dramatic News*（London）
Kinematograph Weekly（London）

New Movie Magazine（London）
Picturegoer（London）
Picture Play（London）
Royal Pictorial（London）
Todays Cinema（London）

中　国

《良友画报》（上海）
《明星》（上海）
《时代结》（*Modern Puck*，上海）

《电声》（上海）
《新宁》（台山）
《新银星》（*Silverland*，上海）

其他国家

Cinefilo（Portugal）
Cinema Illustrazione（Italy）
Filmjournalen（Sweden）
Geillustreerd Stuiversblad（Holland）
Het Weekblad（Holland）

Imagem（Portugal）
Mein Film（Germany）
Revista del Hogar（Spain）
Social Magazine（Cuba）
Tolnai Vilaglapja（Hungary）

报　纸

爱尔兰

Dublin Evening Mail
Irish Press（Dublin）

Irish Times（Dublin）

澳大利亚
Melbourne Age   Sydney Morning Herald

奥地利
Der Morgen（Vienna）   Wiener Handelsblatt（Vienna）
Der Tag（Vienna）   Wiener Zeitung（Vienna）

菲律宾
Manila Bulletin   Manila Tribune

美国
Daily Variety   New York Post
Hollywood Reporter   New York Times
Los Angeles Times   USA Today

英国
London Era

中国
《大公报》（北京）   《北华捷报》（上海）
《国华报》（广州）   《北洋画报》（天津）
《华字日报》（香港）   《申报》（上海）
《字林西报》（上海）   《时报》（上海）

小说与诗歌

Hagedorn, Jessica. "The Death of Anna May Wong," in *Danger and Beauty*. San Francisco: City Lights Books, 2002.

——. "Film Noir," in *The Gangster of Love*. Boston: Houghton Mifflin, 1996.

已出版的原始材料

All About Shanghai: A Standard Guidebook. Shanghai: University Press, 1934.

Benjamin, Walter. "A Chinoiserie from the Old West." In *Walter Benjamin Gesammelte Schriften*. 5 vols. Frankfurt am Main: Surkamp Verlag, 1990.

Bennett, Arnold. *"Piccadilly": The Story of the Film*. London: The Readers' Library Publishing, Ltd., 1929.

Bennett, Michael. *A Chorus Line*. New York: Applause Books, 1995.

Case, Frank. *Do Not Disturb*. New York: Frederick A. Stokes Company, 1940.

——. *Tales of a Wayward Inn*. New York: Garden City Publications, 1938.

Chiang, Kai-Shek, Madame. *China Shall Rise Again*. New York: Harper & Brothers, 1941.

Clayton, Buck. *Buck Clayton's Jazz World*. New York: Oxford University Press, 1987.

Correspondence: An Exhibition of the Letters of Ray Johnson. N. p.: North Carolina Museum of Art, 1976.

Dean, Basil. *Mind's Eye: An Autobiography 1927-1972, The Second Volume of Seven Ages*. London: Hutchinson of London, 1973.

De Silva, Annesley. *These Piquant People: Being a Collection of Conversations*. London: Cecil Palmer, 1932.

Doerr, Conrad. "Reminiscences of Anna May Wong," *Films in Review*, December 1968.

Gielgud, Val. *Years of the Locust. London*: Nicholson & Watson, 1947.

Gingold, Hermione. *How to Grow Old Disgracefully*. New York: St. Martin's Press, 1988.

Hahn, Emily. *China to Me: A Partial Autobiography*. New York: Doubleday, Doran, 1944.

Hayakawa, Sessue. *Zen Showed Me the Way⋯to Peace, Happiness, and Tranquility*. New York: Bobbs-Merrill, 1960.

Hubert, Ali. *Hollywood: Legende and Wirklichkeit*. Leipzig: Verlag E. A. Seeman, 1930.

Hurston, Zora Neale. *Dust Tracks on a Road: An Autobiography*. 2nd edition. Urbana: University of Illinois Press, 1984.

Kingston, Maxine Hong. *The Woman Warrior: Memoirs of a Girlhood Among Ghosts*. New York: Knopf, 1977.

Koo, Madame Wellington with Isabella Taves. *No Feast Lasts Forever*. New York: Quadrangle Books, 1973.

Larson, Louise Leung. *Sweet Bamboo: A Memoir of a Chinese American Family*. Berkeley: University of California Press, 1989.

Lin, Yutang. *My Country and My People*. New York: John Day, 1935.

Maschwitz, Eric. *No Chip on My Shoulder*. London: Herbert jenkins, 1957.

Milady's Style Parade and Recipe Book for 1935 with Photos of Favorite Movie Stars. N. p. , 1935.

Price, Victoria. *Vincent Price: A Daughter's Biography*. New York: St. Martin's Press, 1999.

Robeson, Paul. *Here I Stand*. Boston: Beacon Press Reprint of 1958 edition.

Smith, H. Allen. *Life in a Putty Knife Factory*. Garden City: Doubleday, Doran & Company, 1945.

Snow, Helen Foster. *My China Years: A Memoir*. New York: William Morrow and Company, 1984.

Sojin, Kamiyama. *The Unpainted Face of Hollywood*. Tokyo: Jitsugyo no

Nihonsha, 1930.

Souvenir Program of the Chinese Moon Festival: *Ancient China's Greatest Festivity*. Sponsored by The Chinese Consolidated Benevolent Association Benefit of United China Relief, Los Angeles, California. August 7, 8, 9, 1941.

Weiss, Felix. "Heads and Tales," *Christian Science Monitor*.

Woolf, Charlotte. *Hindsight*. London: Quartet Books, 1980.

——. *On the Way to Myself*: *Communications to a Friend*. London: Methuen & Co, 1969.

——. *Studies in Hand-Reading*. New York: Knopf, 1938.

照片集

Beaton, Cecil. *Photobiography*. Garden City: Doubleday and Company, 1951.

Eisenstadt, Alfred. *People*. New York: Viking Press, 1973.

Engstead, John. *Fifty Years of Pictures and Stories by One of Hollywood's Greatest Photographers*. New York: E. P. Dutton, 1978.

Faber, Monica, ed. *Divas and Lovers*: *The Erotic Art of Studio Manasse*. New York: Universe Publishing, 1998.

Film Photos Wie Noch Nie. Berlin: Kindt & Bucher, 1929.

Pepper, Terence. *Camera Portraits by E. O. Hoppe*. London: National Portrait Gallery, 1978.

Pepper, Terence and John Kobal. *The Man Who Shot Garbo*: *The Hollywood Photographs of Clarence SinclairBull*. New York: Simon and Schuster, 1989.

Spence, Jonathan, and Annping Chin. *The Chinese Century*: *A Photographic History of the Last Hundred Years*. New York: Random

House, 1996.

Stine, Whitney. *The Hurrell Style: Fifty Years of Photographing Hollywood.* New York: John Day Company, 1976.

Tänzerinnen Der Gegenwart: 57 Bilder Erläutert Von Fred Hildenbrandt. Leipzig: Orell Fussli Verlag, 1931.

二手资料

Aarim-Heriot, Najia. *Chinese Immigrants, African Americans, and Racial Anxiety in the United States, 1848–82.* Urbana: University of Illinois Press, 2003.

Acker, Ally. *Reel Women: Pioneers of the Cinema, 1896 to the Present.* New York: Continuum, 1991.

The American Film Institute Catalog of Motion Pictures Produced in the United States. 12 vols. to date. New York and Berkeley: R. R. Bowker(until 1988) and University of California Press, 1988.

Asian American Studies Center. *Linking Our Lives: Chinese American Women in Los Angeles.* Los Angeles: Chinese Historical Society of Los Angeles, 1984.

Balio, Tino. *History of American Cinema.* Vol. 5. Grand Design: *Hollywood as a Modern Business Enterprise, 1930–1939.* New York: Charles Scribner's Sons, 1993.

Barbagallo, Tricia. "Changing with the Rhythm: Anna May Wong—the Essence and Transformation of Identity." Unpublished manuscript, 2003.

Barbas, Samantha. *Movie Crazy: Fans, Stars, and the Cult of Celebrity.* New York: Palgrave, 2001.

Basinger, Jeanne. *Silent Stars.* New York: Knopf, 1999.

Basten, Fred E. *Glorious Technicolor: The Movies' Magic Rainbow*. London: A. S. Barnes, 1980.

Benton, Gregor, and Frank N. Pieke, eds. *The Chinese in Europe*. New York: St. Martin's Press, 1998.

Benton, Gregor, and Edmund Terence Gomez. *Chinatown and Transnationalism: Ethnic Chinese in Europe and Southeast Asia*. Canberra: Centre for the Study of the Chinese Southern Diaspora, 1998.

Berenstein, Rhona J. *Attack of the Leading Ladies: Gender, Sexuality, and Spectatorship in Classic Horror Cinema*. New York: Columbia University Press, 1996.

Bernardi, Daniel, ed. *The Birth of Whiteness: Race and the Emergence of U. S. Cinema*. New Brunswick: Rutgers University Press, 1996.

Bernstein, Matthew, and Gaylyn Studlar, eds. *Visions of the East: Orientalism in Film*. New Brunswick, NJ: Rutgers University Press, 1997.

Berry, Sarah. *Screen Style: Fashion and Femininity in 1930s Hollywood*. Minneapolis: University of Minnesota Press, 2000.

Blower, Brooke L. *Becoming Americans in Paris: Transatlantic Politics and Culture between the World Wars*. New York: Oxford University Press, 2011.

Blumenthal, Ralph. *Stork Club: America's Most Famous Nightspot and the Lost World of Cafe Society*. Boston: Little, Brown, 2000.

Botto, Louis, and Robert Viagas. *At this Theater: 100 Years of Broadway Shows, Stories, and Stars*. New York: Applause Books, 2002.

Broderson, Momme. *Walter Benjamin, A Biography*. London and New York: Verso, 1996.

Brodi, Michaela, et al. *Der verbotene Blick: Erotisched aus zwei Jahrtausenden*. Wien: Ritterbooks für Österriechiste Nationalbibliotek,

2002.

Brook, Timothy. "Funerary Ritual and the Building of Lineages in Late Imperial China," *Harvard Journal of Asiatic Studies* 49 (1989), 465-500.

Bruno, Giuliana. *Atlas of Emotion: Journeys in Art, Architecture, and Film.* New York: Verso, 2002.

Bushnell, Brooks. *Directors and Their Films: A Comprehensive Reference.* Jefferson and London: McFarland & Company, 1993.

Carey, Gary. *Doug and Mary: A Biography of Douglas Fairbanks and Mary Pickford.* New York: E. P. Dutton, 1977.

Chan, Anthony B. *Perpetually Cool: The Many Lives of Anna May Wong (1905-1961).* Lanham: Scarecrow Press, 2003.

Chan, Sucheng. *Entry Denied: Exclusion and the Chinese Community in America, 1882-1943.* Philadelphia: Temple University Press, 1991.

Chang, Iris. *The Chinese in America: A Narrative History.* New York: Viking Press, 2003.

Chen, Shehong. *Being Chinese: Becoming Chinese American.* Urbana: University of Illinois Press, 2002.

Chen, Yong. *Chinese San Francisco, 1850-1943: A Trans-Pacific Community.* Palo Alto: Stanford University Press, 2002.

Cheng, Anne Anlin. *The Melancholy of Race: Psychoanalysis, Assimilation, and Hidden Grief.* New York: Oxford University Press, 2001.

Cheng Chi-hua. *History of the Development of Chinese Cinema.* 2 vols. Peking, 1963.

Cheng, Lucie. *Linking Our Lives: Chinese American Women of Los Angeles.* Los Angeles: East West Discovery, 1984.

Chierichetti, David. *Edith Head: The Life and Times of Hollywood's*

Celebrated Costume Designer. New York: HarperCollins, 2003.

Chow, Crystal. "Sixty Years on the Silver Screen," *Rice*. September 1988.

Chu, Judy. "Anna May Wong." In Emma Gee, ed., *Counterpoint: Perspectives on Asian America*, 284–89. Los Angeles: Asian American Student Center of the University of California, 1976.

Chu, Peter, et al. *Chinese Theater in America*. N.p.: Bureau of Research, Federal Theater Project, 1936.

Cochran, Sherman, ed. *Inventing Nanjing Road: Commercial Culture in Shanghai, 1900–1945*. Ithaca: Cornell East Asia Series, 1999.

Cohen, Paula Marantz. *Silent Film and the Triumph of the American Myth*. New York: Oxford University Press, 2001.

Crosby, Alfred W. *America's Forgotten Pandemic: The Influenza of 1918*. New York: Cambridge University Press, 1989.

Day, Barry, ed. *Noel Coward: The Complete Works*. Woodstock, NY: Overlook Press, 1998.

DeCordova, Richard. *Picture Personalities: The Emergence of the Star System in America*. Urbana: University of Illinois Press, 1990.

De Salvo, Donna. *Ray Johnson: Correspondences*. Paris: Flammarion Press, 2000.

Dong, Arthur. *Forbidden City*, USA. Videotape. Los Angeles: Deepfocus Productions, 1989.

Duberman, Martin Bauml. *Paul Robeson*. New York: Knopf, 1988.

Edwards, Anne. *The DeMilles: An American Family*. New York: Harry N. Abrams, 1988.

Ehrenstein, David. *Open Secret: Gay Hollywood, 1928–1998*. New York: William Morrow, 1998.

Ellenberger, Allan R. *Celebrities in Los Angeles Cemeteries: A Directory*.

Jefferson: McFarland & Company, 2001.

Elsaesser, Thomas. *Weimar Cinema and After: Germany's Historical Imaginary.* New York: Routledge, 2000.

Endres, Stacey, and Robert Cushman. *Hollywood at Your Feet: The History of the World-Famous Chinese Theatre.* Los Angeles: Pomegranate Press, 1992.

Engstead, John. *Star Shots.* New York: E. P. Dutton, 1980.

Faderman, Lillian. *Odd Girls and Twilight Lovers: A History of Lesbian Life in Twentieth-Century America.* New York: Columbia University Press, 1991.

Feng, Peter X., ed. *Screening Asian Americans.* New Brunswick: Rutgers University Press, 2002.

Fonoroff, Paul. *Silver Light: A Pictorial History of Hong Kong Cinema, 1920-1970.* Hong Kong: Joint Publishing Co., 1997.

Fowles, Jib. *Starstruck: Celebrity Performers and the American Public.* Washington: Smithsonian Institution Press, 1992.

Fu, Poshek. *Passivity, Resistance and Collaboration: Intellectual Choices in Occupied Shanghai, 1937-1945.* Palo Alto: Stanford University Press, 1993.

Fuller, Karla Rae. "Hollywood Goes Oriental: CaucAsian Performance in American Cinema. " Ph.D. diss. Northwestern University, 1997.

Fuller, Kathryn H. *At the Picture Show: Small-Town Audiences and the Creation of Movie Fan Culture.* Washington: Smithsonian Institution Press, 1996.

Gabaccia, Donna. *We Are What We Eat: Ethnic Food and the Making of Americans.* Cambridge: Harvard University Press, 1998.

Gao Yunxiang. "Sex, Sports, and 'National Crisis,' 1931-1945: The 'Athletic Movie Star' Li Lili (1915-2005) . " *Modern Chinese*

Literature and Culture, 22: 1 (spring 2010), 96-161.

——. "Sports, Gender, and Nation State during China's 'National Crisis' from 1931 to 1945." Ph.D. diss. University of Iowa, 2005.

Garraty, John and Mark C. Carnes, eds. *American National Biography*. 25 vols. New York: Oxford University Press, 1999.

Gianakos, Larry James. *Television Drama Series Programming: A Comprehensive Chronicle*, 1947-1959. Metuchen: Scarecrow Press, 1980.

Gleber, Anke. *The Art of Taking a Walk*. Princeton: Princeton University Press, 1999.

——. "Women on the Screens and Streets of Modernity: In Search of the Female Flaneur." In Dudley Andrew, *The Image in Dispute: Art and Cinema in the Age of Photography*. Austin: University of Texas Press, 1997.

Greenwood, Roberta S. *Down by the Station: Los Angeles Chinatown, 1880-1933*. Los Angeles: Institute of Archaeology Press, 1996.

Groves, Durham. *Anna May Wong's Lucky Shoes: 1939 Australia through the Eyes of an Art Deco Diva*. Melbourne: Self-Published, 2011.

Guttinger, Fritz. *Köpfen Sie mal ein Ei in Zeitlupe!* München: Wilhelm Fink Verlag, 1992.

Gyory, Andrew. *Closing the Gate: Race, Politics, and the Chinese Exclusion Act*. Chapel Hill: University of North Carolina Press, 1998.

Hamamoto, Darrell Y and Sandra Liu, eds. *Countervisions: Asian American Film Criticism*. Philadelphia: Temple University Press, 2000.

Hansen, Miriam. *Babel and Babylon: Spectatorship in American Silent Film*. Cambridge: Harvard University Press, 1994.

Hardt, Michael, and Antonio Negri. *Empire*. Cambridge: Harvard University Press, 2000.

Harris, Kristine Marie. "Silent Speech: Envisioning the Nation in Early ShanghaiCinema." Ph. D. diss. Columbia University, 1997.

Hayman, Ronald. *Brecht: A Biography*. New York: Oxford University Press, 1983.

Heap, Chad. *Slumming: Sextual and Racial Encounters in American Nightlife, 1885-1940.* Chicago: University of Chicago Press, 2009.

Higson, Andrew and Richard Maltby, eds. *"Film Europe" and "Film America" Cinema, Commerce, and Cultural Exchange, 1920-1939.* Exeter: University of Exeter Press, 1999.

Hing, Bill Hong. *Making and RemakingAsian America Through Immigration Policy, 1850-1990.* Stanford: Stanford University Press, 1993.

Hirschorn, Clive. *The Universal Story*, 2nd edition. London: Hamlyn, 2000.

Hodges, Martha. "The Mercurial Nature and Abiding Power of Race: A Transnational Family Story," *American Historical Review* 108 (2003), 84-118.

Hsu, Madeline. *Dreaming of Gold, Dreaming of Home: Transnationalism and Migration Between the United States and South China, 1882-1943.* Stanford: Stanford University Press, 2000.

Jacobs, Christophe P. and Donald McCaffrey. *Guide to the Silent Years of American Cinema.* Westport: Greenwood, 1999.

Jesperson, T. Christopher. *American Images of China, 1931-1949.* Stanford: Stanford University Press, 1996.

Jew, Victor. "Metro Goldwyn Mayer and Glorious Descendant: The Contradictions of Chinese American Employment in the Hollywood Studio System during the 1930s." Paper Presented to the 2003 Meeting of the American Historical Association.

Johnson, Susan Lee. *Roaring Camp: The Social World of the California*

Gold Rush. New York: W. W. Norton & Company, 2000.

Jones, Andrew F. *Yellow Music: Media Culture and Colonial Modernity in the Chinese Jazz Age*. Durham: Duke University Press, 2001.

Jones, Dorothy. *The Portrait of China and India on the American Screen, 1896–1955*. Cambridge: MIT Press, 1955.

Kazuko, Ono. *Chinese Women in a Century of Revolution, 1850–1950*. Palo Alto, CA: Stanford University Press, 1989.

Kellner, Bruce. *Carl Van Vechten and the Irreverent Decades*. Norman: University of Oklahoma Press, 1968.

———, ed. *"The Splendid Drunken Twenties": Selections from the Daybooks, 1922–1930, by Carl Van Vechten*. Urbana: University of Illinois Press, 2003.

Kirihara, Donald. "The Accepted Idea Displaced: Stereotype and Sessue Hayakawa". In Daniel Bernardi, ed., *The Birth of Whiteness: Race and the Emergence of U.S. Cinema. 81–102*. New Brunswick, NJ: Rutgers University Press, 1996.

Klepper, Robert K. *Silent Films, 1877–1996: A Critical Guide to 646 Movies*. Jefferson: Mcfarland, 1995.

Koppes, Clayton R., and Gregory D. Black. *Hollywood Goes to War: How Politics, Profits and Propaganda Shaped World War II Movies*. New York: Free Press, 1987.

Koszarski, Richard. *History of American Cinema. Vol. 3. An Evening's Entertainment: The Age of the Silent Feature Picture, 1915–1928*. New York: Charles Scribner's Sons, 1990.

Kracauer, Siegfried. *From Caligari to Hitler: A Psychological History of the German Film*. Princeton, NJ: Princeton University Press, 1947.

Kreimeier, Klaus, *The UFA Story: A History of Germany's Greatest Film Company, 1918–1945*. New York: Hill and Wang, 1996.

Lambert, Gavin. *Nazimova: A Biography*. New York: Knopf, 1997.

Lee, Anthony. *Picturing Chinatown: Art and Orientalism in San Francisco*. Berkeley: University of California Press, 2000.

Lee, Erika. *At America's Gates: Chinese Emigration: Chinese Immigration during the Exclusion Era, 1882–1943*. Chapel Hill: University of North Carolina Press, 2003.

Lee, Joann Faung Jean. *Asian American Actors: Oral Histories from Stage, Screen, and Television*. Jefferson, NC: McFarland, 2000.

Lee, Josephine. *Re-Collecting Early Asian America: Essays in Cultural History*. Philadelphia Temple University Press, 2002.

Lee, Leo Ou-Fan. *Shanghai Modern: The Flowering of a New Urban Culture in China, 1930–1945*. Cambridge: Harvard University Press, 1999.

Leibfried, Philip. "Anna May Wong," *Films in Review* (March 1987), 147–53.

Leong, Karen Janis. "The China Mystique: Mayling Soong Chiang, Pearl S. Buck, and Anna May Wong in the American Imagination." Ph. D. diss. University of California at Berkeley, 1999.

Leong, Karen J. *The China Mystique: Pearl S. Buck, Anna May Wong, Mayling Soong, and the Transformation of American Orientalism*. Berkeley: University of California Press, 2005.

Leyda, Jay. *Dianying Electric Shadows: An Account of Films and Film Audience in China*. Cambridge: MIT Press, 1972.

Liebfried, Philip and Chei Mi Lane. *Anna May Wong: A Complete Guide to Her Film, Stage, Radio and Television Work*. Jefferson: McFarland, 2004.

Lim, Shirley Jennifer. *A Feeling of Belonging: Asian American Public Culture, 1930–1960*. New York: New York University Press, 2006.

Lin Jiayou, and Li Jikui. *Song Meiling zhuan*, Zhengzhou: Henan renmin chuban she, 1995.

Lou, Raymond. "The Chinese-American Community of Los Angeles, 1870-1900: A Case of Resistance, Organization, and Participation." Ph.D. diss. University of California at Irvine, 1982.

Low, Rachael. *Film Making in 1930s Britain*. London: George Allen & Unwin, 1983.

Lu, Sheldon Hsaio-peng. *Transnational Chinese Cinemas: Identity, Nationhood, Gender*. Honolulu: University of Hawai'i Press, 1997.

Lui, Garding. *Inside Los Angeles Chinatown*. M. P. 1948.

MacCann, Richard Dyer. *The Silent Screen*. Lanham: Scarecrow Press, 1997.

Marchetti, Gina. *Romance and the "Yellow Peril."* Berkeley: University of California Press, 1993.

Marrill, Alvin H. *The Films of Anthony Quinn*. Secaucus: The Citadel Press, 1975.

Masden, Axel. *William Wyler: The Authorized Biography*. New York: Thomas Y. Crowell, 1973.

McClain, Charles, ed. *Chinese Immigrants and American Law*. New York: Garland Publishing, Inc., 1994.

Meyer, Richard. *Outlaw Representation: Censorship and Homosexuality in Twentieth-Century American Art*. New York: Oxford University Press, 2002.

Miall, Leonard. *Inside the BBC: British BroadcastingCharacters*. London: Weidenfeld and Nicolson, 1994.

Mitchell, Charles P. *A Guide to Charlie Chan Movies*. Westport: Greenwood Press, 1999.

Moy, James. *Marginal Sights: Staging the Chinese in America*. Iowa City:

University of Iowa Press, 1993.

Mulvey, Laura. *Visual and Other Pleasures*. Bloomington: Indiana University Press, 1989.

Mumford, Kevin J. *Interzones: Black/White Sex Districts in Chicago and New York in the Early Twentieth Century*. New York: Columbia University Press, 1997.

Mundy, Robert. "Joseph H. Lewis Filmography, " *Cinema*, 7: 1 (1971).

Naremore, James. *Acting in the Cinema*. Berkeley: University of California Press, 1988.

Nga, Thi Thanh. "The Long March from Wong to Woo: Asians in Hollywood, " *Cineaste* 21 (1995).

Nicholson, Stuart. *Duke Ellington*. London, Sidgwick & Jackson. 2000.

Nolan, Frederick. *Lorenz Hart: A Poet on Broadway*. New York: Oxford University Press, 1995.

Pan, Lynn. *The Encyclopedia of the Chinese Overseas*. Cambridge: Harvard UniversityPress, 1998.

Parish, James Robert. *Actor's Television Credits, 1950-1972*. Metuchen: Scarecrow Press, 1973.

——. *The Paramount Pretties*. New York: Arlington House, 1972.

Parish, James Robert and William T: Leonard. *Hollywood Players: The Thirties*. NewRochelle: Arlington House Publishers, 1976.

Pascoe, Peggy. *What Comes Naturally: Miscegenation Law and the Making of Race in America*. New York: Oxford University Press, 2009.

Peffer, George Anthony. *If They Don't Bring Their Women Here: Chinese Female Immigration Before Exclusion*. Urbana: University of Illinois Press, 1999.

Pendergast, Tom and Sara Pendergast. *International Dictionary of Film and Filmmakers*, 4 vols. *Writers and Production Artists*. Detroit: St. James

Press, 2000.

Pickowicz, Paul G. "The Theme of Spiritual Pollution in Chinese Films of the 1930s," *Modern China* 17: 1 (January 1991).

Pitts, Michael R. *Poverty Row Studios, 1929–1940: An Illustrated History of 53 Independent Film Companies with a Filmography for Each.* Jefferson: McFarland & Company, 1997.

Pizzitola, Louis. *Hearst over Hollywood: Power, Passion, and Propaganda in the Movies.* New York: Columbia University Press, 2002.

Prikopa, Herbert. *Die Wiener Voksoper: Die Geschichte eines notwendigen Theaters.* Vienna: Ibera, 1999.

Rainsberger, Todd. *James Wong Howe: Cinematographer.* San Diego: A. S. Barnes, 1981.

Richards, Jeffrey. *The Age of the Dream Palace: Cinema and Society in 1930s Britain.* New York: Routledge, 1990.

Richards, Jeffrey, ed. *The Unknown 1930s: An Alternative History of British Cinema, 1929–1939.* London: I. B. Tauris, 1998.

Ritchie, Alexandra. *Faust's Metropolis: A History of Berlin.* New York: Carroll and Graf, 1998.

Riva, Maria. *Marlene Dietrich.* New York: Knopf, 1992.

Roberts, J. A. G. *China to Chinatown: Chinese Food in the West.* London: Reaktion Books, 2002.

Rose, Phyllis. *Jazz Cleopatra: Josephine Baker in Her Time.* New York: Doubleday, 1989.

Rosten, Leo G. *Hollywood: The Movie Colony, the Movie Makers.* New York: Harcourt, Brace, and Company, 1941.

Rotha, Paul. *The Film Till Now.* London: Jonathan Cape, 1930.

Said, Edward. *Orientalism.* New York: Pantheon Books, 1978.

Scholder, Amy, ed. *Sweet Oblivion: The Urban Landscape of Martin Wong*. New York: Rizzoli Books, 1998.

Schrader, Bärbel, and Jürgen Schebera. *The "Golden" Twenties: Art and Literature in the Weimar Republic*. New Haven: Yale University Press, 1988.

See, Lisa. *On Gold Mountain: The One-Hundred-Year Odyssey of a Chinese American Family*. New York: St. Martin's Press, 1995.

Seagrave, Kerry. *American Films Abroad: Hollywood's Domination of the World's Movie Screens*. Jefferson: McFarland, 1997.

Sergeant, Harriet. *Shanghai*. London: John Murray, 1998.

Shevsky, Eshref, and Marilyn Williams. *The Social Areas of Los Angeles: Analysis and Typology*. Berkeley: University of California Press, 1939.

Siu, Paul C. P. *The Chinese Laundryman: A Study of Social Isolation*. New York: New York University Press, 1998.

Skal, David J. *Dark Carnival: The Secret World of Tod Browning*. New York: Anchor Books, 1995.

Skandera-Trombley, Laura E. *Critical Essays on Maxine Hong Kingston*. New York: G. K. Hall, 1998.

Sklar, Robert. *Film: An International History of the Medium*. New York: Harry N. Abrams, 1993.

Slide, Anthony. *The Encyclopedia of Vaudeville*. Westport: Greenwood Press, 1994.

Smith, Icy. *The Lonely Queue: The Forgotten History of the Courageous Chinese Americans in Los Angeles*. Gardena: East West Discovery Press, 2000.

Sontag, Susan. *Against Interpretation and Other Essays*. New York: Noonday Press, 1966.

Spears, Jack. *Hollywood: The Golden Era*. New York: A. S. Barnes, 1971.

——. "Marshall Neilan Had a Natural Filmmaking Talent and a Character Flaw, " *Films in Review* 13: 9 (1962), 517-48.

Spence, Jonathan D. *The Chan's Great Continent: China in Western Minds.* New York: W. W. Norton, 1998.

——. *The Search for Modern China.* London: Hutchinson, 1990.

Stamp, Shelly. *Movie-Struck Girls: Women and Motion Picture Culture after the Nickelodeon.* Princeton: Princeton University Press, 2000.

Stewart, Jeffrey C., ed. *Paul Robeson: Artist and Citizen.* New Brunswick: Rutgers University Press, 1998.

Terrace, Vincent. *The Complete Encyclopedia of Television Programs*, 1947-1976, 2 vols.

New York: A. S. Barnes, 1976.

——. *Encyclopedia of Television Series, Plots and Specials, 1937-1973.* New York: Zootrope, 2000.

Thorp, Margaret Farrand. *America at the Movies.* New Haven: Yale University Press, 1939.

Tong, Benson. *The Chinese Americans*, Revised Edition. Boulder: University Press of Colorado, 2003.

Vasey, Ruth. *The World According to Hollywood, 1918-1939.* Madison: University of Wisconsin Press, 1997.

Vincendeau, Ginette, ed. *Encyclopedia of European Cinema.* London: British Film Institute, 1995.

Volker, Klaus. *Brecht Chronicle.* New York: Seabury Press, 1975.

Wang, Gungwu. *The Chinese Overseas: From Earthbound China to the Quest for Autonomy.* Cambridge: Harvard University Press, 2000.

Wang, Yiman. "The Art of Screen Passing: Anna May Wong's Yellow Yellowface Performance in the Art Deco Era." *Camera Obscura*, 20: 3 (2005), 159-91.

West, Philip. *Yenching University and Sino-Western Relations, 1916–1952*. Cambridge: Harvard University Press, 1976.

Wild, Mark. *Street Meeting: Multiethnic Neighborhoods in Early Twentieth-Century Los Angeles*. Berkeley: University of California Press, 2005.

Winokur, Mark. *American Laughter: Immigrants, Ethnicity, and 1930s Hollywood Film Comedy*. New York: St. Martin's, 1996.

Witte, Bernd. *Walter Benjamin: An Intellectual Biography*. Detroit: Wayne State UniversityPress, 1991.

Wollstein, Hans J. *Vixens, Floozies and Molls: 28 Actresses of the Late 1920s and 1930s Hollywood*. Jefferson: McFarland, 1999.

Wong, K. Scott, and Sucheng Chan, eds. *Claiming America: Constructing ChineseAmerican Identities during the Era of Exclusion*. Philadelphia: Temple University Press, 1998.

Xiao, Zhiwei. "Film Censorship in China, 1927–1937." Ph.D. diss. University of California at San Diego, 1994.

Yau, Ching-Mei Esther. "Filmic Discourse on Women in Chinese Cinema (1949–65)." Ph.D. diss. UCLA, 1990.

Ye, Weili. *Seeking Modernity in China's Name: Chinese Students in the United States, 1900–1927*. Stanford: Stanford University Press, 2001.

Yoshihara, Mari. *Embracing the East: White Women and American Orientalism*. New York: Oxford University Press, 2003.

Yu, Henry. *Thinking Orientals: Migration, Contact, and Exoticism in Modern America*. New York: Oxford University Press, 2002.

Yung, Judy. *Unbound Feet*. Berkeley: University of California Press, 1994.

Zhang, Yingjin, ed. *Cinema and Urban Culture in Shanghai, 1922–1943*. Palo Alto: Stanford University Press, 1999.

Zhang, Yingjin, and Mao Zhiwei. *Encyclopedia of Chinese Film*. New York: Routledge, 1998.

Zhao, Xiaojian. *Remaking Chinese America: Immigration, Family, and Community, 1940–1965*. New Brunswick: Rutgers University Press, 2002.

Zia, Helen. *Asian American Dreams: The Emergence of an American People*. New York: Farrar, Straus and Giroux, 2000.

Zimmerman, Eric. "Archiving Television: The State of the Art." Paper Presented at the Annual Meeting of the Association for Education in Journalism, Seattle, 1979.

Zorris, Elaine. *Fiddletown from Gold Rush to Rediscovery*. Altadena: Mythos Press, 1997.

出版后记

　　黄柳霜是第一位闯荡好莱坞的华人影星，在好莱坞星光大道占有一席之地，同时也是第一个成为国际明星的亚裔。她的演艺事业跨越了默片、有声片、电视剧、舞台剧以及广播剧，其银幕形象与个人形象合力演绎了华人（女星）征战好莱坞的先驱过程及其艰辛苦泪，后来才有了李小龙、成龙，有了陈冲、吕燕、杨紫琼。然而长期以来，她的名字却几乎被人遗忘，甚至连中国读者也对她知之甚少。

　　此种境遇主要是因为其黄皮肤、黑眼睛的华裔身份所限，她生活的年代，刚好是美国排华最严重的一段时期，种族的藩篱限制了她的演艺事业，作为"低等的、异类的"东方人，她无法担纲主角，且在银幕上不得与白种人接吻或通婚，这就使得她的银幕形象大多是心肠歹毒的蛇蝎，或是没有灵魂空有肉体的情色符号，而且结局往往不是被杀就是自杀。这种限制一直延伸到其真实生活中，贯穿其整个生命，在白种人眼里，她是异类，在黄种人眼里，她是有辱种族的傀儡，所以她的家庭以她为耻，她的爱情并不顺遂，以宋美龄为代表的中国人也对她封杀。

　　然而这些只是被"刻板书写"的命运，真实的她，做不了戏里的主角，却一直在做自己生活的主角：她通过自身的努力从洗衣工女儿转身为好莱坞影星，通过游历欧洲与影迷互动；通过造型和在报刊上讨论公共议题来建立自己摩登女郎的形象；通过结交玛丽·璧克馥、莱尼·里芬斯塔尔、道格拉斯·范朋克、胡蝶、梅兰芳等来经营自己的公众形象；抗战爆发后，她不仅积极投身拍摄反法西斯电影，而且到处发表演说，呼吁美国政府和人民支持中国抗战，并公开拍卖自己的珠宝、首饰、服装，将钱款全部汇往国内，因此得到了张恨水、邹韬奋等人的赞扬。

还原一个去符号化的真实鲜活的黄柳霜，恰是我们引进本书的目的所在，更重要的是，作为摩登女性，她对时尚的品味，对东方古典美的把握，在近一个世纪后的今天看来仍很前卫，国内有影星学她黄袍加身再现旗袍之美，也有人 cos 她的极细眉毛与羽扇美睫。很多设计师在寻求东方情调时常常绕不开她，比如著名设计师安娜·苏（Anna Sui）、约翰·加利亚诺（John Galliano）和伊夫·圣·洛朗（Yves Saint Laurent）。而其在情感、生活与职业上的独立态度，更是毫不逊色于当下的女性。

在编辑过程中，我们按照新华社版《世界人名翻译大辞典》统一了人名的译法，作品名则主要选择了国内通用的译法。对于英文版的细节，与作者进行了交流，并将几处不够严谨的地方做了补充与修正。全书的不少参考资料是由中文翻译成英文的，如今再由英文转译回中文，谬误在所难免，欢迎读者指正。

今年是黄柳霜诞辰 110 周年，在被遗忘和误解了太多时间之后，或许早就是时候抚去尘封和偏见的面纱了，愿您在本书中遇见一个真实的黄柳霜，此外，也可观看纪录片《黄柳霜：在她自己的世界》（Anna May Wang: In Her Own Words，2010）和《金门银光梦》（2013）来进一步走进她的世界。

服务热线：133-6631-2326　188-1142-1266
服务信箱：reader@hinabook.com

"电影学院"编辑部
拍电影网（www.pmovie.com）
后浪出版公司
2015 年 11 月

图书在版编目（CIP）数据

黄柳霜：从洗衣工女儿到好莱坞传奇 /（美）郝吉思著；王旭，李文硕，杨长云译.
-- 北京：北京联合出版公司，2016.3
ISBN 978-7-5502-6791-6

Ⅰ.①黄… Ⅱ.①郝…②王…③李…④杨… Ⅲ.①黄柳霜（1905～1961）—传记
Ⅳ.① K837.125.78

中国版本图书馆 CIP 数据核字（2015）第 310484 号

ISBN 978-988-8139-64-4 © 香港大学出版社 2013
Anna May Wong：From Laundryman's Daughter to Hollywood Legend
Graham Russell Gao Hodges
ISBN 978-988-8139-63-7
Copyright © 2004 by Graham Russell Gao Hodges
First published by Palgrave Macmillan
Translation rights arranged by Sandra Dijkstra Literary Agency
All rights reserved

本书简体中文版由香港大学出版社授权银杏树下（北京）图书有限责任公司在中国内地（不包括香港、澳门及台湾）出版并发售。未经香港大学出版社书面许可，不得以任何方式复制或发行本书的任何部分。

北京市版权局著作权合同登记号　图字 01-2015-8540

黄柳霜：从洗衣工女儿到好莱坞传奇

著　者：（美）郝吉思（Graham Russell Gao Hodges）
译　者：王　旭　李文硕　杨长云
选题策划：后浪出版公司　　出版统筹：吴兴元
编辑统筹：陈草心　　　　　特约编辑：赵丽娜
责任编辑：王　巍　　　　　封面设计：赵　瑾
营销推广：ONEBOOK　　　　装帧制造：墨白空间

北京联合出版公司出版
（北京市西城区德外大街 83 号楼 9 层　100088）
北京中科印刷有限公司印刷　新华书店经销
字数 327 千字　690 毫米 × 960 毫米　1/16　22.5 印张　插页 22
2016 年 3 月第 1 版　2016 年 3 月第 1 次印刷
ISBN 978-7-5502-6791-6
定价：49.80 元

后浪出版咨询（北京）有限责任公司　常年法律顾问：北京大成律师事务所　周天晖 copyright@hinabook.com
未经许可，不得以任何方式复制或抄袭本书部分或全部内容
版权所有，侵权必究
本书若有质量问题，请与本公司图书销售中心联系调换。电话：010-64010019